NZZ LIBRO

Ernst Baltensperger

DER SCHWEIZER FRANKEN

Eine Erfolgsgeschichte

Die Währung der Schweiz
im 19. und 20. Jahrhundert

3., überarbeitete Auflage

VERLAG NEUE ZÜRCHER ZEITUNG

Bibliografische Information der Deutschen Nationalbibliothek
Die Deutsche Nationalbibliothek verzeichnet diese Publikation
in der Deutschen Nationalbibliografie; detaillierte bibliografische Daten
sind im Internet über http://dnb.d-nb.de abrufbar.

3., überarbeitete Auflage 2016

Umschlag, Gestaltung, Satz: icona basel
Druck, Einband: cpi Clausen & Bosse, Leck

ISBN 978-3-03810-156-7

www.nzz-libro.ch
NZZ Libro ist ein Imprint der Neuen Zürcher Zeitung

INHALTSÜBERSICHT

Vorwort 13
Vorbemerkung und Dank 16
Einleitung 19

1 Warum uns die Währungsgeschichte interessieren sollte 23

I DAS 19. JAHRHUNDERT – GELD OHNE ZENTRALE NOTENBANK 35

2 Münzwirrwarr und Währungswettbewerb – das Schweizer Geld- und Finanzwesen vor 1850 37
3 Geburt der neuen Währung – von der neuen Bundesverfassung bis zum Banknotengesetz von 1881 63
4 Der lange Weg zu einer schweizerischen Zentralbank 99

II DAS 20. JAHRHUNDERT – GELD- UND WÄHRUNGSPOLITIK MIT ZENTRALEM NOTENMONOPOL 115

5 Untergang einer Weltordnung – erste Schritte der neuen Zentralbank, Weltkrieg und Nachkriegswehen 117
6 Zusammenbruch der Weltwirtschaft – die Grosse Depression 157
7 Der Zweite Weltkrieg und die Entstehung eines neuen Weltwährungssystems 183
8 Geldpolitik unter fixen Wechselkursen – vom Kriegsende bis zum Zusammenbruch des Bretton-Woods-Systems 199
9 Ein neues Zeitalter beginnt – Geldpolitik bei flexiblen Wechselkursen 217
10 Gegenwart und Ausblick 241

III ANHANG – EINIGE ZENTRALE ELEMENTE DER WÄHRUNGSTHEORIE 271

Anhang 1 Währungsordnungen 273
Anhang 2 Die analytische Struktur des Goldstandards 291
Anhang 3 Real-Bills-Doktrin, Currency versus Banking School und Free Banking 297
Glossar 305
Zeittafel 313
Literaturverzeichnis 319
Stichwort- und Namenregister 327
Bildnachweis 331

INHALTSVERZEICHNIS

Vorwort 13
Vorbemerkung und Dank 16
Einleitung 19

1 Warum uns die Währungsgeschichte interessieren sollte 23

Die zentrale Bedeutung der politischen und finanzwirtschaftlichen Stabilität für den Aufstieg des Schweizer Frankens; Monetäre, finanzpolitische und realwirtschaftliche Stabilität bedingen sich gegenseitig; Metall- versus Papierwährungen; Wettbewerb und Monopol im Geld- und Währungswesen; Die Bedeutung monetärer Stabilität als Hauptziel der Zentralbankpolitik im Papiergeldsystem; Die Bedeutung der Unabhängigkeit der Zentralbank von der Politik und gesellschaftlichen Interessengruppen; Fixe versus flexible Wechselkurse und der Wert der monetären Souveränität

I DAS 19. JAHRHUNDERT – GELD OHNE ZENTRALE NOTENBANK 35

2 Münzwirrwarr und Währungswettbewerb – das Schweizer Geld- und Finanzwesen vor 1850 37

Vielzahl von Währungen, Münzen als Zahlungsmittel, erste Banknoten; Entwicklung des Bankwesens in der Schweiz; 18. Jahrhundert: Banken als Organisatoren des Kapitalexports; Die Sparkassenbewegung; «Noten- und Zettelbanken»: Die ersten Notenbanken; Währungskonkurrenz in der Periode bis 1850

3 Geburt der neuen Währung – von der neuen Bundesverfassung bis zum Banknotengesetz von 1881 63

Der moderne Bundesstaat; Industriezeitalter und Entstehung grosser Kreditbanken; Das neue Währungsregime: Die Geburt des Schweizer Frankens; Von der Silberwährung zur Gold-Silber-Währung; Die Lateinische Münzunion; Die «Geldcrisis» von 1870; Wende im Gold-Silber-Preis und Umkehr der Münzrelationen; Banken und Notenemission: Die Periode des Free Banking bis 1881; Beurteilung des Notenemissionswettbewerbs in der Periode des Free Banking; Das Banknotengesetz von 1881: Bundessystem mit privaten Notenbanken

4 Der lange Weg zu einer schweizerischen Zentralbank 99

Der Verfassungsartikel von 1874; Die Verfassungsrevision von 1891; Gründe für den Meinungsumschwung zugunsten des zentralstaatlichen Notenmonopols; Die Währungsentwicklung nach 1881: Unelastische Geldversorgung und Frankenschwäche; War der Emissionswettbewerb schuld?; War die Banknote ein homogenes Produkt?; Streben nach Effizienz und Stabilität als Hauptmotiv für die Zentralisierung; Die Erfahrung der Schweiz mit dem Währungswettbewerb im 19. Jahrhundert; Die Rolle der Zentralbank im Metallwährungssystem des 19. Jahrhunderts

II DAS 20. JAHRHUNDERT – GELD- UND WÄHRUNGSPOLITIK MIT ZENTRALEM NOTENMONOPOL 115

5 Untergang einer Weltordnung – erste Schritte der neuen Zentralbank, Weltkrieg und Nachkriegswehen 117

Die organisatorische Struktur der neu gegründeten Zentralbank; Die Hauptaufgaben der Nationalbank; Die Instrumente der Nationalbank; Die Politik der Nationalbank bis zum Ausbruch des Ersten Weltkriegs: Einordnung in den internationalen Goldstandard; Ausbruch des Ersten Weltkriegs; Liquiditätskrise und Suspendierung der Konvertibilität – Banknoten als gesetzliches Zahlungsmittel; Kriegswirtschaft und Finanzierungsansprüche des Staats; Inflation; Rezession, Nachkriegsdeflation und Rückkehr zur Vorkriegsparität: Geldpolitik ohne feste Wechselkurse; Der internationale Gold-Devisen-Standard und die Wiederherstellung der Goldkonvertibilität

6 Zusammenbruch der Weltwirtschaft – die Grosse Depression 157

Die Weltwirtschaftskrise und der Goldstandard; Die Schweiz in der Weltwirtschaftskrise; Die Diskussion um die Abwertung; «Ein Franken bleibt ein Franken»; Der Freiwirtschaftsbund; Goldhamster; Beurteilung der Geld- und Währungspolitik in der Grossen Depression aus moderner Sicht

7 Der Zweite Weltkrieg und die Entstehung eines neuen Weltwährungssystems 183

Wirtschaftliche Erholung der Vorkriegsjahre; Kriegswirtschaft und Devisenmarktspaltung; Umstrittene Goldtransaktionen der Nationalbank; Neuordnung des internationalen Währungssystems in Bretton Woods; Zur Entstehungsgeschichte des Bretton-Woods-Systems und der Bretton-Woods-Institutionen; Die Schweiz und die Konferenz von Bretton Woods

8 Geldpolitik unter fixen Wechselkursen – vom Kriegsende bis zum Zusammenbruch des Bretton-Woods-Systems 199

Bemühungen um die Wiederherstellung des freien Handels- und Zahlungsverkehrs; Bewirtschaftung des Dollarmarktes; Die Europäische Zahlungsunion und die Wiederherstellung der Währungskonvertibilität; Die Endphase des Bretton-Woods-Systems: Kapitalzustrom und Inflationsdruck; Inkonsistente Wege der Geldpolitik; Inflationsbekämpfung mit untauglichen, dirigistischen Mitteln; Mitwirkung der Schweiz an internationalen Währungskrediten, am Goldpool und im Zehnerclub; Aufwertung und Übergang zu flexiblen Wechselkursen: Beginn einer neuen Ära

9 Ein neues Zeitalter beginnt – Geldpolitik bei flexiblen Wechselkursen 217

Grundentscheid für Floating und monetäre Autonomie; Aktive Antiinflationspolitik nach 1973; Übergang zur Politik der Geldmengenziele und Rückkehr zur Preisstabilität; Wechselkursturbulenz und temporäre Rückkehr zu einem Wechselkursziel: 1977/78; Zurück zur Geldmengenpolitik: Jahresziele für die Notenbankgeldmenge; Monetäre Überhitzung in den späten 1980er-Jahren; Mittelfristiger Zielpfad für die Geldmengenentwicklung; Stabilisierungskrise und Wiederherstellung der Preisstabilität; Fehlbeurteilung des Konjunkturzyklus und monetäre Überrestriktion: 1994/95; Normalisierung und Neubeurteilung der geldpolitischen Indikatoren; Geldpolitik bei flexiblen Kursen – ein Erfolg; Zur Rolle der Banken für die Währungspolitik

10 Gegenwart und Ausblick 241

Verändertes Umfeld mit der Entstehung der Eurozone; Neues geldpolitisches Konzept: Inflationsprognose als geldpolitischer Hauptindikator; Qualität der Inflationsprognose, Transparenz und Kommunikation als Prüfsteine des neuen geldpolitischen Regimes; Reform der Währungsverfassung (2000) und neues Nationalbankgesetz (2004); Zur Evolution der geldpolitischen Entscheidungsverfahren; Geldpolitik unter dem geldpolitischen «Konzept 2000»; Geldpolitik in der Finanz- und Eurokrise; Aufwertungsschock und Kursuntergrenze; Aufgabe der Kursuntergrenze und Rückkehr zu flexiblen Wechselkursen; Lehren aus der Finanz- und Schuldenkrise. Eine neue Geldpolitik?; Geldpolitik und Vermögenspreise; Ein umfassendes Mandat der Zentralbank für Finanzstabilität?

III ANHANG –
EINIGE ZENTRALE ELEMENTE
DER WÄHRUNGSTHEORIE 271

Anhang 1
Währungsordnungen 273
Historische Dominanz der Metallwährungen; Die Goldwährung – Prototyp einer Metallwährung; Der internationale Goldstandard; Der Bimetallismus; Symmetallismus und Commodity-Reserve-Standard; Der Gold-Devisen-Standard (Bretton-Woods-System); Reine Papierwährung (Fiat-Money-System); Vor- und Nachteile des Goldstandards. Gründe für den Übergang von Metall- zu Papiergeldsystemen; Währungswettbewerb und die Rolle privater Finanzintermediäre; Hayeks Kritik am Notenbankmonopol; Argumente für und wider den Währungswettbewerb; Währungsräume und internationaler Währungswettbewerb

Anhang 2
Die analytische Struktur des Goldstandards 291
Gleichgewicht in der kurzen Frist; Bestandsänderungen und Gleichgewicht in der langen Frist; Wie wirkt sich die Änderung zentraler Parameter des Systems auf das langfristige Gleichgewicht im Goldstandard aus?

Anhang 3
Real-Bills-Doktrin, Currency versus Banking School
und Free Banking 297
Die Real-Bills-Doktrin; Currency versus Banking School und Free Banking

Glossar 305
Zeittafel 313
Literaturverzeichnis 319
Stichwort- und Namenregister 327
Bildnachweis 331

VERZEICHNIS DER ABBILDUNGEN UND TABELLEN

Abbildungen

Abb. 1 Banknotenumlauf in der Schweiz, 1825–1906
Abb. 2 Durchschnittlicher und maximaler jährlicher Wechselkurs (Schweizer Franken pro 100 französische Francs), 1885–1906
Abb. 3 Zinsaufschlag des Schweizer Frankens gegenüber dem französischen Franc, 1893–1914
Abb. 4 Metalldeckung des Notenumlaufs und offizieller Diskontsatz der SNB, 1907–1914 (in Prozent)
Abb. 5 Offizielle Diskontsätze in der Schweiz, Grossbritannien und den Vereinigten Staaten, 1915–1919 (in Prozent, Monatsdurchschnitte)
Abb. 6 Preisniveau in der Schweiz und in Grossbritannien, 1907–1929
Abb. 7 Preisniveau und Arbeitslosigkeit in der Schweiz, 1920–1929
Abb. 8 Kursverlauf der Mark, des französischen Franc und des US-Dollars in Schweizer Franken, 1914–1925
Abb. 9 Offizielle Diskontsätze in der Schweiz, Grossbritannien und den Vereinigten Staaten, 1918–1925 (in Prozent, Monatsdurchschnitte)
Abb. 10 Nettosozialprodukt der Schweiz, 1929–1938
Abb. 11 Arbeitslosigkeit in der Schweiz, 1928–1938
Abb. 12 Schweizerische Industrieproduktion, 1928–1938
Abb. 13 Aussenhandel der Schweiz (in Mio. Franken), 1928–1938
Abb. 14 Staatshaushalt der Schweiz auf Bundesebene (Verwaltungsrechnung), 1929–1938
Abb. 15 Preise und Löhne in der Schweiz, 1928–1938
Abb. 16 Frankenzinssätze und realer Zinssatz, 1928–1938
Abb. 17 Wechselkurs CHF per USD und Wechselkurs CHF per GBP, 1928–1938
Abb. 18 Geldmenge M1 und Notenbankgeldmenge, 1928–1938
Abb. 19 Entwicklung des Goldbestands der Schweiz (SNB, Bund und Währungsausgleichsfonds), 1939–1945 (in Mio. Franken, per Quartal)
Abb. 20 Offizieller Dollarkurs sowie Wechselkurse für Finanzdollars und Dollarnoten, 1942–1949
Abb. 21 Realer Wechselkurs des Frankens, 1973–2015
Abb. 22 Inflation, 1971–2013 (Jahresdurchschnitt, in Prozent)
Abb. 23 Renditen von Staatsanleihen (10 Jahre nominell), 1970–2015
Abb. 24 Kurz- und langfristiges Gleichgewicht am Markt für Gold

Tabellen

Tab. 1 Die Schweizer Emittenten von Papiergeld, 1825–1850/52
Tab. 2 Schweizer Banknotenzirkulation, 1826–1850
Tab. 3 Prozentanteile am Geldumlauf in England und Wales
Tab. 4 Reservesatz der Bank in Zürich, 1838–1850
Tab. 5 Die Schweizer Emittenten von Papiergeld, 1825–1906
Tab. 6 Durchschnittliche Umlaufdauer der Banknoten der Bank in Basel, 1851–1905 in Tagen
Tab. 7 Anteil der Banknoten in den Bilanzen der Schweizer Notenemissionsbanken, 1826–1906 (in Prozent)
Tab. 8 Silberimporte schweizerischer Notenbanken
Tab. 9 Silberimportkosten der schweizerischen Notenbanken
Tab. 10 Reskriptionen des Bundes und der Bundesbahnen, 1914–1929 (in Mio. Franken)

VORWORT

Institutionen und deren Ausgestaltung sind wichtige Erklärungsfaktoren für Wachstum und Wohlstand in einem Land. Institutionen des Wirtschaftslebens wie gesicherte Eigentumsrechte und freie Märkte sind dabei von zentraler Bedeutung: So kann die neuere Wirtschaftsforschung beispielsweise empirisch nachweisen, dass Länder mit gesicherten Eigentumsrechten in der Regel ein höheres Volkseinkommen aufweisen als andere.[a] Zu diesen wichtigen wirtschaftlichen Institutionen gehören auch diejenigen des Geld- und Bankenwesens sowie des Finanzmarktes: Zum Beispiel weisen Währungen, deren Angebot von einer unabhängigen Zentralbank gesteuert wird, tendenziell eine tiefere durchschnittliche Inflationsrate auf als andere.[b] Vor diesem Hintergrund darf behauptet werden, dass unsere Währung als eine wichtige monetäre Institution der Schweiz entscheidend zum Wohlstand unseres Landes beigetragen hat. In diesem Sinne – und nicht nur unmittelbar aufgrund seiner Werthaltigkeit oder seiner vergleichsweise langen Existenz – ist der Schweizer Franken, wie es der Titel des Buches von Prof. Ernst Baltensperger zu Recht hervorhebt, eine Erfolgsgeschichte.

Institutionen fallen nicht vom Himmel – sie werden von Menschen geschaffen! Die heutigen monetären und währungspolitischen Institutionen der Schweiz sind schrittweise entstanden. Das Buch von Ernst Baltensperger zeigt auf eindrückliche Weise dieses Ringen um gute Institutionen über einen Zeitraum von mehr als 150 Jahren. Vieles wurde dabei ausprobiert, wie Metall- vs. Papierwährung, Wettbewerb der Notenbanken vs. Monopol einer Notenbank, fixe vs. flexible Wechselkurse. Einiges hat sich bewährt, und Unzähliges wurde verworfen, etliches davon vorläufig, anderes wahrscheinlich definitiv. Die Entstehungsgeschichte der monetären Institutionen war deshalb nicht ein Drehen im Kreis, sondern es ist ein Fortschritt erkennbar. Die Metapher des Zwergs und des Riesen, die bereits ein Bernhard von Chartres im 12. Jahrhundert in einem anderen Zusammenhang verwendet hatte, illustriert die Bedeutung, die wir der Entstehungsgeschichte monetärer Institutionen beimessen. Ähnlich wie ein Zwerg einen Riesen nur an Höhe überragen kann, wenn er auf dessen Schultern sitzt, können moderne monetäre Institutionen die vergangenen nur übertreffen, wenn sie auf diesen fussen. Mit anderen Worten sind gute und über lange Zeit gefestigte Institutionen jene Errungenschaft, die modernen Volkswirtschaften «Riesenkräfte» verleihen kann.

a Vgl. dazu Daron Acemoglu, Introduction to Modern Economic Growth, Princeton University Press, 2009, Kapitel 4.

b Vgl. dazu Carl E. Walsh, Monetary Theory and Policy, 2. Auflage, The MIT Press, 2003, Kapitel 8.

Eine moderne Volkswirtschaft ist ein komplexes Gebilde. Wirtschaftspolitische und insbesondere geldpolitische Entscheidungen müssen sich deshalb auf eine möglichst gute Informationsbasis stützen – inklusive des Wissens darüber, was man nicht weiss. Zentralbanken als wirtschaftspolitische Akteure sind denn auch laufend bestrebt, ihr Wissen über die Volkswirtschaft zu mehren und zu verbessern. Es gibt, grob klassifiziert, nur drei Quellen des Wissens über eine Volkswirtschaft. Die erste ist die Wirtschaftstheorie. Sie befasst sich mit den Gesetzmässigkeiten, die wie eine unsichtbare Hand eine Volkswirtschaft lenken. Die zweite Quelle ist die empirische Analyse. Diese kann sehr weit gefasst werden: von der Beobachtung der Märkte, dem Lesen von Zeitungs- und anderen Berichten, dem Austausch von Informationen unter Zentralbanken und mit anderen Akteuren bis hin zur Analyse von Daten mit statistischen oder quantitativen Modellen einer Volkswirtschaft samt Simulationen und Prognosen. Die dritte Quelle ist die Wirtschaftsgeschichte. In unseren heutigen monetären Institutionen ist viel Erfahrungswissen eingeflossen. Das Studium des Werdegangs einer Volkswirtschaft und der Entstehungsgeschichte ihrer Institutionen ist deshalb ein Weg, die Wirtschaft besser zu verstehen. Ich bin von der grossen Bedeutung dieser letzten Quelle überzeugt.

Diese Auffassung über die Bedeutung der Entstehungsgeschichte unserer monetären Institutionen teile ich mit meinen Vorgängern. Auf Initiative von Jean-Pierre Roth führte Ernst Baltensperger im Oktober 2008 und März 2009 im Rahmen der jährlichen internen Research Lectures der Nationalbank das Seminar «Währungsgeschichte der Schweiz im 19. und 20. Jahrhundert» durch. Dabei wurde die Währungsgeschichte der Schweiz von der Einführung des «neuen Schweizer Frankens» als Währungseinheit im Jahre 1850 bis zur Einführung des neuen geldpolitischen Konzeptes Ende 1999 untersucht. Bereits im Vorfeld dieses Seminars wurde ersichtlich, dass keine Währungsgeschichte der Schweiz existiert, welche die gesamte Zeitspanne der Geschichte des Schweizer Frankens abdeckt und aus der Perspektive eines Geldtheoretikers geschrieben worden ist. Gleichzeitig bestand aber ein grosses Bedürfnis danach. Somit war die Idee geboren, aus den Seminarunterlagen ein Buch zu verfassen. Die Schweizerische Nationalbank ermutigte und unterstützte dieses Vorhaben. Es darf, wie Sie dies nach der Lektüre selber beurteilen können, als äusserst gelungen bezeichnet werden. Dennoch ist hier der übliche Disclaimer anzubringen: Der Inhalt des Buches obliegt der Verantwortung des Autors und ist nicht zwingend deckungsgleich mit den Ansichten der Schweizerischen Nationalbank.

Was geschieht mit dem Zwerg, wenn er neben den Schultern des Riesen Fuss zu fassen gedenkt? Er droht tief zu fallen! Genauso verhält es sich mit unserem Wohlstand, wenn wir den Sinn der Institutionen – monetäre oder andere –, auf denen er gründet, vergessen. In diesem Lichte betrachtet ist das vorliegende Buch nicht nur ein schön illustriertes Werk mit einem packenden Inhalt, das man gerne in die Hände nimmt, sondern auch ein sehr wertvolles Arbeitsinstrument.

Wir danken dem Autor Ernst Baltensperger dafür ganz herzlich.

Prof. Dr. Thomas Jordan, Präsident des Direktoriums
der Schweizerischen Nationalbank

VORBEMERKUNG UND DANK

Dieses Buch geht auf eine Serie von Vorlesungen zur Schweizer Währungsgeschichte zurück, die der Autor in den Jahren 2008 und 2009 für Mitarbeiter der Nationalbank gehalten hat. Die Anregung dazu stammte von Jean-Pierre Roth, dem damaligen Präsidenten des Direktoriums der Nationalbank. Diese Veranstaltungen stiessen auf ein reges Interesse, und als Folge davon entstand der Gedanke, den Inhalt in Form eines Buches zu veröffentlichen. Der vorliegende Band ist das Ergebnis davon.

Dank gebührt daher zunächst Jean-Pierre Roth – ohne ihn wäre dieses Buch wahrscheinlich nicht entstanden. Dank verdienen aber auch die anderen Mitglieder der damaligen und heutigen Nationalbankleitung und die Nationalbank als Institution, die dieses Vorhaben durch ihre Unterstützung stark erleichtert haben, sowie alle Teilnehmer der erwähnten Vorlesungsveranstaltungen, die durch ihr Interesse gezeigt haben, dass eine zusammenfassende Darstellung des Themas einem Bedürfnis entspricht. Zur Währungsgeschichte der Schweiz liegen zwar zahlreiche Einzelbeiträge vor, die sich mit ausgewählten Phasen oder Fragestellungen befassen. Eine Gesamtdarstellung der Geschichte der Schweizer Währung seit ihrer Entstehung im 19. Jahrhundert fehlt jedoch meines Wissens gänzlich.

Dieses Buch beruht auf der Basis bestehenden Wissens, auf dessen Einordnung und Interpretation. Es ist nicht sein Anspruch, neue Quellen zu eröffnen und neues Datenmaterial zusammenzutragen. Dies hätte einen weit grösseren wissenschaftlichen Aufwand erfordert. Ohne die aufwendige Arbeit zahlreicher früherer Forscher hätte das Buch nicht geschrieben werden können. Auch all diesen bin ich entsprechend zu grossem Dank verpflichtet.

Das Buch richtet sich an Leserinnen und Leser, die sich in allgemeiner Weise für wirtschaftliche Fragen und geschichtliche Prozesse interessieren. Es versucht, einen Überblick über die Währungsgeschichte der Schweiz in den vergangenen zwei Jahrhunderten zu geben, der auch für Nichtspezialisten der Wirtschaftsgeschichte und der Währungspolitik verständlich sein soll. Es stützt sich dabei auf eine Reihe zentraler Beiträge zum Thema, versucht aber nicht, die umfangreiche Literatur dazu lückenlos zu erfassen. Im Vordergrund steht die ökonomische Analyse der geschichtlichen Ereignisse. Spezielle technische Fachkenntnisse werden nicht vorausgesetzt; soweit notwendig, werden sie im Buch selbst vermittelt.

Für ihre grosszügige Unterstützung danke ich Patrick Halbeisen, Nils Herger, Peter Kugler, Thomas Moser, Dirk Niepelt und Marcel Savioz. Sie haben das Manuskript ganz oder teilweise in verschiedenen Stadien seiner Entstehung gelesen und durch zahlreiche Hinweise und Kommentare zu seiner Verbesserung beigetragen. Die Nationalbank und das Landesmuseum Zürich haben umfangreiches Material aus ihren Archiven für Abbildungen und Illustrationen zur Verfügung gestellt. In mehreren Bildstrecken werden zahlreiche Illustrationen zu verschiedenen Themen und Phasen der schweizerischen Währungsgeschichte präsentiert. Für die Auswahl und Gestaltung bin ich Patrick Halbeisen von der SNB, Hortensia von Roten vom Landesmuseum und den verantwortlichen Mitarbeitern von NZZ Libro sehr dankbar. Schliesslich sei auch André Bodmer herzlich gedankt, der mir als Assistent bei der Erarbeitung dieses Buches hervorragende technische Hilfe und redaktionelle Unterstützung gewährt hat. Ohne ihn wäre die Entstehung der Arbeit zumindest viel mühsamer und langwieriger geworden.

August 2012 — Ernst Baltensperger

Zur dritten Auflage

Seit der ersten Veröffentlichung dieses Buches haben die Weltwirtschaft und die internationalen Finanzmärkte einmal mehr turbulente Zeiten erlebt. Davon betroffen waren nicht zuletzt die Schweiz und die Nationalbank. Die wichtigste Veränderung dieser Neuauflage gegenüber dem ursprünglichen Text liegt in der Aktualisierung des abschliessenden Kapitels 10 des Buches, «Gegenwart und Ausblick». Die Einführung einer Kursuntergrenze für den Euro gegenüber dem Franken im September 2011 wird ausführlich kommentiert, ebenso die Wiederaufhebung dieses Mindestkursregimes und die damit einhergehende Einführung von Negativzinsen durch die SNB im Januar 2015. Der Leser muss dabei allerdings bedenken, dass die aktuelle Einschätzung dieser erst kurze Zeit zurückliegenden Entwicklungen zwangsläufig vorläufig und ungewiss bleiben muss.

Auch die Lancierung der neuen Banknotenserie durch die SNB im April dieses Jahres hat in dieser Neuauflage ihren Niederschlag gefunden. Der Illustrationsteil des Buches ist durch eine diesem Ereignis gewidmete zusätzliche Abbildung erweitert worden, welche die als ersten Notenabschnitt neu emittierte 50-Frankennote zeigt.

Für eine Reihe hilfreicher Hinweise bin ich Max Boemle zum Dank verpflichtet. Mein besonderer Dank gilt Jean-Pierre Jetzer für sein sorgfältiges Lektorat des ganzen Textes und Manuel Wälti für die umsichtige Betreuung des Neuauflageprojekts.

Februar 2016 — Ernst Baltensperger

EINLEITUNG

Die Geschichte des Geld- und Finanzwesens ist ein faszinierender Teil der Wirtschaftsgeschichte, eng verknüpft mit den allgemeinen gesellschaftlichen und politischen Entwicklungsprozessen eines Landes oder einer Region. Dies trifft auch auf die Finanz- und Wirtschaftsgeschichte der modernen Schweiz zu. Sie bildet den Gegenstand dieses Buches.

Der Schweizer Franken ist gegenwärtig auf einem Höhenflug und strotzt vor Kraft. Bei seiner Geburt im Jahr 1850 wurde es ihm aber nicht an der Wiege gesungen, dass er im Laufe der kommenden 150 Jahre zu einer der erfolgreichsten und stärksten Währungen der Welt werden sollte. Während des ersten halben Jahrhunderts seines Lebens blieb er ein zeitweise zur Schwäche neigendes Anhängsel des französischen Franc. Erst im Laufe des 20. Jahrhunderts stieg er langsam, aber stetig zur starken und international gesuchten Anlagewährung auf. Dieses Buch beschreibt den Weg des Schweizer Frankens vom kleinen Bruder des französischen Franc zum stabilen, international geachteten und begehrten Geld.

Geld und Währungssysteme waren weltweit bis vor relativ kurzer Zeit über Jahrhunderte hinweg durch eine – allerdings sporadisch immer wieder aufgebrochene – Bindung an ein spezielles Gut, nämlich ein Metall, charakterisiert. Metallwährungen, insbesondere die Goldwährung, aber auch die Silberwährung, haben in der einen oder anderen Form das Feld beherrscht, so auch in der Schweiz. Erst 1973 ist diese Bindung mit dem Zusammenbruch des internationalen Währungssystems von Bretton Woods[1] ganz weggefallen; die Metallwährungen sind seither einem System reiner Papierwährungen gewichen. Diese Zäsur bildet den wohl stärksten Bruch in der modernen Geschichte des Geldes, auch in jener der Schweiz. Nach heute vorherrschender Sicht dürfte dieser Bruch definitiv sein, gemäss Keynes' berühmtem Verdikt, welches das Gold als «barbarisches Relikt» aus früheren Stufen der menschlichen Gesellschaft bezeichnete (Keynes 1923, S. 172). Immerhin gibt es, zumindest auf der Ebene des intellektuellen Diskurses, immer wieder Versuche und Anstösse zu einer Wiederbelebung der Metallwährungen. Aufgrund der Erfahrungen der vergangenen vier Jahrzehnte lässt sich denn auch nicht vorbehaltlos behaupten, dass der Papiergeldstandard den Test der Zeit mit Bravour bestanden habe. Andererseits sollten wir uns aber auch davor hüten, die Metallwährungssysteme und ihre Epoche in romantischer Verklärung zu sehen. Sie waren ihrerseits durch vielfache Probleme geprägt.

Die Währungsgeschichte der Schweiz bietet reiche Erfahrungen zu zahlreichen Fragen, die auch heute – gerade vor dem Hintergrund der aktuellen Erschütterung der weltweiten Geld- und Finanzmärkte – wieder von brennendem Interesse sind. Die Beschäftigung mit der Geschichte lohnt sich daher nicht nur aus reinem Interesse an

1 Das Bretton-Woods-System wird in Kapitel 7 und in Anhang 1 beschrieben.

der Vergangenheit, sondern nicht zuletzt auch im Hinblick auf die Frage nach einer zweckmässigen, möglichst optimalen Gestaltung monetärer Institutionen in der heutigen Welt.

Bis ins 20. Jahrhundert hinein gab es in der Schweiz keine zentrale Notenbank. Erst 1907, also vor gut hundert Jahren, nahm die Schweizerische Nationalbank (SNB) ihre Tätigkeit auf. Bis zu diesem Zeitpunkt war die Währungsgeschichte der Schweiz eine Geschichte des Münzgeldes und – nach dem Aufkommen und der Verbreitung der Banknote als Zahlungsmittel, vor allem in der zweiten Hälfte des 19. Jahrhunderts – eine Geschichte der privaten und öffentlichen (kantonalen) Notenemissionsbanken. Die Rolle des Bankensektors nimmt in dieser Periode naturgemäss eine zentrale Stellung in der Währungsgeschichte ein. Im 20. Jahrhundert war dies dann nicht mehr in vergleichbarer Weise der Fall.

Das Buch ist in drei Hauptteile gegliedert. Teil I umfasst die Währungsgeschichte der Schweiz im 19. Jahrhundert und schliesst mit der langen Diskussion, die zur Gründung der Nationalbank in den Jahren 1905–1907 führte. Die historische Erfahrung wird im Lichte der modernen Währungs- und Bankentheorie betrachtet. Für die Schweiz des 19. Jahrhunderts lassen sich drei Phasen unterscheiden, die auch aus gegenwärtiger Perspektive hochinteressant sind: Die Phase «echter Währungskonkurrenz» mit freier Wahl der Währungsdenomination bis zum Jahr 1850, die Phase der «vollen Bankenfreiheit» mit Wettbewerb privater Notenemissionsbanken bei gemeinsamer, dominanter Währung, dem neuen Schweizer Franken, von 1850 bis 1881 (vergleichbar mit einem Depositenbankensystem mit weitgehend unregulierter Konkurrenz im Depositengeschäft) und schliesslich die Phase «eingeschränkter Bankenfreiheit» mit gemeinsamer, vorgeschriebener Währung und stark reguliertem Notengeschäft, aber ohne staatliches Notenmonopol (vergleichbar mit einem Depositenbankensystem mit stark regulierter Konkurrenz im Depositengeschäft). Die Diskussion um die Errichtung einer zentralen Notenbank wird vor dem Hintergrund der Erfahrungen mit diesen Währungssystemen betrachtet und wirft Licht auf die fundamentalen Aufgaben der Zentralbankpolitik.

Teil II behandelt die schweizerische Währungsgeschichte von der Eröffnung der Schweizerischen Nationalbank im Jahr 1907 bis zur Gegenwart. Er befasst sich mit der Einordnung der Politik der SNB in den internationalen Goldstandard in den verbleibenden Jahren bis zum Ersten Weltkrieg, mit ihrer Geld- und Währungspolitik im Ersten Weltkrieg und in der Nachkriegszeit bis zum Ausbruch der Weltwirtschaftskrise Ende der 1920er-Jahre, mit der Situation der Schweiz in der Weltwirtschaftskrise und der grossen Debatte um die Abwertung des Frankens, mit der Politik der SNB im Zweiten Weltkrieg und der anschliessenden Neuordnung des internationalen Währungssystems in Bretton Woods, mit der Politik nach Kriegsende unter dem Festkurssystem von Bretton Woods und schliesslich mit der radikalen Neuausrichtung der

Geldpolitik unter dem System flexibler Wechselkurse nach dem Zusammenbruch des Bretton-Woods-Systems Anfang der 1970er-Jahre.

Teil III enthält eine Reihe von Anhängen, die gewisse zentrale Elemente der Währungstheorie kurz darzustellen versuchen, die zum Verständnis der geschichtlichen Prozesse wichtig sind. Dazu gehört vor allem eine Beschreibung der unterschiedlichen Währungsordnungen, die wir historisch und analytisch unterscheiden können, insbesondere der historischen Metallwährungen in ihren verschiedenen Ausprägungen. Da präzise Vorstellungen über die Funktionsweise der früheren Metallwährungssysteme heute selbst bei ökonomisch gebildeten Lesern alles andere als selbstverständlich sind und da die Sicht auf historische Ereignisse allein aus der Perspektive des heute herrschenden Papiergeldsystems leicht zu falschen Einordnungen und Interpretationen führen kann, mag eine solche Darstellung für manche Leserin und manchen Leser als Orientierungshilfe nützlich sein und zum Verständnis der historischen Entwicklungen beitragen. Man kann die Lektüre des Buches nach Bedarf natürlich auch mit diesem dritten Teil beginnen.

Ein allen drei Teilen vorangestelltes erstes Kapitel («Warum uns die Währungsgeschichte interessieren sollte») versucht zusammenzufassen, was wir aus der Währungsgeschichte der Schweiz heute lernen können. Sein Anliegen ist es zu zeigen, dass die Beschäftigung mit der Wirtschaftsgeschichte auch aus aktueller Perspektive lohnend und relevant ist. Es soll damit zur Lektüre des Buches anregen.

1 WARUM UNS DIE WÄHRUNGSGESCHICHTE INTERESSIEREN SOLLTE

Die Geschichte eines Landes, seiner Bevölkerung und seiner Institutionen ist nicht allein deswegen von Interesse, weil sie mögliche Lehren für die Gegenwart birgt. Sie ist von weit grundsätzlicherer Bedeutung, widerspiegelt die Gegenwart doch in tausend Facetten die Geschehnisse vergangener Zeiten. Die Entscheidungen unserer Eltern, Grosseltern, ihrer Vorfahren und Vorvorfahren, zusammen mit den von ihnen nicht beinflussbaren Ereignissen ihrer jeweiligen Epochen, sind verantwortlich für die Welt, in der wir uns heute bewegen. Gegenwart und Vergangenheit sind in dieser Weise untrennbar miteinander verknüpft, Erstere lässt sich ohne Letztere nicht wirklich begreifen. Die Auseinandersetzung mit der Geschichte sollte aus dieser Perspektive selbstverständliches Bedürfnis sein.

Es ist aber sinnvoll und legitim, über diese Erkenntnis hinaus zu fragen, welche konkreten Einsichten und Lehren für heute sich aus der Beschäftigung mit der Geschichte ableiten lassen. Die Welt bewegt sich zwar immer weiter, und die Probleme der Gegenwart unterscheiden sich regelmässig in der einen oder anderen Hinsicht von jenen der Vergangenheit. Manche Zusammenhänge bleiben dennoch über lange Zeiträume hinweg einigermassen konstant, und manche Fragen wiederholen sich in leicht abgeänderter Form von Periode zu Periode. In diesem Sinn lässt sich aus der Geschichte zweifellos lernen.

Ich sehe in den Erfahrungen der Schweizer Währungsgeschichte zahlreiche Elemente, die für die Beurteilung wichtiger aktueller Fragen von grosser Hilfe sein können. Sie betreffen im Besonderen die folgenden Bereiche:

- die Rolle politischer, fiskalischer und gesellschaftlicher Stabilität für den Erfolg einer Währung;
- die gegenseitige Abhängigkeit monetärer, finanzieller und realwirtschaftlicher Stabilität;
- die Vor- und Nachteile von Metall- und Papierwährungssystemen;
- die Vor- und Nachteile von Wettbewerb und Monopol in der Bereitstellung von Geld und Finanzdienstleistungen;
- die Rolle einer Zentralbank in Metall- und Papiergeldsystemen und die Bedeutung monetärer Stabilität als vorrangiges Ziel der Zentralbankpolitik im Papiergeldsystem;
- die Rolle der Unabhängigkeit der Zentralbank von der Politik und gesellschaftlichen Interessengruppen;
- die Vor- und Nachteile fixer und flexibler Wechselkurse und die Bedeutung der monetären Souveränität.

DIE ZENTRALE BEDEUTUNG DER POLITISCHEN UND FINANZWIRTSCHAFTLICHEN STABILITÄT FÜR DEN AUFSTIEG DES SCHWEIZER FRANKENS

Der Schweizer Franken war bei seiner Geburt nicht unbedingt dazu prädestiniert, zu einer der stabilsten und erfolgreichsten Währungen der Welt aufzusteigen. Der zwei Jahre nach der Gründung des modernen Bundesstaates mit dem Eidgenössischen Münzgesetz von 1850 geschaffene neue Schweizer Franken blieb im ersten halben Jahrhundert seines Lebens, bis zur Errichtung der Schweizerischen Nationalbank in den Jahren 1905 – 1907, im Wesentlichen ein Anhängsel des französischen Franc. Das ist nicht besonders überraschend für die neue Währung eines noch jungen Staates. Der Schweizer Franken neigte damals gegenüber dem französischen Franc zeitweise zur Schwäche – statt durch einen Zinsbonus, wie wir ihn heute kennen, war er in den Jahrzehnten vor dem Ausbruch des Ersten Weltkriegs gegenüber der französischen Währung durch einen Zinsmalus (Zinsaufschlag) charakterisiert.

Seit dem Ausbruch des Ersten Weltkriegs hat der Schweizer Franken gegenüber allen wichtigen Währungen massiv an Wert zugelegt. 1914 galt der amerikanische Dollar 5,18 Schweizer Franken; im Jahr 2011 erhielt man für ihn zeitweise noch gut 80 Rappen. Bei den meisten anderen Währungen war der relative Wertverlust noch viel grösser. Das britische Pfund war 1914 gut 25 Schweizer Franken wert, heute noch rund 1,45 Franken. Besonders ausgeprägt ist der relative Wertzerfall bei den ehemaligen Partnerwährungen der Lateinischen Münzunion[2], dem französischen Franc und – noch extremer – der italienischen Lira, deren Wert in Schweizer Franken bei der Einführung des Euro im Jahr 1999 nur noch in Tausendsteln zu messen war.[3]

Der Aufstieg des Schweizer Frankens vom Satelliten des französischen Franc zur selbstständigen und starken Anlagewährung von internationalem Gewicht ging einher mit der politischen und gesellschaftlichen Festigung des Landes und dessen zunehmendem wirtschaftlichen Erfolg. Eine zentrale Rolle spielte dabei der ausgeprägte Wille zur Selbstständigkeit und zur finanzpolitischen und monetären Stabilität, der die Schweiz im internationalen Vergleich stets gekennzeichnet hat. In einem zerrütteten gesellschaftlichen und wirtschaftlichen Umfeld lässt sich eine stabile monetäre Ordnung schwer aufbauen und aufrechterhalten. Dass die Schweiz seit eineinhalb Jahrhunderten – aufgrund politischer Klugheit und dank glücklicher Umstände – von

2 Die Lateinische Münzunion – eine Währungsunion, der die Schweiz im 19. Jahrhundert lange Zeit angehörte – wird in Kapitel 3 dargestellt.

3 Siehe zu diesem Thema auch Kugler 2010; vgl. auch Kugler und Weder di Mauro 2002. In Kaufkraft gemessen hat natürlich auch der Schweizer Franken stark an Wert verloren. Aber relativ zu allen anderen Währungen hat er sich als äusserst stabil erwiesen.

Kriegswirren verschont geblieben ist, hat natürlich ebenfalls stark zum Aufbau des Stabilitäts- und Vertrauenskapitals beigetragen, von dem der Schweizer Franken heute profitiert.

MONETÄRE, FINANZPOLITISCHE UND REALWIRTSCHAFTLICHE STABILITÄT BEDINGEN SICH GEGENSEITIG

Es ist aber nicht nur die Stabilität der Währung, die vom politischen und wirtschaftlichen Erfolg des Landes profitiert hat. Der Stabilitätskurs im monetären Bereich hat seinerseits wesentlich zur politischen und wirtschaftlichen Festigung beigetragen. Beide bedingen sich gegenseitig. Stabiles Geld und funktionsfähige, effiziente Finanzordnungen zählen zu den wichtigsten Errungenschaften unserer Wirtschafts- und Gesellschaftssysteme. Insbesondere eine stabile Währung ist eines unserer wertvollsten öffentlichen Güter, vergleichbar mit einem gut funktionierenden System des Rechts, der öffentlichen Sicherheit oder des Finanz- und Steuerwesens. Ohne sie kann sich eine freiheitliche Wirtschafts- und Gesellschaftsordnung nicht wirksam entfalten.

Die Wirtschaftsgeschichte ist voll von Beispielen, die zeigen, dass zweifelhafte oder gar zerrüttete Währungen die Effizienz des Wirtschaftssystems in schwerwiegender Weise beeinträchtigen und im Extremfall zum ökonomischen und politischen Zerfall führen können. Der Schweiz ist es gelungen – zum Teil aufgrund mühevoller Erfahrungen –, im Laufe des 19. und 20. Jahrhunderts Institutionen und Ordnungen zu schaffen, die sich als widerstandsfähig und robust gegenüber dieser Gefahr erwiesen haben. Das in der Schweiz ausgeprägte Bewusstsein für die grundlegende gesellschaftliche Bedeutung der monetären Ordnung, ihrer Stabilität und Zuverlässigkeit hat stark zu dieser Entwicklung und damit zum wirtschaftlichen und politischen Erfolg des Landes seit der Errichtung des Bundesstaates beigetragen.

METALL- VERSUS PAPIERWÄHRUNGEN

Die Schweiz hat zusammen mit vielen anderen Ländern im Laufe des 20. Jahrhunderts den Übergang von der Metallwährung zur reinen Papierwährung vollzogen.[4] Die schärfste und endgültigste Zäsur in diesem Prozess stellte der weltweite Übergang zu

4 Der Begriff Papierwährung als Gegensatz zur Metallwährung mag aus moderner Sicht veraltet erscheinen, hat doch ein grosser Teil der verwendeten Zahlungsmittel seit Langem nur noch die Form eines Bucheintrags («Buchgeld», «Giralgeld») oder gar eines elektronischen Zeichens. Da sich die Terminologie aber fest eingebürgert hat, sei sie hier trotzdem verwendet. Der englische Begriff «fiat money» – «Geld per Dekret» – erfasst an sich den Gegensatz besser. Zum Unterschied zwischen Metall- und Papiergeldsystemen vgl. Anhang 1.

flexiblen Wechselkursen nach dem Zusammenbruch des Währungssystems von Bretton Woods Anfang der 1970er-Jahre dar. Zwar fand das Ende der klassischen Metallwährungssysteme bereits zu Beginn des Jahrhunderts mit dem Zusammenbruch des internationalen Goldstandards nach Ausbruch des Ersten Weltkriegs statt. Die Währungsarrangements der Zwischenkriegsjahre und das Bretton-Woods-System der Nachkriegsjahrzehnte blieben aber von der Idee der Goldwährung stark geprägt und hielten wichtige Elemente der Metallwährung und eine Bindung an das Währungsmetall Gold aufrecht.

Der Übergang von festen zu flexiblen Wechselkursen Anfang der 1970er-Jahre stellte für die Zentralbanken einen massiven Machtzuwachs und zugleich eine gewaltige Ausdehnung ihrer Verantwortung gegenüber der Öffentlichkeit dar. Erst die Befreiung von der Verpflichtung zur Wahrung der Goldparität und der daraus resultierenden Unterordnung der Geldpolitik unter die Bedürfnisse des Zahlungsbilanzausgleichs gewährte ihnen in vollem Umfang die Möglichkeit, eine autonome, an nationalen Zielgrössen ausgerichtete Geldpolitik durchzuführen. Damit sind Vorteile verbunden[5], zugleich mit dem Wegfall der Restriktion, welche die feste Bindung des Geldumlaufs an die verfügbare Menge eines Währungsmetalls implizierte, aber auch grosse Versuchungen und Risiken. Niehans' noch in den späten 1970er-Jahren geäusserte Skepsis gegenüber dem reinen Papiergeldstandard entbehrte nicht einer gewissen Berechtigung: «Nichtsdestoweniger», meinte er damals zum Waren- oder Metallgeld, «ist es unter einem praktischen Gesichtspunkt die einzige Geldart, von der man im heutigen Zeitpunkt sagen kann, sie habe in Marktwirtschaften ihre historische Probe bestanden.» (Niehans 1978/1980, S. 168) Nicht umsonst lässt sich das 20. Jahrhundert als Jahrhundert der Inflation bezeichnen.[6] Gerade die Erfahrungen der jüngsten Finanz- und Verschuldungskrise haben erneut Zweifel am herrschenden Papiergeldsystem geweckt.

Den Anhängern einer Metallwährung sei allerdings in Erinnerung gerufen, dass auch diese ihren Stabilitätsanker verlieren kann und historisch häufig verloren hat – die Währungsgeschichte ist voll von Beispielen der Münzverschlechterung und der Aufhebung und politisch opportunistischen Anpassung vermeintlich fester Metallparitäten. Wir sollten daher eine romantisierende Sicht der Metallwährungen vermeiden. Die Metallwährung basiert auf einer Selbstbindung, einer Verpflichtung der monetären Behörden, einen fixierten Metallgehalt der Währungseinheit «auf ewig»

5 Sie werden im Anhang 1 näher beschrieben.

6 «All hyperinflations in history have occurred during the 20th century, that is in the presence of discretionary paper money regimes, with the exception of the hyperinflation during the French Revolution, when the French monetary regime, too, was based on a paper money standard.» (Bernholz 2003, S. 19)

aufrechtzuerhalten. Selbstbindungen sind wertvoll und nützlich. Sie bauen Hürden auf, die vor allzu opportunistischen Anpassungen schützen. Doch sie sind letztlich immer nur so viel wert wie der hinter ihnen stehende Wille, sie wirklich zu befolgen.

Im Übrigen gibt auch die Metallwährung nicht uneingeschränkt Gewähr für Preisstabilität. Dies ist strikt genommen nur der Fall bei Konstanz der realen Strukturen des Wirtschaftssystems. Verschiebungen in der Produktivität der Metallförderung oder eine wachstumsbedingte Zunahme der periodischen Zusatznachfrage nach Währungsmetall können hingegen auch im metallischen Standard dauerhafte Veränderungen des Preisniveaus bewirken.[7] Darüber hinaus bietet gerade die schweizerische Währungsgeschichte des 19. Jahrhunderts vielfache Illustrationen dafür, dass auch mit Metallwährungssystemen Ineffizienzen und Instabilitäten verbunden sein können.

WETTBEWERB UND MONOPOL IM GELD- UND WÄHRUNGSWESEN

Die Wahl zwischen Wettbewerb und Monopol hat im Geld- und Münzwesen eine lange Tradition. Soll der Staat mit einem Währungs-, Noten- und Regulierungsmonopol ausgestattet sein oder ist umgekehrt ein freier Wettbewerb zwischen Währungs- und Geldemittenten wünschenswert? Die Frage nach Wettbewerb und Monopol stellt sich auf verschiedenen Ebenen: in fundamentalster Weise auf jener der Definition der Währungseinheit und der Ausgabe von Münzen, dann aber auch auf jener der Emission von Papiergeld in der Form von Banknoten und schliesslich auf jener der Geldschaffung in der Form von Bankdepositen. Die Währungsgeschichte der Schweiz im 19. Jahrhundert birgt einen reichen Schatz an Erfahrungen dazu.

Historisch hat sich klar die Sichtweise durchgesetzt, dass das Währungswesen Aspekte eines öffentlichen Gutes (starke Netzwerkeffekte) aufweist und deshalb zu Zentralisierung und Monopol tendiert. Auch die wissenschaftliche Beurteilung in unserer Zeit entspricht weitgehend dieser Vorstellung. Die Währungsgeschichte der Schweiz ist konsistent mit dieser Sicht. Der neue Schweizer Franken setzte sich nach seiner Einführung 1850 als nationale Währung problemlos und rasch durch. Der Wechsel vom zuvor herrschenden Münz- und Währungswirrwarr zu einer einheitlichen nationalen Währung entsprach offensichtlich einem starken Bedürfnis und trug nachhaltig zur Effizienz des schweizerischen Geld- und Zahlungssystems und zur Produktivkraft der schweizerischen Wirtschaft insgesamt bei.

7 Das bekannteste historische Beispiel dafür ist die «Preisrevolution» in Europa in der frühen Neuzeit, die durch den permanenten Zerfall der Produktionskosten von Silber in den lateinamerikanischen Kolonien Spaniens ausgelöst wurde.

In der Periode zuvor, zwischen 1820 und 1850, bot die Schweiz ein seltenes Beispiel echter Währungskonkurrenz, mit freier Wahl der Währungsdenomination, vergleichbar dem Vorschlag von Hayek 1978.[8] Das Fehlen einer nationalen Währungseinheit liess unabhängigen Notenemissionsbanken völlige Freiheit bei der Wahl der Bezugsbasis ihrer Noten. Dieser Emissionswettbewerb war insofern erfolgreich, als er mit stabiler Kaufkraft der emittierten Banknoten und dem Fehlen von Bankzusammenbrüchen und Bankkrisen einherging. Allerdings blieb die Verwendung des von den Emissionsbanken geschaffenen Geldes gering – ein Hinweis auf seine mangelnde Attraktivität und Effizienz im Gebrauch.

Mit der Einführung des neuen Schweizer Frankens im Jahr 1850 ging diese Phase zu Ende. Von 1850 bis 1881 kennzeichnete der Wettbewerb selbstständiger (privater und öffentlicher) Notenemissionsbanken das Währungssystem der Schweiz, aber jetzt bei gemeinsamer, dominanter Währung, dem neuen Schweizer Franken. Bis zum Banknotengesetz von 1881 blieb das Bankensystem aber weitgehend unreguliert. Gemessen an den Kriterien der Währungs- und Finanzstabilität brachte der Wettbewerb der Emissionsbanken in der Ära der freien Notenemission keine nachteiligen Folgen mit sich; er lässt sich insofern als erfolgreich taxieren. Diese Beurteilung wird aber wiederum dadurch relativiert, dass die Banknote lange eine relativ geringe Rolle im schweizerischen Zahlungsverkehr spielte und dass das resultierende Geldsystem in Bezug auf seine Effizienz, insbesondere die Akzeptanz und gegenseitige Anerkennung der Banknoten, durch grosse Mängel gekennzeichnet war. Daraus resultierte eine Tendenz zur Einführung gemeinsamer Qualitätsanforderungen, sei es über regulierende Eingriffe der Politik oder über Massnahmen in Form kartellartiger Vereinbarungen (Konkordate, Konvenien).

Ab 1881 waren die Banken in ihrer Reserve-, Liquiditäts-, Einlöse- und Emissionspolitik durch gesetzliche Vorgaben stark eingeengt. Von 1881 bis 1905 herrschte eine Politik eingeschränkter Bankenfreiheit: ein System mit gemeinsamer, jetzt vorgeschriebener Währung und stark reguliertem Notengeschäft, aber noch ohne staatliches Notenmonopol. Die regulatorisch bewirkte «Homogenisierung» der Banknote förderte zwar ihre Akzeptanz und die Effizienz des Geld- und Zahlungssystems. Doch vermochte der Wettbewerb in diesem Umfeld seine Disziplinierungsfunktion nicht mehr auszuüben. Es kam zur Überemission von Banknoten, zur Schwächung des Geld- und Währungssystems, und auf diesem Hintergrund schliesslich zur Gründung der Schweizerischen Nationalbank und zur Zentralisierung der Notenemission.

Ursache der Tendenz zur Zentralisierung war also letztlich das Streben nach Effizienz und Stabilität – konsistent mit der Idee des Geldes als natürlichem Monopol.

8 Dieser Vorschlag wird in Anhang 1 dargestellt und diskutiert.

Das aus dem Wettbewerb resultierende System war zwar funktionsfähig, doch bezüglich seiner Effizienz durch Mängel gekennzeichnet. Es gab deshalb zu regulatorischen Eingriffen Anlass, die ihrerseits die Basis für die disziplinierende Wirkung des Wettbewerbes zerstörten und schliesslich zur Zentralisierung führten.

DIE BEDEUTUNG MONETÄRER STABILITÄT ALS HAUPTZIEL DER ZENTRALBANKPOLITIK IM PAPIERGELDSYSTEM

Mit dem Übergang zur reinen Papierwährung ohne Bindung an das Gold oder ein anderes Währungsmetall hat sich die Stellung und Bedeutung der Zentralbank und ihrer Politik grundlegend verändert. Dies gilt für die Schweiz ebenso wie für andere Länder. Zuvor hatten die Regeln der Metallwährung mit ihrer Bindung des Geldumlaufs an die verfügbare Menge eines Währungsmetalls automatisch für die langfristige Verankerung der Geldwert-(Preisniveau-)Stabilität gesorgt. Mit dem Wegfall dieser Bindung war das nicht mehr der Fall. Die Gewährleistung und Verankerung der Geldwertstabilität wurde zur vorrangigen, zentralen Aufgabe der Zentralbanken.[9]

Die Geldschöpfungskapazität der Zentralbank im reinen Papiergeldsystem ist grundsätzlich unbegrenzt. Ein Monopol, auch ein staatliches Währungsmonopol, kann zu Missbrauch verleiten. Historische Beispiele dafür sind leicht zu finden, wenn auch zum Glück nicht in der modernen Schweiz. Wie lässt sich sicherstellen, dass die Zentralbank ihrer Verantwortung gerecht wird und der Versuchung zu Missbrauch und Überemission widersteht? Aus heutiger Sicht geschieht dies am besten durch klare verfassungsmässige und gesetzliche Normen und Vorgaben, welche die Notenbank in ihrer Politik auf ein präzises Mandat verpflichten und mit einer Rechenschaftspflicht gegenüber Öffentlichkeit und Politik verbunden sind.

In der Vergangenheit verfolgten Zentralbanken (und nannten Zentralbankmandate) häufig eine Mehrzahl von Zielen, darunter Preisstabilität, Vollbeschäftigung, Wachstum, einen stabilen Wechselkurs sowie eine ausgeglichene Zahlungsbilanz. Im Laufe der Zeit ist aber das Bewusstsein gewachsen, dass die gleichzeitige Festlegung einer Vielzahl von – miteinander häufig unvereinbaren – Zielen für die Geldpolitik eine Überforderung bedeutet. Der geldpolitische Auftrag der Zentralbank wird damit im Grunde genommen beliebig und inhaltsleer.[10] Gibt man etwa der Zentralbank

9 Die früheren Aufgaben der Zentralbankpolitik, die zu ihrer Gründung in den Metallwährungssystemen des 19. und frühen 20. Jahrhunderts geführt hatten – die Funktion eines Lenders of Last Resort für die Banken und das Bankensystem, die Förderung der Effizienz des Zahlungsverkehrs und die Gewährleistung einer angemessenen Elastizität der Geldversorgung –, haben damit natürlich nicht ihre Berechtigung verloren.

10 Gegenwärtig besteht die grosse Gefahr, dass diese fundamentale Einsicht aufgrund der durch Finanz- und Verschuldungskrise verursachten Probleme wieder in Vergessenheit gerät.

zusätzlich zur Preisstabilität ein langfristiges Beschäftigungs- und Wachstumsziel vor, so verlangt man etwas von ihr, das sie gar nicht zu leisten vermag. Das Ergebnis ist dann oft, dass weder das eine noch das andere Ziel erreicht wird.

Es ist naheliegend und logisch, die langfristige Verankerung des Preisniveaus, und damit die Gewährleistung der Preisstabilität, als Hauptaufgabe der Geldpolitik festzulegen – also jene Aufgabe in den Mittelpunkt der Geldpolitik zu stellen, die nur die Zentralbank und keine andere wirtschaftspolitische Instanz wahrnehmen kann. Die Gewährleistung der Preisstabilität ist im Papiergeldsystem die ureigene, prioritäre Aufgabe der Geldpolitik. Die Sorge für eine ausgeglichene Konjunktur kann als Zweitaufgabe subsidiär dazutreten. Die Vermeidung von Inflations- und Deflationsprozessen, und damit die Verhinderung entsprechender Erwartungshaltungen, geben der Geldpolitik aber gleichzeitig den grösstmöglichen Spielraum für die Erfüllung dieses Zusatzauftrags. Moderne Zentralbankmandate, so auch jenes der Schweiz, haben sich typischerweise diese Erkenntnisse zu eigen gemacht.[11] Die im internationalen Vergleich insgesamt äusserst erfolgreiche Geldpolitik der Nationalbank in der Ära flexibler Wechselkurse seit 1973 bietet hierbei wichtigen Anschauungsunterricht.

DIE BEDEUTUNG DER UNABHÄNGIGKEIT DER ZENTRALBANK VON DER POLITIK UND GESELLSCHAFTLICHEN INTERESSENGRUPPEN

Die Schweiz ist auch ein Beispiel für die Bedeutung der Unabhängigkeit der Zentralbank von der Politik und gesellschaftlichen Interessengruppen. Dabei ist klar, dass in einem demokratischen Staat die Zentralbankunabhängigkeit immer nur relativ sein kann. Sie kann vom Gesetzgeber gewährt, aber auch wieder aufgehoben werden. Die Unabhängigkeit nimmt die Notenbank aus dem politischen Tagesgeschehen heraus, impliziert aber umgekehrt eine klare Verantwortung gegenüber Politik und Öffentlichkeit und setzt einen präzisen Auftrag für die Notenbankpolitik voraus. Theoretische Argumente und empirische Evidenz sprechen klar dafür, dass zwischen der Unabhängigkeit der Zentralbank und der Qualität ihrer Politik, gemessen an der monetären Stabilität, ein deutlicher positiver Zusammenhang besteht. Zugleich spricht nichts dafür, dass dies – im längerfristigen Durchschnitt – auf Kosten einer unterdurchschnittlichen realwirtschaftlichen Entwicklung oder einer erhöhten Instabilität

11 Auf diesem Hintergrund gewann auch die Idee einer festen Regelbindung der Geldpolitik stark an Überzeugungskraft. Dabei wurde aber rasch klar, dass eine allzu starre und unflexible Regel weder ökonomisch optimal noch politökonomisch realisierbar ist. Eine praktikable geldpolitische Regel muss die nötige Balance zwischen kurzfristiger Flexibilität oder «Elastizität» einerseits und langfristiger Restriktion und Stabilität andererseits finden; nicht zuletzt dazu wurden die Zentralbanken ursprünglich geschaffen.

realwirtschaftlicher Grössen erreicht würde. Notenbankunabhängigkeit ist ein zentrales Instrument zur Schaffung von Glaubwürdigkeit und zur Gewährleistung einer Politik der Geldwertsicherung und monetären Stabilität. Auch dazu bietet die Geldpolitik der Schweiz während der vergangenen vier Jahrzehnte überzeugenden Anschauungsunterricht.

Besonders wichtig ist dabei die Unabhängigkeit der Geldpolitik von der staatlichen Finanzpolitik. Die Gefahr, dass die Geldpolitik ins Schlepptau der Finanzpolitik gerät und fiskalischen Motiven untergeordnet wird, stellt historisch gesehen die grösste Gefährdung für die Gewährleistung stabiler monetärer Verhältnisse dar.[12] In der Schweiz war diese Bedingung mit Ausnahme einer kurzen Periode zur Zeit des Ersten Weltkriegs stets in hohem Masse erfüllt. Es ist zu hoffen, dass dies auch in der Zukunft so bleiben wird.

FIXE VERSUS FLEXIBLE WECHSELKURSE UND DER WERT DER MONETÄREN SOUVERÄNITÄT

Die Schweiz hat in ihrer Geschichte sowohl mit fixen wie mit flexiblen Wechselkursen ausgedehnte Erfahrungen gesammelt. Solange es reibungslos funktioniert, bringt ein Fixkurssystem bemerkenswerte Vorzüge mit sich. Dies war der Fall in der Zeit des klassischen Goldstandards, ebenso in der frühen Ära des Systems von Bretton Woods. Ein Fixkurssystem setzt aber voraus, dass die Hauptakteure willens sind, eine gegenseitig konsistente Geldpolitik zu betreiben – eine Einigung auf gemeinsame Vorstellungen über die Möglichkeiten, Ziele und Verfahren der Geldpolitik –, soll es funktions- und überlebenstüchtig sein.

Letztlich bedingt ein solches System eine Verständigung nicht nur im monetären Bereich, sondern auch auf gewisse Parameter der Wirtschaftspolitik in anderen Feldern, insbesondere auf fiskalische Stabilität und die Flexibilität der Güter- und Faktormärkte. Mangelnde Bereitschaft, diese Bedingungen zu respektieren, führt zum Aufbau langfristig unhaltbarer internationaler Ungleichgewichte und zu Bemühungen, das System über administrative Massnahmen zu stabilisieren, sei es über Handelsbehinderungen und Kapitalverkehrsbeschränkungen, sei es über den Aufbau internationaler Transfermechanismen. Ein System wird damit zwangsläufig labil.

Sind diese Bedingungen nicht gegeben, kann ein Fixkurssystem ein hohes Spannungs- und Unruhepotenzial entfalten. Auch dies hat die Schweiz mehrfach und schmerzhaft erfahren: in Phasen der Lateinischen Münzunion im 19. Jahrhundert, besonders ausgiebig in der Zeit der Grossen Depression der 1930er-Jahre und später wiederum in der Endphase des Bretton-Woods-Systems. Die Schweiz hat gelernt, dass

12 Vgl. dazu die Evidenz in Bernholz 2003.

ein «Leben mit schwankenden Kursen» unter solchen Bedingungen das kleinere Übel darstellen und ein Regime flexibler Wechselkurse die attraktivere Alternative sein kann. Sind zuverlässige, international breit verankerte Überzeugungen und Verpflichtungen auf eine Stabilitätsgemeinschaft nicht erreichbar, so ist es im Zweifelsfall besser, mit den von Zeit zu Zeit möglichen Turbulenzen eines Systems schwankender Wechselkurse zu leben als mit den Gefahren eines unglaubwürdigen, «scheinkoordinierten» Systems.

Die Bewahrung der monetären Souveränität empfiehlt sich vor diesem Hintergrund als wertvolles Gut, als Option, die niemals unbedacht und leichtsinnig aufgegeben werden sollte. Sie erlaubt prinzipiell, auch beim Eingehen möglicher Fixkursverpflichtungen, die jederzeitige Rückkehr zu einem autonomen, selbst bestimmten geldpolitischen Kurs. Die Gefahren und Risiken, die mit der vorzeitigen Abgabe monetärer Souveränität an eine höhere, gemeinschaftliche Ebene verbunden sein können – ohne vorherige glaubwürdige Einigung auf gemeinsame politische und ökonomische Werte –, werden durch die gegenwärtigen Wirren der Eurozone eindrücklich belegt. Dies zeigt sich gerade im Vergleich der Europäischen Währungsunion unserer Zeit mit der Lateinischen Münzunion des 19. Jahrhunderts. Eine Abgabe monetärer Souveränität auf die Unionsebene fand damals nicht statt. Die Währungen der Teilnehmerländer blieben in ihrer Definition und gesetzlichen Grundlage national verankert. Es handelte sich lediglich um eine internationale Vereinbarung zur gemeinsamen Adoption eines bestimmten Metallwährungsstandards. Ein Austritt und die Rückkehr zu einem abweichenden währungspolitischen Kurs waren grundsätzlich jederzeit möglich und vergleichsweise einfach vollziehbar – ganz anders als in der heutigen Währungsunion in Europa.

« *Die Bundesversammlung der schweizerischen Eidgenossenschaft, in Ausführung des Artikels 36 der Bundesverfassung, beschliesst:*

Art. 1
Fünf Gramm Silber, neun Zehntheile (9/10) fein, machen die schweizerische Münzeinheit aus, unter dem Namen Franken.

Art. 2
Der Franken theilt sich in hundert (100) Rappen (Centimes). »

Art. 1 und 2 des Bundesgesetzes über das Eidgenössische Münzwesen vom 7. Mai 1850

DAS 19. JAHRHUNDERT
GELD OHNE ZENTRALE NOTENBANK

Das zentrale Ereignis der Schweizer Währungsgeschichte im 19. Jahrhundert war die Schaffung des Schweizer Frankens mit dem Münzgesetz von 1850. Zuvor war das Währungswesen der Schweiz durch einen Wirrwarr verschiedener Münzen und Währungen geprägt. Der neue Schweizer Franken entsprach einem offensichtlichen Bedürfnis und gewann rasche Akzeptanz. Er war aber im ersten halben Jahrhundert seiner Existenz durch häufige Probleme belastet und blieb bis Anfang des 20. Jahrhunderts ein in gewissen Phasen zur Schwäche neigendes Anhängsel des französischen Franc.

2 MÜNZWIRRWARR UND WÄHRUNGSWETTBEWERB

DAS SCHWEIZER GELD- UND FINANZWESEN VOR 1850

1

2

Helvetik

In der Helvetik wurde zum ersten Mal versucht, den Münzwirrwarr in der Schweiz zu beenden, indem die Münzprägung zentralisiert wurde. Als Einheit wurde der Schweizer Franken geschaffen. Das auf Silber und dem Dezimalsystem beruhende Münzsystem entsprach in den Grundzügen dem französischen System. Es bestand aus Franken, Batzen und Rappen, wobei 1 Franken 10 Batzen oder 100 Rappen entsprach. Die 1-, 2-, und 4-Frankenmünzen sowie die 5- und 10-Batzenmünzen bestanden aus Silber. Goldmünzen (2er- und 1er-Duplonen) konnten von Privaten geprägt werden, wobei 1 Duplone 16 Schweizer Franken entsprach.

Die Münzreform scheiterte aufgrund des politischen Widerstands gegen die helvetische Verfassung und weil die Mittel nicht bereitgestellt wurden, die alten Münzen einzuziehen und genügend neue, höherwertige Münzen zu prägen.

3

4

5

6

Mediation und Bundesvertrag von 1815

Schon während der Helvetik hatten die Kantone eine grosse Menge Scheidemünzen geprägt. Mit der neuen Verfassung (Mediationsakte) fiel das Prägerecht von vollwertigen Münzen auch de jure wieder an die Kantone zurück. Für die Prägung von Scheidemünzen gab es zwar noch eidgenössische Bestimmungen, an die sich die Kantone aber in unterschiedlichem Ausmass hielten. Mit dem Bundesvertrag von 1815 ging die Münzprägung voll an die Kantone über. Problematisch waren die grosse Zahl unterschiedlichster Scheidemünzen und der Mangel an Kurantmünzen, die oft aus dem benachbarten Ausland stammten.

Banknoten spielten in der schweizerischen Geldwirtschaft in der ersten Hälfte des 19. Jahrhunderts und darüber hinaus eine untergeordnete Rolle. Verschiedene private Banken emittierten Noten, die auf unterschiedliche Währungen lauteten. Die 1837 eröffnete Bank in Zürich beispielsweise gab ihre Noten in Brabantertalern heraus. Die 10er- und 100er-Noten wurden in Zürich gedruckt.

CANTON ZURICH
10 BATZ.

7

RESPUBLICA BERNENSIS

8

DEUS PROVIDEBIT
1829

9

RESPUBLICA BERNENSIS

10

REGNE DE LA LOI
CONSTI TUTION
40 BZ.
L'AN 4 DE LA LIBERTE

11

DE GENEVE REP. ET CANTON

12

POST · TENEBRAS · LUX
13

REP·ET CANT·
25
CENTIMES
1844
DE GENEVE
14

CANTONE DER SCHWEIZ
C
15

CANTON DE VAUD 1827
LIBERTE
ET
PATRIE
1·BATZ

16

CANTON SOLOTHURN
S O
1 BATZ

17

CANTON BASEL
1·BATZ·

18

DIE CONCORDIER
ONE DER SCHWEIZ
C

19

CONFEDERAZ. SVIZZERA
XIX CANT
1. FRANCO

20

ALEXANDRE PRINCE DE NEUCHATEL

21

NAPOLEON EMPEREUR.
Tiolier

22

RÉPUBLIQUE FRANÇAISE.
20
FRANCS.
A
1807.

23

Thlr. 10
BANK
Gegen Aus
werden de
Zehn Br
Der Praesident:
Ungültig
No

1 G
1826

24

MAXIMILIAN IOSEPH CHURFURST ZU PFALZ BAIERN

25

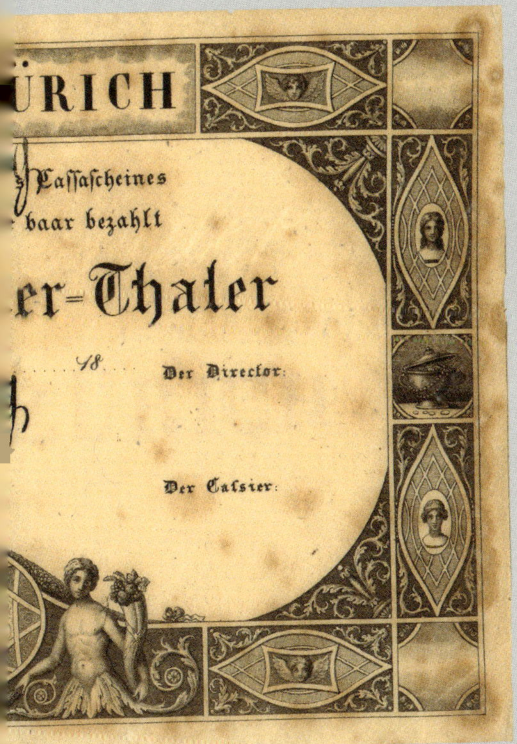
ÜRICH
Cassascheines
baar bezahlt
er-Thaler
18
Der Director:
Der Cassier:

26

1 Helvetik, Goldduplone 1800
2 Helvetik, 10 Batzen 1798
3 Helvetik, 10 Batzen 1801
4 Helvetik, Batzen 1800
5 Helvetik, Rappen 1802
6 Zürich, Dukat 1810
7 Zürich, 10 Batzen 1812
8 Bern, 4 Dukaten 1825
9 Bern, Duplone 1829
10 Bern, Neutaler 1823
11 Bern, Laubtaler (französischer Écu 1792 tarifiert mit Berner Gegenstempel) 1816/19
12 Genf, Sol 1825
13 Genf, 5 Francs 1848
14 Genf, 25 Centimes 1844
15 Aarau, Konkordanzbatz 1826
16 Waadt, Konkordanzbatz 1827
17 Solothurn, Konkordanzbatz 1826
18 Basel, Konkordanzbatz 1826
19 Freiburg, Konkordanzbatz 1827
20 Tessin, Franken 1813
21 Neuenburg, 2 Francs 1814
22 Frankreich, Franc 1811
23 Frankreich, 20 Francs 1807
24 Baden, Ludwig I., Grossherzog von Baden, Gulden 1826
25 Bayern, Konventionstaler 1805
26 Bank in Zürich, 10 Brabantertaler

Das schweizerische Finanzsystem und die Schweizer Währung, wie wir sie heute kennen, sind im Wesentlichen im Verlauf der letzten zwei Jahrhunderte entstanden, mehr oder weniger synchron mit der Entwicklung der modernen Schweiz im 19. und 20. Jahrhundert. Entscheidend in mancherlei Hinsicht war die Gründung des schweizerischen Bundesstaates mit der Bundesverfassung von 1848 und der anschliessenden Reform des Währungswesens von 1850. Aber schon die Vorgeschichte, die auf diese Ereignisse hinführte, verdient grosse Beachtung, wenn wir die umwälzenden Geschehnisse der nachfolgenden Zeit verstehen wollen.

VIELZAHL VON WÄHRUNGEN, MÜNZEN ALS ZAHLUNGSMITTEL, ERSTE BANKNOTEN

Bis zur Währungsreform von 1850 fehlte in der Schweiz, abgesehen von einem kurzen Zwischenspiel zur Zeit der Helvetik um die Wende vom 18. zum 19. Jahrhundert, eine eigene, nationale Währung. Der Zahlungsverkehr war durch den Gebrauch einer verwirrenden Vielzahl von Münzen und Währungen sowohl ausländischer wie inländischer Herkunft geprägt – Dublonen, Dukaten, Franken, Gulden, Pfund, Schilling, Pfennig, Batzen, Kronen, Taler, Neutaler, Sonnentaler, Adlertaler, Bluzger und wie sie alle hiessen.[13] Solche Verhältnisse hatten das Geldwesen in der Schweiz, wie auch anderswo in Europa, während Jahrhunderten geprägt.

Die Münzhoheit hatte sich auf dem Gebiet der Schweiz vom ausgehenden 14. Jahrhundert an bis ins 16. Jahrhundert mehr und mehr von geistlichen und adeligen Herrschaften auf Stadt- und Landsgemeinderepubliken verlagert. Da die Schweiz nur über ungenügende Silber- und Goldvorkommnisse verfügte, musste der zur Prägung notwendige Rohstoff stets importiert werden. Dies sowie die zunehmende wirtschaftliche Verflechtung mit den umliegenden Ländern förderte die wachsende Verbreitung ausländischer Münzen. Neben dem Wirrwarr der Geldsorten waren die Gefahren der Fälschung, der Abnutzung und der Münzverschlechterung Konstanten in der Geschichte des Münzgeldes. So sank etwa in Luzern der theoretische Feingehalt eines Rechnungsguldens vom Beginn des 15. bis zum Ende des 18. Jahrhunderts von 5,32 Gramm auf 0,82 Gramm Gold oder von 40,11 Gramm auf 9,61 Gramm Silber.[14]

Seinen ersten Auftritt als nationale Währung der Schweiz hatte der Franken 1798 auf eher unfreundliche Art: Er wurde den Eidgenossen zur Zeit der Helvetik im Zei-

13 Anlässlich der Münzreform der Jahre 1851/52 wurden über 300 nach Nennwert, Metallwert und Prägung unterschiedliche inländische Münzsorten zur Einlösung eingereicht, dazu zahlreiche ausländische Sorten.

14 Dazu und zum Geldwesen in der Alten Schweiz vgl. Körner 1991. Eine detaillierte Übersicht über das Münzgeld der Alten Schweiz zwischen 1500 und 1800 gibt Furrer 1995.

chen der Fremdherrschaft aufgezwungen. Unter französischer Aufsicht entstand der erste Versuch, für die Schweiz ein einheitliches Geldsystem zu schaffen. Die Zentralregierung erhielt das alleinige Recht, Münzen zu prägen; als Münzstandard wurde derjenige von Bern gewählt. Die Grundeinheit des neuen Systems sollte der Schweizer Franken, geteilt in 10 Batzen oder 100 Rappen, sein.[15]

Nach dem Scheitern der Helvetischen Republik fiel die Münzhoheit 1803 mit der Mediationsakte von Napoleon wieder den Kantonen anheim. Einige Kantone hielten am Franken fest, andere kehrten zu anderen Währungseinheiten zurück. Der Münzumlauf der Zeit bestand wertmässig zum grössten Teil aus ausländischem «Kurantgeld», d.h. vollwertigen Silber- und Goldmünzen, sowie einer Vielzahl verschiedener kantonaler, meist stark unterwertiger «Scheidemünzen» – Münzen, deren innerer Metallwert geringer als der aufgeprägte Nominalwert war.[16] Die inländischen Münzen und Geldsorten waren in hohem Mass durch Münzverschlechterung und qualitative Ungewissheit – Unsicherheit über Echtheit und Metallgehalt – gekennzeichnet. Die Kantone publizierten Listen offizieller Wechselkurse, die nicht immer konsistent miteinander waren und zu Arbitragemöglichkeiten Anlass geben konnten. Diese «offiziellen» Tarife hatten aber nur für offizielle Transaktionen (der öffentlichen Gemeinwesen) verbindlichen Charakter. Vor allem für grosse Zahlungen und langfristige Verträge wurden inländische Währungseinheiten gemieden. Es ist offensichtlich, dass diese Verhältnisse den Handels- und Zahlungsverkehr stark erschwerten.

1819 wurde zwar der «alte Schweizer Franken», definiert als 6,665 Gramm Silber, von 19 der 24 Kantone eingeführt. Es existierten aber keine Frankenmünzen, der Schweizer Franken blieb also eine reine «Rechenwährung» und wurde lediglich im Verkehr der Kantone untereinander und als Referenz für die Einordnung anderer Münzen benutzt. Empfänger dieser Währung blieben der Gefahr ausgesetzt, in Silbermünzen unterschiedlicher Herkunft und Qualität ausbezahlt zu werden.[17] Nach Halbeisen und Müller (1998, S. 67 f.) gingen zwar die Klagen über den Münzwirrwarr ab den 1830er-Jahren mit einer Stabilisierung des Scheidegeldumlaufs und der zunehmenden Dominanz des süddeutschen Guldensystems im Osten der Schweiz zurück. Die Vielzahl der Münzfüsse und -sorten sowie die zum Teil unrichtigen Wertungen in den Tarifen der Kantone blieben aber weiterhin ein Ärgernis.

15 Zum Schweizer Münzwesen von 1648 bis in die Gegenwart vgl. Neumann 1991.

16 Halbeisen und Müller 1998, S. 65. Zum Geldwesen dieser Epoche vgl. u. a. Blaum 1908, Schlesinger 1936 und Weisskopf 1948.

17 Pestalozzi 1839 («Die Münzwirren der westlichen Schweiz nebst dem Versuche ihrer Lösung») gibt beispielhaft Zeugnis für die Schwierigkeiten, die sich aus diesem unübersichtlichen Geldsystem für die Wirtschaft ergaben und die Meinungs- und Interessengegensätze, welche die Bemühungen um seine Überwindung erschwerten.

1825 wurden in der Schweiz die ersten Banknoten emittiert, und zwar von der Deposito-Cassa der Stadt Bern. In den anschliessenden Jahrzehnten wurde eine Reihe weiterer Notenbanken gegründet (aufgrund der von ihnen ausgegebenen Noten oder «Zettel» auch Zettelbanken genannt). Die Banknote blieb allerdings in der ersten Hälfte des Jahrhunderts als Zahlungsmittel von untergeordneter Bedeutung. Interessant ist, dass das Fehlen einer nationalen Währungseinheit den Notenemissionsbanken völlige Freiheit in der Wahl der Währungsdenomination ihrer Noten liess. Erst mit dem Banknotengesetz von 1881 sollte der (neue) Schweizer Franken gesamtschweizerisch als Währungseinheit vorgeschrieben werden (in einigen Kantonen allerdings schon etwas früher über kantonale Gesetze). Es herrschte also bis zu diesem Zeitpunkt ein freier Währungswettbewerb der Art, wie er von Hayek 1978 vorgeschlagen wurde.[18]

ENTWICKLUNG DES BANKWESENS IN DER SCHWEIZ

Das schweizerische Bankwesen entwickelte sich im europäischen Vergleich relativ spät, im Wesentlichen in der ersten Hälfte des 19. Jahrhunderts.[19] Privatbanken in verschiedenen Städten, insbesondere Genf, spielten zwar schon im 18. Jahrhundert und früher eine bemerkenswerte Rolle in der internationalen Vermögensverwaltung und im Kapitalexport. Wichtige Vorläufer, die den grossen Girobanken europäischer Handelsstädte (etwa in Italien, England, Deutschland oder den Niederlanden) vergleichbar gewesen wären, fehlten jedoch.

Zur Begründung für diese vergleichsweise späte Entwicklung weist Ritzmann auf die speziellen Geld- und Kapitalmarktverhältnisse der alten Eidgenossenschaft hin, die bis weit ins 18. Jahrhundert hinein nur eine bescheidene Nachfrage nach Kredit- und Bankdienstleistungen aufkommen liessen.[20] Zwar gehörte die Schweiz bereits im 18. Jahrhundert zu den relativ stark industrialisierten Ländern Europas. Besonders in der Textilindustrie hatte sie schon früh eine führende Position erworben. Darüber hinaus aber herrschte eine landwirtschaftliche und handwerkliche Wirtschaftsstruktur mit hohem Selbstfinanzierungsgrad vor. Die private Kreditnachfrage konnte in diesem Umfeld über direkte Investitionen und einfache Geldwechsler leicht befriedigt werden. Im Gegensatz zum umliegenden Ausland, wo Fürsten und Monarchen bedingt durch einen aufwendigen Regierungs- und Lebensstil und hohe Kriegsausgaben

18 Der Vorschlag von Hayek wird in Anhang 1 beschrieben.

19 Zur schweizerischen Bankengeschichte existiert eine sehr umfangreiche Literatur; vgl. (unter vielen anderen) Iklé 1970, Ritzmann 1973, Cassis 1991, Körner 1993 und aus neuerer Perspektive Straumann 2006.

20 Vgl. Ritzmann 1973, S. 14 ff. Noch 1835 veranstaltete die Schweizerische Gemeinnützige Gesellschaft unter ihren Zweigvereinen eine Umfrage zur Abklärung des Bedürfnisses, der Nützlichkeit und der besten Form eines schweizerischen Bankwesens.

eine wachsende Schuldenwirtschaft betrieben, blieb zudem der Verschuldungsgrad der Schweizer Städte und Gemeinden sehr gering. Es fehlte somit auch eine nennenswerte öffentliche Kreditnachfrage, die durch Banken hätte befriedigt werden können. Die öffentlichen Gemeinwesen entwickelten im Gegenteil zunehmend Gläubigerpositionen und akkumulierten teilweise hohe Staatsschätze mit resultierenden «Anlagesorgen». Das Söldnerwesen mit dem schweizerischen Reisläufer als erfolgreichem «Exportartikel» spielte dabei eine wichtige Rolle.

Im europäischen Ausland war die Entstehung eines modernen Bankwesens stark mit der Handelsfinanzierung sowie mit dem Kreditbedarf des Staates verbunden. Als Kreditgeber für Staat und Monarchen wurden die Fugger und Welser in Augsburg, die Medici in Florenz und die Amsterdamer Banken gross. Die Gründung der Bank of England 1694 diente der Finanzierung des Kriegs von Wilhelm von Oranien gegen Louis XIV., jene der Banque Royale in Frankreich durch den Schotten John Law erfolgte in Hinblick auf die Übernahme der gesamten französischen Staatsschuld im Jahr 1719.[21]

18. JAHRHUNDERT: BANKEN ALS ORGANISATOREN DES KAPITALEXPORTS

Die Eidgenossenschaft des 18. Jahrhunderts war also nicht durch Kreditknappheit geprägt, sondern eher durch einen Überfluss an Anlagemitteln, durch hohe Kassamittel, die Anlagemöglichkeiten suchten. Man fand diese zunehmend im Kapitalexport. Die wenigen Schweizer Banken des 18. Jahrhunderts hatten primär die Aufgabe, Möglichkeiten der Finanzanlage zu schaffen und den Kapitalexport zu organisieren. So entstand etwa in Bern im Jahr 1702 das Bankhaus Malacrida; es spezialisierte sich auf Auslandanlagen für den Staat Bern, insbesondere in England und den Niederlanden. 1720 geriet die Bank allerdings in den Strudel der «Southsea Bubble» und kam nach hohen spekulativen Verlusten bereits wieder zu Fall. Der Staat Bern pflegte jedoch den Kapitalexport weiter. Die Akkumulation grosser Auslandguthaben mit entsprechend hohen Zinseinnahmen erlaubte ihm später die Realisierung bedeutender Investitionsprojekte zu Hause, etwa den Bau des Kornhauses, des Inselspitals, des Waisenhauses oder der Stadtbibliothek.

Ähnlich in Zürich: Eine im Jahr 1747 geschaffene «Zürcher Zinskommission» regte die Gründung einer Staatsbank an, die überschüssige Mittel im Ausland, «soweit

21 Sie sollte zu einer der grössten Finanzblasen, der sogenannten «Mississippi Bubble», und nach deren Platzen zu einer der grössten Finanzkrisen der Weltgeschichte führen. Die französische Staatsschuld wurde unter John Law durch den Übergang zu einem hoch inflationären Papiergeldregime völlig entwertet. Fast parallel dazu entwickelte sich in England die «Southsea Bubble», welche 1720 mit dem Zusammenbruch der South Sea Company ebenfalls im Debakel endete.

menschliche Einsicht hinreicht, an sicheren Orten», anlegen sollte (Ritzmann 1973, S. 19). So entstand 1755 die Bank Leu & Co. Sie emittierte Obligationen zu 3 bis 3,5 Prozent und besass Anlagen in englischen, französischen, dänischen, österreichischen, württembergischen und sächsischen Staatsanleihen. Auch Basel und insbesondere Genf erlebten eine ähnliche Entwicklung, Genf nicht zuletzt unter dem Einfluss hugenottischer Zuwanderer und mit starken Beziehungen zu Frankreich. Genfer und andere Privatbankiers wurden so allmählich zu bedeutenden Akteuren in der internationalen Finanzwelt. Die Tätigkeit dieser frühen Bankhäuser der Schweiz lag also vorwiegend im Ausland. Ritzmann sieht darin die Basis für den zukünftigen Aufstieg des schweizerischen Bankensektors und dessen Ausrichtung auf das internationale Vermögensverwaltungsgeschäft: «Die eigentlichen Kreditgeber der alten Eidgenossenschaft waren die Städte, die Patrizier, die Zünfte. Sie bedurften keiner Banken, es sei denn zum Zwecke des Kapitalexports.» (Ritzmann 1973, S. 22)

Der kurzfristige Wechselkredit hatte Bedeutung für die Finanzierung des internationalen Warenverkehrs. Darüber hinaus aber spielte die kurzfristige Kreditgewährung eine untergeordnete Rolle. Der Zahlungsverkehr erfolgte weitgehend mittels Münzen, ausgegeben durch obrigkeitliche Münzherren, ohne bedeutenden Beitrag von Banken.

DIE SPARKASSENBEWEGUNG

Erst zu Beginn des 19. Jahrhunderts begann sich die Bankenlandschaft zu ändern. In der Zeit nach den napoleonischen Kriegen, zwischen 1815 und 1830, kam es in ganz Westeuropa zu einer Welle von Gründungen einer damals neuen Form von Finanzinstituten, der Sparkassen.[22] In Grossbritannien entstanden in kürzester Zeit gegen 500 solcher Institute, in Frankreich 300, in Deutschland 150 und in der Schweiz etwa 100. Kleine, regional begrenzt tätige Institute mit Sparheft und Hypothekarkredit als Hauptinstrumenten sollten das Los der Armen verbessern und diesen durch freiwilliges Banksparen mehr Sicherheit gegenüber Einkommens- und anderen Risiken gewähren. Ein eigentliches Gründungsfieber brach aus, getragen von einer ideologischen Bewegung mit hohem sozialpolitischem Idealismus und moralisch-religiösem Kern. In England spielten Autoren wie Jonathan Swift und Daniel Defoe bei der Verbreitung dieser Idee eine wichtige Rolle, in der Schweiz wurde sie unter anderem von Jeremias Gotthelf literarisch verarbeitet.[23]

22 Dazu, und zu den nachfolgenden Ausführungen, vgl. Ritzmann 1973, S. 23 ff.

23 In der Erzählung Hans Jakob und Heiri oder die beiden Seidenweber, geschrieben anlässlich der Gründung der Basellandschaftlichen Hypothekenbank, «um diesem heilsamen Institute noch grössere segensreiche Ausdehnung und Wirksamkeit unter der ärmeren Klasse zu verschaffen, um noch manchen Batzen mehr zu retten, der durch die Gurgel rinnt oder im Wind verfliegt, damit er wuchere und zum Franken wachse …» (vgl. Ritzmann 1973, S. 23).

Vorläufer dieser Sparkassen waren einige noch vor 1815, zum Teil schon im 18. Jahrhundert, in Städten (häufig von privaten Vereinen oder Gesellschaften) als paternalistische Wohlfahrtseinrichtungen für die einfachen Klassen gegründete «Dienstbotenkassen», beispielsweise die Dienstenzinscassa in Bern 1787, die Société Economique in Genf 1789, die Zinskasse Basel 1792 oder die Sparkasse der Stadt Zürich 1805 (gegründet durch die Hülfsgesellschaft in Zürich). Diese Kassen hatten noch stark den Charakter von Sparvereinen und Versorgungsinstitutionen: Ziel war die Förderung und Verwaltung von Sparguthaben der «dienenden Klasse», verbunden mit dem Gedanken der Lebensversicherung und der Altersvorsorge. Die Kassen waren nur offen für Angehörige bestimmter Gruppen und Berufe. Spareinlagen wurden als eine Art Vorsorge- und Versicherungskapital verstanden, Rückzahlung war nur in Notfällen und nach Überschreitung einer bestimmten Altersgrenze erlaubt. Geöffnet für Einzahlungen und Rückzüge (nach vorheriger Kündigung) waren diese Einrichtungen nur an wenigen Daten, beispielsweise zweimal pro Jahr.

In der Zeit nach 1815, also in der Periode der Restauration und der Regeneration, verbreiteten sich die Sparkassen nicht nur in den Städten, sondern rasch auch in der Landschaft. Die gewerbliche Arbeit drang in dieser Zeit von den Städten in die ländlichen Gebiete vor. Die Textilindustrie begann sich zu mechanisieren, die ländliche Heimindustrie erlebte ihre Blütezeit und die Geldwirtschaft breitete sich mehr und mehr aus. Industrialisierung und der Zusammenbruch der aristokratischen Ordnung erhöhten die soziale Mobilität und schufen neue wirtschaftliche Aufstiegs- und Verdienstmöglichkeiten. Die Vermögensverhältnisse der einfachen Bevölkerung verbesserten sich und es entstand das Bedürfnis nach sicherer, zinstragender Anlageform für ihre Vermögensersparnisse. Die Kehrseite der sozialen Mobilität war das Risiko des gesellschaftlichen und wirtschaftlichen Abstiegs. Die Auflösung der patriarchalischen Grossfamilie erhöhte das Bedürfnis nach wirtschaftlicher Absicherung und trug so zur Popularisierung der Sparförderung bei.

Die überall, häufig auf gemeinnütziger und genossenschaftlicher Basis entstandenen Sparkassen können als Reaktion auf diese Bedürfnisse gesehen werden. Sie boten der einfachen Bevölkerung eine (im Vergleich zum Bargeld bessere) Vermögensanlage und suchten zugleich das Bedürfnis nach Sicherheit zu befriedigen. Sicherheit, nicht nur in der Erhaltung des Kapitals, sondern auch bezüglich der Zinseinkommen, wurde grossgeschrieben. Vielerorts wurde sie von neuen Sparkassengesetzen verordnet, etwa durch Festlegung eines fixen Zinssatzes für Spareinlagen, der sich typischerweise zwischen 3 und 4 Prozent bewegte, und durch die Beschränkung der Anlagen auf risikoarme Anlageformen wie Anlagen bei der Bank of England oder sichere Staatspapiere. Da in der Schweiz keine nennenswerte Staatsschuld existierte, dienten bei den Inlandanlagen vor allem Hypothekaranlagen diesem Zweck. Der schweizerische Hypothekarmarkt war allerdings bis 1850 ohnehin gesättigt. Das Aktivgeschäft galt daher – bei fixiertem Passivzins – als «Plage» der Sparkassen.

Das Liquiditätsrisiko spielte für diese Kassen keine grosse Rolle, da Abzüge vorher angekündigt werden mussten. Es gab eher das Problem überschüssiger liquider Mittel, für die Anlagemöglichkeiten gesucht werden mussten.

Ritzmann kommt zusammenfassend zu folgender Beurteilung des volkswirtschaftlichen Nutzens der Sparkassenbewegung: Er lag

> *«anfänglich nicht auf der Kreditseite; denn der Hypothekarmarkt war bis gegen die Mitte des 19. Jahrhunderts übersättigt, es bestand kein Bedürfnis nach zusätzlichem Kreditangebot. Dagegen boten die Sparkassen eine Vermögensanlage für die unteren Einkommensschichten, nach der im Zuge der Industrialisierung ein stets wachsendes Bedürfnis entstand. Die Sparkassen erfüllten somit für die Arbeiterklasse des 19. Jahrhunderts eine ähnliche Funktion wie die Privatbanken und halb- oder ganzstaatlichen Kapitalexportbanken für die Aristokratie des 18. Jahrhunderts.»*
> (Ritzmann 1973, S. 36)

Möglicherweise sind durch die Sparkassen auch die realen Ersparnisse, also die Kapitalbildung, erhöht worden. In erster Linie ging es aber um eine Substitution von gehorteten Münzen gegen verzinsliche Spardepots. Die Entwicklung des Sparkassensektors korrelierte regional sehr stark mit dem Industrialisierungsgrad; über die Zeit ist auch eine deutliche Abhängigkeit von der Konjunktur festzustellen, mit einem Rückschlag in der Rezessionszeit der 1840er-Jahre und einer neuen Gründungswelle in den 1850er-Jahren. Nach 1850 verloren die Sparkassen als Folge der Konkurrenz mit neuen, damals entstehenden Bankformen zunehmend ihren ursprünglichen Charakter von sozialpolitischen Einrichtungen mit moralisch-ethischer Motivation. Viele Kassen schieden in diesem Wandlungsprozess aus.

«NOTEN- UND ZETTELBANKEN»: DIE ERSTEN NOTENBANKEN

Die ersten Banknoten wurden in der Schweiz 1825 von der im gleichen Jahr gegründeten Deposito-Cassa der Stadt Bern emittiert. Gründerin dieser Bank war die Stadt Bern, damals noch unter aristokratischem Regime. Ihr Hauptzweck war die Verwaltung des städtischen Finanzvermögens.

Das Banknotengeschäft der Deposito-Cassa blieb indessen gering und auch im Vergleich zu jenem der nach ihr gegründeten schweizerischen Banken unbedeutend. Dies hatte unter anderem damit zu tun, dass ihre Banknoten – jedenfalls anfänglich – im wenig populären und kaufkraftmässig unsicheren «alten Schweizer Franken» denominiert waren, der 1819 zwar von 19 der 24 Kantone eingeführt worden war, aber stets eine reine Recheneinheit blieb, ohne Prägung von Frankenmünzen. Zudem waren die

Noten von zeitlich begrenzter Gültigkeit und relativ hohem Nennwert (500 alte Schweizer Franken = 3,3 Kilogramm Silber). Gerade im ländlichen Kanton Bern blieb ihr Gebrauch daher auf grosse Transaktionen und den «Aussenverkehr» beschränkt. Es handelte sich faktisch mehr um eine Art gut handelbares Wertpapier.

Die Pariser Revolution von 1830 löste auch in der Schweiz in vielen Kantonen politische Umwälzungen aus. Es folgte die Phase der Regeneration und der Liberalisierung verschiedener Kantonsverfassungen. Die Herrschaft des Patriziats und der Zünfte kam zu ihrem Ende, die Handelsfreiheit setzte sich durch. Dadurch wurden starke wirtschaftliche Impulse ausgelöst: Es kam zur Realisierung bedeutender Infrastrukturinvestitionen in den Städten und zu einer kräftigen Belebung des Binnen- und Aussenhandels. Als Folge entstand auch eine Zunahme der Nachfrage nach Zahlungsmitteln und nach Handelskrediten. Mit der Errichtung von Diskont- und Notenbanken nach ausländischem Vorbild versuchte man, diesen Bedürfnissen gerecht zu werden. Der Zahlungsverkehr sollte durch Wechseldiskont[24] und Notenemission modernisiert und erleichtert werden (Ritzmann 1973, S. 37 f.).

In Bern wurde 1834 vom Staat Bern, jetzt unter neuer, liberaler Regierung, die Kantonalbank von Bern als staatliche Notenbank gegründet. Ihre Noten waren in französischen Francs denominiert und es wurden auch kleine Noteneinheiten (in der Denomination von 1 Écu, dem französischen silbernen Fünffrankenstück) emittiert. Die Nachfrage blieb aber trotzdem gering. Die Bank entsprach offenbar zumindest anfänglich den Wirtschaftsbedingungen des Kantons nicht besonders gut und entwickelte sich eher schlecht. Sie arbeitete in erster Linie mit eigenen Mitteln (die auch 1850 noch zwei Drittel der Passiven ausmachten), die Notenemission blieb klein, wenn auch etwas grösser als jene der Deposito-Cassa.

In der Folge wurden auch in Zürich, St. Gallen, Basel und Genf (in dieser Reihenfolge) die ersten Handels- und Notenbanken als private Aktienbanken eröffnet: 1837 die Bank in Zürich und die Bank in St. Gallen, 1844 die Bank in Basel und 1846 die Banque du Commerce de Genève. Zürich war wie St. Gallen zu dieser Zeit zwar kleiner als Basel und Genf, doch erfolgte die Gründung von Handelsbanken in diesen Städten rascher, weil die Industrialisierung hier früher stattfand und die Städte weniger von alteingesessenen Privatbanken dominiert waren. Die vorgesehenen Geschäftskreise für all diese Banken waren der Diskont von Handelswechseln, die Notenemission, Giro- und Inkassodienste sowie die Depotbetreuung. Bis zu den Anfangsjahren des Eisenbahnzeitalters, das in der Schweiz nach der Währungsreform von 1850 einsetzte, entwickelten sich die Geschäfte aber auch hier sehr schleppend. Das

24 Unter Wechseldiskont versteht man kurzfristige Kreditgewährung durch die Übernahme (Diskontierung) von Handelswechseln vor ihrer Fälligkeit gegen einen Abschlag (Diskont). Zum Begriff des Handelswechsels siehe Anhang 3 (unter Real-Bills-Doktrin).

Diskont- und das Notenemissionsgeschäft blieben schwach, immerhin aber wesentlich bedeutender als bei den Banken in Bern. Der Notenumlauf blieb zum Teil geringer als der Kassabestand der Banken. Die Währungseinheit bei der Bank in Zürich war der Brabantertaler, bei der Bank in St.Gallen der Reichsgulden, bei den Banken in Basel und Genf der französische Franc. Es wurden auch kleinere Noteneinheiten ausgegeben. Auch hier blieb die Nachfrage nach diesen jedoch zunächst begrenzt (siehe Tabellen 1 und 2).

TABELLE 1
Die Schweizer Emittenten von Papiergeld, 1825–1850/52

Emittent	[a] Jahr	Eigentümer	Währungseinheit	[b] Banknotenzirkulation am Ende des Jahres 1830	1840	1850
1. Deposito-Cassa der Stadt Bern	1825 1825	Stadt Bern	Alter Schweizer Franken	88	170	87
2. Kantonalbank von Bern	1834 1834	Kanton Bern	Écu	–	217	200
3. Bank in Zürich	1836 1837	Privat	Brabantertaler	–	873	1651
4. Bank in St.Gallen	1837 1838	Privat	Reichsgulden	–	[c] 598	[d] 1967
5. Bank in Basel	1844 1845	Privat	französischer Franc	–	–	1179
6. Banque du Commerce de Genève	1846 1846	Privat	französischer Franc	–	–	2025
7. Banque Cantonale Vaudoise	1845 1847	Gemischt	Écu	–	–	350
8. Banque de Genève	1848 1848	Gemischt	französischer Franc	–	–	328

a **Obere Zeile:** Jahr der Gründung; **untere Zeile:** Jahr der ersten Notenausgabe
b 1000 Schweizer Franken
c September-Durchschnitt
d September-Oktober-Durchschnitt

Quelle: Weber 1988, S. 462, basierend auf Jöhr 1915

Die schleppende Entwicklung des Notengeschäfts widerspiegelt die damaligen Verhältnisse in ganz Kontinentaleuropa. Die Zahlungsmittel bestanden auf dem Kontinent bis zur Mitte des 19. Jahrhunderts fast völlig aus Münzen (vor allem Silbermünzen), die es in fast unüberschaubarer Vielfalt gab. Ein wichtiger Faktor dabei war die starke Zersplitterung der Währungsgebiete, welche der Verbreitung des Bankengeldes äusserst hinderlich war. Eine grossflächige, überregionale Verwendung der Noten konnte sich so kaum entwickeln. In Frankreich und dem von ihm beeinflussten Kulturraum

TABELLE 2
Schweizer Banknotenzirkulation, 1826–1850[a]

Jahr	Bank in Zürich	Alle Banken
1826	–	35
1827	–	71
1828	–	90
1829	–	50
1830	–	58
1831	–	84
1832	–	40
1833	–	23
1834	–	87
1835	–	181
1836	–	458
1837	–	335
1838	553 [b]	1171
1839	1027 [c]	1991
1840	1073	2050
1841	1349	2472
1842	1486	2720
1843	1472	2711
1844	1321	2564
1845	1288	2929
1846	1120	3737
1847	975	3937
1848	1062	5575
1849	1321	6556
1850	1587	7582

a 1000 Schweizer Franken. Jährliche Durchschnitte der Monatszahlen
b 1837/38
c Durchschnitt der Endjahreswerte von 1838 und 1839

Quelle: Weber 1988, S. 469, basierend auf Bleuler 1913 und Jöhr 1915

war das Papiergeld seit dem katastrophalen Experiment von John Law[25] ohnehin völlig diskreditiert, und ein zweiter Versuch mit Papiergeld zur Zeit der französischen Revolution (die Ausgabe der sogenannten Assignaten) hatte ebenfalls in Inflation und Desaster geendet.

Im Gegensatz dazu standen die Verhältnisse in Grossbritannien. Hier waren Banknoten und ihr Gebrauch seit Längerem verbreitet. Schon gegen 1800 machten Münzen weniger als die Hälfte des gesamten Geldumlaufs aus. Die Banknote wurde in der ersten Hälfte des 19. Jahrhunderts vielmehr ihrerseits bereits von den Depositen- oder Sichtguthaben als Zahlungsmittel bedrängt. Gemäss Cameron 1967 machten in

25 Vgl. Fussnote 21.

TABELLE 3
Prozentanteile am Geldumlauf in England und Wales

	1688	1750	1775	1800	1811	1821	1831	1844	1855	1875	1913
Münzen	83	75	62	40	20	24	30	25	23	19	11
Noten	17	25	38	50	60	43	29	20	12	6	4
Depositen	–	–	–	10	20	33	41	55	65	75	85
	100	100	100	100	100	100	100	100	100	100	100

Quelle: Ritzmann 1973, S. 40, basierend auf Cameron 1967

England und Wales im Jahr 1800 Münzen 40 Prozent, Noten 50 Prozent und Depositen 10 Prozent des Geldumlaufs aus. 1844 waren die entsprechenden Werte für Münzen 25 Prozent, für Noten 20 Prozent und für Depositen 55 Prozent (siehe Tabelle 3).

Ritzmann (1973, S. 40) sieht in der unterschiedlichen Evolution der Zahlungsformen und -instrumente auch den Grund für die unterschiedlichen Entwicklungen, die das kontinentale und das britische (angelsächsische) Bankensystem später nehmen sollten. Auf beiden Seiten entstand die Nachfrage nach industriellen Anlagekrediten im grossen Stil erst mit dem Eisenbahnzeitalter in der zweiten Hälfte des Jahrhunderts. Der englische Geldmarkt war zu dieser Zeit bereits voll entwickelt. Auf dem Kontinent hingegen wurde das Geld- und Zahlungswesen gleichzeitig mit der aufkommenden Nachfrage nach industriellem Fremdkapital neu organisiert; die neuen Universalbanken der Zeit nahmen sich daher beider Funktionen zugleich an. In England hingegen wurde die zweite Aufgabe von einem neu entstehenden, spezialisierten Finanzinstitutionstypus übernommen.

WÄHRUNGSKONKURRENZ IN DER PERIODE BIS 1850

Im Jahr 1850 gab es in der Schweiz acht Notenbanken mit einer Notenemission von knapp 8 Millionen Schweizer Franken[26] und fremden Geldern von etwas über 20 Millionen Schweizer Franken. Die Spareinlagen bei den Sparkassen betrugen zu dieser Zeit rund 45 Millionen Schweizer Franken. Eigentliche Kreditbanken im modernen Sinn fehlten noch.

Die neuen Notenbanken wählten als Währungsbasis ihrer Noten (oder «Zettel») die stabilsten der damals gebräuchlichen Währungen aus. Das waren in dieser Zeit ausländische Münzeinheiten. Die Banken verpflichteten sich also, die Kaufkraft ihrer Noten, gemessen an diesen Währungseinheiten, aufrechtzuerhalten. Der Wettbewerb zwang die Banken gemäss Weber 1988, der die Konkurrenz der schweizerischen Noten-

26 Vgl. dazu Tabellen 1 und 2.

emissionsbanken vor 1850 in einem stimulierenden Beitrag untersucht hat, eine kaufkraftmässig stabile Bezugsbasis zu wählen und hinderte sie so an einer Politik der übermässigen Notenemission. Die Nachfrage nach Noten war von der in Aussicht gestellten Kaufkraftstabilität und damit von der Wahl der Währungsbasis abhängig. Daneben spielte natürlich auch die Qualität der Dienstleistungen, welche die Bank ihren Kunden bot, eine Rolle.

Hayek 1978 hat argumentiert, dass ein freier Wettbewerb konkurrierender Geldproduzenten (Notenemittenten) einem Notenbankmonopol überlegen sei. Die These von Hayek ist historisch insofern schwer überprüfbar, als mit dem Notenzeitalter in den meisten Ländern den Banken eine vom Staat gewählte Währungseinheit vorgeschrieben wurde. Die schweizerische Erfahrung vor 1850 bildet diesbezüglich eine Ausnahme. Weber kommt zum Urteil, dass der damalige Währungswettbewerb in der Schweiz insofern erfolgreich war, als er mit einer stabilen Kaufkraft des Papiergelds und Fehlen von Bankzusammenbrüchen und gravierenden Bankkrisen einherging – und dies in einer Periode, die insgesamt durch politisch wenig stabile Verhältnisse gekennzeichnet war. Die schweizerischen Emissionsbanken waren in ihrem Notengeschäft stark auf eine stabile Kaufkraft ihrer Noten ausgerichtet. Sie wählten deshalb als Währungsbasis fast ausnahmslos bereits verbreitete und stabile Münzeinheiten existierender (ausländischer) Geldemittenten. Selbst ein geringfügiger erwarteter Kaufkraftverlust zwang zu einem beträchtlichen Diskont in der Notenbewertung (Weber 1988, S. 475 f.).

TABELLE 4
Reservesatz der Bank in Zürich, 1838–1850

Jahr	r1	r2
1838	–	0.26
1839	–	0.43
1840	0.41	0.61
1841	0.52	0.28
1842	0.35	0.43
1843	0.67	0.33
1844	0.54	0.46
1845	0.53	0.24
1846	0.37	0.46
1847	0.41	0.34
1848	0.65	0.47
1849	0.77	0.74
1850	0.66	0.29

Metallgeldreserven im Verhältnis zum Notenumlauf plus Giro- und Checkkonten
r1 Jährliche Durchschnitte der Monatszahlen
r2 Endjahreswerte

Quelle: Weber 1988, S. 471, basierend auf Bleuler 1913

Dieser Befund wird allerdings dadurch etwas relativiert, dass das Notenemissionsgeschäft gesamtwirtschaftlich relativ unbedeutend blieb. Trotz Kaufkraftstabilität blieb der Gebrauch der Banknote gering, weil vor allem bei ländlichen Kunden und für kleine Transaktionen kein Vorteil der Note gegenüber der Münze erkannt wurde. Zusätzliche innovative Dienstleistungen im Zusammenhang mit der Banknote, die diese für die Kundschaft attraktiv gemacht hätten, fehlten offenbar auch. Kleine Noten und Münzen wurden als unvollständige Substitute betrachtet, mit Vorteil eher auf der Seite der Münze. Die Kosten der Notenausgabe und -zirkulation, einschliesslich der hohen Metallreserven, die aus Vertrauensgründen notwendig waren, schränkten den Gebrauch der Banknote in dieser Periode ihrerseits ein. Tabelle 4 illustriert anhand von Zahlen der Bank in Zürich die damals übliche hohe Reservehaltung der Schweizer Notenbanken.

3 GEBURT DER NEUEN WÄHRUNG

VON DER NEUEN BUNDESVERFASSUNG BIS ZUM BANKNOTENGESETZ VON 1881

1

Münzgesetz von 1850

Mit der Bundesverfassung von 1848 wurde das Münzprägerecht dem Bund übertragen, die Festlegung des Münzfusses und weitere Bestimmungen der Zentralisierung wurden der Bundesgesetzgebung überlassen. Nach heftigen Diskussionen zwischen den Anhängern des Guldenfusses und denjenigen des französischen Systems entschieden sich National- und Ständerat mit dem Münzgesetz von 1850 für das Letztere, d. h. Silbergehalt und Durchmesser der Münzen stimmten mit den französischen Münzen überein. Die Prägung der neuen Schweizer Franken hielt nicht mit der Nachfrage Schritt, und so stellte der Bundesrat 1852 die Münzen von Frankreich, Belgien, Sardinien, Parma, der ehemaligen cisalpinischen Republik und des Königreichs Italien den entsprechenden schweizerischen Münzen gleich.

2

3

4

LOUIS XVIII ROI DE FRANCE.
MICHAUT F.
5

RÉPUBLIQUE FRANÇAISE.
2
FRANCS.
1808.
6

DVX SAB·GENVAE ... F·PRINC·PED·&
L·5·
7

VITTORIO EMANUELLE II
1859
8

LEOPOLD PREMIER ROI DES BELGES
9

PER LA GR·DI DIO DUCH·DI PARMA PIAC·E GUAST·
5.LIRE

10

GAULE SUBALPINE

11

12

13

Lateinische Münzunion

In den 1850er-Jahren fiel der Marktpreis des Goldes im Verhältnis zum Silber. Da Frankreich eine Gold-Silber-Währung mit festem Austauschverhältnis von 1 zu 15,5 zwischen Gold und Silber besass, erzielte Silbergeld im Austausch mit Goldmünzen ein Agio und verschwand mit der Zeit aus dem Zahlungsverkehr. 1860 bestand die Geldzirkulation in der Schweiz zu 90 Prozent aus französischen Goldmünzen. Die Schweiz änderte ihr Münzgesetz und führte ebenfalls eine Doppelwährung ein. Um den Abfluss von Silbermünzen zu stoppen, wurde mit dem neuen Münzgesetz von 1860 der Silbergehalt der 2-, 1- und Halb-Frankenstücke von 90 Prozent auf 80 Prozent reduziert. 1862 und 1864 begannen auch Italien und Frankreich, unterwertige Münzen zu prägen. Da Belgien bei den vollwertigen Münzen blieb, entwickelte sich eine bedeutende Arbitrage zwischen schweizerischen, französischen und belgischen Münzen. Um erneut Stabilität bei den Währungen der Frankenländer herzustellen, berief Frankreich 1865 eine Münzkonferenz ein. Aus dieser ging die sogenannte Lateinische Münzunion zwischen Frankreich, Belgien, Italien und der Schweiz (und ab 1868 auch Griechenland) hervor, die formell bis Ende 1926 Bestand hatte.

14

15

16

17

NAPOLEON III EMPEREUR

18

REGNO D'ITALIA
2
LIRE

19

REGNO D'ITALIA
L · 5

20

2
FRANK
1909
21

ΒΑΣΙΛΕΙΟΝ ΤΗΣ ΕΛΛΑΔΟΣ
ΙΣΧΥΣ ΜΟΥ Η ΑΓΑΠΗ ΤΟΥ ΛΑΟΥ
5 ΔΡΑΧΜΑΙ
22

23

Banknotengesetz von 1881

Auch nach der Zentralisierung der Münzen verbreiteten sich die Banknoten zunächst nur langsam. Ihre gesetzliche Regelung blieb Sache der Kantone. Die Zahl der Banken mit Notenemission nahm aber kontinuierlich zu: Im Jahr 1880 existierten 36 solche Emissionsbanken. Dazu gehörten die Banca Cantonale Ticinese, die Bank in Basel, die Banque Cantonale Fribourgeoise, die Bank in St. Gallen und die Banque Commerciale Neuchâteloise. Nachdem es im Zusammenhang mit dem Deutsch-Französischen Krieg zu einer Liquiditätskrise gekommen war, mehrten sich die Stimmen, die eine bundesstaatliche Regelung der Notenemission verlangten. Das Banknotengesetz von 1881 brachte eine stärkere Regulierung und Vereinheitlichung der Banknotenausgabe, unter anderem wurde auch das Banknotenformular einheitlich gestaltet. Auf den vom Wiener Architekten und Kunstgewerbler Josef Storck gestalteten Noten war auf der Vorderseite das Bild einer majestätischen Helvetia abgebildet, unten rechts fand sich ein kleiner Genius. Auf der Rückseite standen sich zwei Merkur-Köpfe gegenüber.*

* Für die Ausführungen zu den Banknoten und insbesondere zu den folgenden Bildstrassen vgl. de Rivaz 1997 und die Angaben der SNB auf ihrer Website (www.snb.ch/de/iabout/cash/history/id/cash_history_overview).

24

100
B 4
Ser. P²
Nr. 0898
LA
BANCA CANTONALE TICINESE
paghera in contanti a vista al portatore
CENTO FRANCHI
valuta legale.
BELLINZONA 1° Gennaio 1904.
IL PRESIDENTE:
IL CASSIERE:
IL DIRETTORE:

1000
B 17
Ser. N¹
№0787
DIE
BANK IN BASEL
zahlt dem Überbringer, bei Sicht,
TAUSEND FRANKEN
in gesetzlicher Barschaft.
BASEL 1. Dezember 1903.
DER PRÄSIDENT:
DER KASSIER:
DER DIREKTOR:

25

500
CINQ CENTS FRANCS
FÜNFHUNDERT FRANKEN
CINQUE CENTO FRANCHI
500

26

50
SERIE L
LA
No 0835
BANQUE COMMERCIALE NEUCHÂTELOISE
payera à vue, au porteur,
CINQUANTE FRANCS
en espèces ayant cours légal.
No 0835
NEUCHÂTEL 1er Juillet 1883.
SERIE L
LE CAISSIER:
UN CENSEUR:
LE DIRECTEUR:
50
50

27

1 Schweiz, ½ Franken 1850
2 Schweiz, Franken 1850
3 Schweiz, 2 Franken 1850
4 Schweiz, 5 Franken 1850
5 Frankreich, 2. Restauration, 5 Francs 1821
6 Frankreich, 2 Francs 1808
7 Sardinien, Königreich Carlo Felice, 5 Lire 1829
8 Sardinien, Königreich Vittorio Emanuele II., Lira 1859
9 Belgien, 5 Francs 1835
10 Parma, 5 Lire 1832
11 Cisalpine Republik, 5 Francs 1802
12 Italien, Königreich unter Napoleon, 5 Lire 1812
13 Schweiz, Franken 1875
14 Schweiz, 2 Franken 1874
15 Schweiz, 5 Franken 1888
16 Schweiz, 20 Franken 1883
17 Frankreich, 5 Francs 1870
18 Frankreich, Franc 1867
19 Italien, Königreich Vittorio Emanuele II., 2 Lire 1863
20 Italien, Königreich Vittorio Emanuele II., 5 Lire 1874
21 Belgien, Königreich Leopold II., 2 Francs 1909
22 Griechenland, Königreich Georg I., 5 Drachmen 1876
23 Banca Cantonale Ticinese, 1000 Franken
24 Banca Cantonale Ticinese, 100 Franken
25 Bank in Basel, 1000 Franken
26 Banque Cantonale Fribourgeoise, 500 Franken
27 Banque Commerciale Neuchâteloise, 50 Franken

Die liberalen Revolutionen der 1830er-Jahre hatten in den betroffenen Kantonen grosse gesellschaftliche und wirtschaftliche Umwälzungen ausgelöst. Die Kluft zwischen den industrialisierten liberalen Kantonen – die meist protestantisch waren – und den konservativen ländlichen Kantonen – die grossenteils katholisch geblieben waren – führte zu starken politischen Spannungen, die sich 1847 in einem kurzen Bürgerkrieg, dem Sonderbundskrieg, entluden. Dieser wurde sehr rasch zugunsten der liberalen Kräfte entschieden und mündete in die Schaffung und Annahme einer neuen Bundesverfassung.

DER MODERNE BUNDESSTAAT

Mit diesem Schritt trat die Schweiz in ein neues Zeitalter ein. Als einziges Land in Europa schaffte sie in dieser Epoche erfolgreich den Übergang zu einer bürgerlich-liberalen, republikanischen Staatsordnung. Mit der neuen Verfassung von 1848 wurde von der Eidgenossenschaft der Wandel von einer losen Konföderation selbstständiger Kantone, einem blossen Staatenbund, zum modernen Bundesstaat vollzogen. Auch wirtschaftlich kam es zu umwälzenden Neuerungen. Die kantonalen Zölle wurden aufgehoben, Masse und Gewichte vereinheitlicht und das Postwesen zur Sache des Bundes erklärt. Die zentrale Änderung, die sich aus dieser Entwicklung für das schweizerische Geld- und Finanzsystem ergab, war die Übertragung der Münzhoheit an den neuen Bundesstaat und die Einführung einer einheitlichen nationalen Währung, des Schweizer Frankens, anstelle der grossen Zahl kantonaler und ausländischer Münzen und Währungen.

Bis 1881 behielten indessen die Kantone die Hoheit über die Zulassung und Regulierung von Banken und die Ausgabe von Banknoten. Schon die liberalen Kantonsverfassungen der 1830er- und 1840er-Jahre hatten in den betroffenen Kantonen zu einer Deregulierung des Finanzsystems und der Entstehung einer Reihe von Banken mit freiem Notenemissionsrecht geführt. In den Jahrzehnten nach 1850 nahm die Zahl der Banken mit Notenemission kontinuierlich zu. Die Kantone waren in der Vergabe von Lizenzen für Notenbanken sehr liberal. 1880 existierten 36 solche Banken, in 20 Kantonen je mindestens eine.

INDUSTRIEZEITALTER UND ENTSTEHUNG GROSSER KREDITBANKEN

Die Periode von 1850 bis 1880 gilt als die Zeit der «Industriellen Revolution». Das integrierte Wirtschafts- und Währungsgebiet, das mit dem neuen Bundesstaat entstanden war, schuf für die Schweiz gute Voraussetzungen für den Anschluss an die Neugestaltung der Weltwirtschaft, die sich in dieser Epoche vollzog. Industrie- und Agrarproduktion, Löhne, Einkommen, städtische Bevölkerung, Binnen- und Aussenhandel nahmen stark zu,[27] ebenso die Bedeutung der Geldwirtschaft, die Nachfrage nach Zahlungsmitteln und das Bedürfnis nach Bankkrediten. Die Schwankungen der Konjunktur waren dabei stark international geprägt.

Die Mechanisierung der Textilindustrie, die in dieser Zeit stattfand, schuf die Grundlage für die künftige schweizerische Maschinenindustrie. Zentral war für diese Epoche überall der Eisenbahnbau. Er entstand in der Schweiz im internationalen Vergleich spät: Im Jahr 1850 existierten erst 25 Kilometer Bahnstrecke von Zürich nach Baden. Nach 1850 erfuhr er aber – angesichts der drohenden Gefahr der Umfahrung der Schweiz – eine Forcierung, zuerst durch Private, später durch die Kantone. Eine zentrale Rolle spielte dabei der Zürcher Alfred Escher, eine dominierende Persönlichkeit in Wirtschaft und Politik in den ersten Jahrzehnten des neuen Bundesstaates. Im Zusammenhang mit der Industrialisierung und dem Eisenbahnbau trat in der Schweiz erstmals auch ein neuer Bankentypus auf, jener der modernen Kreditbank nach dem Vorbild des französischen «Crédit Mobilier», welcher der Finanzierung und Realisierung grosser wirtschaftlicher Unternehmen und Vorhaben diente. So entstanden in rascher Folge die Banque Générale Suisse de Crédit Foncier et Mobilier in Genf (1853), die Schweizerische Kreditanstalt in Zürich (1856) und die Deutsch-Schweizerische Kreditbank in St. Gallen (1856); wenig später in Basel die Basler Handelsbank (1862), in Winterthur die Bank in Winterthur (1862) und in Bern die Eidgenössische Bank (1864).

Die rasche Industrialisierung und der mit ihr verbundene Strukturwandel führten im Laufe der 1860er- und 1870er-Jahre nach und nach zu einer Schwächung des liberalen Lagers und seiner «Laisser-faire»-Regierungen und zu einem wachsenden Gewicht der *Demokratischen Bewegung,* die eine Stärkung des staatlichen Einflusses befürwortete. Insbesondere kam es damit auch zum Ruf nach der Gründung von Staatsbanken. In den Ständen Bern, Waadt und Genf waren solche ja bereits in der ersten Hälfte des Jahrhunderts als Vorlagen der *Radikalen* geschaffen worden (Ritzmann 1973, S. 37 und 44). Es kam zu einer Gründungswelle neuer Kantonalbanken; bis ins Jahr 1900 entstanden 21 solcher Institute.

Mit dieser Entwicklung war auch eine etwas stärkere Regulierung der privaten Banknotenausgabe verbunden, beispielsweise durch die Erhebung einer Steuer auf den Notenumlauf. Trotzdem herrschte nach wie vor viel Wettbewerb zwischen den verschiedenen Notenemittenten. 1874 kam es zur Revision der Bundesverfassung nach demokratischen Vorstellungen. Die revidierte Verfassung übertrug die Autorität zur Regulierung der Ausgabe von Papiergeld an den Bund und schuf damit die Basis

27 Gemäss Siegenthaler (1985, S. 457 ff.) verdoppelte sich das reale Volkseinkommen der Schweiz pro Kopf von der Mitte des 19. Jahrhunderts bis zum Ersten Weltkrieg.

für das Eidgenössische Banknotengesetz von 1881, und mit diesem schliesslich die Grundlage für eine viel stärkere Regulierung und Vereinheitlichung der Notenausgabe. Bis zur Errichtung der Schweizerischen Nationalbank im Jahr 1907 existierte zwar immer noch eine Vielzahl von Notenemissionsbanken; faktisch aber markiert das Jahr 1881 das Ende der freien Notenemission in der Schweiz und den Aufbruch auf dem Weg zur gesamtschweizerischen Zentralbank.

DAS NEUE WÄHRUNGSREGIME: DIE GEBURT DES SCHWEIZER FRANKENS

Die Errichtung des Bundesstaates im Jahr 1848 stellt für die Währungsgeschichte der Schweiz einen epochalen Einschnitt dar. Die Bundesverfassung übertrug die Münzhoheit dem neuen Bundesstaat und führte zum Bundesgesetz über das eidgenössische Münzwesen von 1850 und damit zur Schaffung des neuen Schweizer Frankens. Erst seit diesem Zeitpunkt existiert die Schweizer Währung, wie wir sie heute kennen.[28]

Die Zielsetzung war dabei zunächst recht bescheiden.[29] Im Mittelpunkt stand der Gedanke der Vereinfachung und Vereinheitlichung und damit die Überwindung des Münzwirrwarrs. Man wollte kein eigenes, völlig neues Geldsystem schaffen; vorherrschende Idee war vielmehr die Anlehnung an eines der gebräuchlichen ausländischen Münzsysteme der Zeit. Im Vordergrund standen dabei die französische Frankenwährung, die vor allem in der westlichen Schweiz einschliesslich Bern und Basel starke Verbreitung hatte, und das süddeutsche Guldensystem, das in der östlichen Landeshälfte einschliesslich Zürich vorherrschend war. Die wichtigsten Argumente für das französische System waren die weit grössere internationale Bedeutung und die Abstützung auf die Logik des Dezimalsystems. Für das süddeutsche Guldensystem sprach, dass es in der jüngeren Zeit in der Schweiz zunehmend Verbreitung gefunden hatte. International war es aber wenig bedeutend; zudem war seine Zukunft angesichts der politischen Entwicklungen in Deutschland ungewiss.

Die konkrete Gestaltung des neuen Währungsregimes war stark von Johann Jakob Speiser geprägt, Direktor der Bank in Basel, der 1849 zum Eidgenössischen Münzexperten ernannt wurde. Speiser war ein ausgeprägter Befürworter des Anschlusses der neuen Schweizer Währung an die französische Frankenwährung. Sein Plan wurde mit geringfügigen Änderungen – und gegen den Widerstand von Ver-

28 Die Banken- und Finanzgesetzgebung blieb allerdings, wie bereits erwähnt, weiterhin in den Händen der Kantone.

29 Gemäss Halbeisen und Müller (1998, S. 65) war die Münzreform bei der Gründung des Bundesstaates im Grundsatz weder besonders umstritten noch Thema von vorrangiger Bedeutung (viel stärker bewegte etwa die Reform des Zollwesens die Gemüter).

tretern der östlichen Landeshälfte – mit dem Münzgesetz von 1850 angenommen.[30] Als Währungseinheit wurde der Franken gewählt, eingeteilt in 100 Rappen. Der Silbergehalt des Schweizer Frankens wurde exakt jenem des französischen Franc gleichgesetzt: 1 Franken = 4,5 Gramm Silber. Geprägt wurden Silbermünzen im Wert von 5, 2, 1, und 0,5 Franken sowie Billon-[31] (später Kupfer-Nickel-)Münzen im Wert von 20, 10 und 5 Rappen und Bronzemünzen im Wert von 2 und 1 Rappen.[32] Die alten Münzen wurden zwischen August 1851 und August 1852 eingezogen.

Die Prägung von Münzen im Inland war allerdings nicht geplant. Es herrschte die Ansicht vor, als kleines Land ohne direkten Zugang zu Edelmetallen sei es für die Schweiz angesichts hoher Prägekosten günstiger, Münzen aus dem Ausland zu beziehen anstatt sie mit hohen Kosten selber zu prägen. Blaum 1908 hat dafür später den Ausdruck Münzparasitismus geprägt. Ökonomisch ist die damalige Entscheidung allerdings durchaus verständlich. Die Ausprägung von Münzen involviert gewisse Skalenerträge; ihr Import schien zu dieser Zeit für die Schweiz als kleines Land vorteilhafter.

Eigene Silbermünzen wurden überdies nur in beschränkter Menge geprägt. Der Hauptbedarf solcher Münzen sollte vielmehr durch äquivalente ausländische Münzen gedeckt werden (nach Weisskopf 1948, S. 83, bis gegen 80 Prozent). Alle Silbermünzen, die dem französischen Münzfuss und damit wertmässig den Schweizer Münzen entsprachen – aus Frankreich, Belgien, Sardinien, Parma, der ehemaligen cisalpinischen Republik und des früheren Königreichs Italien –, wurden ab 1852 den Schweizer Münzen gleichgestellt. In der Versorgung mit Silbermünzen wurde man so weitgehend vom Ausland, vor allem von Frankreich, abhängig. Es stand dabei grundsätzlich jedermann offen, Barrensilber in Frankreich ausprägen zu lassen (Halbeisen und Müller 1998, S. 72 f.).

VON DER SILBERWÄHRUNG ZUR GOLD-SILBER-WÄHRUNG

Die Währungsgeschichte des Bundesstaates begann gleich mit einem Fehlstart. Das Münzgesetz von 1850 sah eine reine Silberwährung vor. Ansonsten lehnte man sich an Frankreich an. Bei der Anlehnung an die französische Währung sah man aber darüber

30 Die Wahl von Münzfuss und Münzsystem gab Anlass zu heftigen Auseinandersetzungen; vgl. dazu etwa den Schlagabtausch zwischen Pestalozzi 1849, der zu den Kritikern des französischen Systems gehörte, und Speiser 1849.

31 Eine Legierung aus Kupfer und Silber, die teilweise auch weitere «unedle» Metalle enthalten konnte, etwa Zinn und Zink.

32 Goldmünzen wurden erst ab 1883 geprägt. Zur Geschichte und Entwicklung der Eidgenössischen Münzen und Noten vgl. auch die schöne, reich bebilderte Darstellung in Lescaze et al. 1999, Une monnaie pour la Suisse.

hinweg, dass diese formell eine Doppelwährung war. Die französische Gesetzgebung von 1803 liess auch die Möglichkeit einer (bislang allerdings selten benutzten) Goldprägung des französischen Franc zu.[33]

Es stellte sich heraus, dass die Jahre nach 1850 eine Zeit des weltweiten Anstiegs des Silberpreises (relativ zum Goldpreis) waren. Nordamerika und Asien entwickelten einen hohen Silberbedarf und in verschiedenen Ländern, so in Holland oder in Indien, wurde eine Silberwährung eingeführt. Zugleich nahm infolge grosser Goldfunde in Kalifornien und Australien die Goldproduktion sprunghaft zu. Als Resultat entstand ein zunehmendes «Silberagio», d.h. der Marktpreis des Silbers relativ zum Gold stieg über das durch das (französische) Währungsgesetz implizierte Austauschverhältnis an. Das Silber floss im ganzen Frankengebiet aus der monetären Verwendung ab und in Frankreich kam es zur Gold- anstelle der Silberprägung des Franc. Die Silberlieferungen aus Frankreich stockten und französische Goldmünzen verdrängten die Silbermünzen in der Schweiz. Bis 1855 war die Verdrängung praktisch komplett. Die Herstellung vollwertiger Silbermünzen in der Schweiz durch die im Jahr 1855 gegründete Eidgenössische Münzstätte beschränkte sich auf kleine Mengen, da die Prägung zu teuer war.

Eine Aufrechterhaltung der Silberwährung hätte zu diesem Zeitpunkt eine Aufgabe des französischen Währungsstandards vorausgesetzt. Der Gedanke der Anlehnung an den französischen Standard blieb aber stärker: Man ging stattdessen dazu über, die (eigentlich gesetzlich nicht vorgesehenen) Goldmünzen zu akzeptieren, und zwar auch seitens der eidgenössischen Kassen, da praktisch kein Silber mehr im Umlauf war. Die Goldmünzen wurden vom Publikum zudem gerne anstelle der schwereren und weniger handlichen Silbermünzen und der noch wenig verbreiteten Banknoten entgegengenommen. Auch die Banken verwendeten französische Goldmünzen zu pari – d.h., dass die Schweizer Silbermünzen eine Prämie erzielt haben müssen. Es fand faktisch eine Verdrängung des vom Gesetz vorgesehenen Silberstandards und ein Übergang zum Goldstandard statt. Kaum geboren, hörte die neue schweizerische Währung praktisch bereits wieder zu existieren auf.

1860 wurde dieser Entwicklung mit einer Revision des Münzgesetzes Rechnung getragen: Die Goldwährung wurde legalisiert, französische Goldmünzen und äquivalente Goldmünzen anderer Staaten wurden zum gesetzlichen Zahlungsmittel erklärt. Man war damit bei der Doppelwährung angelangt, die man eigentlich hatte vermeiden wollen, mit Silber- und Goldparitäten, die jenen des französischen Franc exakt entsprachen: 1 Franken = 4,5 Gramm Silber = 0,2903226 Gramm Gold (was eine Relation von 15,5 Gramm Silber = 1 Gramm Gold implizierte).

33 Der Bimetallismus und die Probleme, die er mit sich bringen kann, werden in Anhang 1 beschrieben.

DIE LATEINISCHE MÜNZUNION

Als Reaktion auf die Silberknappheit setzte die Schweiz 1860 den Metallgehalt ihrer Silberscheidemünzen (das waren alle Münzen mit einem Nominalwert von weniger als 5 Franken) auf 80 Prozent Feingehalt Silber herab. Es sollte sich damit nicht mehr lohnen, diese Münzen einzuschmelzen. Dies führte zu Problemen in Nachbarländern, insbesondere in Belgien, Frankreich und Italien, wo der Feingehalt 90 Prozent (Belgien) bzw. 83,5 Prozent (Frankreich und Italien) betrug. Schweizer Münzen flossen ab und begannen französische, belgische und italienische Münzen aus dem Verkehr zu verdrängen, da sie in diesen Ländern gegen Münzen mit höherem Feingehalt eingetauscht werden konnten. Schweizer Münzen wurden darauf in den Nachbarländern nicht mehr zum Nennwert angenommen, und Frankreich setzte ihre Annahme im April 1864 gar aus. Französische Silbermünzen ihrerseits verdrängten die noch höherwertigen belgischen Silbermünzen aus dem Verkehr. Diese nicht zuletzt von der Schweiz ausgelösten Entwicklungen waren Anlass für eine von Frankreich Ende 1865 einberufene Währungskonferenz in Paris.[34]

Aus dieser Währungskonferenz ging eine Währungsunion zwischen Frankreich, Belgien, Italien und der Schweiz hervor (drei Jahre später trat auch noch Griechenland bei), fortan als Lateinische Münzunion bekannt, und zwar auf der Basis des eben beschriebenen bimetallischen Standards und seiner Währungsparitäten.[35] Der Feingehalt der Silberscheidemünzen wurde auf dem französischen Niveau von 83,5 Prozent standardisiert. Die Goldmünzen und die silbernen Fünffrankenstücke (Écu) hatten als vollwertige Münzen (Kurantgeld) mit freier Prägung in allen Teilnehmerländern unbeschränkte Zahlungskraft. Die unterwertigen Silberscheidemünzen mussten von den Staatskassen bis zu 100 Franken auf jeder Zahlung entgegengenommen werden (Ritzmann 1973, S. 91). Gemeinsame Geldbasis der Münzunion war der Gesamtbestand aller vollwertigen Münzen der Teilnehmerländer. Die Schweiz prägte dabei bis in die 1880er-Jahre keine eigenen Goldmünzen und nur eine begrenzte Menge von Silbermünzen (Écus). Die Banque de France bot freie Prägung von Gold- und Silbermünzen für die Schweiz an. Wie bereits erwähnt schien der Münzimport zu dieser Zeit für die Schweiz als kleines Land vorteilhafter als die eigene Produktion.

Die Lateinische Münzunion gewann erheblichen Einfluss über den Bereich der eigentlichen Vertragsstaaten hinaus. Zahlreiche Länder übernahmen den bimetallischen Währungsstandard der Union, ohne formell Mitgliedstaaten zu sein, darunter

34 Vgl. dazu etwa Eichengreen 1996, S. 16 oder Einaudi 2001, S. 33.

35 Die Münzen des Vatikanstaates, die den italienischen Münzen entsprachen, gehörten de facto ebenfalls dazu, obwohl der Vatikanstaat formell nicht Mitglied der Union war (diese Münzen wurden 1869 eingezogen).

der Vatikan, Rumänien, Bulgarien, Spanien, Serbien, Venezuela und Argentinien, und bildeten einen grossen internationalen Währungsblock.[36]

Die Schweiz verband mit dem Währungsvertrag von Paris anfänglich hohe Erwartungen:

> *«Der Bundesrat betrachtete die Gleichstellung der Silbermünzen der vier Länder als einen ersten Schritt zur Verwirklichung des Gedankens eines Universalmünzsystems. Der Vertrag gründe* [...] *zwischen vier Staaten mit 65 Millionen Einwohnern einen Münzverein, welcher auf die Bedürfnisse des Handels sowie auf die Entwicklung der internationalen Beziehungen einen günstigen Einfluss ausüben wird.* [...] *Man dürfe hoffen, dass das Gebiet des Vertrags noch bedeutend zunehmen werde.»* (Weisskopf 1948, S. 95, Halbeisen und Müller 1998, S. 75)

Es ist jedoch nicht erstaunlich, dass die Wirklichkeit diese Hoffnungen nicht zu erfüllen vermochte. Einerseits barg die Konzeption der Währungsunion als Doppelwährung die bekannte Gefahr der Abhängigkeit vom relativen Gold-Silber-Preis und resultierender Instabilität in sich. Andererseits lernte man bald einmal, die völlige Abhängigkeit in der Geldversorgung vom Ausland auch als potenziellen Nachteil zu sehen und eine vermehrte Unabhängigkeit in der Währungspolitik als erstrebenswert zu betrachten. Die zunehmende Bedeutung des Banknotenwesens und die Tatsache, dass dessen Regulierung auf der Ebene der Teilnehmerländer verblieb, bot dazu in einem gewissen Ausmass auch Gelegenheit. Dazu kam, dass die Partnerländer die Verbindlichkeit der Vertragsregelungen je nach Umständen mehr oder weniger ernst nahmen. Die Währungsunion funktionierte deshalb von Anfang an alles andere als reibungslos. Eine hohe Papiergeldemission in Italien und die Einstellung der Bareinlösung für Banknoten im Mai 1866 führte dort schon bald zu einem Agio (Aufschlag) auf Silberscheidemünzen und in der Folge zu einem starken Abfluss italienischer Münzen ins Ausland, so auch in die Schweiz. Die Union sollte trotzdem, zumindest auf dem Papier, bis Ende 1926 Bestand haben.

Im Vergleich zur Europäischen Währungsunion unserer Tage stellte die Lateinische Währungsunion allerdings eine viel weniger weitgehende Integration der Geld- und Währungspolitik dar. Die Währungen der Mitgliedsländer blieben in ihrer Definition und gesetzlichen Grundlage national verankert. Eine Abgabe monetärer Souveränität an die Gemeinschaftsebene fand nicht statt und eine gemeinschaftliche Entscheidungsbehörde gab es nicht. Es handelte sich lediglich um eine internationale Vereinbarung zur gemeinsamen Verwendung eines bestimmten Metallwährungsstan-

36 Die Zukunft sollte trotzdem dem internationalen Goldstandard gehören mit Grossbritannien als Führungsmacht. Vgl. dazu u. a. Redish 1994, Eichengreen und Flandreau 1996 und 1997, Flandreau 2000.

dards – eher vergleichbar mit dem Fixkursarrangement von Bretton Woods als mit der heutigen Währungsunion in Europa. Austritt und Rückkehr zu einem abweichenden währungspolitischen Kurs blieben grundsätzlich jederzeit möglich. Eine wirklich selbstständige nationale Geldpolitik, wie wir sie heute kennen, war allerdings in den Metallwährungssystemen der damaligen Zeit ohnehin nicht durchführbar.

DIE «GELDCRISIS» VON 1870

Eine erste schwere Krise der noch jungen Münzunion liess nicht lange auf sich warten. Im Jahr 1870 erlebte die Schweiz infolge des deutsch-französischen Krieges eine scharfe Liquiditäts- und Finanzkrise. Der Kriegsausbruch im Juli 1870 führte dazu, dass Frankreich die Noteneinlösung suspendierte und den Goldexport verbot – also die eben erst vereinbarten Spielregeln der Münzunion vorübergehend aufhob. Angesichts ihrer starken monetären Abhängigkeit von Frankreich brachte dies die Schweiz rasch in grosse Schwierigkeiten. Insbesondere der Münzimport aus Frankreich und der Verzicht auf eigene Prägung erwiesen sich nun plötzlich als grosses Risiko. Sie mögen zwar unter wirtschaftlich und politisch normalen Bedingungen aufgrund der Skalenerträge in der Münzprägung vorteilhaft gewesen sein, schnitten jetzt aber unter Kriegsbedingungen die Schweiz komplett von ihrer Geldversorgung ab. Da zugleich die Bargeldpräferenz des Publikums in dieser Zeit der Unsicherheit auf das Drei- bis Vierfache anschwoll, kam es zu einer starken Liquiditätsverknappung und drohendem Zusammenbruch des Geldsystems. Die Schweizerischen Notenbanken waren nicht mehr in der Lage, ihre Zahlungsversprechen zu erfüllen und sahen sich gezwungen, den Wechseldiskont einzustellen oder zu anderen Einschränkungen Zuflucht zu nehmen. Einzelne Kantone (etwa Bern, Aargau, Basel-Landschaft) führten ein allgemeines Zahlungsmoratorium ein.

Der Direktor der Bank in Winterthur, Conrad Keller, beschrieb die dramatische Entwicklung nach Kriegsausbruch in einem Bericht zuhanden des Schweizerischen Handels- und Industrievereins mit folgenden Worten:

> *«Jeder sucht nun so viel Baarschaft an sich zu ziehen, als es ihm seine Verhältnisse erlaubten. Die Diskontobanken wurden mit Diskontobegehren überstürmt, welche trotz dem fast täglich gesteigerten Diskontosatz nicht aufhörten [...] Unsere grössten Schweizerdiskontobanken schlugen, um ihre eigene Lage nicht zu gefährden, schon in den ersten Tagen der Krisis jedes Diskontobegehren rundweg ab [...] Die grossen Portefeuillebestände von Schweizerpapier [...] wurden durch diese Massregel absolut brach gelegt und werthlos gemacht [...] Dieselben Diskontobanken, welche in normalen Zeiten auch in liberaler Weise solide Werthpapiere beliehen, wiesen plötzlich jedes Darlehen ab, selbst gegen die allerbeste und reichlichste*

Hypothek. […] Hundert Transaktionen, die sonst auf dem Kreditweg abgewickelt wurden, erfordern jetzt zu ihrer Begleichung Baarschaft […] Die besten Wechsel auf fremde Plätze und die solidesten Werthpapiere waren während mehrerer Tage unverkäuflich.» (Keller 1871, S. 19)

Eine Entschärfung der Situation gelang erst, als der Bundesrat Ende Juli respektive im August den englischen Sovereign (eine Goldmünze mit hoher Verbreitung im Wert von einem Pfund Sterling) und den amerikanischen Dollar offiziell als Zahlungsmittel anerkannte («tarifierte»). Durch Umtausch ihrer Bestände an Wechseln auf diese Währungen in Bargeld vermochten die Banken so die Menge an Zahlungsmitteln zu steigern und der Geldknappheit entgegenzutreten. Im Herbst war die Krise damit im Wesentlichen überwunden. Definitiv entspannte sich die Situation dann mit der raschen Entscheidung des Krieges: Bereits Ende Januar 1871 kapitulierte Frankreich, und anschliessend kam es zum Friedensvertrag. Die «Geldcrisis des Jahres 1870» blieb so ein kurzer Spuk.[37]

WENDE IM GOLD-SILBER-PREIS UND UMKEHR DER MÜNZRELATIONEN

In den frühen 1870er-Jahren kam es erneut zu einer markanten und für die Lateinische Münzunion und die Schweiz folgenschweren Wende im Gold-Silber-Preis. Die Silberproduktion war zuvor kräftig gesteigert worden, während die Nachfrage nach Silber, insbesondere aus Asien, jetzt gedämpfter ausfiel. Dafür nahm die Nachfrage nach Gold stark zu, nicht zuletzt, weil eine Reihe von Ländern sich neu der Goldwährung verschrieben hatte. Zu diesen gehörten das nach dem gewonnenen Krieg mit Frankreich gegründete Deutsche Reich, im Anschluss daran auch Schweden, Norwegen, Dänemark und die Niederlande sowie die USA, die 1873 den amerikanischen Silberdollar abschafften und sich vom Bimetallismus verabschiedeten.

Das Gold war so plötzlich wieder das (gemessen an den offiziellen Paritäten) knappere der beiden Währungsmetalle und wurde deshalb der monetären Verwendung entzogen. Das Silber hingegen strömte in die monetäre Verwendung in der Münzunion zurück. Es wurde profitabel, mit Gold Silber zu kaufen und damit im Ausland – die Eidgenössische Münzstätte nahm keine Privataufträge entgegen – Silbermünzen zu prägen. Nach 1878 war die Münzunion de facto auf einem Silberstandard angelangt, mit dem silbernen Fünffrankenstück (Écu) als «charakteristischer» Geldeinheit.

37 Sie hat aber auf die Diskussion um die Notwendigkeit einer zentralen Schweizerischen Notenbank bedeutenden Einfluss ausgeübt (vgl. dazu Kapitel 5).

Einer massiven Zunahme der Silbermünzprägung versuchte die Münzunion mittels Verfügung von Prägungskontingenten zu begegnen, 1878 gar mit der Einstellung der Prägung silberner Fünffrankenstücke und der Aufhebung der freien Prägung. Es kam wiederholt zu Auseinandersetzungen zwischen den Unionsländern um das Recht zur Ausprägung von Silberscheidemünzen. Im Verlauf dieser Auseinandersetzungen erfolgte 1884 eine vorübergehende Kündigung des Währungsvertrags durch die Schweiz mit anschliessenden Neuverhandlungen. Die Schweiz machte auch wiederholt (erfolglose) Vorstösse zur Einführung einer reinen Goldwährung. Mit einer Revision des Münzvertrags im Jahr 1893 wurden die italienischen Silberscheidemünzen – die seit den späten 1880er-Jahren erneut das ganze Unionsgebiet überschwemmten – nationalisiert, d. h. auf die Verwendung in Italien begrenzt, und damit die Einheitlichkeit des gemeinsamen Währungsgebiets eingeschränkt (Halbeisen und Müller 1998, S. 76 f.).

Die Rückkehr zur faktischen Silberwährung in den 1870er-Jahren war nach Ritzmann (1973, S. 91) die grosse Chance für die bis zu diesem Zeitpunkt in der Schweiz immer noch wenig verbreitete Banknote. Das Publikum wollte im «grossen» Zahlungsverkehr nicht mehr gerne zu den schwerfälligen Silbermünzen zurückkehren und akzeptierte stattdessen zunehmend Notengeld.

BANKEN UND NOTENEMISSION: DIE PERIODE DES FREE BANKING BIS 1881

Bis zum Banknotengesetz von 1881 waren die Banken in der Schweiz in der Ausgabe von Banknoten praktisch frei von Staatsintervention. Die Periode des Free Banking bis 1881 wird von Weber 1992 beschrieben. Die Banken waren insbesondere frei in der Wahl der Denomination (Währungsbasis) ihrer Noten. Sie wechselten problemlos und freiwillig zum neuen Schweizer Franken, nachdem dieser 1850 als nationale Währung eingeführt wurde. Sie gingen nach 1855 problemlos vom schweizerischen Silberfranken zum französischen Goldfranken über, als dieser den ersteren verdrängte. Einige Banken (etwa die Bank in Zürich und die Bank in St. Gallen) gaben nach 1852 gleichzeitig Noten in Schweizer Franken und in Fremdwährung heraus (die sie zuvor benutzt hatten). Die Nachfrage nach Fremdwährungsnoten blieb aber gering, und ihre Ausgabe wurde eingestellt.

Die neu entstehenden Kantonalbanken bedeuteten keine wesentliche Beschränkung des Wettbewerbs in der Banknotenemission.[38] Die Kantonalbanken hatten kein Monopol auf der Notenausgabe in ihren Kantonen. Ihre Noten hatten keine Kraft als

38 Eine Ausnahme bildete hierbei der Kanton Zürich. Das kantonale Bankengesetz von 1869 begünstigte die Zürcher Kantonalbank sehr stark auf Kosten der Bank in Zürich; es gab sogar einen gesetzgeberischen Versuch, die Kantonalbank als alleinige Notenemissionsbank zu etablieren, der erst auf Bundesebene verhindert wurde.

gesetzliches Zahlungsmittel, und der Gebrauch ausserkantonaler Noten unterlag keinen Beschränkungen. Private Banken mussten gemäss ihren Statuten (die vom Kanton zu bewilligen waren) zwar häufig gewisse Reserve- und Kapitalvorschriften einhalten, und in gewissen Fällen gab es auch direkte mengenmässige Begrenzungen der Notenemission. Diese Vorschriften dienten aber in erster Linie der Vertrauensbildung und wurden liberal gehandhabt. Sie standen nicht, jedenfalls nicht in grossem Ausmass, im Dienste der Wettbewerbsbehinderung.[39]

Die Banknoten litten in der Schweiz lange an mangelnder Akzeptanz. Sie waren nicht gesetzliches Zahlungsmittel; höchstens die Noten der eigenen Kantonalbank besassen in gewissen Fällen einen «offiziellen Kurs». Von 1850 bis 1870 blieb das Wachstum des Notenumlaufs deshalb moderat. In den nachfolgenden fünf Jahren erfolgte dann allerdings eine sprunghafte Zunahme der Notenemission: Der Notenumlauf vervierfachte sich in dieser Fünfjahresperiode und stieg von 19 Millionen Schweizer Franken auf 77 Millionen Franken. Anschliessend normalisierte sich der Zuwachs dann wieder. Er stieg insgesamt von 7,6 Millionen Schweizer Franken im Jahr 1850 auf 235 Millionen Franken im Jahr 1906 (siehe Abbildung 1).

Als Hauptgrund für das rasante Wachstum des Banknotenumlaufs zwischen 1870 und 1875 wurde oben bereits die Substitution von Silbermünzen durch Banknoten genannt, die nach 1870 stattfand, als das Silber als Münzmetall wieder Vorrang gewann. Silbermünzen waren im Gegensatz zu Goldmünzen aufgrund ihres relativ zum Gewicht zu kleinen Nennwerts für grosse Transaktionen nicht günstig. Zusätzlich wurde das Wachstum der Notennachfrage durch die starke Expansion der Realwirtschaft in dieser Phase begünstigt. Nach dem gewonnenen Krieg setzten in Deutschland die sogenannten «Gründerjahre» ein. Auch die Schweiz wurde von dieser Wachstumsstimmung ergriffen; der Boom kam hier 1875 zu Ende.

Eine gewisse Rolle für die wachsende Nachfrage nach Schweizer Banknoten mag zu Beginn dieser Periode auch die Suspendierung der Konvertibilität für Banknoten und die Einführung von Währungskontrollen in Frankreich während des deutsch-französischen Kriegs gespielt haben. Die Münzunion bewirkte, dass Schweizer Frankennoten in französische Goldfranken einlösbar blieben, französische Frankennoten indessen nicht[40]. Das Ergebnis war, dass schweizerische (und auch belgische) Banknoten die (an Wert verlierenden) französischen Banknoten verdrängten, jedenfalls ausserhalb von Frankreich, zum Teil auch innerhalb.

39 Jöhr 1915 enthält eine umfassende Liste der schweizerischen Notenemissionsbanken zwischen 1825 und 1906; vgl. dazu Tabelle 5.

40 Schweizerische Goldmünzen gab es nicht, die Paritäten waren genau gleich wie in Frankreich.

TABELLE 5
Die Schweizer Emittenten von Papiergeld, 1825–1906

	Banken	(A)	(B)	Banknoten[a] 1840	1850	1860	1870	1880	1890	1900
I	**Geschäftsbanken**									
1	Bank in Zürich	1837–1906	1837–1894	873	1651	2154	1753	4964	19873	–
2	Bank in St. Gallen	1837–1907	1838–1907	598	1967	1580	1364	3986	8984	17860
3	Bank in Basel	1844–1907	1845–1907	–	1179	809	1277	7874	19687	23825
4	Banque du Commerce de Genève	1846–1907	1846–1907	–	2025	1798	3172	16214	19915	23903
5	Banque de Genève	1848	1848–1899	–	328	927	1526	4657	4820	–
6	Banque Cantonale Neuchâteloise[b]	1855–1883	1855–1883	–	–	1372	1982	5935	–	–
7	Banque Générale Suisse	1853–1869	1857–1869	–	–	58	–	–	–	–
8	Eidgenössische Bank	1864	1864–1882	–	–	–	933	4883	–	–
9	Banque Commerciale Neuchâteloise	1883–1907	1883–1907	–	–	–	–	–	3352	7969
II	**Kantonalbanken**									
10	Kantonalbank von Bern	1834	1834–1910	217	200	579	1685	7644	9692	19463
11	Banque Cantonale Vaudoise	1846	1847–1910	–	350	3666	3385	5054	9874	11384
12	Aargauische Bank	1855	1856–1910	–	–	250	315	2610	3961	5888
13	Banque Cantonale du Valais	1858–1870	1858–1870	–	–	399	–	–	–	–
14	Solothurnische Kantonalbank[c]	1857	1858–1910	–	–	138	388	2020	3984	4954
15	Basellandschaftliche Kantonalbank	1864	1867–1910	–	–	–	28	713	1499	1989
16	St. Gallische Kantonalbank	1868	1868–1910	–	–	–	1418	5948	9982	13981
17	Zürcher Kantonalbank	1870	1870–1910	–	–	–	1897	14042	23653	29328
18	Thurgauische Kantonalbank	1871	1871–1910	–	–	–	–	1289	1483	4974
19	Graubündner Kantonalbank	1870	1873–1910	–	–	–	–	1988	2976	3923
20	Caisse d'amortissements de la dette publ. Fribourg[d]	1868–1893	1874–1893	–	–	–	–	746	1468	–
21	Luzerner Kantonalbank	1850	1877–1910	–	–	–	–	984	1985	5694
22	Appenzell A.-Rh. Kantonalbank	1877	1877–1910	–	–	–	–	1978	2976	2979
23	Ersparniskasse des Kantons Uri	1837	1878–1910	–	–	–	–	261	498	1450
24	Nidwaldner Kantonalbank	1879	1879–1910	–	–	–	–	175	497	995

25	Banque Cantonale Neuchâteloise	1883	1883–1910	–	–	–	–	–	2962	7981
26	Schaffhauser Kantonalbank	1883	1883–1910	–	–	–	–	–	1495	2462
27	Glarner Kantonalbank	1884	1884–1910	–	–	–	–	–	1489	2481
28	Obwaldner Kantonalbank	1887	1887–1910	–	–	–	–	–	493	983
29	Kantonalbank Schwyz	1890	1890–1910	–	–	–	–	–	500	2974
30	Zuger Kantonalbank	1892	1893–1910	–	–	–	–	–	–	2967
31	Banque de l'Etat de Fribourg	1893	1893–1910	–	–	–	–	–	–	4948
32	Basler Kantonalbank	1899	1900–1910	–	–	–	–	–	–	–
33	Appenzell I.-Rh. Kantonalbank	1900	1900–1910	–	–	–	–	–	–	–
III	**Regionalbanken**									
34	Deposito-Cassa der Stadt Bern	1825	1825–1869	170[e]	87	9	–	–	–	–
35	Banque Cantonale Fribourgeoise	1850–1910	1850–1910	–	–	330	378	1677	996	1246
36	Thurgauische Hypothekenbank	1852–1914	1852–1908	–	–	470	322	735	963	983
37	Bank in Glarus	1852–1912	1852–1882	–	–	492	657	1275	–	–
38	Bank in Luzern	1857–1912	1857–1907	–	–	125	216	1969	3987	4977
39	Banque Populaire de la Gruyère	1853	1857–1892	–	–	–	65	168	173	–
40	Banca Cantonale Ticinese	1861–1914	1861–1908	–	–	–	168	2119	1952	1894
41	Bank für Graubünden	1862	1863–1882	–	–	–	108	693	–	–
42	Bank in Schaffhausen	1862	1863–1908	–	–	–	136	667	1989	3424
43	Toggenburger Bank	1863–1912	1864–1907	–	–	–	350	987	990	978
44	Banque Populaire de la Broye	1864	1865–1882	–	–	–	18	18	–	–
45	Caisse Hypothécaire du Canton de Fribourg	1854	1865–1882	–	–	–	115	22	–	–
46	Crédit Agricole et Industriel de la Broye	1866	1867–1910	–	–	–	70	216	799	994
47	Leihkasse Glarus[f]	1863–1884	1870–1884	–	–	–	92	292	–	–
48	Banca della Svizzera Italiana	1873	1874–1907	–	–	–	–	1395	1996	1991
49	Crédit Gruyérien	1873	1874–1892	–	–	–	–	163	170	–
50	Credito Ticinese	1890–1914	1891–1907	–	–	–	–	–	–	2231
51	Banca Populare di Lugano	1888	1898–1910	–	–	–	–	–	–	1992

(A) Jahre der Betriebstätigkeit. Letztes Jahr nur angezeigt, wenn Geschäftstätigkeit vor 1914 eingestellt wurde
(B) Jahre der Ausgabe von Banknoten
a 1000 Schweizer Franken, Jahresende
b Später Banque Commerciale Neuchâteloise und (neue) Banque Cantonale Neuchâteloise
c Bis 1886 Solothurnische Bank
d Später Banque de l'Etat de Fribourg
e Notenumlauf 1830: 88
f Später Glarner Kantonalbank

Quelle: Weber 1992, S. 188 ff., basierend auf Jöhr 1915

ABBILDUNG 1
Banknotenumlauf in der Schweiz, 1825–1906

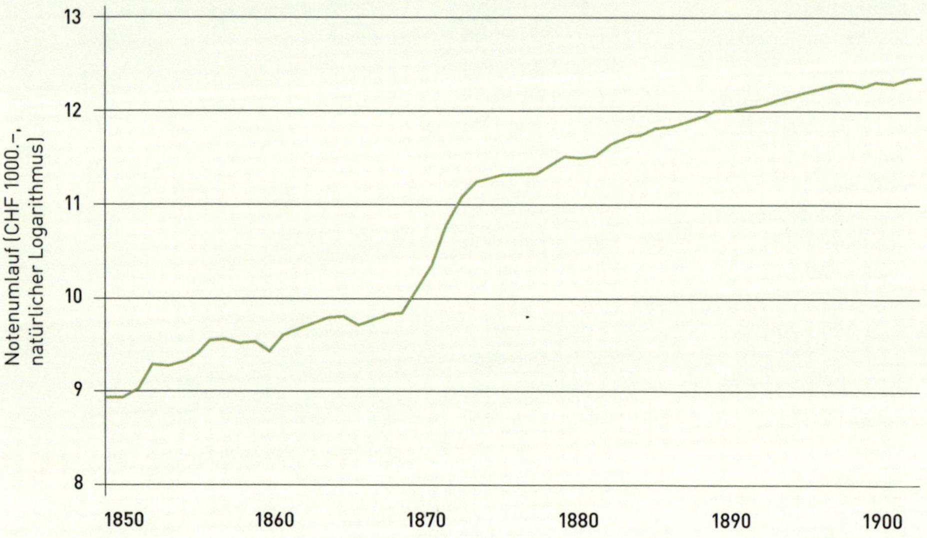

Quelle: Weber 1992, S. 194, basierend auf Jöhr 1915

BEURTEILUNG DES NOTENEMISSIONSWETTBEWERBS IN DER PERIODE DES FREE BANKING

Der freie Bankenwettbewerb bei der Notenemission in der Schweiz ist von verschiedenen Beobachtern unterschiedlich beurteilt worden. Weber kommt in seinen bereits erwähnten Beiträgen zu einer insgesamt positiven Wahrnehmung. Der Wettbewerb der Notenemissionsbanken in der Schweiz des 19. Jahrhunderts lasse sich insofern als erfolgreiche Erfahrung taxieren, als er ein stabiles monetäres System geschaffen habe, in dem die Kaufkraft der Noten jener des Münzmetalls gleich geblieben sei, und welches (fast) ohne Bankzusammenbrüche und -krisen ausgekommen sei (Weber 1988, 1992).[41]

41 Ganz blieb allerdings auch die Schweiz in dieser Periode nicht von Bankenproblemen verschont. So brach im Jahr 1870 die Banque Cantonale du Valais als Folge der Finanzierung von Kantonsdefiziten und hoher Investitionsverluste zusammen (verbunden mit einem politischen Skandal und dem Rücktritt mehrerer Regierungsräte). Die Banque Générale Suisse, 1853 von James Fazy in Genf nach dem Modell des französischen Crédit Mobilier gegründet, geriet durch schwere Investitionsverluste in Schwierigkeiten, musste 1859 ihre Zahlungen einstellen und wurde 1869 liquidiert. Die Eidgenössische Bank, 1864 in Bern von Jakob Stämpfli unter starker Opposition anderer Banken gegründet, war als eine Art private Zentralbank mit Niederlassungen in vielen Städten konzipiert, blieb aber wenig erfolgreich und musste Ende der 1870er-Jahre restrukturiert werden. Die beiden letzteren Banken waren bei ihrer Gründung für die damaligen Verhältnisse sehr gross dimensioniert.

Es habe auch kein Überangebot an Banknoten gegeben, weil im Wettbewerb keine Nachfrage nach Noten mit abnehmender Kaufkraft vorhanden gewesen sei. Steigende Kosten der Notenemission hätten zudem die Errichtung eines Monopols verhindert. Die Zahl der Notenemissionsbanken blieb hoch, der Konzentrationsgrad gering. Das Notenemissionsgeschäft sei demnach offenbar kein «natürliches Monopol» gewesen.

Weber betont, dass beim freien Marktzutritt die Notenausgabe durch Ertrags-Kosten-Überlegungen bestimmt worden ist. Neue Banken haben das Geschäft der Notenemission nur aufgenommen, wenn die resultierende Rendite der Rendite anderer Aktivitäten entsprach. Die Mehrheit der damaligen Schweizer Banken bot keine Banknoten an, darunter auch wichtige Banken wie beispielsweise die 1856 gegründete Schweizerische Kreditanstalt. Der Grund dafür war nicht, dass sie das Emissionsgeschäft nicht betreiben durften, sondern dass sie es nicht betreiben wollten. Manche Banken hatten die Notenemission als potenzielles Geschäftsfeld in ihren Statuten, nahmen dieses Geschäft indessen nie auf (z. B. die Bank in Winterthur).

Die Notenausgabe war mit beträchtlichen Kosten verbunden: Kosten der Herstellung (Druckkosten), Kosten des Schalterpersonals und – besonders wichtig – die Kosten der Reservehaltung sowie jene des Notenclearings. Letzteres war ein zentraler Aspekt: Die Nachfrage nach Noten hing stark davon ab, ob Noten zu pari zirkulierten; andernfalls wurden die Informationskosten für die Verwender sehr hoch. Dies bewog die Banken auch, Vereinbarungen über die gegenseitige Rücknahme ihrer Noten miteinander zu schliessen (Clearing Agreements) oder sogar grössere Netzwerke für das Notenclearing zu begründen. Damit waren häufige Verhandlungen und Neuverhand-

TABELLE 6
Durchschnittliche Umlaufdauer der Banknoten der Bank in Basel, 1851–1905 in Tagen

Jahr	Nennwert (Franken)				
	50	100		500	1000
1851		154		162	
1855			[a] 36.0		
1860			[a] 22.0		
1865			[a] 10.5		
1870		31		10	
1875		70		37	18
1880	126	99		34	23
1885	203	128		41	24
1890	215	183		52	34
1895	304	210		65	38
1900	272	173		71	60
1905	355	300		121	153

a CHF 100.– und CHF 500.–

Quelle: Weber 1992, S. 193, basierend auf Mangold 1909

TABELLE 7
Anteil der Banknoten in den Bilanzen der Schweizer Notenemissionsbanken, 1826–1906 (in Prozent)

Jahr	Geschäftsbanken	Kantonalbanken	Regionalbanken	Alle Banken
1831–1840	[a] 19,2	[b] 4,4	10,8	11,1
1841–1850	25,2	3,5	5,6	16,9
1851–1860	20,9	9,4	4,4	12,9
1861–1870	13,8	6,8	3,5	7,3
1871–1880	31,7	10,2	8,3	13,6
1881–1890	41,9	11,8	8,6	16,1
1891–1900	47,4	12,1	8,5	15,7
1901–1906	50,9	9,6	7,2	12,3

a 1838–1840
b 1835–1840

Quelle: Weber 1992, S. 193, basierend auf Jöhr 1915

lungen verbunden, zudem auch die Organisation von Gold- und Silbertransporten, wenn die Zahlungsströme nicht ausgeglichen waren. Die durchschnittliche Umlaufdauer der Banknoten war im Übrigen erstaunlich gering, z.B. gemäss Mangold für die Bank in Basel im Jahr 1855 nur rund 36 Tage (Mangold 1909, siehe Tabelle 6).

Banknoten blieben aus diesen Gründen als Finanzierungsquelle der Banken von begrenzter Bedeutung. So stellten sie etwa in den Jahren 1841–1850 lediglich 16,9 Prozent aller Verbindlichkeiten dar, in den Jahren 1861–1870 sogar blosse 7,3 Prozent. Für die Kantonalbanken war diese Quote im Übrigen noch geringer als für die Aktienbanken (vgl. Tabelle 7).

Ritzmann beurteilt die Periode der freien Notenemission im 19. Jahrhundert weit negativer und betont vor allem die Unzulänglichkeiten des damaligen Banken- und Notenwesens. Der Wettbewerb der Notenbanken habe zum Teil bizarre Formen angenommen. So hätte beispielsweise die Graubündner Kantonalbank durch Ansammlung und anschliessende Präsentation einer möglichst grossen Menge an Noten der konkurrierenden Bank für Graubünden bewusst versucht, das Notengeschäft der letzteren zu stören. Den Versuch der Bildung von «Währungsblöcken» über die Formation von Clearing-Netzwerken beurteilt er ebenfalls negativ. Hinderlich seien auch verschiedene (nicht erfolgreiche) Experimente mit verzinslichen Noten gewesen (Ritzmann 1973, S. 92, ähnlich auch Jöhr 1915, S. 95 f.).

Die Beurteilung von Weber scheint mir grundsätzlich richtig und nachvollziehbar. Gemessen an den Kriterien der Währungs- und Finanzstabilität lässt sich nicht feststellen, dass der Wettbewerb der Emissionsbanken in der Ära der freien Notenemission nachteilige Folgen mit sich gebracht hätte. Diese Beurteilung wird allerdings dadurch relativiert, dass bis 1870 die Banknote eine relativ geringe Rolle im schweizerischen Zahlungsverkehr spielte und dass das resultierende Geldsystem in Bezug auf seine Effizienz, insbesondere was die Akzeptanz und die gegenseitige Anerkennung der Banknoten betrifft, durch grosse Mängel gekennzeichnet war. Deshalb hat natürlich auch Ritzmann mit seinem nachdrücklichen Hinweis auf die Unzulänglichkeiten der damaligen Verhältnisse nicht unrecht. Die anschliessende, weit stärkere Verbreitung der Banknote löste denn auch dynamische Prozesse aus, die sich in der verbleibenden kurzen Zeit der freien Notenemission zwar nicht mehr voll auswirken konnten, letztlich aber den Anstoss zu den gesetzgeberischen und institutionellen Änderungen gaben, die zum neuen Banknotengesetz und schliesslich nach der Jahrhundertwende zur Gründung der Schweizerischen Nationalbank führen sollten.

DAS BANKNOTENGESETZ VON 1881: BUNDESSYSTEM MIT PRIVATEN NOTENBANKEN

Die schwere Liquiditätskrise von 1870 belebte die Diskussion um das schweizerische Geld- und Bankwesen sehr stark. Der Bundesrat ernannte eine Expertenkommission und der Schweizerische Handels- und Industrieverein holte Gutachten über das schweizerische Banknotenwesen ein. Die einen strebten dabei eine reine Staatsbank mit Notenmonopol an, andere eine nationale Institution ohne Notenmonopol als Clearingstelle der Notenbanken. Beide Varianten wurden nach einer verworfenen Verfassungsrevision im Jahr 1872 jedoch fallengelassen (Ritzmann 1973, S. 94).

Die Revision der Bundesverfassung von 1874 beliess dann im neuen Notenbankartikel 39 die Hoheit über die Notenemission nach wie vor bei den Kantonen, gab aber dem Bund die Befugnis, allgemeine Vorschriften über die Ausgabe und die Einlösung von Banknoten zu erlassen. Damit war die Grundlage zu einem eidgenössischen Banknotengesetz geschaffen. Ein erster Anlauf dazu fiel 1876 nach einem Referendum in der Volksabstimmung jedoch noch mit über 60 Prozent Nein-Stimmen durch.

Danach ergriffen die Notenemissionsbanken mit der Bildung eines Konkordats die Initiative – wohl nicht zuletzt auch als Mittel zur Abwehr drohender Staatseingriffe. Zwei Drittel der Notenbanken schlossen sich diesem Konkordat an und verpflichteten sich, ihre Noten gegenseitig zum Nennwert einzulösen, sich wöchentliche Kassenausweise und monatliche Bilanzen zuzustellen und eine Clearingstelle bei der Bank in Zürich einzurichten. Die Konkurrenzsituation zwischen den Notenbanken blieb aber bestehen und der Clearingverkehr entwickelte sich nur zögernd.

1881 kam es schliesslich nach langer Diskussion im Parlament – in dem der Ständerat in der Tendenz die Interessen der Kantonalbanken und der Nationalrat jene der privaten Notenbanken vertraten – zum «Bundesgesetz über die Ausgabe und Einlösung von Banknoten», das nach Verstreichen der Referendumsfrist auf den 1. Januar 1882 in Kraft gesetzt wurde. Mit diesem Bundesgesetz blieb die Ausgabe von Banknoten weiterhin dem Wettbewerb der 36 damals existierenden Notenbanken unterworfen. Diesen Emissionsbanken wurde aber eine ganze Reihe von Restriktionen vorgegeben, die zuvor nicht existiert hatten.

Das Banknotengesetz von 1881 brachte eine viel stärkere Regulierung und Vereinheitlichung der Banknotenausgabe und signalisierte im Wesentlichen das Ende des freien Wettbewerbs im Notenemissionswesen. Der Weg zur späteren Nationalisierung der Notenausgabe – der im nächsten Kapitel beschrieben werden soll – war mit diesem Schritt vorprogrammiert. Eine geld- und währungspolitische Konzeption im modernen Sinn stand nicht hinter dem Gesetz. Im Vordergrund standen Gesichtspunkte der Effizienz und der Sicherung der Noteninhaber vor Verlusten auf dem Nennwert der Noten (sowie gewisse fiskalische Interessen der Kantone). Die Stellung der Banknoten war damit ähnlich einer modernen Sichteinlage in einem regulierten Bankensystem.

Die Kernpunkte des neuen Gesetzes waren die folgenden:

- Das Notenemissionsrecht wurde auf Kantonalbanken und Aktienbanken beschränkt. Andere private Banken waren von diesem Recht also ausgeschlossen (sie waren allerdings ohnehin längst nicht mehr in diesem Geschäft tätig).
- Reservevorschriften: Die Notenbanken mussten auf den ausgegebenen Noten 40 Prozent Reserven in Form von Metallgeld halten. Banken ohne Kantonsgarantie waren ausserdem verpflichtet, die restlichen 60 Prozent ihres Notenumlaufs in der Form zugelassener in- oder ausländischer Staatspapiere auszuweisen. Unter strengen Bedingungen waren auch bestimmte private Papiere zugelassen. Mit dieser Vorschrift war natürlich eine gewisse Bevorzugung der Kantonalbanken bei der Notenausgabe verbunden.
- Eigenkapitalvorschriften: Das Eigenkapital musste mindestens 50 Prozent der zirkulierenden Noten entsprechen.
- Noteneinlösung: Die Banken wurden verpflichtet, gegenseitig ihre Noten zum Nennwert (zu pari) zu akzeptieren, soweit die ausgebende Bank selbst ihrer Einlösepflicht nachkam.
- Die Besteuerung der Notenemission durch die Kantone wurde auf maximal 0,6 Prozent (plus Bundes- und Kantonsgebühren von 0,2 Prozent) begrenzt.
- Standardbanknoten mit Nennwerten von 50 bis 1000 Schweizer Franken wurden durch den Bund vorgegeben. Zuvor waren Noten mit teilweise kleineren Nennwerten verbreitet.
- Eine Bankenaufsicht durch das Eidgenössische Noteninspektorat mit regelmässiger (wöchentlicher, monatlicher) Berichterstattungspflicht wurde eingeführt.

Trotz einer gewissen Bevorzugung der Kantonalbanken durch dieses Gesetz sollte ihr Anteil am Notenumlauf in den Folgejahren nur langsam ansteigen, von 43 Prozent im Jahr 1880 auf 47 Prozent im Jahr 1890 (und auch dies nur, weil die Eidgenössische Bank 1882 die Notenemission aufgab). Nach der Volksabstimmung von 1891 (Referendum über die Revision des Verfassungsartikels 39), die den Bund zur Errichtung einer Zentralbank ermächtigte, sollte die Aussicht auf die baldige Nationalisierung der Notenausgabe in den anschliessenden Jahren mehr und mehr private Banken zum Ausstieg aus diesem Geschäft bewegen. Der Anteil der Kantonalbanken am Notenumlauf wuchs so auf 60 Prozent im Jahr 1900 an.

4 DER LANGE WEG ZU EINER SCHWEIZERISCHEN ZENTRALBANK

Erste Gedanken zur Errichtung einer gesamtschweizerischen Notenbank zirkulierten zwar schon vor 1850. Echte Realisierungschancen konnten solche Überlegungen allerdings erst mit der Gründung des Bundesstaates und mit der Währungsreform von 1850 gewinnen. Auch dann sollte es aber noch mehr als ein halbes Jahrhundert dauern, bis die Schweizerische Nationalbank schliesslich das Licht der Welt erblickte.

Ab 1850 wurden verschiedene Projekte und Vorschläge zur Diskussion gebracht.[42] Die Krise von 1870 belebte diese Debatte im Besonderen.[43] Die mangelnde Effizienz des damaligen Zahlungs- und Banknotenwesens der Schweiz, die immer wieder zu Beanstandungen Anlass gab, liess stets auch die Frage nach der Wünschbarkeit oder Notwendigkeit einer zentralen Notenbank aufkommen. Dabei standen sich Befürworter und Gegner eines bundesstaatlichen Notenmonopols gegenüber. Im Vordergrund bei den Gegnern standen ein in der Schweiz tief verwurzeltes generelles Misstrauen gegenüber starken wirtschaftlichen Machtstellungen des Zentralstaates einerseits und die fiskalischen Interessen der Kantone andererseits. Die Befürworter betonten umgekehrt die mangelnde Effizienz des existierenden Systems und den Schutz der Noteninhaber vor möglicher Überemission und Qualitätsverschlechterung der Noten.

DER VERFASSUNGSARTIKEL VON 1874

Bei der Revision der Bundesverfassung von 1874 resultierte eine Art Kompromiss, bei dem sich aber in der entscheidenden Frage des Notenmonopols noch einmal dessen Gegner durchzusetzen vermochten. Der neue Notenbankartikel 39 lautete:

> *«Der Bund ist befugt, im Wege der Gesetzgebung allgemeine Vorschriften über die Ausgabe und die Einlösung von Banknoten zu erlassen. Er darf jedoch keinerlei Monopol für die Ausgabe von Banknoten aufstellen und ebenso keine Rechtsverbindlichkeit für die Annahme derselben aussprechen.»*

Auf der Grundlage dieses Artikels entstand das Banknotengesetz von 1881, das bezüglich Effizienz des Zahlungssystems und Sicherheit der Noteninhaber beträchtliche Verbesserungen mit sich brachte, aber nach wie vor den Wettbewerb der Emissionsbanken zuliess.[44] Auch dem Bedürfnis nach einer Begrenzung des Notenumlaufs war

42 Für frühe Diskussionsbeiträge vgl. etwa Burckhardt-Bischoff 1865 und Rüttimann 1865.

43 Auf die Einsetzung einer Expertenkommission und die Einholung von Gutachten durch den Schweizerischen Handels- und Industrieverein wurde bereits im Zusammenhang mit der Entstehungsgeschichte des Banknotengesetzes von 1881 in Kapitel 3 hingewiesen.

44 Zum Banknotengesetz von 1881 vgl. Kapitel 3.

durch die Beschränkung der Maximalemission auf ein festgelegtes Vielfaches des einbezahlten Kapitals in einem gewissen Sinn Rechnung getragen worden.

Die Idee einer gesamtschweizerischen Zentralbank war damit aber nicht vom Tisch. Es folgten weitere Vorstösse zur Errichtung einer zentralen Notenbank. Ein hartnäckiger Verfechter einer volkswirtschaftlich und nicht bloss fiskalpolitisch orientierten Zentralbank auf privater Basis, aber unter staatlicher Aufsicht, war etwa der Unternehmer und Politiker Conrad Cramer-Frey (vgl. 1880). Die Notenbanken selber schlossen sich 1881 zu einem 2. Konkordat zusammen und bauten den Clearingverkehr sukzessive aus. Die Zahl der privaten Notenbanken ging zurück und das Notenemissionsgeschäft wurde nach und nach stärker von den Kantonalbanken beherrscht, kam also vermehrt unter staatlichen Einfluss.

DIE VERFASSUNGSREVISION VON 1891

1880 wurde ein Volksbegehren für eine erneute Verfassungsrevision noch abgelehnt. 1891 jedoch kam es zu einer Revision des Verfassungsartikels 39, die vom Volk mit knapp 60 Prozent Ja-Stimmen angenommen wurde. Der revidierte Verfassungsartikel enthielt die folgende Formulierung:

> *«Das Recht zur Ausgabe von Banknoten und anderen gleichartigen Geldzeichen steht ausschliesslich dem Bund zu.»*

Der neue Verfassungsartikel brachte also im zentralen Punkt des Notenmonopols eine entscheidende Änderung gegenüber der Formulierung von 1874.

Auch nach der Annahme des revidierten Verfassungsartikels sollte es allerdings noch eineinhalb Jahrzehnte dauern, bis die genaue Form der zu schaffenden Zentralbank bestimmt war und die Nationalbank schliesslich ihre Geschäfte aufnehmen konnte. Die Diskussion drehte sich in dieser Phase um die Wahl der Rechtsform (private oder rein staatliche Lösung), aber auch um die Frage des Geschäftssitzes der neuen Zentralbank – Bern oder Zürich – und um die fiskalischen Interessen der Kantone. Ein erstes Ausführungsgesetz von 1896 sah noch eine reine Staatsbank vor; es scheiterte an einem Referendum. Eine zweite Vorlage von 1899 scheiterte an der Sitzfrage. Ein dritter Entwurf schliesslich, in der Sitzfrage ein Kompromiss mit Sitzen in Zürich und Bern, war erfolgreich und wurde als «Bundesgesetz über die Schweizerische Nationalbank» am 6. Oktober 1905 in Kraft gesetzt. Die Kantone wurden dabei mit einer Gewinnbeteiligung gewonnen.[45]

45 Zur politischen Debatte rund um die Gründung der Nationalbank vgl. insbesondere Zimmermann 1987.

GRÜNDE FÜR DEN MEINUNGSUMSCHWUNG ZUGUNSTEN DES ZENTRALSTAATLICHEN NOTENMONOPOLS

An dieser Stelle ist es naheliegend zu fragen, welche Überlegungen und Kräfte für den Meinungsumschwung verantwortlich waren, der im neuen Notenbankartikel zum Ausdruck kam.

In der ersten Hälfte des 19. Jahrhunderts hatte in England eine intensive Diskussion um die Rolle eines staatlichen Notenmonopols zwischen den Vertretern der sogenannten Banking und Currency Schools sowie der Free Banking School stattgefunden.[46] Dabei hatte die Auffassung der Currency School obsiegt, dass freie Konkurrenz in der Ausgabe von Banknoten (Zahlungsmitteln), im Gegensatz zu der Produktion der meisten anderen Güter, problematisch und nicht empfehlenswert sei. Gewisse Elemente dieser Diskussion fanden zwar auch Eingang in die schweizerische Debatte der 1880er- und 1890er-Jahre – so die These, dass eine freie Notenausgabe zu Überexpansion des Notenumlaufs und anschliessendem Abfluss des Metallgeldes (Gold und Silber) führen müsse. Ritzmann (1973, S. 96) meint aber, wahrscheinlich zu Recht, dass diese theoretische Diskussion in der Schweiz kaum überragenden Einfluss gehabt haben könne, weil sie auf einem wissenschaftlichen Niveau stattgefunden habe, das den meisten der damaligen schweizerischen Diskussionsführer nicht zugänglich gewesen sei. Aber wo lagen dann die entscheidenden Impulse? In der Literatur werden im Zusammenhang mit dieser Frage unterschiedliche Aspekte hervorgehoben.

Eine häufig genannte und wichtige Kritik am damaligen System, die sicher zum Meinungswandel beigetragen hat, betrifft die mangelnde Elastizität der Geldversorgung im Jahresverlauf und die resultierenden saisonalen Schwankungen der Geldmarktverhältnisse. Diese wurden von den Wirtschaftsteilnehmern als sehr störend empfunden und haben die Diskussion zweifellos stark beeinflusst (vgl. dazu Kalkmann 1900, S. 29).

Eine grosse Rolle spielte im Weiteren die chronische Neigung zur Schwäche, die der Schweizer Franken nach 1885 und insbesondere in den 1890er-Jahren entwickelt hat, und der nicht endende Abfluss von Währungsmetall (Silber), der daraus resultierte. Ritzmann (1973, S. 96 ff.) schliesst daraus auf ein Versagen der privaten Notenbanken unter dem System des Notenemissionswettbewerbs. Die Idee einer zentralen Notenbank habe in der Schweiz an Popularität gewonnen, nachdem die privaten Notenbanken ihre währungspolitische Ohnmacht explizit bewiesen hätten. Ritzmann macht also ein schlechtes Funktionieren des existierenden Systems, verursacht durch die Notenbankkonkurrenz, für den Meinungs- und Systemwechsel verantwortlich.

46 Eine kurze Zusammenfassung der Grundgedanken dieser Meinungsströmungen und der stark damit verbundenen Idee der Real-Bills-Doktrin findet sich in Anhang 3.

Auch für Neldner 1996, 2003 steht der Wettbewerb bei der Notenemission im Mittelpunkt. Er vertritt die Auffassung, dass der Emissionswettbewerb generell zu Überemission und zu Fehlentwicklungen neigt, interpretiert die schweizerische Erfahrung von 1881 bis 1905 als Evidenz für die Sichtweise der Currency School des 19. Jahrhunderts und deutet den Meinungswandel zugunsten des Zentralbankgedankens als Reaktion auf die resultierenden Fehlentwicklungen.[47]

Betrachten wir kurz die wirtschaftlichen Abläufe und Geschehnisse, auf die sich diese Kritikpunkte beziehen.[48]

DIE WÄHRUNGSENTWICKLUNG NACH 1881: UNELASTISCHE GELDVERSORGUNG UND FRANKENSCHWÄCHE

Bis etwa 1885 waren es vor allem die saisonalen Schwankungen von Geldversorgung, Wechselkursen und Zinssätzen, die von den Wirtschaftsteilnehmern als lästige Störfaktoren empfunden wurden. Die Konditionen des Wechseldiskonts der Schweizer Notenbanken waren auf einen möglichst stabilen Notenumlauf ausgerichtet. Der Grund dafür lag in den Regeln der Besteuerung, die sich am Gesamtumfang der kontingentierten Emissionsmenge (der sogenannten «Notenemission») orientierte, unabhängig vom effektiven Notenumlauf. Aus der Zirkulation zurückgenommene Noten blieben also besteuert; die Banken hatten somit ein starkes Interesse, ihre Emissionsquoten voll auszunutzen. Sie hatten daher den Anreiz, den saisonalen Zyklen des Geldbedarfs – der typischerweise im zweiten Halbjahr stärker ausfiel als im ersten Halbjahr – mit Diskontsatzanpassungen zu begegnen. Der Zinssatz schwankte deshalb saisonal stark und war regelmässig begleitet von Geldüberfluss im ersten Halbjahr und Notenmangel im zweiten Halbjahr.

So verständlich die Kritik an diesen Verhältnissen der damaligen Zeit ist, so muss doch festgehalten werden, dass die mangelnde Elastizität der Geldversorgung in erster Linie durch die erwähnte Besonderheit in der Besteuerung der Notenemission verursacht worden ist. Der Wettbewerb in der Notenemission als solcher kann dafür kaum verantwortlich gemacht werden. Eine solche Inelastizität im Geldangebot stellt darüber hinaus in einem gewissen Ausmass ein allgemeines Charakteristikum der damals herrschenden Metallwährungen dar.

Nach 1885, und vor allem in den 1890er-Jahren, kam ein chronischer Abfluss von Währungsmetall dazu (Silberdrainage). Der Wechselkurs des Schweizer Frankens tendierte zur Schwäche und induzierte im herrschenden Metallwährungssystem einen

47 Ähnlich argumentierten schon früher Kalkmann 1900, Landmann 1905 und Jöhr 1915.

48 Eine detaillierte Analyse dieser Periode enthält auch Menghetti 1993.

TABELLE 8
Silberimporte schweizerischer Notenbanken

	Einfuhr von Silbermünzen, insgesamt	Einfuhr von Silbermünzen durch die Banque du Commerce de Genève	Silberimportkosten der Banque du Commerce de Genève	Silberimportkosten der Bank in Basel
1892–1894	91 100	48 900	167	62
1895–1899	347 600	173 300	1079	336
1900–1906	317 800	161 200	961	325

Alle Angaben in CHF 1000.–

Die Silberimporte und die damit verbundenen Kosten konzentrierten sich stark auf wenige vor allem grenznahe Notenbanken. Auf die Banque du Commerce de Genève allein entfiel ein Anteil von rund 50 %.

Quelle: Neldner 1996, S. 185, basierend auf Gygax 1901, Jöhr 1915 und Mangold 1909

TABELLE 9
Silberimportkosten der schweizerischen Notenbanken

	Durchschnittlicher Notenumlauf, 1891–1900; in Prozent des Gesamtumlaufs	Kosten des Silberimports, 2. Halbjahr 1899; in Prozent der Gesamtkosten aller Banken
Zürcher Kantonalbank	11,88	18,92
Banque du Commerce de Genève	10,99	47,65
Bank in Basel	10,91	11,49
Kantonalbank in Bern	8,53	7,01
Banque Cantonale Neuchâteloise	3,25	8,48
übrige Banken	54,44	6,45

Im 2. Halbjahr 1899 wurden 93 % der Silberimportkosten von nur 5 Notenbanken getragen, deren Anteil am gesamten Notenumlauf sich auf lediglich 45 % belief.

Quelle: Neldner 1996, S. 186, basierend auf Gygax 1901 und Jöhr 1915

Silberabfluss aus der Schweiz. Die Silbervorräte der Schweizer Notenbanken wurden rasch knapp.[49] Die Einlösung von Banknoten konzentrierte sich dabei stark auf die in Grenznähe liegenden Emissionsbanken, war also regional sehr ungleich verteilt. Diese grenznahen Banken hatten bald keine verfügbaren Silberreserven mehr. Sie hatten nicht die Freiheit, die Einlösbarkeit ihrer Noten aufzuheben oder die Währung abzu-

49 Die gesetzliche Notendeckung wurde zum Teil in gehortetem Gold ausgewiesen. Es ist darauf hinzuweisen, dass es hier nicht um das bekannte Problem des Bimetallismus ging, wo Gold aufgrund veränderter Preisverhältnisse gegen Silber getauscht wird, sondern um Währungsschwäche und Abfluss von Währungsreserven (-metall) generell. Gold war zum offiziellen Preis aufgrund der sogenannten französischen Goldprämienpolitik zu dieser Zeit am Markt gar nicht verfügbar.

werten (die Kompetenz dazu hätte beim Bund gelegen). Sie reagierten darauf, indem sie das zur Parität ausbezahlte Silber möglichst rasch wieder zum (höheren) Marktpreis zurückkauften und importierten. Das Notengeschäft verlor damit an Attraktivität. Diese Verhaltensweise verhinderte natürlich auch, dass der kostspielige Reserveabfluss zum Stillstand kam. In den 1890er-Jahren wurde die Silberdrainage chronisch. Die grenznahen Banken gingen das Konkordat um Hilfe an und forderten eine Aufteilung der «Drainagekosten».[50] Auch wurden Bestrebungen zu einer Koordinierung der Diskontpolitik entwickelt. Das Interesse am Notengeschäft ging generell zurück und der Widerstand gegen eine Zentralbank liess nach.

> «*Nicht der Silberabfluss gab den Ausschlag, sondern im Gegenteil die paradoxe Tatsache, dass die Notenbanken diesen Abfluss verhinderten, den internationalen Währungsausgleich für die Schweiz zerstörten und obendrein daran zu verbluten drohten.*» (Ritzmann 1973, S. 96)

Allerdings: Es ist nicht unmittelbar klar, wie viel diese Abflüsse wirklich mit dem Wettbewerb in der Notenemission als solchem zu tun hatten. Die beschriebene Entwicklung bedeutet im Grunde einfach, dass unter den gegebenen Bedingungen das Notenemissionsgeschäft nicht mehr im bisherigen Ausmass ertragreich und interessant war. Die Notenbanken hätten daher den Umfang ihrer Geschäftstätigkeit anpassen müssen. Die Frage ist, was das verhindert hat. Warum hat das Währungssystem hier nicht «richtig» funktioniert? War es die Vergemeinschaftung des Notengeschäfts über das Konkordat? War es dessen Regulierung durch das Banknotengesetz? Oder war es – wie häufig unterstellt – der Wettbewerb in der Notenausgabe an sich, der zwangsläufig mit einer Tendenz zur Überemission verbunden war? Ein Autor, der klar letztere Meinung vertritt, ist Neldner mit seinen bereits zuvor erwähnten Beiträgen (Neldner 1996, 2003). Auch Ritzmann 1973 neigt, wie bereits ausgeführt, zu dieser Sicht; in einer späteren Beurteilung, geschrieben als Kommentar zu Neldner 1996, kommt er allerdings zu einer etwas nuancierteren Betrachtungsweise (Ritzmann 1996).[51] Diese Fragen – die nicht nur aus Sicht der schweizerischen Währungsgeschichte, sondern auch aus allgemeiner währungstheoretischer Perspektive von Interesse sind – sollen nachfolgend näher erörtert werden.

50 Zu den Silberimporten und den Silberimportkosten der Schweizerischen Notenbanken vgl. Tabellen 8 und 9.

51 Ritzmann bleibt auch in diesem Beitrag der Ansicht, dass die Schweizer Notenbanken gegen Ende des 19. Jahrhunderts in den Augen ihrer Zeitgenossen offensichtlich versagt hätten, was zum Entzug ihres Emissionsrechts 1891 auf der Verfassungsebene und 1905 auf Gesetzesebene und zur Übertragung dieses Rechts auf die Schweizerische Nationalbank geführt habe. Er relativiert aber die Rolle des Emissionswettbewerbs als Ursache dieses Versagens.

WAR DER EMISSIONSWETTBEWERB SCHULD?

Neldner bettet seine Beurteilung in eine allgemeine Diskussion über Central Banking versus Free Banking gemäss britischer Tradition ein. Verfechter der Zentralbankidee argumentieren typischerweise, dass eine bankenfreiheitliche Ordnung zu Instabilität neige, weil ihr die Tendenz zur Überemission immanent sei. Die Begründung ist üblicherweise in erster Linie theoretisch, wird aber gerne auch durch empirische Hinweise verstärkt. Die Beurteilung der empirischen Erfahrungen ist allerdings kontrovers und kann teilweise auch zugunsten des Free Banking interpretiert werden.[52]

Überausgabe von Noten liegt vor, wenn das Notenangebot die Notennachfrage beim herrschenden Preisniveau (und Vollbeschäftigung) übersteigt. Sie tritt ein, wenn die Notenbanken die Notenausgabe zu stark steigern, aber auch, wenn sie angesichts steigender Inlandpreise und sich abwertender Inlandwährung – Indizien eines herrschenden Überangebots – nicht willens oder in der Lage sind, den Notenumlauf nennenswert zu verringern. Als Folge liegt der Marktzins unter dem «natürlichen» Zins, die Inlandpreise steigen (respektive ihre Rückführung auf das bisherige Niveau wird verhindert) und die Inlandwährung neigt zur Schwäche. In einem internationalen Festkurssystem kommt es zum Abfluss von Währungsreserven.

Die Anhänger des freien Bankenwettbewerbs bei der Notenausgabe gehen davon aus, dass Marktkräfte unter Wettbewerbsbedingungen dafür sorgen, dass Überemission gar nicht auftritt. Die überexpandierende Bank werde im Zuge des gegenseitigen Clearingverkehrs und als Folge verstärkter Noteneinlösung der Kunden bald einen Teil ihrer Reserven verlieren und so wieder zu einer Reduktion ihres Emissionsvolumens gezwungen. Es existiere also ein automatischer Bremsmechanismus, der Fehlverhalten verhindere.

Kritiker des Emissionswettbewerbs verweisen demgegenüber auf eine Externalität bei der Notenausgabe. Übermässige Emission durch eine *einzelne* Bank und die nachfolgende Abwertungstendenz der Inlandwährung treffe *alle* Banken nach Massgabe ihrer Marktanteile.[53] Dadurch werde eine Tendenz zur Überemission durch *alle* Banken begründet. Der Bremseffekt durch Notenclearing und Reserveverluste sei deshalb unzureichend. Jede Bank sei der Versuchung ausgesetzt, durch Überexpansion ihren Marktanteil zu erhöhen.

Ein wichtiger – und grundsätzlich unumstrittener – Punkt, auf den noch zurückzukommen sein wird, ist hier festzuhalten: Diese Kritik des Emissionswettbewerbs geht davon aus, dass alle Noten für die Bankkunden gleichwertig sind, unabhängig

52 Vgl. dazu etwa Selgin 1988, 1994, oder Selgin und White 1994; für den Fall der Schweiz Weber 1988, 1992.

53 Zum Beispiel McCulloch (1831, S. 48): «As all notes [...] are equally good in his (i.e. a businessman's) estimation, he sends those in for payment that come first to hand.» Ähnlich Longfield 1840, S. 218 f.

vom Emittenten, dass also die Verwender keine Qualitätsunterschiede zwischen den Noten verschiedener Emittenten wahrnehmen und deshalb keine Notwendigkeit sehen, zwischen diesen zu unterscheiden.

Neldner argumentiert, dass die Erfahrung der Schweiz, vor allem zwischen 1885 und 1905, Anschauungsunterricht für die Argumente der Gegner des Emissionswettbewerbs liefere und deren Kritik bestätige. Er betont die Entwicklungen, auf die oben bereits hingewiesen wurde, nämlich die starke Zunahme der Notenausgabe ab 1880 und die deutliche Abwertung des Schweizer Frankens ab 1885 sowie die vermehrten Noteneinlösungen und den Abfluss von Währungsmetall. Das Versagen der Marktkräfte werde besonders dadurch illustriert, dass sich die Noteneinlösungen nicht auf die überemittierenden Banken konzentrierten, sondern vornehmlich auf solche mit Sitz in Nähe der (französischen) Grenze, und dass die Banken, die sich zu umfangreichen Noteneinlösungen gezwungen sahen, nicht bereit oder in der Lage waren, ihren Notenumlauf (und ihre Kreditgewährung) nachhaltig einzuschränken. Versuche, diese Probleme über kartellartige Bindungen im Rahmen von Konkordatslösungen zu entschärfen, kamen zu spät. Der Wechselkurs des französischen Frankens lag ab 1850

ABBILDUNG 2
Durchschnittlicher und maximaler jährlicher Wechselkurs (Schweizer Franken pro 100 französische Francs), 1885 – 1906

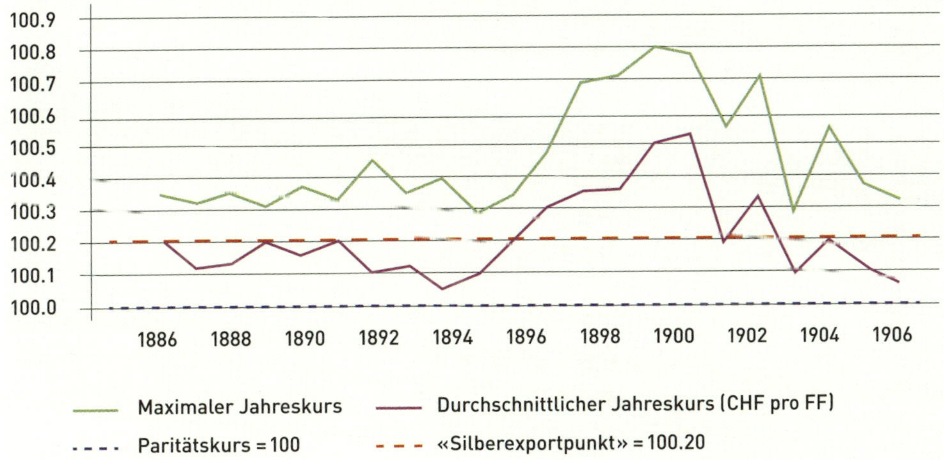

Der Kurs für 100 französische Franken, gemessen in Schweizer Franken, lag ständig über dem Paritätskurs und überstieg häufig den Silberexportpunkt. D.h. der Schweizer Franken neigte permanent zur Schwäche und es kam zum chronischen Abfluss von Währungsmetall.

Quelle: Neldner 2003, S. 393

ständig über dem Paritätskurs und stieg häufig über den «Silberexportpunkt» an[54] (siehe Abbildung 2), und die Schweizer Zinssätze verharrten signifikant über den französischen Sätzen (siehe Abbildung 3). Neldner liegt damit auf der Linie der frühen Kritik von Kalkmann 1900, Landmann 1905 und Jöhr 1915.

ABBILDUNG 3
Zinsaufschlag des Schweizer Frankens gegenüber dem französischen Franc, 1893–1914

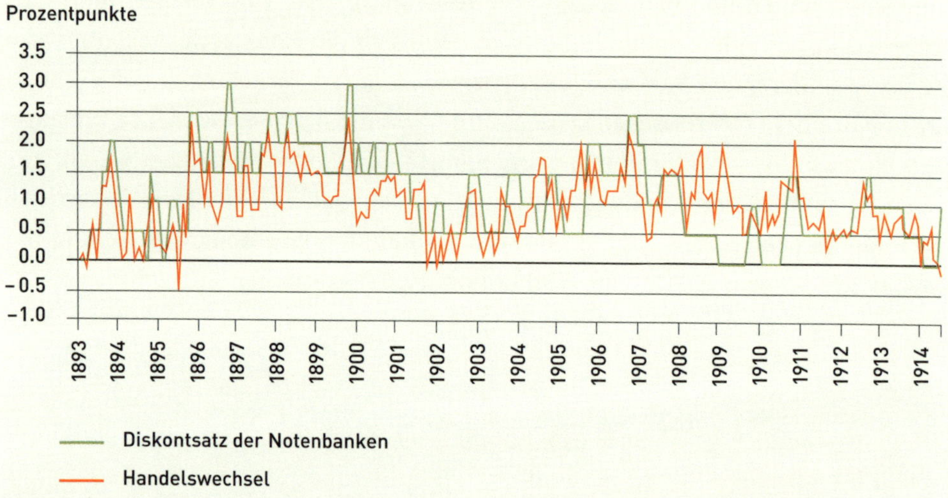

Der Schweizer Franken neigte chronisch zur Schwäche und war durch einen Zinsaufschlag gegenüber dem französischen Franc gekennzeichnet.

Quelle: Bordo und James 2007, S. 31

WAR DIE BANKNOTE EIN HOMOGENES PRODUKT?

Wie bereits erwähnt geht die Argumentation von Neldner (und seiner historischen Vorgänger zurück bis zur Currency School) davon aus, dass alle Banknoten für die Verwender gleichwertig sind, dass es sich also um ein homogenes Produkt handelt, bei dem keine Qualitätsunterschiede wahrnehmbar sind und keine Differenzierung notwendig ist. Sind die Produkte verschiedener Notenemittenten aber differenziert, so entfällt dieses Argument und der Wettbewerb kann seine disziplinierende Kraft wirk-

54 Der Silber- respektive Goldexportpunkt, d. h. der Wechselkurs, ab dem es sich lohnte, Währungsmetall effektiv zu exportieren, lag aufgrund von Transport- und Transaktionskosten geringfügig über dem Paritätskurs.

sam entfalten. Qualitätsunterschiede bei Banknoten sind grundsätzlich in zweierlei Hinsichten möglich:

- bezüglich der Währungsdenomination der Noten (solche Unterschiede waren in der Schweiz de jure seit 1881 und de facto seit 1850 nicht mehr vorhanden, vor 1850 hingegen schon);
- bezüglich der Qualität der von den Banken ausgegebenen Noten, insbesondere ihrer Sicherheit und der Beschaffenheit der mit dem Notengeschäft verbundenen Bankdienstleistungen.

Bezüglich der zweiten dieser Dimensionen sind auch bei gemeinsamer Währung grundsätzlich grosse Unterschiede möglich. Man kann sich dies analog zur Bankenkonkurrenz im Depositengeschäft, wie wir es heute kennen, vorstellen. Dabei ist aber sehr wichtig: Das Ausmass der wahrnehmbaren Qualitätsunterschiede ist stark vom Ausmass der Regulierung des Noten- oder Depositengeschäfts abhängig.

In einem (abgesehen von der Vorgabe der Währung) unregulierten Bankensystem, in dem Banken die Noten- bzw. Depositeneinlösung einstellen und insolvent werden können und die Noteninhaber bzw. Depositoren ihre Guthaben verlieren können, sind diesbezügliche Differenzierungen zwischen verschiedenen Emissionsbanken in grundsätzlich hohem Masse möglich. Ein solches System hat aber zwei bedeutende Nachteile:

- die Unterscheidung zwischen verschiedenen Notenqualitäten ist für die Kunden mit potenziell hohen Kosten der Informationsbeschaffung verbunden; die Attraktivität des Notengebrauchs und die Effizienz des Geldsystems werden dadurch vermindert;
- die Möglichkeit der Aufhebung der Einlösbarkeit und von Bankzusammenbrüchen birgt das Risiko von Instabilität und Bankkrisen in sich.

STREBEN NACH EFFIZIENZ UND STABILITÄT ALS HAUPTMOTIV FÜR DIE ZENTRALISIERUNG

Es gibt daher starke Anreize, dies über die Einführung gemeinsamer Qualitätsanforderungen, beispielsweise durch Reservevorschriften oder Kapitalvorgaben, zu verhindern. Dies kann über Eingriffe von Politik und Regulierung geschehen, aber auch über Massnahmen der Anbieter selbst in Form kartellartiger Vereinbarungen (Konkordate, Konvenien). Der Preis für die damit gewonnenen Vorteile ist allerdings in beiden Fällen der Verlust, oder zumindest die starke Einschränkung, des Wettbewerbs im Noten- bzw. Depositengeschäft und seiner Disziplinierungsfunktion. Es liegt hier eine Trade-off-Beziehung zwischen Effizienz und Stabilität einerseits und den Vorteilen und Möglichkeiten des Wettbewerbs andererseits vor. Kartelllösungen haben dabei das Problem, dass ihre längerfristige Stabilität oft nur schwierig aufrechterhaltbar ist, da für den einzelnen Anbieter immer ein Anreiz zum Ausscheren besteht, solange sich die anderen an die Vereinbarungen halten.

In der Schweiz ist mit dem Banknotengesetz von 1881 das Banknotengeschäft in diesem Sinn reguliert worden. Die von Neldner und anderen beschriebene Externalität ist die Folge davon. Die Argumentation von Neldner überzeugt daher für die Periode ab 1881, auf die er sich ja auch in erster Linie bezieht. Für die Phase von 1850 bis 1881, und erst recht für die Periode vor 1850, hat sie umgekehrt wenig Relevanz. Ab 1881 aber waren die Banken in ihrer Reserve-, Liquiditäts- und Einlösepolitik durch gesetzliche Vorgaben stark beschränkt, ebenso in Bezug auf ihre Emissionshöhe (starre Emissionskontingente, fixe Emissionssteuer). Vor 1881 indessen waren sie diesbezüglich weitgehend frei (vgl. dazu Weber 1992). Zwar setzte die Tendenz zur Homogenisierung aller Noten in einem gewissen Ausmass schon zuvor über Konkordatsvereinbarungen und dergleichen ein, doch dies als Folge freier Entscheide der Banken, von denen sie grundsätzlich jederzeit wieder hätten abrücken können, und zudem begleitet von Störungen und Widerstand. Potenziell jedenfalls waren bis 1881 beliebige Unterschiede in der Qualität von Noten verschiedener Emittenten möglich.

Insofern ist es also nicht die Konkurrenz in der Notenemission als solche, die aufgrund inhärenter Mängel zur Zentralisierung führen musste, sondern das Streben nach Effizienz und Stabilität, das im Banknotengesetz zum Ausdruck kam und letztlich auch den Schritt zur zentralen Notenbank vorgezeichnet hat. Die Erfahrungen legen nahe, dass bei einer Regulierung, die aus Gründen der Effizienz Gleichheit in der Qualität aller Noten erzwingt, eine zentralistische Begrenzung nötig wird, weil der Wettbewerb seine disziplinierende Funktion dann nicht mehr zu erfüllen vermag.

In dieser Hinsicht unterscheidet sich die vorliegende Interpretation von jener von Neldner, der die Emissionskonkurrenz per se als Ursache von Überemission und Währungsschwäche sieht und argumentiert, dass letztere zwangsläufig aus ersterer resultierten. In einem erfolgreichen, stabilen Bankensystem würden die Noten verschiedener Emittenten von den Nachfragern bald einmal als perfekte Substitute betrachtet. Der Wettbewerbsdruck untergrabe dann zwangsläufig die Stabilität des Systems (Neldner 2003, S. 404).

Küng 2007 übernimmt diese Deutung. In einer Analyse der Periode vor Einführung des Banknotengesetzes (1872 bis 1881) beurteilt er die Tatsache als paradox, dass nicht bereits in dieser Phase Überexpansion und Währungsschwäche feststellbar gewesen sind. Da gemäss seinen empirischen Schätzungen das Notenemissionsgeschäft zu dieser Zeit profitabel gewesen ist, hätte dies in seinem Urteil der Fall gewesen sein müssen.[55] Er geht dabei von der Feststellung aus, dass die Banken bereits in dieser Periode ihre Noten mit nur geringfügigen Abstrichen (für Kosten des Rücktransports usw.) gegenseitig zu pari eingelöst haben und keine nennenswerten Probleme mit Bankzusammenbrüchen aufgetreten sind.[56] Die Bankkunden hätten deshalb keinen Grund gehabt, zwischen den Noten verschiedener Emittenten zu unterscheiden. Das Gesetz von 1881 hätte diesbezüglich nichts wirklich verändert.

Diese Argumentation bringt aber Ursache und Wirkung durcheinander. Massgeblich für das Fehlen von Externalität und von Anreiz zur Überexpansion ist, dass die Kunden *grundsätzlich* einen Anlass zur Überwachung haben und dass die Banken das wissen. Das «gute Verhalten» der Banken und ihr Verzicht auf Überproduktion ist unter dieser Bedingung Ergebnis des Wettbewerbs und nicht Evidenz dafür, dass die Kunden nicht differenzieren. Solange die Qualität aller Noten gleich ist, haben diese auch keinen Grund, die Noten verschiedener Emittenten unterschiedlich zu bewerten.[57] Es gibt somit auch kein Paradox, das erklärt werden muss. Nach 1881 hingegen wussten die Noteninhaber, dass Gesetz und Regulierung dafür sorgten, dass alle Noten zu pari eingelöst werden müssen. Damit entfiel der Anreiz für sie, die Qualität der Noten zu überwachen.

DIE ERFAHRUNG DER SCHWEIZ MIT DEM WÄHRUNGSWETTBEWERB IM 19. JAHRHUNDERT

Die Schweiz des 19. Jahrhunderts hat drei Phasen durchlaufen, die unter dem Gesichtspunkt des Währungswettbewerbs von grossem Interesse sind:

- 1820 bis 1850: Die Phase echter Währungskonkurrenz mit freier Wahl der Währungsdenomination, vergleichbar dem Vorschlag von Hayek 1978.
- 1850 bis 1881: Die Phase der Bankenfreiheit (Free Banking), also des unbehinderten Wettbewerbs privater Notenemissionsbanken bei gemeinsamer, dominanter Währung (dem neuen Schweizer Franken). Dies ist vergleichbar mit einem Depositenbankensystem mit weitgehend unregulierter Konkurrenz im Depositengeschäft.
- 1881 bis 1905: Die Phase der eingeschränkten Bankenfreiheit mit gemeinsamer, vorgeschriebener Währung und stark reguliertem Notengeschäft, aber (immer noch) ohne staatliches Notenmonopol. Dies ist vergleichbar mit einem Bankensystem mit stark regulierter Konkurrenz im Depositengeschäft.

55 In Anlehnung an eine ähnliche Diskussion in der amerikanischen Bankengeschichte bezeichnet er dies als «Note Issue Paradox».

56 Er beruft sich dabei auf Jöhr 1915.

57 Die Argumentation wäre sonst zirkulär – man würde ja einfach unterstellen, dass der Wettbewerb zu Überexpansion und Qualitätsverschlechterung führen muss, wenn die Abwesenheit letzterer Evidenz dafür wäre, dass kein wirksamer, disziplinierender Wettbewerb vorliegen kann.

Die schweizerischen Erfahrungen des 19. Jahrhunderts mit relativ freiem Notenbankwesen bieten insgesamt ein gemischtes Bild. In gewisser Hinsicht sprechen sie eher für als gegen die Thesen der Vertreter des Free Banking (1820 bis 1850, bedingt 1850 bis 1881). Zugleich stützen sie aber auch wesentliche Vorbehalte gegenüber dem Währungs- und Emissionswettbewerb. Sie sind konsistent mit der Sicht, dass Wettbewerb im Banknotenwesen grundsätzlich zwar disziplinierend wirken und mit Stabilität einhergehen kann, dass das resultierende System aber durch Ineffizienz und hohe Kosten gekennzeichnet ist, die ihrerseits Anstoss zu regulatorischen Beschränkungen geben und historisch zum staatlichen Notenmonopol geführt haben. Man kann sich auch fragen, wie die Schweiz die Turbulenzen der beiden Weltkriege und der Grossen Depression ohne Zentralbank überstanden hätte. Bemerkenswert ist immerhin, dass der Prozess der Industrialisierung im 19. Jahrhundert in der Schweiz auch ohne Notenmonopol des Staates, ja zunächst sogar ohne einheitliche Währung, äusserst erfolgreich verlief. Im Übrigen ist aufgrund unserer Erfahrungen mit Papiergeldsystemen in den letzten hundert Jahren klar, dass auch das staatliche Notenmonopol nicht Garant für monetäre Disziplin und Stabilität ist.

DIE ROLLE DER ZENTRALBANK IM METALLWÄHRUNGSSYSTEM DES 19. JAHRHUNDERTS

Die Entstehungsgeschichte der Schweizerischen Nationalbank und die sie begleitende Diskussion wirft Licht auf die Rolle der Zentralbanken im Metallwährungssystem.

Dabei müssen wir mit der Feststellung beginnen, dass diese Rolle offensichtlich nicht in jener Aufgabe liegen konnte, die wir heute – im Rahmen der in der Gegenwart vorherrschenden Papiergeldsysteme – als die vorrangige und zentrale Aufgabe der Zentralbankpolitik sehen, nämlich der Gewährleistung und Verankerung der Geldwert-/Preisniveaustabilität. Diese Aufgabe wurde ja durch den Automatismus der Gold-/Metall-Währung erfüllt, also über die feste Bindung des Geldes an ein Gut mit begrenzter Verfügbarkeit. Eine darüber hinausgehende, auf die Verankerung der Preisniveaustabilität ausgerichtete «aktive» Geldpolitik war im Rahmen dieses Systems nicht nötig.

Wozu also trotzdem eine Zentralbank? Die ersten Zentralbanken, z. B. die 1668 gegründete schwedische Riksbank oder die 1694 entstandene Bank of England, standen stark im Dienste der staatlichen Finanzen: Ihre wichtigste Funktion war es, die Finanzierung der Staatsschuld zu organisieren, vor allem im Zusammenhang mit der Finanzierung von Kriegen.

Im 19. Jahrhundert trat dieser Aspekt mehr und mehr in den Hintergrund. Die zentralen Motive für die Schaffung von Zentralbanken hatten nun mit der Ausmerzung und Eingrenzung gewisser Ineffizienzen zu tun, die mit den Metallwährungen grundsätzlich verbunden waren (und die auch in unseren modernen Papiergeldsystemen eine Rolle spielen können, wie wir gerade in der jüngsten Finanzkrise wieder schmerzhaft erfahren haben). Die Zentralbanken boten bestimmte Dienstleistungen mit dem Charakter eines öffentlichen Gutes an, die vom Markt nicht ohne Weiteres erbracht wurden. Die Gründungswelle von Zentralbanken, die in der zweiten Hälfte des 19. Jahrhunderts erfolgte (zu der als Nachzüglerin auch die Schweizerische Nationalbank gehörte[58]), ist als Reaktion auf die folgenden Herausforderungen zu verstehen:

- Die Überwindung der Schwächen und Ineffizienzen eines auf Notenemissionswettbewerb beruhenden Systems der Geldversorgung bei stark reguliertem und standardisiertem Banknotengeschäft. Diese Herausforderung war, wie wir gesehen haben, der Haupttreiber im Entstehungsprozess einer zentralen schweizerischen Notenbank. Die nachfolgenden Aspekte spielten aber ebenfalls eine bedeutende Rolle.
- Die Gewährleistung der *Stabilität des Banken- und Finanzsystems* (Finanzstabilität). Die Zentralbanken sollten der Vermeidung oder zumindest Dämpfung von Liquiditäts- und Bankenkrisen und der Eindämmung ihrer Folgen dienen. Dies ist die Rolle der Zentralbank als *Lender of Last Resort:* eines Agenten, der in Notzeiten (grundsätzlich solventen) Banken und dem Bankensystem Mittel zur Verfügung stellt und so Paniken und Systemzusammenbrüche verhindert.
- Die Förderung der *Effizienz des Zahlungsverkehrs* – die Zentralbank als Agentin im Clearingverkehr der Banken. Die Zentralbanken sollten durch Koordination und Vereinfachung des Zahlungsverkehrs zwischen den Banken die Effizienz der Geldwirtschaft verbessern, Informations- und Transaktionskosten senken und Entwicklungsimpulse vermitteln.
- Die Gewährleistung einer verbesserten *Flexibilität in der Geldversorgung.* Die Geldversorgung unter der reinen Metallwährung (mit fixem Metalldeckungsgrad von Noten und Münzen) wurde als allzu rigide und unelastisch betrachtet. Die Zentralbanken sollten hier Abhilfe schaffen und über Variationen des Deckungsgrads in einem gewissen Ausmass auf Liquiditätsbedürfnisse und Gesamtwirtschaft Rücksicht nehmen. Dieser Gedanke sollte später im Nachfragemanagement und der Konjunktursteuerung des 20. Jahrhunderts noch viel grössere Bedeutung erlangen. Im 19. und frühen 20. Jahrhundert standen dabei Instabilitäten und Störungen des Geld- und Finanzbereichs im Vordergrund, die durch die Zentralbank korrigiert und gelindert werden sollten. Im 20. Jahrhundert wurde dieser Gedanke zunehmend verdrängt durch die Vorstellung, dass die Wirtschaftspolitik primär realwirtschaftliche Instabilitäten korrigieren und ausgleichen müsse. Erst die Finanzkrisen der letzten zwei Jahrzehnte haben diese Sichtweise wieder relativiert.

58 Und noch ein paar Jahre später das amerikanische Federal-Reserve-System, das mit der Federal Reserve Act vom Dezember 1913 geschaffen wurde.

II

« *Ein Franken bleibt ein Franken.* »

Bundespräsident Albert Meyer in seiner Radioansprache an das Schweizer Volk vom 27. September 1936, in der er die Abwertung des Schweizer Frankens gegenüber dem Gold verkündete.

DAS 20. JAHRHUNDERT

GELD- UND WÄHRUNGSPOLITIK MIT ZENTRALEM NOTENMONOPOL

Im 20. Jahrhundert wurde die Schweizer Währungspolitik hauptsächlich durch die Geldpolitik der neu gegründeten Nationalbank bestimmt. Prägende Ereignisse waren die Suspendierung der Regeln des Internationalen Goldstandards mit dem Ausbruch des Ersten Weltkriegs – und verbunden damit die erstmalige Aufhebung der Metalleinlösepflicht der SNB für ihre Banknoten –, die Abwertung des Frankens im Jahr 1936 und der Übergang zu voll flexiblen Wechselkursen mit dem Zusammenbruch des Systems von Bretton Woods Anfang 1973.

Der Ausspruch «Ein Franken bleibt ein Franken» im Zusammenhang mit der Frankenabwertung von 1936 war zwar beschwichtigend gemeint. Gegenüber dem Gold und anderen Währungen verlor der Franken mit diesem Schritt natürlich an Wert. Gleichwohl sollte er symbolischen Charakter entfalten: Im Vergleich zu allen anderen Währungen hat sich der Franken im 20. Jahrhundert als extrem wertstabil erwiesen.

5

UNTERGANG EINER WELTORDNUNG

ERSTE SCHRITTE DER NEUEN ZENTRALBANK, WELTKRIEG UND NACHKRIEGSWEHEN

1

Interimsnoten der Schweizerischen Nationalbank

Die Zeit zwischen der Verabschiedung des Nationalbankgesetzes im Jahre 1905 und der Geschäftseröffnung 1907 reichte nicht für die Anfertigung neu gestalteter Banknoten. Man musste sich mit provisorischen Noten begnügen, die bis auf einzelne Farbtöne weitgehend den bisherigen Noten der Emissionsbanken entsprachen. Anstelle der Ordnungsnummer wurde ein kleines weisses Kreuz im roten Feld, umgeben von einer in Rot gehaltenen Rosette, angebracht.

50
50
CINQUANTE FRANCS
FÜNFZIG FRANKEN
CINQUANTA FRANCHI
50
50

2

100
Serie A 1
№ 00001
SCHWEIZERISCHE NATIONALBANK
BANQUE NATIONALE SUISSE · BANCA NAZIONALE SVIZZERA
(GESETZ VOM 6. OKTOBER 1905)
HUNDERT FRANKEN
CENT FRANCS · CENTO FRANCHI
№ 00001 BERN & ZÜRICH, 1. FEBRUAR 1907. Serie A 1
DER PRÄSIDENT DES BANKRATES:
DER HAUPTKASSIER:
EIN MITGLIED DES DIREKTORIUMS:
100
100

4

100
Serie H1
№ 10445
SCHWEIZERISCHE NATIONALBANK
BANQUE NATIONALE SUISSE · BANCA NAZIONALE SVIZZERA
(GESETZ VOM 6. OKTOBER 1905)
HUNDERT FRANKEN
CENT FRANCS · CENTO FRANCHI
№ 10445 BERN & ZÜRICH, 1. FEBRUAR 1907. Serie H1
DER HAUPTKASSIER:
DER PRÄSIDENT DES BANKRATES:
EIN MITGLIED DES DIREKTORIUMS:
100

100
CENT FRANCS
HUNDERT FRANKEN
CENTO FRANCHI
100

5

500
Serie A 1
№78963
SCHWEIZERISCHE NATIONALBANK
BANQUE NATIONALE SUISSE · BANCA NAZIONALE SVIZZERA
(GESETZ VOM 6. OKTOBER 1905)
FÜNFHUNDERT FRANKEN
CINQ CENTS FRANCS · CINQUE CENTO FRANCHI
№78963
BERN & ZÜRICH, 1. FEBRUAR 1907.
Serie A 1
DER HAUPTKASSIER:
EIN MITGLIED DES DIREKTORIUMS:
500
500

CINQ CENTS FRANCS
FÜNFHUNDERT FRANKEN
CINQUE CENTO FRANCHI
500

1000
Serie A I
№ 13055
SCHWEIZERISCHE NATIONALBANK
BANQUE NATIONALE SUISSE · BANCA NAZIONALE SVIZZERA
(GESETZ VOM 6. OKTOBER 1905)
TAUSEND FRANKEN
MILLE FRANCS · MILLE FRANCHI
№ 13055
BERN & ZÜRICH, 1. FEBRUAR 1907.
Serie A I
DER HAUPTKASSIER:
DER PRÄSIDENT DES BANKRATES:
EIN MITGLIED DES DIREKTORIUMS:
1000

8

1000
1000
MILLE FRANCS
TAUSEND FRANKEN
MILLE FRANCHI
1000
1000

9

Zweite Notenserie, Kriegsnoten

Ab 1911 gab die Nationalbank die ersten unter ihrer Regie gestalteten Noten heraus. Mit der Darstellung des Holzfällers (50-Frankennote) und des Mähers (100-Frankennote) von Ferdinand Hodler sowie den Stickerinnen (500-Frankennote) und der Giesserei (1000-Frankennote) von Eugène Burnand stellten die Banknoten die Welt der Arbeit dar: Landwirtschaft, Handwerk und Industrie, nur der Dienstleistungsbereich fehlte.*

Nach Ausbruch des Ersten Weltkriegs kam es zu einer panikartigen Nachfrage nach Bargeld. Zur Befriedigung der grossen Nachfrage wurden die bereits 1913 in Erwartung eines möglichen Konflikts gedruckten Noten zu 5 und 20 Franken in Umlauf gebracht. Zudem wurden für 30 Millionen Franken Bundeskassenscheine, die 1899 und 1900 vorbereitet worden waren, zu 20, 10 und 5 Franken als Banknoten ausgegeben. Schliesslich wurden am 25. November 1914 auch noch Darlehenskassenscheine im Wert von 25 Franken in Umlauf gebracht. Als letzte Kriegsnote wurde 1918 eine 100-Frankennote ausgegeben, die jedoch wie die Bundes- und Darlehenskassenscheine nicht lange im Umlauf blieb. Nach dem Krieg versuchte die Nationalbank in verschiedenen Anläufen, eine 50-Frankennote und eine 20-Frankennote zu schaffen, die in der Schweiz gedruckt werden sollten. 1930 wurde eine 20-Frankennote mit dem Motiv des Pädagogen Heinrich Pestalozzi ausgegeben. Zwei weitere 20-Frankennoten wurden als Reservenoten gedruckt.

Der Krieg und die damit einhergehende Inflation sowie die Ausgabe kleiner Notenabschnitte führten dazu, dass der Anteil der Banknoten am Bargeld stark zunahm. Zum Jahresende 1913 liefen für 314 Millionen Franken Noten um, während es bei den Münzen 235,1 Millionen Franken waren. 1920 lag das Verhältnis bei 1024 Millionen Franken zu 299,8 Millionen Franken.**

* Eine detaillierte Darstellung der Produktion der Banknoten von Hodler und Burnand findet sich bei de Rivaz 1991.

** Ritzmann-Blickenstorfer 1996, Tabellen O.1b und O.2b, S. 803 f.

10

SCHWEIZERISCHE NATIONALBANK
100
BANCA NAZIONALE SVIZZERA
100
BANCA NAZIONALE SVIZZERA
100
100
BANQUE NATIONALE SUISSE
100
F. Hodler

11

12

SCHWEIZERISCHE NATIONALBANK
1000
BANCA NAZIONALE SVIZZERA
1000
BANQUE NATIONALE SUISSE

13

Serie 5 E
№ 066049
SCHWEIZERISCHE NATIONALBANK
BANCA NAZIONALE SVIZZERA
BANQUE NATIONALE SUISSE
FÜNF FRANKEN
CINQ FRANCS
CINQUE FRANCHI
Gesetzgebung über die Schweiz. Nat. Bank
Bern und Zürich, 1. August 1914
№ 066049
Serie 5 E

20
SERIE 10 N
5. JUNI 1958
№ 001701
SCHWEIZERISCHE NATIONALBANK
BANCA NAZIONALE SVIZZERA
BANQUE NATIONALE SUISSE
ZWANZIG FRANKEN
VINGT FRANCS
VENTI FRANCHI
GESETZGEBUNG ÜBER DIE SCHWEIZERISCHE NATIONALBANK.
BERN UND ZÜRICH, 19. FEBRUAR 1929.
№ 001701
Der Präsident des Bankrates:
SERIE 10 N
Der Hauptkassier:
Ein Mitglied des Direktoriums:
20
BALZER
ART. INSTITUT ORELL FÜSSLI, ZÜRICH

15

20
SCHWEIZERISCHE NATIONALBANK
20
BANQUE NATIONALE SUISSE
BANCA NAZIONALE SVIZZERA
20

16

17

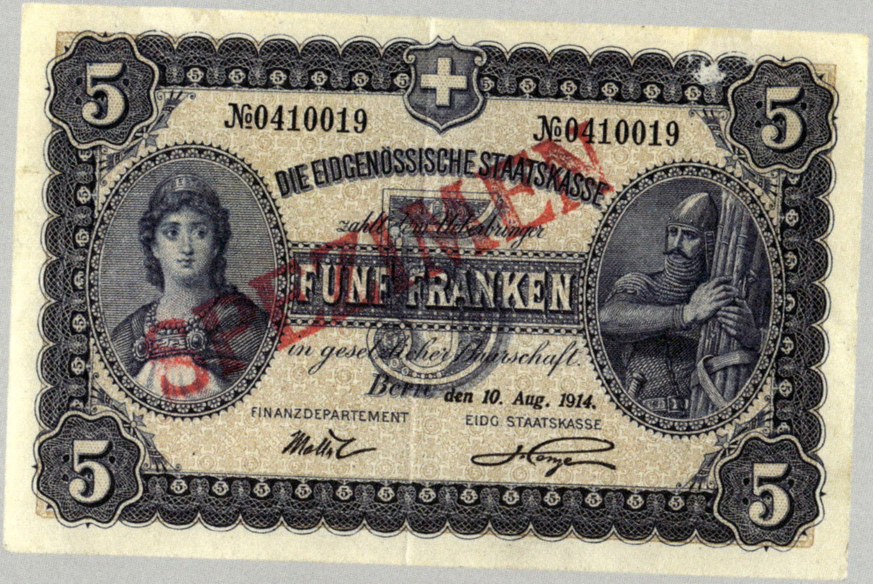
№0410019
№0410019
DIE EIDGENÖSSISCHE STAATSKASSE
SPECIMEN
FÜNF FRANKEN
den 10. Aug. 1914.
FINANZDEPARTEMENT
EIDG STAATSKASSE

№0447583
№0447583
LA CASSA FEDERALE
VENTI FRANCHI
Berna
10 Agosto 1914.
DIPART. DELLE FINANZE
CASSA FEDERALE

18

25
25
VINGT CINQ FRANCS
FÜNFUNDZWANZIG FRANKEN
VENTI CINQUE FRANCHI
25
25

19

10
10
№0689035
№0689035
LA CAISSE FÉDÉRALE
payera au porteur
DIX FRANCS
en espèces ayant cours légal.
BERNE, le 10 Août 1914.
DÉPART. DES FINANCES
CAISSE FEDERALE
10
10

20

100
SCHWEIZERISCHE NATIONALBANK
BANCA NAZIONALE SVIZZERA
BANQUE NATIONALE SUISSE
GESETZ VOM 6. OKT. 1905
1B001601
HUNDERT FRANKEN
CENT FRANCS
CENTO FRANCHI
BERN UND ZÜRICH DEN 1. JANUAR 1918.
DER PRÄSIDENT DES BANKRATES:
DER HAUPTKASSIER:
EIN MITGLIED DES DIREKTORIUMS:
BALZER.
ART. INSTITUT ORELL FÜSSLI · ZÜRICH

20
VINGT FRANCS
ZWANZIG FRANKEN
VENTI FRANCHI
№ 062722
SERIE 5 T
GESETZGEBUNG ÜBER DIE SCHWEIZERISCHE NATIONALBANK
BANQUE NATIONALE SUISSE
SCHWEIZERISCHE NATIONALBANK
BANCA NAZIONALE SVIZZERA
BERN UND ZÜRICH DEN 21. JULI 1931
DER PRÄSIDENT DES BANKRATES
EIN MITGLIED DES DIREKTORIUMS
DER HAUPTKASSIER

1,2 Vorder- und Rückseite der Interimsnote 50 Franken, 1907 ausgegeben
3,4,5 Vorder- und Rückseite der Interimsnote 100 Franken, 1907 ausgegeben
6,7 Vorder- und Rückseite der Interimsnote 500 Franken, 1907 ausgegeben
8,9 Vorder- und Rückseite der Interimsnote 1000 Franken, 1907 ausgegeben
10 Motiv «Mäher» für die 100-Frankennote von Ferdinand Hodler, um 1910
11 Probedruck Farbvariante der Rückseite der 100-Frankennote von Ferdinand Hodler, 1910
12 Skizze «Giesserei» von Eugène Burnand für die 1000-Frankennote, um 1910
13 Probedruck Farbvariante der Rückseite der 1000-Frankennote «Giesserei» von Eugène Burnand, um 1910
14 5-Frankennote «Wilhelm Tell» von Balzer, 1914 ausgegeben
15,16 Vorder- und Rückseite der 20-Frankennote «Vreneli» von Balzer, 1914 ausgegeben
17 5-Frankenschein der Eidgenössischen Staatskasse, 1914 ausgegeben
18 20-Frankenschein der Eidgenössischen Staatskasse, 1914 ausgegeben
19 Rückseite des 25-Frankenscheins der Darlehenskasse, 1914 ausgegeben
20 10-Frankenschein der Eidgenössischen Staatskasse, 1914 ausgegeben
21 100-Frankennote «Tell I», 1918 ausgegeben
22 20-Frankennote «Pestalozzi II», 1930 ausgegeben

Die neue schweizerische Zentralbank nahm 1907 ihre Geschäftstätigkeit auf – zwei bis drei Jahrzehnte zu spät, wie Ritzmann (1973, S. 99) meinte: Die Gründung zu einem früheren Zeitpunkt hätte es erlaubt, die monetären Wirren der vorausgehenden Jahrzehnte zu vermeiden. Der mühsame Weg bis zur Errichtung der Schweizerischen Nationalbank ist im vorangehenden Kapitel beschrieben worden.

DIE ORGANISATORISCHE STRUKTUR DER NEU GEGRÜNDETEN ZENTRALBANK

Die Nationalbank wurde als Aktiengesellschaft gegründet, eine nicht unübliche Rechtsform für Zentralbanken in Europa zu dieser Zeit. Zwei Fünftel der Aktien gelangten in die Hände der Kantone, ein Fünftel in jene der ehemaligen Emissionsbanken und die restlichen zwei Fünftel wurden von privaten Anlegern übernommen. Es handelte sich allerdings um eine Aktiengesellschaft unter ausgeprägter staatlicher Aufsicht (spezialgesetzliche Aktiengesellschaft des Bundesrechts); die Rechte der Aktionäre wurden durch das Nationalbankgesetz stark zugunsten von Politik und Öffentlichkeit beschränkt. Die politisch heikle Frage des Hauptsitzes wurde mit je einem Sitz in Zürich und Bern gelöst, wobei zwischen dem rechtlich-administrativen Sitz (Bern) und dem Sitz des Direktoriums (Zürich) unterschieden wurde.

Geschäftsführendes Gremium war gemäss Nationalbankgesetz ein vom Bundesrat ernanntes dreiköpfiges Direktorium, im Gegensatz zu vielen anderen Zentralbanken aber ohne einen dominierenden Gouverneur, der aufgrund seiner Machtfülle allein eine bestimmte Politikrichtung hätte durchsetzen können. Der Direktoriumspräsident war lediglich Primus inter Pares, Entscheide wurden nach dem Mehrheitsprinzip gefällt. Jedes der drei Direktoriumsmitglieder leitete eines von drei Departementen, in die die SNB organisatorisch gegliedert war. Die Geschäftsführung war zwei Kontrollorganen unterstellt, dem vierzigköpfigen Bankrat und dem kleineren, sieben Mitglieder des Bankrates (einschliesslich dessen Präsident und Vizepräsident) umfassenden Bankausschuss, der die engere Aufsicht ausübte. 25 Mitglieder des Bankrats, einschliesslich Präsident und Vizepräsident, wurden vom Bundesrat bestimmt, die restlichen 15 durch die Aktionäre.

Diese Aufsichtsorgane waren stark politisch geprägt. Dies sollte nicht zuletzt Unabhängigkeit von der Finanz- und Bankenwelt gewährleisten. Die Gefahr einer übermässigen Kreditgewährung an den Staat sah man damals nicht als gross an; Missbrauchspotenzial für die Notenbank sah man eher darin, dass diese zur Übernahme von Wechseln schlechter Qualität oder spekulativer Natur gedrängt werden könnte (Bordo und James 2007, S. 36). Bankrat und Bankausschuss mischten sich damals auch durchaus in die geldpolitische Diskussion ein. Der Bankausschuss wirkte unter anderem «begutachtend mit bei der Festsetzung des offiziellen Diskontsatzes und des

Zinsfusses für Darlehen» (Art. 52 Nationalbankgesetz). Die Unabhängigkeit von der Politik und die klare Trennung zwischen Direktorium und Aufsichtsbehörden bei der Führung der Geldpolitik, die wir heute kennen, bildeten sich erst im Verlaufe des 20. Jahrhunderts heraus. Formal aber hat die von den Gründern gewählte Organisationsstruktur, mit gewissen Modifikationen, bis heute weitgehend Bestand.

Als Mitglieder des ersten Direktoriums wurden vom Bundesrat drei erfahrene Bankpraktiker gewählt: Heinrich Kundert, der erste Direktoriumspräsident, war zuvor Direktor bei der Zürcher Kantonalbank, der grössten der damaligen Notenemissionsbanken; Rodolphe de Haller als Vizepräsident des Gremiums war zuletzt Teilhaber einer Genfer Bank, und August Burckhardt als drittes Direktoriumsmitglied kam von der Basler Kantonalbank. Zum Bankratspräsidenten wurde Johann Hirter ernannt, Präsident des Nationalrats und zuvor starker Befürworter einer Staatsbank; Vizepräsident des Bankrats wurde Paul Usteri, ein liberaler Zürcher Politiker.

DIE HAUPTAUFGABEN DER NATIONALBANK

Als Hauptaufgaben der SNB wurden vom Nationalbankgesetz (NBG Art. 2) die Regelung des Geldumlaufs des Landes und die Erleichterung des Zahlungsverkehrs festgelegt. Zu diesem Zweck wurde der SNB vom Bund das ausschliessliche Recht zur Ausgabe von Banknoten übertragen. Das Notenprivileg war allerdings zunächst auf 20 Jahre begrenzt; danach sollte es alle 10 Jahre erneuert werden. Die Noten hatten Stückelungen von 50, 100, 500 und 1000 Schweizer Franken, d. h. sie waren nicht für die Transaktionen des Alltags vorgesehen. Die Noten waren zunächst weiterhin nicht gesetzliches Zahlungsmittel. Allein die Gold- und Silbermünzen der Lateinischen Münzunion hatten gesetzliche Zahlungskraft, die Noten waren nur «Geldersatz». Die SNB musste ihre Noten jederzeit gegen Münzen mit gesetzlichem Kurs einlösen, und sie war verpflichtet, eine Deckung in Edelmetall von mindestens 40 Prozent des Notenumlaufs aufrechtzuerhalten.

Aus der Entstehungsgeschichte der Nationalbank ist klar, dass sie für eine elastische, den «Bedürfnissen des Handels» angepasste Ausstattung der Wirtschaft mit Banknoten zu sorgen hatte. Zugleich sollte sie durch die Errichtung eines zentralen Giro- und Abrechnungssystems den Zahlungsverkehr erleichtern und fördern. Eine eigentliche geldpolitische Rolle im modernen Sinn konnte sie damals noch nicht ausüben, war doch ihr Spielraum in der Liquiditäts- und Geldschöpfung durch die freie Konvertibilität der Banknoten in Metallgeld stark eingeschränkt. Sie musste jederzeit in der Lage sein, dem Wunsch nach Umtausch ihrer Noten in Münzgeld nachzukommen, da das Papiergeld noch keinen Zwangskurs hatte. Die Nationalbank bemühte sich aus diesem Grund von Anfang an, die Deckung des Notenumlaufs durch Edelmetallbestände über den vorgeschriebenen 40 Prozent zu halten. Damit sollte auch das Vertrauen des Publikums in das Papiergeld gestärkt werden. Immerhin konnte die Nationalbank über Variationen des Deckungsgrads in einem gewissen Ausmass die gewünschte Elastizität der Geldversorgung herbeiführen.[59]

Das Nationalbankgesetz von 1905 gab der Nationalbank zwar keine explizite Verantwortung hinsichtlich der Wechselkurse. Die Einlösepflicht für ihre Noten implizierte aber eine Politik der Stabilisierung des Schweizer-Franken-Kurses. Hätte die Notenbank im Übermass Noten ausgegeben, wäre der Wechselkurs gesunken; Noten wären gegen Bargeld eingetauscht worden und es wäre zum Abfluss von Währungsmetall gekommen.

DIE INSTRUMENTE DER NATIONALBANK

Das Nationalbankgesetz legte die Geschäfte fest, welche die SNB zur Erfüllung ihrer Aufgaben tätigen durfte – dies nicht zuletzt auch zur Abgrenzung ihrer Aktivitäten von jenen der privaten Geschäftsbanken. Das Gesetz orientierte sich dabei an der Praxis der privaten Notenbanken, deren Nachfolge die SNB antrat. Die Emissionspolitik der SNB stützte sich auf prinzipiell drei Geschäftsarten: die Diskont- und Lombardkredite,[60] die Devisen- und Goldtransaktionen, und den An- und Verkauf schweizerischer Wertpapiere. Die relative Bedeutung dieser Instrumente änderte sich allerdings im Zeitverlauf stark. Bis in die 1920er-Jahre standen die Kreditgeschäfte, vor allem der Wechseldiskont, im Mittelpunkt. Später gewannen die Gold- und Devisengeschäfte stark an Bedeutung. Der An- und Verkauf von Wertschriften und die Lombardkredite spielten hingegen vorerst eine untergeordnete Rolle.

Der Wechseldiskont wurde im Nationalbankgesetz auf Wechsel mit einer Laufzeit von höchstens 90 Tagen beschränkt. Die SNB war zudem bestrebt – entgegen der Praxis der privaten Emissionsbanken und ganz im Sinn der damals alle Zentralbanken stark prägenden Real-Bills-Doktrin –, nur auf Handelsgeschäften beruhende Wechsel entgegenzunehmen, Finanzwechsel hingegen auszuschliessen.[61] Das begrenzte Angebot von Handelswechseln zwang sie jedoch in Zeiten angespannter Verhältnisse, vor allem nach Ausbruch des Ersten Weltkriegs, ihre Diskontierungsregeln vorübergehend zu lockern. In den 1920er-Jahren vermochte sie dann diese Doktrin gegen den Widerstand der Banken überhaupt nicht mehr durchzusetzen.

59 Zur Höhe der Deckungsreserven im Metallwährungssystem vgl. Anhang 1 unter Goldwährung und Anhang 3 unter Real-Bills-Doktrin.

60 Zum Diskontkredit respektive Wechseldiskont vgl. Anhang 3 unter Real-Bills-Doktrin sowie Anmerkung 24. Unter Lombardkredit versteht man die (kurz- bis mittelfristige) Kreditgewährung gegen Verpfändung von Wertpapieren (oder ähnlichen Ansprüchen).

61 Die Real-Bills-Doktrin sowie die Begriffe des Handels- und Finanzwechsels werden in Anhang 3 erklärt.

Der Kauf und Verkauf von Devisen diente vor allem der Stabilisierung des Wechselkurses. Die SNB intervenierte, wenn die «Goldpunkte» erreicht waren[62] oder die Kursschwankungen allzu hektisch ausfielen. Sie legte an den wichtigsten ausländischen Finanzplätzen Golddepots an, um allfälligen Krisen begegnen zu können und unterhielt ein Portfolio von Fremdwährungswechseln und Sichtguthaben an internationalen Finanzplätzen, insbesondere in Paris.

Die Offenmarktoperationen (d.h. der An- und Verkauf von Wertpapieren durch die Zentralbank) spielten in der Schweiz zunächst eine unbedeutende Rolle. Das Nationalbankgesetz von 1905 gestattete der Notenbank den Erwerb von Staatstiteln nur für die vorübergehende Anlage von liquiden Mitteln. Erst die Revision von 1953 sollte diese Restriktion lockern, aber auch dann noch mit einer Begrenzung auf Papiere mit maximal zweijähriger Verfallszeit. Mehr Spielraum erhielt die SNB hier erst mit den Gesetzesrevisionen der jüngsten Zeit.

DIE POLITIK DER NATIONALBANK BIS ZUM AUSBRUCH DES ERSTEN WELTKRIEGS: EINORDNUNG IN DEN INTERNATIONALEN GOLDSTANDARD

Die ersten sieben Jahre nach der Gründung der SNB fielen noch in die hohe Zeit des internationalen Goldstandards, die mit dem Ausbruch des Ersten Weltkriegs zu ihrem Ende kommen sollte. Charakteristisch für dieses Zeitalter waren das starke internationale Vertrauen in die Stabilität und Konvertibilität des britischen Pfunds und die hohe Priorität, welche die verschiedenen nationalen Regierungen der Aufrechterhaltung der Goldkonvertibilität im Vergleich zu ihren binnenwirtschaftlichen Zielsetzungen einräumten.[63]

Die junge Zentralbank wurde allerdings sehr rasch mit einer ersten Herausforderung konfrontiert. Ihr erstes Geschäftsjahr, 1907, war ein Jahr grosser internationaler Währungsturbulenz und Bankenkrisen. Im Herbst 1907 musste die Bank of England im Gefolge dieser Krise ihren Diskontsatz bis auf 7 Prozent anheben, die deutsche Reichsbank gar auf 7,5 Prozent. Die SNB meisterte die schwierige Situation aber recht erfolgreich; die Schweiz überstand diese Währungswirren vergleichsweise glimpflich und ohne allzu grosse Rückwirkungen auf die Binnenwirtschaft. Auch die SNB musste

62 Die «Gold»- respektive «Silberpunkte» sind die Wechselkurse, ab denen sich im Fixkurssystem eines Metallwährungsstandards Import oder Export von Währungsmetall lohnt. Sie weichen, bedingt durch Transaktions- und Transportkosten, geringfügig vom Paritätskurs ab.

63 Eine detaillierte Darstellung der Geldpolitik der SNB in der Zeit von 1907 bis 1929 enthält Ruoss 1992; vgl. auch Guex 1993. Ausführlich behandelt wird diese Periode auch in den Beiträgen von Bordo und James 2007 und Straumann 2010.

zwar zu einer Zinserhöhung schreiten. Mit einer Spitze von 5,5 Prozent für den Diskontsatz fiel diese aber im internationalen Vergleich moderat aus. Die Zinsdifferenz zwischen der Schweiz und Frankreich ging nach 1907 deutlich zurück.

In der Schweiz zogen sich die früheren privaten und kantonalen Notenbanken bis 1910 aus dem Notenemissionsgeschäft zurück (sie durften dieses während einer Übergangszeit noch ausüben). Die Schweizer Wirtschaft entwickelte sich gut, ohne dass aber inflationäre Spannungen aufgetreten wären. Die SNB machte sich daran, Prinzipien und Verhaltensmuster für die Ausführung der ihr gestellten Aufgaben zu entwickeln. Selbstverständlich waren diese Bemühungen stark geprägt durch das internationale währungspolitische Umfeld, in welches das Land und die Notenbank eingebettet waren.

Art. 18 des Nationalbankgesetzes postulierte die Ausgabe von Noten durch die SNB «nach Bedürfnis des Verkehrs». Art. 20 schrieb eine Mindestdeckung des Notenumlaufs in Edelmetall von 40 Prozent vor, und Art. 22 verpflichtete die SNB, ihre Noten jederzeit «in gesetzliche Barschaft», also Gold- oder Silbermünzen, gemäss den Paritäten der Lateinischen Münzunion einzulösen (Konvertibilität). Da auch die meisten ausländischen Währungen in Gold oder Silber definiert und frei konvertibel waren, implizierte dies feste Wechselkurse: 25,222 Schweizer Franken pro Pfund Sterling, 5,182 Schweizer Franken pro US-Dollar, 123,46 Schweizer Franken pro 100 Mark und 100 Schweizer Franken pro 100 französische Francs, um nur die wichtigsten Auslandwährungen zu nennen. Kursschwankungen konnten nur innerhalb der Gold- respektive Silberpunkte auftreten.

Darüber hinaus war die Nationalbank bei der Notenemission keinen quantitativen Beschränkungen unterworfen. Dies bereitete dem Bankrat offenbar anfänglich ein gewisses Missbehagen, das aber vom Direktorium durch Hinweis auf die impliziten Restriktionen der Art. 18 und 20 und mit der Zusicherung, «die Notenemission auf das notwendige Mass zu beschränken», zerstreut wurde (Ruoss 1992, S. 16). Das Nationalbankgesetz bliess der SNB mit diesen Formulierungen in der Tat beträchtlichen kurzfristigen Spielraum – der für die Erfüllung der «Elastizitätsanforderung» an die Geldversorgung allerdings auch notwendig war.

Systemlogisch entscheidend war natürlich die langfristige Restriktion, die sich aus der Konvertibilitätsvorschrift ergab. Schuf eine Zentralbank zu viel ihres Geldes, verlor ihre Währung gegenüber anderen Goldwährungen an Wert, und der Preis des Goldes, der dadurch impliziert wurde, stieg über den gesetzlich festgelegten Wert. Ihre Banknoten wurden zur Einlösung präsentiert, und die Zentralbank verlor Metallreserven. Da dies ihre Zahlungsfähigkeit bedrohte, musste sie dieser Entwicklung entgegentreten, also das Geldangebot wieder verknappen. Sie konnte dabei die Diskontpolitik einsetzen, um ihre Währungsreserven zu schonen. Die Aufrechterhaltung der Konvertibilität, und zu ihrem Schutz die Gewährleistung einer grosszügigen Golddeckung, wurden denn auch die zentralen geldpolitischen Zielvorstellungen der Nationalbank. Daneben versuchte sie, Diskontsatz und Zinsniveau so niedrig wie möglich zu halten, um der Wirtschaft günstige Entwicklungsmöglichkeiten zu gewährleisten.

In Kontrast zu den meisten anderen Zentralbanken war allerdings die Nationalbank vom Gesetz nicht verpflichtet, Gold und Silber zum Paritätskurs anzukaufen – das Gesetz verpflichtete sie allein dazu, Gold und Silber im Austausch gegen ihre Noten zu diesem Preis abzugeben. Insofern lag also eine Asymmetrie vor (Ruoss 1992, S. 17 f.). Die SNB hätte daher grundsätzlich einen gewissen Spielraum bei der Toleranz einer Frankenstärke bzw. eines Rückgangs des Goldpreises gehabt. Solche Tendenzen wären dann allerdings durch den Grundsatz der Prägefreiheit eingeschränkt worden, jedoch aufgrund der limitierten Kapazitäten der Münzstätte in etwas weniger engen Grenzen: Gold konnte gegen eine Gebühr (von 15 Schweizer Franken je Kilo) in der Eidgenössischen Münzstätte zu Münzen geschlagen werden; die Mengen waren aber durch die Prägekapazität der Münzstätte begrenzt (20 Tage für Münzen im Wert von 1 Million Schweizer Franken). Die Nationalbank sah es aber von Anfang an als ihre selbstverständliche Pflicht an, den Schweizer Franken auf der gesetzlichen Parität zu halten und Abweichungen vom Paritätskurs in beide Richtungen zu verhindern.

Den Deckungsvorschriften von Art. 20 des Nationalbankgesetzes lag die für diese Zeit konventionelle Vorstellung zugrunde, dass Banknoten ihren Wert aus der Tatsache ableiten, dass sie blosses Substitut für ein Währungsmetall sind (Metallismus). Diese Vorstellung kam auch im fehlenden Annahmezwang für Private zum Ausdruck. Die Notwendigkeit einer gesetzlich festgelegten Mindestdeckung wurde allerdings kontrovers beurteilt. So befürchtete der Bundesrat noch in der Botschaft zum zweiten Gesetzesentwurf von 1899, «dass solche Bestimmungen leicht den Effekt haben könnten, dass eine Bankleitung glaubt, ihrer Pflicht Genüge geleistet zu haben, wenn diese Minimaldeckung jeweils vorhanden ist, und dass solche Reserven ihren Zweck keineswegs erfüllen, wenn sie in Zeiten von Krisen in den Gewölben der Bank eingeschlossen bleiben». Diese Befürchtung blieb allerdings unbegründet. Die SNB strebte von Anfang an einen Deckungsgrad an, der das gesetzliche Minimum weit überstieg.

Zusätzlich zur Mindestdeckung von 40 Prozent in Edelmetall verlangte Art. 20, dass der nicht durch Metall gedeckte Teil des Notenumlaufs durch kurzfristige Forderungen (Wechsel, Checks, Schuldverschreibungen, Schatzscheine) mit einer Höchstlaufzeit von drei Monaten gedeckt sein musste. Die Natur der deckungsfähigen Papiere wurde vom Gesetz nicht näher festgelegt. Die SNB selbst beschränkte sie jedoch, wie bereits erwähnt, in ihren Grundsätzen auf Handelswechsel, also «sich selber liquidierende» Wechsel mit «realem», kommerziellem Hintergrund, unter Ausschluss rein finanzieller und «spekulativer» Wechsel – ganz im Sinn der damals bei den meisten Zentralbanken vorherrschenden Idee der Real-Bills-Doktrin. Die Befolgung dieses

Prinzips sollte dafür sorgen, dass die «richtige» Versorgung der Wirtschaft mit Zahlungsmitteln gewährleistet bleibt und es nicht zu unerwünschten inflationären Entwicklungen kommt.[64]

Da der Bestand der Geschäftsbanken an reinen Handelswechseln zu gering war – nach Jöhr (1915, S. 213) waren rund drei Viertel des Wechselbestandes der Geschäftsbanken Finanz- und Lombardwechsel –, erwies es sich allerdings bald als unrealistisch, die Beschränkung auf reine Handelswechsel konsequent einzuhalten. Die strengen Diskontierungsvorschriften entwerteten einen grossen Teil der sekundären Liquiditätsreserven der Banken, argumentierten wichtige Vertreter des Bankensektors.

Das mit Abstand wichtigste geldpolitische Instrument der SNB – wie auch der meisten anderen Zentralbanken – war bis zum Ausbruch des Ersten Weltkriegs die Diskontpolitik, also die Übernahme von Wechseln vor Fälligkeit, mit einem Abschlag als Zins für die Restlaufzeit. Die zentralen Entscheidungsgrössen der Diskontpolitik waren die Festlegung des offiziellen Diskontsatzes sowie die Definition des zulässigen Diskontmaterials – letzteres gemäss den oben diskutierten Prinzipien. Eine gewisse Bedeutung hatte zudem die Festlegung von Diskontlimiten, die jedoch allein in Abhängigkeit von der Kreditwürdigkeit der Partner und ohne geldpolitische Motivationen vorgenommen wurde. Mit dem Diskontsatz sollten die Marktzinssätze und die Notenzirkulation und damit – über die internationalen Gold- und Kapitalströme – die Währungsreserven und das Deckungsverhältnis zwischen Noten und Reserven beeinflusst werden. Natürlich konnte sich die SNB unter dem Goldstandard dabei nicht von der internationalen Zinsentwicklung abkoppeln. Der offizielle Diskontsatz in der Schweiz verlief in der Tendenz parallel mit jenem in Frankreich und England. Sowohl der offizielle Diskontsatz wie auch die privaten Zinssätze unterlagen einem ausgeprägten Saisonmuster (im Inland wie auch im Ausland), das die saisonalen Schwankungen der Geldnachfrage widerspiegelte. Charakteristisch waren fallende Sätze bis zur Jahresmitte und steigende Sätze in der zweiten Jahreshälfte, mit Höhepunkt jeweils im Herbst, um Martini.

Die Motive von Diskontsatzänderungen der SNB wurden von Ruoss (1992, S. 46 ff.) anhand der Protokolle des Direktoriums und der Geschäftsberichte untersucht. Das Direktorium führte wöchentliche Diskussionen über den Diskontsatz. Zwischen Juni 1907 und Juni 1914 gab es 22 Anpassungen des Diskontsatzes, stets in Schritten von einem halben Prozentpunkt und mit dem bekannten Saisonmuster. Er schwankte dabei zwischen einem Minimum von 3 Prozent (welches zweimal, im Februar 1909 und im Februar 1910, erreicht wurde) und einem Maximum von

64 Im System der Goldwährung mit konvertiblen Banknoten war dieses Prinzip nicht weiter problematisch; im Währungssystem ohne Goldstandard, welches nach 1914 eine Zeit lang vorherrschen sollte, allerdings schon, vgl. dazu Anhang 3.

5,5 Prozent (im November des Krisenjahrs 1907). Zum Vergleich: Die Bank of England nahm im gleichen Zeitraum 38 Diskontsatzänderungen vor.

Wichtigste Einflussgrösse bei der Festlegung des Diskontsatzes war die Entwicklung des Deckungsgrads des Notenumlaufs. Dabei spielte die sogenannte «Notenreserve» oder «Emissionskraft» eine bedeutende Rolle. Darunter verstand man den (absoluten) Betrag, um den der Notenumlauf bei den gegebenen Metallreserven erhöht werden konnte, bis der Deckungsgrad auf 50 Prozent fiel. Ein sinkender Deckungsgrad induzierte in der Tendenz eine Erhöhung des Diskontsatzes. Es gab dabei aber keinen Automatismus. Der effektive Deckungsgrad lag stets weit über dem Mindestsatz von 40 Prozent und schwankte beträchtlich (siehe Abbildung 4).

ABBILDUNG 4
Metalldeckung des Notenumlaufs und offizieller Diskontsatz der SNB, 1907–1914 (in Prozent)

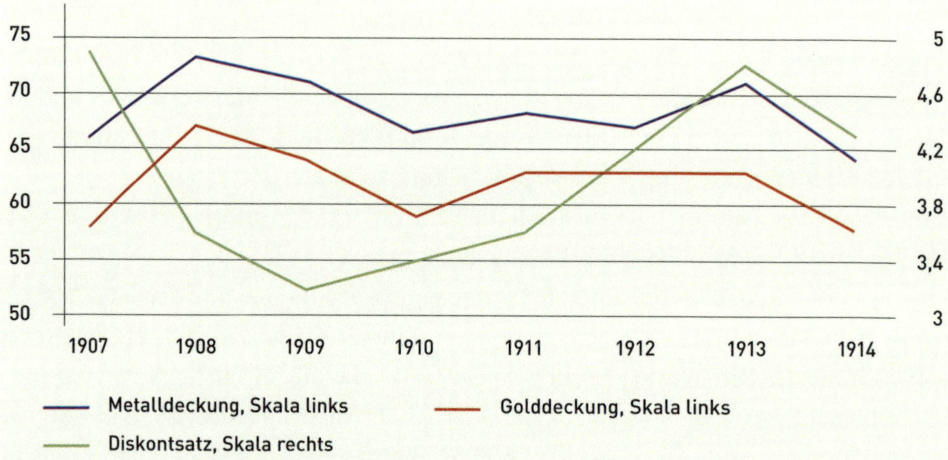

Jahresdurchschnitte; Metalldeckung: Metallbestand (Gold und Silber) in Prozent des Notenumlaufs; Golddeckung: Goldbestand in Prozent des Notenumlaufs.

Quelle: Ruoss 1992, S. 50

Neben dem Deckungsgrad spielten die Wechselkursentwicklung und als Indiz für zukünftige Wechselkurstendenzen die Differenz zwischen inländischem und ausländischem Kurzfristzinssatz in gewissen Phasen eine Rolle (Diskontsatzerhöhungen bei Schwächetendenz des Schweizer Frankens; Beispiele für Diskontsatzsenkungen bei Erstarkung des Schweizer Frankens gibt es umgekehrt nicht). Auch konjunkturelle Erwägungen traten subsidiär in gewissen Phasen in die diskontpolitischen Überlegungen ein. Die Nationalbank liess dabei aber nie Zweifel daran aufkommen, dass sie ihre zentrale Aufgabe in der Gewährleistung der Konvertibilität sah und dass sie die Aufrechterhaltung einer ausreichenden Golddeckung als wichtigstes Instrument für die Erfüllung dieser Aufgabe betrachtete. Gerade diese Verbindlichkeit schuf ihr wohl einen gewissen Spielraum für kurzfristige Flexibilität bei der Befolgung ihrer Regeln.

Neben der Diskontpolitik spielte zeitweise auch die Devisenpolitik, also der Kauf und Verkauf von Devisen bzw. die Diskontierung von Auslandwechseln, eine wichtige Rolle bei der Gewährleistung der Frankenparität, zum Teil in Kombination mit der Diskontpolitik. Die SNB hielt zu diesem Zweck ein Portfolio von kurzfristigen Fremdwährungswechseln. Die Gold- und Silberpolitik der SNB schliesslich war vor allem darauf ausgerichtet, durch Förderung des Imports von Edelmetall und Massnahmen zur Vermeidung von Gold- und Silberexporten sicherzustellen, dass die Edelmetallreserven des Landes genügend hoch blieben.

Zusammenfassend lässt sich über die ersten acht Jahre Nationalbankpolitik ein positives Urteil abgeben. Es gelang der SNB in kurzer Zeit, sich mit ihren diskontpolitischen Grundsätzen erfolgreich in die Mechanismen des internationalen Goldstandards einzuordnen und sich als zuverlässiger Partner in diesem System zu etablieren. Auch die Geschäftsbanken haben sich offenbar rasch und problemlos an den neuen Mitspieler gewöhnt. Probleme mit der Geldversorgung, welche die vorausgehenden Jahrzehnte gekennzeichnet hatten, blieben weitgehend aus. Aus gesamtwirtschaftlicher Perspektive darf die disziplinierte Notenbankpolitik dieser Phase damit als zielgerecht und erfolgreich taxiert werden.

AUSBRUCH DES ERSTEN WELTKRIEGS

Der Ausbruch des Ersten Weltkriegs Ende Juli 1914 brachte eine abrupte Veränderung des internationalen Umfelds mit sich und stellte die SNB vor völlig neue und schwierige Herausforderungen. Der internationale Goldstandard brach innerhalb kürzester Zeit zusammen. Verschiedene Länder – darunter Frankreich, Deutschland, Russland und auch die Schweiz – hoben zum Schutz ihrer Goldreserven die Einlösepflicht auf. Die USA verboten die Ausfuhr von Gold. Grossbritannien blieb formell auf dem Goldstandard, erschwerte aber die Goldeinlösung sowie den internationalen Handel mit Gold massiv.

Mit der Aufhebung der Goldkonvertibilität entfiel eines der zentralen Regelungselemente der Goldwährung und damit die disziplinierende Wirkung, die das Goldwährungssystem bislang gewährleistet hatte. Die Währungen, die vorher über die fixen Goldparitäten fest miteinander verbunden gewesen waren, verloren ihren Anker. Die Wechselkurse der Währungen der kriegführenden Länder waren allerdings nur beschränkt flexibel, da zahlreiche Devisenkontrollmassnahmen und bilaterale Wechselkursvereinbarungen eingeführt wurden. Es ist auch klar, dass die Suspendierung der Goldkonvertibilität zu diesem Zeitpunkt nicht als dauerhafter Bruch mit dem Goldstandard verstanden wurde, sondern nur als vorübergehende Massnahme zum Schutz der Metallreserven in Kriegszeiten.[65] Für die Zeit danach war eine Rückkehr zum Goldstandard vorgesehen. Faktisch sollte es allerdings zehn Jahre dauern, bis ein System fester Wechselkurse wieder etabliert war. Der Erste Weltkrieg führte in der Schweiz – wie auch anderswo – zu einem dramatischen Anstieg der Güterpreise, zu äusserst schwierigen Wirtschaftsverhältnissen und zu enormen sozialen Spannungen.

LIQUIDITÄTSKRISE UND SUSPENDIERUNG DER KONVERTIBILITÄT – BANKNOTEN ALS GESETZLICHES ZAHLUNGSMITTEL

Der Kriegsausbruch löste in der Schweiz, wie auch in anderen Ländern, eine panikartige Zunahme der Bargeldnachfrage aus. Die SNB blieb zunächst zuversichtlich, da sie über einen hohen Metalldeckungsgrad (über 70 Prozent) der Notenzirkulation und damit über eine «Emissionsreserve» verfügte, die fast eine Verdoppelung des Notenumlaufs erlaubt hätte. Sie war allerdings besorgt über den raschen Rückgang des Silberbestands und versuchte, über Moral Suasion (aber ohne explizites Verbot) den Export von Gold und Silber zu unterbinden.

Massive Abzüge von Spareinlagen führten rasch zu einer starken Beanspruchung des Diskontkredits und Erhöhung des Notenumlaufs. In der Woche vom 23. Juli (Ultimatum Österreichs an Serbien) bis zum 31. Juli (d.h. drei Tage nach der Kriegserklärung Österreichs an Serbien vom 28. Juli) stieg der Bestand an Diskont- und Lombardkrediten der SNB von 108 auf 247 Millionen Franken und der Notenumlauf von 268 auf 409 Millionen Franken. Der Metalldeckungsgrad des Notenumlaufs fiel damit in kürzester Zeit drastisch.

Die Nationalbank reagierte darauf (am 30. Juli), indem sie den Diskont- und Lombardsatz um je einen Prozentpunkt anhob und beim Bundesrat die Aufhebung der Metalleinlösepflicht beantragte. Zugleich beantragte sie die Ermächtigung zur Ausgabe von 20-Frankennoten und die Erklärung des «gesetzlichen Kurses» ihrer Banknoten. Banknoten wurden damit erstmals zu gesetzlichen Zahlungsmitteln, die von jedermann an Zahlung genommen werden mussten und nicht in Metallgeld konvertibel waren.

65 Die Goldwährung kann als «Regel mit Ausweichklausel» verstanden werden, die bei bestimmten Entwicklungen vorübergehend suspendiert werden konnte, ohne damit das System im Grundsatz infrage zu stellen (vgl. Bordo und Kydland 1995).

Im Hinblick auf die Einhaltung der Deckungsvorschrift wurde der Diskontsatz weiter angehoben und erreichte im August mit 6 Prozent seinen bisher höchsten Stand. Im Weiteren versuchte die Nationalbank, die Nachfrage nach Geld direkt einzudämmen, indem sie die Notenausgabe durch die Zweiganstalten und den Zugang zum Diskontfenster begrenzte und darüber hinaus die Banken aufforderte, ihre Auszahlungen einzuschränken. Der Ansturm auf die Banken zwang die SNB gleichwohl, den Diskontkredit weiter zu erhöhen und das Angebot an Noten, vor allem in (neuen) kleineren Stückelungen von 5, 10 und 20 Schweizer Franken, auszudehnen. Die inzwischen erheblich überschrittenen Diskontlimiten der Banken wurden gegen Ende August um 40 Prozent erhöht und die Anforderungen an die notenbankfähigen Papiere gelockert. Im Laufe des Septembers entspannte sich die Situation schliesslich, sodass die Nationalbank den Diskontsatz wieder von 6 auf 5 Prozent herabsetzen konnte.

In die Phase dieser Liquiditätskrise fiel auch die Gründung der Darlehenskasse der Schweizerischen Eidgenossenschaft, die gemäss ursprünglicher Idee durch die Ausgabe von «Darlehenskassenscheinen» eine Art Banknotensubstitut schaffen und so die Zahlungsmittelknappheit vermindern sollte. Die Nationalbank blieb gegenüber diesem Projekt skeptisch, nicht zuletzt, weil dieses Notensubstitut, im Gegensatz zu ihren eigenen Noten, nicht durch Metall gedeckt werden sollte. Nach Geschäftsaufnahme der Darlehenskasse am 21. September 1914 war die Liquiditätskrise jedoch bereits praktisch überwunden; ihr ursprünglicher Zweck entfiel damit. Sie diente in den nächsten Jahren im Wesentlichen als eine Institution der Wirtschaftsförderung (Gewährung von Krediten zu günstigen Bedingungen), erreichte aber nie eine bedeutende Stellung und wurde zehn Jahre später wieder geschlossen.

Die Zahlungskrise von 1914 setzte die Nationalbank zum ersten Mal in ihrer noch jungen Geschichte starker öffentlicher Kritik aus. Es wurde ihr eine ungenügende, allzu zögerliche Versorgung der Wirtschaft mit Noten, insbesondere Noten kleiner Denomination, vorgeworfen. In der Tat sah die Nationalbank die steigende Nachfrage nach solchen Noten, die dann vom Publikum in grossem Stil gehortet wurden, als irrationale Reaktion der Wirtschaftsteilnehmer an und versuchte deshalb, den Anstieg des Notenumlaufs zu verhindern. Ihre Hauptsorge galt dabei immer der Einhaltung der Mindestdeckung. Insofern hat sie effektiv zur Verschärfung der Zahlungskrise beigetragen. Insbesondere die Aufforderung an die Banken zur Einschränkung der Auszahlungen könnte die Unsicherheit noch vergrössert und der Hortung weiter Vorschub geleistet haben.

KRIEGSWIRTSCHAFT UND FINANZIERUNGSANSPRÜCHE DES STAATS

Der Kriegsausbruch führte beim Bund zu rasch steigenden Ausgaben (Kosten der Mobilmachung) und zu einem Rückgang der Zolleinnahmen, der damals bedeutendsten Einnahmequelle des Bundes. Auch die Finanzlage der Kantone und Gemeinden sowie der Bundesmonopolbetriebe verschlechterte sich. Der Bund finanzierte sich über neue Steuern (Kriegssteuer, Kriegsgewinnsteuer), aber auch über Verschuldung. Insgesamt neun langfristige Mobilisationsanleihen wurden während der Kriegsjahre ausgegeben. Die starke Beanspruchung des Kapitalmarktes führte nach Kriegsausbruch rasch zu einem deutlichen Zinsanstieg auf über 5 Prozent, der in Wirtschaft und Politik Besorgnis auslöste und Forderungen nach zinsdämpfenden Massnahmen auslöste. Die SNB wollte auf eine Senkung der offiziellen Zinssätze nicht eingehen; stattdessen empfahl das Direktorium dem Bund die Beanspruchung des Notenbankkredits. Der Bundesrat wollte zwar zunächst auf diesen Vorschlag nicht eintreten. Trotzdem entwickelte sich bald die Diskontierung von Schatzanweisungen (Reskriptionen) zu einer wichtigen Finanzierungsquelle des Bundes und der Bundesbahnen. Nach Ende des Krieges waren für 538 Millionen Schweizer Franken Reskriptionen des Bundes und der Bundesbahnen im Umlauf, die sich während des Kriegs zu einem grossen Teil in den Büchern der SNB befanden (siehe Tabelle 10). Dies trug zu einer starken Erhöhung des Notenumlaufs bei.

TABELLE 10
Reskriptionen des Bundes und der Bundesbahnen, 1914–1929 (in Mio. Franken)

Jahresende	im Umlauf	im Portefeuille der Nationalbank	im offenen Markt
1914	59	58	1
1915	111	75	36
1916	256	123	134
1917	382	233	149
1918	492	312	180
1919	538	301	237
1920	559	280	279
1921	499	287	212
1922	359	325	34
1923	280	155	125
1924	98	78	20
1925	109	68	41
1926	94	83	11
1927	72	72	0
1928	54	54	0
1929	39	39	0

Quelle: Festschrift SNB 1932, S. 469

Technisch bedeutete dies die Einführung einer Art Offenmarktpolitik und damit eine Erweiterung des geldpolitischen Instrumentariums der SNB. Rechtlich waren die Reskriptionen des Bundes und der Bundesbahnen kurzfristige Schuldverschreibungen mit einer Laufzeit von bis zu drei Monaten. Der grösste Teil dieser Papiere wurde von den Bundesbetrieben ausgegeben und «diente der Beschaffung von Gütern»; die Papiere galten daher als Handelswechsel, die von der SNB gemäss ihren Prinzipien bedenkenlos diskontiert werden durften (obwohl sie entgegen der üblichen Praxis regelmässig verlängert werden mussten). Die Reskriptionen der Bundesbahnen galten hingegen als Finanzwechsel, da sie primär der Deckung des Betriebsdefizits dienten. Der Aufbau eines Portfolios an Staatspapieren gab der Nationalbank ein neues Instrument zur Steuerung des Geldmarkts, insbesondere – durch «Rückplatzierung» der Papiere am Markt – auch ein neues Mittel zur Abschöpfung von Liquidität. Ab Dezember 1914 wurde die «Rückdiskontierung» von Reskriptionen am offenen Markt zum wichtigsten geldpolitischen Steuerungsinstrument der Nationalbank. Der Diskontsatz blieb dagegen bis fast zum Kriegsende unverändert auf 4,5 Prozent (siehe Abbildung 5).

Zunächst einmal stieg aber die Liquiditätsversorgung der Wirtschaft durch die SNB massiv. Der kurzfristige Zinssatz (Privatdiskontsatz) fiel bis Mitte 1916 auf rund 2 Prozent zurück. Der Langfristsatz hingegen stieg bis Kriegsende kontinuierlich auf bis 5,5 Prozent an – was angesichts der starken Beanspruchung des Kapitalmarkts

ABBILDUNG 5
Offizielle Diskontsätze in der Schweiz, Grossbritannien und den Vereinigten Staaten, 1915–1919 (in Prozent, Monatsdurchschnitte)

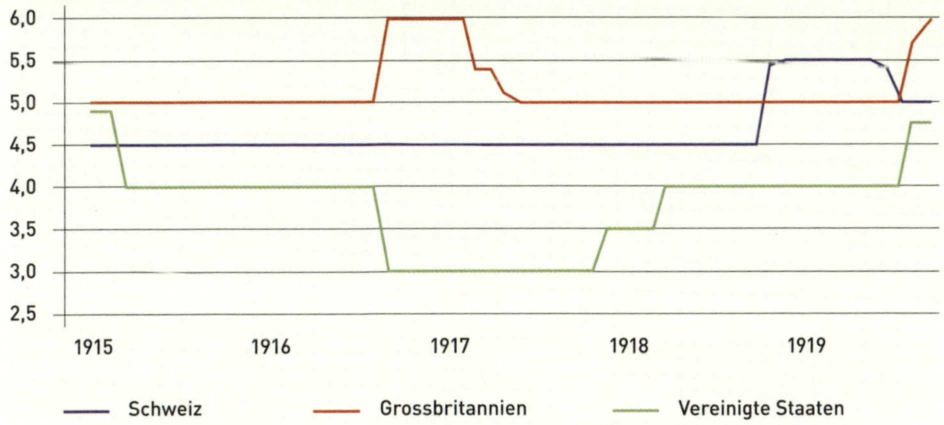

Quelle: Ruoss 1992, S. 115

durch den Staat und des sich aufbauenden Inflationsdrucks nicht erstaunlich ist. Bemerkenswert ist eher, dass die zunehmend höhere Inflation ihn nicht stärker ansteigen liess. Erst im letzten Kriegsjahr ging die SNB vermehrt zur Abschöpfung der im Übermass von ihr geschaffenen Liquidität über und hob kurz vor Kriegsende auch die offiziellen Zinssätze an. Gemäss Ruoss (1992, S. 97 f.) war sich das Direktorium aber der Gefahr für die Preisstabilität, die von der entstandenen Liquiditätsfülle ausging, nicht wirklich bewusst.

INFLATION

Bei Kriegsende war das Preisniveau in der Schweiz mehr als doppelt so hoch wie zu Kriegsbeginn (siehe Abbildung 6). Die Nominallöhne stiegen zwar ebenfalls an, aber weit weniger stark, d. h. die Realeinkommen der Bevölkerung gingen beträchtlich zurück. Die Teuerung trug massiv zu sozialen Spannungen während der Kriegsjahre bei – Spannungen, die im Generalstreik vom November 1918 kulminierten – und führte zu starker öffentlicher Kritik an der Nationalbank und ihrer Politik. Ähnlich entwickelten sich die Teuerungsraten auch in anderen Ländern, beispielsweise in Grossbritan-

ABBILDUNG 6
Preisniveau in der Schweiz und in Grossbritannien, 1907–1929

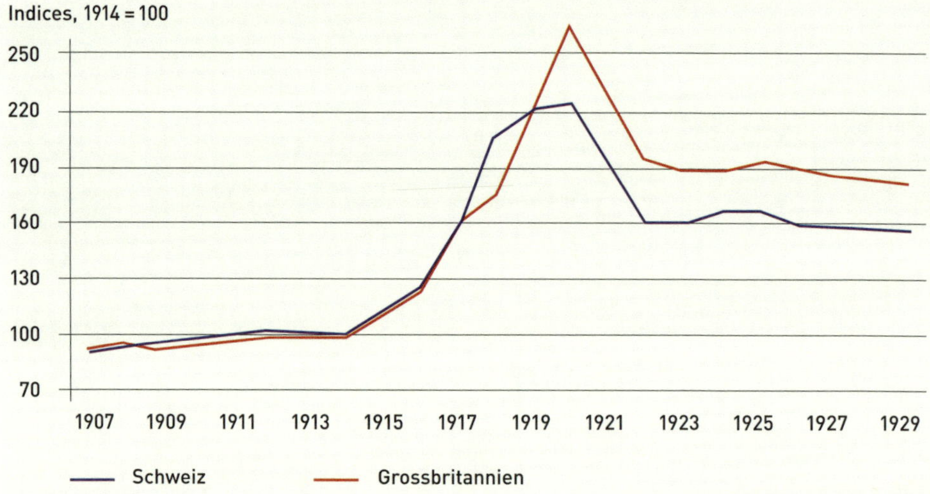

Schweiz: Konsumentenpreisindex 1890–1988, Juni 1914 = 100, 1907–1913: Retrospektive Schätzung, 1914–1929: Amtliches Indexergebnis; Grossbritannien: Implicit Price Deflator, basiert auf 1914 = 100.

Quelle: Ruoss 1992, S. 26

nien. Das Thema wurde im SNB-Direktorium intensiv diskutiert, insbesondere im Zusammenhang mit der Frage des adäquaten Teuerungsausgleichs.

Das Direktorium sah aber die Übernahme von Reskriptionen als geldpolitisch unbedenklich an, da es sich dabei faktisch um Handelswechsel handle, die «sich aus Kreditgewährungen ergeben, die effektiv zu kaufmännischen Zwecken benutzt werden». Die Übernahme dieser Papiere sei unbedenklich, da «diese für Anschaffungen verwendeten Gelder dem Bund nach und nach infolge seiner Verkäufe wieder zufliessen würden, d. h. der Bund würde wieder Mittel erhalten, um die Wechsel einzulösen». Der resultierende Anstieg des Notenumlaufs entspreche daher den effektiven Bedürfnissen und könne demzufolge nicht als übermässig und teuerungsverursachend angesehen werden.[66]

Im Jahr 1916 fanden auch massive Goldzuflüsse in die Schweiz statt, unter anderem aufgrund bedeutender Goldkäufe durch die SNB von Deutschland (das Devisen zur Deckung seiner Warenimporte suchte). Die Metallreserven der SNB stiegen um ca. 30 Prozent an, was ebenfalls zur Erhöhung des Notenumlaufs beitrug. Darin wurde, im Gegensatz zur Übernahme von Bundesreskriptionen, eine inflationstreibende Kraft gesehen. Ein Einfuhrverbot für Gold und Silber wurde diskutiert, liess sich aber politisch nicht durchsetzen. Als Mittel zur Rückbildung des Notenumlaufs fand vor allem die «Rückdiskontierung» (d. h. Weiterplatzierung am Markt) von Bundesreskriptionen Verwendung.

Die Notenbankgeldmenge stieg im Verlaufe des Jahres 1914 um fast 50 Prozent an. 1915 nahm sie um 3 Prozent zu, 1916 um rund 19 Prozent, 1917 um 26 Prozent und 1918 um 33 Prozent. Die starke Zunahme der Geldmenge war für die für Schweizer Verhältnisse beispiellose Inflation der Kriegsjahre – die Inflationsrate betrug 1915 rund 13 Prozent und stieg bis zum Kriegsende auf 25 Prozent an – ohne Zweifel in hohem Mass mitverantwortlich. Allerdings spielten auch die kriegsbedingte Verknappung des Güterangebots und eine starke Zunahme der Importpreise eine Rolle.

Die Verantwortung der Nationalbankpolitik für die Teuerung wurde damals sehr kontrovers diskutiert. Wie bereits erwähnt tat sich die Nationalbank selbst mit der Frage der Kriegsinflation ausserordentlich schwer; sie sah sich nur sehr bedingt für diese Entwicklung verantwortlich. Andere Diskussionsteilnehmer beurteilten dies anders – etwa der Schweizer Freigeld-Freilandbund («Freiwirtschaftsbund») oder Edmund Kellenberger, Handelsredaktor bei der Zeitung *Der Bund* und Privatdozent an der Universität Bern, der 1918 in Zeitungsbeiträgen massiv Kritik an der Geldpolitik der SNB übte und eine öffentliche Debatte zu dieser Frage auslöste. Die Nationalbank liess sich jedoch nicht überzeugen. Sie argumentierte, wie auch andere Zentralbanken

66 Ruoss 1992, S. 102, zitiert aus Direktoriumsprotokollen vom August 1916. Das Direktorium argumentierte hier natürlich im Sinne der Vorstellung der Real-Bills-Doktrin.

der Zeit,[67] immer wieder, dass es weder in der Macht einer Zentralbank liege noch zu ihren Aufgaben gehöre, die Preise zu kontrollieren, und dass es so etwas wie *die* Preisentwicklung gar nicht gebe. Die SNB sah sich aber ab Ende April 1918 doch gehalten, Massnahmen zur Eindämmung des Notenumlaufs zu ergreifen, unter anderem durch eine Erhöhung des Lombardsatzes um einen halben Prozentpunkt auf 5,5 Prozent im Juli 1918 und eine Anhebung des Diskontsatzes um einen vollen Prozentpunkt auf dasselbe Niveau Anfang Oktober 1918 (nach fast vierjährigem Verzicht auf die Diskont- und Lombardpolitik). Dabei mag der öffentliche Druck eine gewisse Rolle gespielt haben; viel wichtiger als Motiv war aber mit grosser Wahrscheinlichkeit die Sorge um die fallende Metalldeckung des Notenumlaufs.[68]

Die Frage nach den Motiven für das geldpolitische Verhalten der Nationalbank während der Kriegszeit ist naheliegend. Eine wesentliche Rolle spielte dabei sicher, dass sie – obwohl eigentlich von den Fesseln des Goldstandards befreit – nach wie vor stark in der Denkweise der Goldwährung, und insbesondere der für die damalige notenbankpolitische Tradition charakteristischen Real-Bills-Doktrin, verhaftet war. Ein weiterer wichtiger Aspekt war natürlich, dass sie, wie auch andere Zentralbanken der Zeit, vermeiden wollte, durch eine Hochzinspolitik die Finanzierung der kriegsbedingten Staatsdefizite zu erschweren. Die mit der Tiefzinspolitik verbundene Geldschöpfung trug entscheidend zur Inflation bei. Sie trug aber auch dazu bei, dass der Staat seine Zinszahlungen begrenzen und seine reale Schuldenlast vermindern konnte. Inflation in Kriegszeiten ist aus diesem Grund historisch nichts Aussergewöhnliches.

Eine interessante Frage ist schliesslich, wieso die starke Inflationstendenz der Kriegsjahre die langfristigen Nominalzinssätze nicht stärker ansteigen liess. Die Obligationenrendite erhöhte sich bis Mitte 1916 um etwa einen Prozentpunkt auf rund 5 Prozent und stieg bis Kriegsende auf knapp 5,5 Prozent an. Die Antwort auf diese Frage dürfte darin liegen, dass die Aufhebung der Konvertibilität, wie schon eingangs erwähnt, nicht als langfristiger Bruch mit dem Goldstandard, sondern nur als vorübergehende kriegsbedingte Massnahme gesehen wurde. Für die Zeit nach dem Krieg wurde eine Rückkehr zur Metallwährung und zur alten Parität erwartet. Insofern hatte eine Verankerung der längerfristigen Inflationserwartungen nach wie vor Bestand.[69]

67 Beispielsweise das amerikanische Federal Reserve, vgl. dazu Meltzer 2004, S. 184 und Bordo und James 2007, S. 46.

68 Straumann 2010 (S. 39 ff.) betont diese Sicht und die Verhaftung der SNB (wie auch der meisten anderen Zentralbanken der Zeit) in den Vorstellungen der Goldwährung.

69 Eine langsame und unvollkommene Anpassung der Nominalzinsen an die Inflation war für die Periode des Goldstandards typisch und wurde früher häufig mit Gibsons Paradox verbunden (zum Begriff siehe Keynes 1930, S. 198 ff., für eine frühe Auseinandersetzung mit dem Phänomen vgl. Fisher (1930, S. 43 ff.).

REZESSION, NACHKRIEGSDEFLATION UND RÜCKKEHR ZUR VORKRIEGSPARITÄT: GELDPOLITIK OHNE FESTE WECHSELKURSE

Die Währungspolitik der meisten Länder, auch jene der Schweiz, war nach Kriegsende durch die Erwartung einer Rückkehr zum internationalen Goldstandard geprägt. Die Schweiz strebte wie Grossbritannien eine Rückkehr zur Vorkriegsparität an. Es sollte aber fast sieben Jahre dauern, bis 1925 dieses Ziel schliesslich erreicht war. Die dazwischen liegende Übergangszeit stand im Zeichen von Deflation und Arbeitslosigkeit. Dies gilt für die Schweiz genauso wie für andere Länder, etwa Grossbritannien und die USA. In diesen beiden Ländern hat eine bewusste Deflationspolitik – eine massive, auf die Rückbildung des Preisniveaus ausgerichtete Rückführung der Notenbankgeldmenge – eine scharfe Nachkriegsrezession ausgelöst.

In der Schweiz sank das Preisniveau zwischen September 1920 und Mai 1922 um annähernd 40 Prozent, und die Deflation war von einer ausgeprägten Rezession begleitet. Die in der Industrie geleisteten Arbeitsstunden gingen um rund 20 Prozent zurück, und die Zahl der Arbeitslosen stieg von 3500 im ersten Halbjahr 1920 auf rund 100 000 im Februar 1922 (gemeldete Arbeitssuchende). Diese Zahlen dürften die effektive Arbeitslosigkeit beträchtlich unterschätzen, da der Anreiz zur Meldung für

ABBILDUNG 7
Preisniveau und Arbeitslosigkeit in der Schweiz, 1920 – 1929

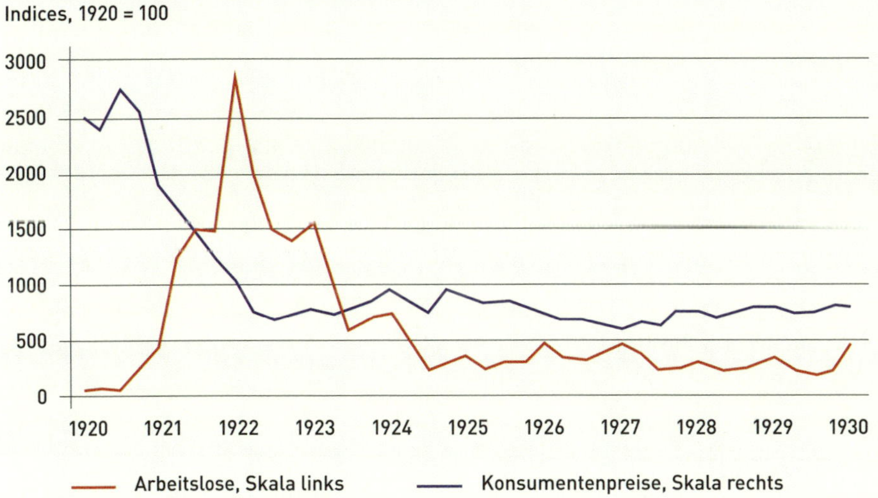

Monatswerte; Konsumentenpreise: ab 1921 Landesindex der Kosten der Lebenshaltung, umbasiert auf Januar 1920 = 100; Arbeitslose: Zahl der bei den Ämtern angemeldeten Stellensuchenden, Index Januar 1920 = 100.

Quelle: Ruoss 1992, S. 141

viele Betroffene angesichts des Fehlens einer obligatorischen Arbeitslosenversicherung gering war. Ab Anfang 1923 besserte sich die Situation langsam wieder, wenn auch die Stimmung noch für geraume Zeit sehr verhalten blieb (siehe Abbildung 7).

Der Rückgang der Notenbankgeldmenge fiel allerdings in der Schweiz vergleichsweise mild aus; die Diskontpolitik wurde schon relativ früh, nämlich im Sommer 1919, wieder gelockert, und die Rezession war im Vergleich zu anderen Ländern von kurzer Dauer. Die Nachkriegskrise von 1920 bis 1922 dürfte gleichwohl in beträchtlichem Mass auf die von der SNB nach Kriegsende angestrebte Rückführung des Notenumlaufs zurückzuführen sein. Teilweise mag für die SNB dabei die starke öffentliche Kritik an ihrer expansiven Geldpolitik der Kriegsjahre eine Rolle gespielt haben.[70] Nach Ruoss (1992, S. 127 f.) stand für die SNB aber primär das Bestreben im Vordergrund, den hohen Bestand an Bundesreskriptionen (und damit die Finanzierung der öffentlichen Hand durch die SNB) wieder abzubauen, weniger der Kampf gegen die Inflation. Ein Dorn im Auge waren der Nationalbank insbesondere die als Finanzwechsel geltenden Reskriptionsschulden der Bundesbahnen.

Sehr stark zur Krise trug auch die Entwicklung an den Devisenmärkten bei. Die Währungen der europäischen Nachbarländer werteten sich massiv ab – im Gegensatz zum amerikanischen Dollar, der in den Nachkriegsjahren zur Stärke tendierte (siehe Abbildung 8). Der französische und belgische Franc waren nach wie vor über die Lateinische Münzunion mit dem Schweizer Franken verbunden. Dies führte zu einem starken Zufluss von Silbermünzen aus diesen Ländern in die Schweiz, welche die SNB zu pari übernehmen musste. Im Oktober 1920 verbot die Schweiz die Einfuhr von silbernen Fünffrankenstücken der Lateinischen Münzunion, und Ende 1920 wurden die Silbermünzen der Vertragsstaaten ausser Kraft gesetzt. De facto war die Schweiz damit nicht mehr Mitglied der Münzunion. Offiziell wurde diese aber erst mit der Kündigung des Währungsvertrags Ende 1926 aufgelöst. Wichtigste Referenzwährung wurde seit dem Ersten Weltkrieg der US-Dollar.

Ganz extrem war der Wertzerfall der deutschen Mark, der im Frühling 1919 einsetzte und in Hyperinflation, wirtschaftlichem Chaos und einem der dramatischsten Währungszusammenbrüche der Finanzgeschichte endete. Ein US-Dollar wurde an der Spitze mit über 4 Billionen Mark bewertet. Dieser Prozess kam erst mit der deutschen Währungsreform und der Einführung der mengenmässig klar begrenzten «Rentenmark» im Oktober 1923 zu seinem Ende.[71] In der Schweiz führte diese Ent-

70 Der Plan für eine Reduktion der Golddeckung von 40 Prozent auf 33 ⅓ Prozent, der als Sinnbild einer inflationären Geldpolitik verstanden wurde, hatte ihr in einem am 3. März 1919 in der Appenzeller Zeitung erschienenen Artikel gar den Vorwurf des «Währungsbolschewismus» eingetragen (Ruoss 1992, S. 125 f.).

71 Die «Rentenmark» wurde ihrerseits ab Ende August 1924 durch die «Reichsmark» abgelöst bzw. ergänzt.

wicklung rasch zu starken Klagen aus der Exportindustrie. Das Direktorium wies aber korrekterweise darauf hin, dass die nominelle Aufwertung des Frankens bald durch eine entsprechende Erhöhung des deutschen Preisniveaus kompensiert werden und der Konkurrenznachteil für die Schweiz damit wieder verschwinden würde.

ABBILDUNG 8
Kursverlauf der Mark, des französischen Franc und des US-Dollars in Schweizer Franken, 1914–1925

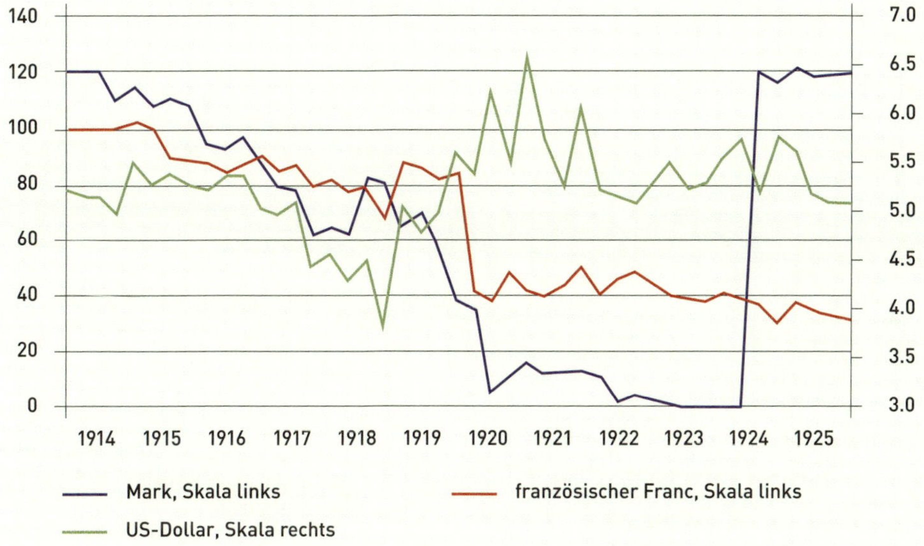

Monatsdruchschnitte; CHF/100 Mark; CHF/100 Francs; CHF/1 US-Dollar.
Oktober 1923: Währungsreform und Einführung der Rentenmark in Deutschland.

Quelle. Ruoss 1992, S. 133 und Bordo und James 2007, S. 49

Die Rückbildung des schweizerischen Preisniveaus wurde von der Nationalbank als Normalisierung der kriegsbedingten Preissteigerungen betrachtet und in diesem Sinn eigentlich begrüsst. Die Wirtschaftskrise wurde – an sich durchaus korrekt – als ein allgemeines internationales Phänomen und nicht als eine isolierte schweizerische Erscheinung gesehen. Die Nationalbank verhielt sich deshalb zunächst sehr zurückhaltend gegenüber der Forderung nach einer Lockerung der schweizerischen Geldpolitik, wie sie von Politik und Exportwirtschaft zunehmend erhoben wurde. Auf die Dauer konnte sie sich diesem Wunsch aber doch nicht ganz entziehen; der Diskontsatz wurde zwischen April 1921 und August 1922 mehrfach herabgesetzt und erreichte zuletzt einen Tiefstand von 3 Prozent (der bis dahin nur zweimal, im Februar 1909 und Februar 1910, erreicht worden war). Eine weitere Reduktion kam für die Nationalbank nicht mehr infrage (siehe Abbildung 9).

ABBILDUNG 9
Offizielle Diskontsätze in der Schweiz, Grossbritannien und den Vereinigten Staaten, 1918 – 1925 (in Prozent, Monatsdurchschnitte)

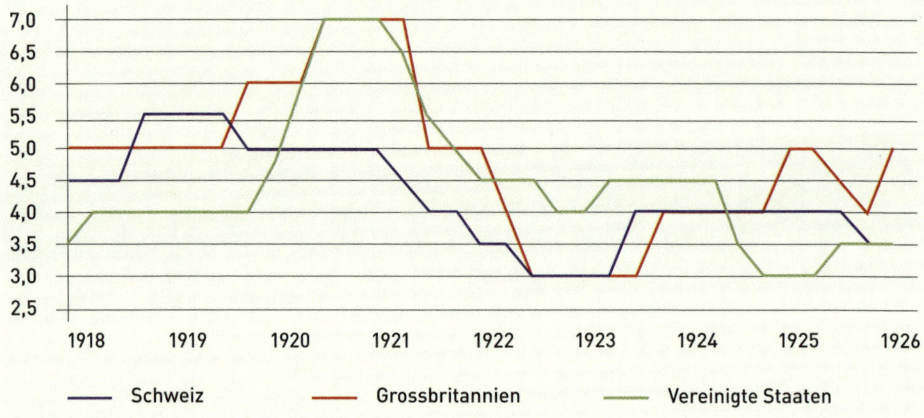

Quelle: Ruoss 1992, S. 124

Die Verantwortung der Nationalbank für die Wirtschaftskrise der frühen 1920er-Jahre wurde in der damaligen Zeit sehr kontrovers diskutiert. Eine eigens zur Untersuchung dieser Frage eingesetzte eidgenössische Kommission kam 1923 zu einem für die Nationalbank entlastenden Urteil: Diese habe die Krise nicht verursacht, da sie unmittelbar vor Krisenausbruch den Notenumlauf nicht gesenkt habe. Äusserst scharf kritisiert wurde die Nationalbank hingegen wiederum vom Freiwirtschaftsbund, der ihr gegenüber den Vorwurf einer deflationären Politik erhob und in einer Petition die Vermehrung der Notenausgabe zwecks Stützung der Preise forderte. Immerhin kann man festhalten, dass es der Schweiz gelang, sowohl das Extrem eines vollkommenen Währungszerfalls (wie in Deutschland) wie auch jenes einer allzu drastischen Haushaltskonsolidierungs- und Deflationspolitik (wie in Grossbritannien und den USA) zu vermeiden. Sicher war auch ihre Ausgangslage um einiges einfacher als jene der vormaligen Kriegsteilnehmer.

Die Schweiz gehört – zusammen mit Grossbritannien, den Niederlanden, Dänemark, Schweden und Norwegen – zu den wenigen Ländern, die im Verlauf der 1920er-Jahre ihre Währungen wieder auf der Gold- oder Dollarparität der Vorkriegszeit zu stabilisieren vermochten. Die Nationalbank hatte durchwegs dieses Ziel im Auge gehabt. Ende November 1924 kündigte sie an, von nun an bestrebt zu sein, den

US-Dollar mit allen Mitteln innerhalb der Goldpunkte von 5,16 respektive 5,21 Schweizer Franken zu halten. Damit wurde die Vorkriegsparität de facto wiederhergestellt.

Ausschlaggebend für die Rückkehr zu festen Wechselkursen dürften die Beruhigung der internationalen Finanzlage nach der Beendigung der deutschen Hyperinflation und der Begrenzung der deutschen Reparationszahlungen durch den Dawes-Plan sowie die Aussicht auf eine baldige Rückkehr des britischen Pfundes zur Vorkriegsparität gewesen sein. Letztere erfolgte dann offiziell im April 1925. Kurz danach, am 17. Juni 1925, erklärte auch die Nationalbank formell, dass sie von nun an die schweizerische Währung fest innerhalb der Goldpunkte halten würde. Damit kam die vorübergehende Phase flexibler Wechselkurse offiziell zu ihrem Ende. Das Jahr 1925 war dabei gekennzeichnet durch einen starken Aufwertungsdruck des Schweizer Frankens gegenüber dem amerikanischen Dollar, was die Nationalbank immer wieder zu US-Dollarkäufen zwang. Im Mai 1924 wurde der Schweizer Franken auch vom Fürstentum Liechtenstein als offizielles Zahlungsmittel eingeführt.[72]

DER INTERNATIONALE GOLD-DEVISEN-STANDARD UND DIE WIEDERHERSTELLUNG DER GOLDKONVERTIBILITÄT

Von 1925 bis 1929 blieb die Lage an den Devisenmärkten stabil; der US-Dollarkurs des Schweizer Frankens bewegte sich innerhalb einer engen Bandbreite zur Parität. Das internationale Umfeld war durch den an der Währungskonferenz von Genua 1922 geschaffenen internationalen Gold-Devisen-Standard vorgegeben; diesem schlossen sich im Laufe der 1920er-Jahre die meisten europäischen Staaten an. In diesem System konnten die Länder ihre Währungsreserven in Gold oder in Devisen halten. Ein solcher Einbezug von Devisen war grundsätzlich nicht neu und war zum Teil auch zuvor schon praktiziert worden. Man erhoffte sich davon eine Begrenzung der Goldnachfrage und des Goldpreises angesichts des mit der allgemeinen Rückkehr zur Goldwährung verbundenen potenziellen Aufwärtsdrucks auf den Preis des Währungsmetalls.

Wirtschaftlich war dies eine Phase der Hochkonjunktur. Die durchschnittliche reale Wachstumsrate der Jahre 1925 bis 1929 betrug in der Schweiz etwa 4 Prozent; die Arbeitslosigkeit bildete sich deutlich zurück. Das Preisniveau fiel von 1925 bis 1929 um insgesamt rund 4 Prozent, nach üblicher Einschätzung vor allem aufgrund sinkender Nahrungsmittel- und Rohstoffpreise, die sich über den fixen Wechselkurs auf das Binnenpreisniveau übertrugen (Ruoss 1992, S. 183).

72 Seit 1980 besteht eine vertraglich geregelte Währungsunion zwischen den beiden Staaten.

In der Schweiz war allerdings die Nationalbank vorerst nach wie vor nicht verpflichtet, ihre Banknoten in Gold einzulösen; Nationalbanknoten hatten weiterhin «Zwangskurs». Formell gesehen erfüllte damit die Schweiz die Bedingungen des Goldstandards nicht (im Gegensatz zu den meisten anderen Ländern der Zeit). Die SNB strebte die Wiedereinführung der Goldkonvertibilität zwar an, hielt aber den Zeitpunkt dazu vorerst noch für verfrüht. Auf die Geldpolitik der SNB hatte dies jedoch keinen Einfluss. Sie war weiterhin verpflichtet, die Golddeckung von 40 Prozent sowie die weiteren Deckungsbestimmungen von Art. 20 des Nationalbankgesetzes einzuhalten. Erst mit dem Parlamentsbeschluss über die Wiedereinführung der Goldeinlösepflicht vom 20. Dezember 1929 sollte die Schweiz dann zur Goldkonvertibilität zurückkehren – *nach* Ausbruch der grossen Börsen- und Finanzkrise in den USA und kurz bevor der Gold-Devisen-Standard wieder zerbrach. Die Nationalbank konnte fortan ihre Noten in Gold oder in Golddevisen einlösen. Silber war nicht mehr Währungsmetall.

Die Geldpolitik der Nationalbank war unter diesem System prioritär darauf ausgerichtet, den Schweizer-Franken-Kurs auf dem Paritätskurs zu halten. Dies gelang ihr ohne grössere Probleme. Die SNB erlebte denn auch erstmals seit Ausbruch des Ersten Weltkriegs wieder eine Periode, in der sie kaum mehr der Kritik ausgesetzt war. Die schweizerischen Zinssätze blieben während der ganzen Phase – auch im internationalen Vergleich – bemerkenswert stabil: Der Diskontsatz wurde im Dezember 1925 von 4 Prozent auf 3,5 Prozent herabgesetzt und dann unverändert auf diesem Niveau belassen. Der kurzfristige Marktzinssatz bewegte sich ab 1927 stets nahe beim Diskontsatz, und der langfristige Zinssatz bildete sich kontinuierlich von 5 Prozent auf etwa 4,5 Prozent zurück.

Das Zinsniveau lag dabei meist unter dem ausländischen (etwa dem britischen, nach 1928 auch dem amerikanischen) Zinsniveau. Damit tritt erstmals der Zinsbonus des Schweizer Frankens auf, der für spätere Perioden charakteristisch geworden ist. Er kann wohl als Vertrauensbeweis für die damalige Währungspolitik, vielleicht auch für die politische Stabilität des Landes, verstanden werden. Er erlaubte es der SNB in einem begrenzten Mass auch, einen von der internationalen Politik unabhängigen Kurs ihrer Zinspolitik zu verfolgen und die Wechselkursstabilisierung über Devisenmarktinterventionen zu sichern. Insofern hielt sich die Nationalbank (wie andere Zentralbanken dieser Zeit auch) nicht immer streng an die Spielregeln des internationalen Gold-Devisen-Standards.

Bei der Durchführung der Geldpolitik spielte der Diskontsatz nicht mehr die zentrale Rolle, die er im klassischen Goldstandard vor 1914 eingenommen hatte. Stattdessen griff die Nationalbank vermehrt auf die Instrumente der Devisenpolitik sowie – besonders bis 1926 – der Beeinflussung des Geldmarkts über die Festlegung des Abgabesatzes für Reskriptionen (also einer Art von Offenmarktpolitik) zurück. Die lange Konstanz des Diskontsatzes war dabei mit dem Bestreben verbunden, den

Kurzfristzinssatz auf niedrigem Niveau möglichst stabil zu halten. Die Goldpolitik nahm nicht mehr die Stellung ein, die ihr im klassischen Goldstandard vor 1914 zugekommen war, auch wenn der Handel mit Goldmünzen und der Goldexport nach und nach wieder liberalisiert wurden. Eine gewisse Rolle spielten auch Bemühungen, die Banken dabei über Moral Suasion und Gentlemen's Agreements zu beeinflussen.

Der Gold-Devisen-Standard hatte keine lange Lebensdauer. Er brach bereits zu Beginn der 1930er-Jahre wieder zusammen, als Grossbritannien – nach Ausbruch der Weltwirtschaftskrise – im September 1931 die Goldkonvertibilität aufhob und das britische Pfund gegenüber dem US-Dollar um rund 30 Prozent abwertete. Sein Scheitern wird zum Teil darauf zurückgeführt, dass die Zentralbanken die Spielregeln des Systems nicht konsequent einhielten, indem etwa die Bank of England, aber auch andere Zentralbanken, internationale Goldflüsse durch entgegengesetzte Offenmarktoperationen zu neutralisieren versuchten und die interne Geldmenge (aus binnenwirtschaftlichen Motiven) von der Zahlungsbilanzentwicklung abschotteten. Manche Länder schränkten auch die Goldkonvertibilität ein, z.B. auf eine Einlösung von Noten in Goldbarren, nicht aber in Goldmünzen (Grossbritannien). Zentral für das Scheitern war aber letztlich wohl die Tatsache, dass das Vertrauen in die Stabilität der neuen Währungsordnung angesichts der schwierigen Wirtschaftsverhältnisse in wichtigen Teilnehmerländern von Anfang an nur beschränkt vorhanden gewesen war. Insbesondere die Bank of England und das britische Pfund genossen in dieser Phase nie mehr das absolute Vertrauen der Marktteilnehmer, das sie im klassischen Goldstandard vor 1914 ausgezeichnet hatte. Mit dem grossen Börsensturz vom Herbst 1929 und der Wirtschaftskrise der Jahre danach veränderte sich die Situation dann ohnehin dramatisch.

6 ZUSAMMENBRUCH DER WELTWIRTSCHAFT

DIE GROSSE DEPRESSION

Die Weltwirtschaftskrise der 1930er-Jahre war eines der prägenden Ereignisse des 20. Jahrhunderts – aus ökonomischer, aus politischer und auch aus allgemeiner gesellschaftlicher Warte. Die Krise begann in den USA mit dem grossen Börsensturz vom Oktober 1929, ergriff aber bald die gesamte Welt. Auf den Zusammenbruch der Aktienmärkte folgten schwere Erschütterungen der Banken- und Finanzsysteme und ein beispielloser Einbruch der Realwirtschaft. Industrieproduktion und Einkommen gingen massiv zurück, es entstanden Massenarbeitslosigkeit und soziales Elend, und der Welthandel schrumpfte dramatisch. Vom internationalen Goldstandard ausgehender Deflationsdruck, protektionistische Massnahmen und eine Welle kompetitiver Abwertungen verschärften die Lage weiter.

Zwei Zitate mögen beispielhaft Zeugnis davon geben, wie die Zeitgenossen die dramatischen Ereignisse erlebten, die über sie hereinbrachen. Der bedeutende deutsche Geldtheoretiker Friedrich Lutz – der in den Nachkriegsjahren nach langer Emigration in die USA an der Universität Zürich lehren sollte – eröffnete im Jahr 1936 eine Schrift mit den folgenden Worten:

> «*Deutschland erlebte 1931 die grösste Bankenkrise seiner Wirtschaftsgeschichte. Wir alle haben den Vorgang und seine Folgen – Stockung des Zahlungsverkehrs, Verschärfung der Wirtschaftskrise, Vergrösserung der Arbeitslosigkeit, soziale Erschütterungen – noch so deutlich in Erinnerung, dass auf eine Schilderung verzichtet werden kann. Etwas später raste der gleiche Sturm über die Vereinigten Staaten hin, flaute ab, erhob sich im Frühjahr 1933 wieder, vernichtete Tausende von Existenzen, zerstörte das Vermögen unzähliger Bürger und warf in seiner Weiterentwicklung Millionen von Menschen auf die Strasse. Es war ein Anschauungsunterricht von schauerlicher Eindringlichkeit.*» (Lutz 1936/1962, S. 28)

Frank Walker, Präsident des amerikanischen National Emergency Council unter Franklin D. Roosevelt, hielt 1934 seine Erschütterung in diesen Sätzen fest:

> «*I saw old friends of mine – men I had been to school with – digging ditches and laying sewer pipe. They were wearing their regular business suits as they worked because they couldn't afford overalls and rubber boots. If I ever thought ‹There, but for the grace of god› – it was right then.*» (Zitiert nach D. Kennedy 1999, S. 160)

Vorausgegangen war dieser Zeit eine Phase der Hochkonjunktur und der ungezügelten Börsenspekulation in den späten 1920er-Jahren – den Goldenen Zwanzigern. Die Börsenhausse und das enorme Schuldenwachstum waren Gegenstand geldpolitischer Besorgnis, insbesondere in den USA, aber auch in anderen Ländern, darunter der Schweiz. Die amerikanische Zentralbank versuchte Gegensteuer zu geben; sie hob den Diskontsatz im August 1929 um einen vollen Prozentpunkt auf 6 Prozent an. Die gute Börsenlaune hielt aber zunächst weiter an. Erst nach dem Crash vom 23. Oktober änderte sich die Stimmung drastisch. Geprägt war diese Vorperiode aber auch durch die auf den Ersten Weltkrieg folgende weltweite Agrarkrise und die Spannungen und Auseinandersetzungen um die deutschen Reparationszahlungen sowie die Kriegsschulden der Alliierten gegenüber den USA.[73] Die harten Bedingungen des Versailler Vertrags lasteten ohnehin schwer auf der ganzen Zwischenkriegszeit.[74]

DIE WELTWIRTSCHAFTSKRISE UND DER GOLDSTANDARD

Die Wucht und Dramatik der Weltwirtschaftskrise lassen sich durch einige Zahlen vor Augen führen. Die Industrieproduktion ging in den USA von 1929 bis 1932 um 46 Prozent zurück, in Deutschland um 41 Prozent. In Grossbritannien fiel der Rückgang für dieselbe Periode mit minus 11 Prozent vergleichsweise bescheiden aus; Frankreich und auch die Schweiz lagen dazwischen (die Schweiz 1929 bis 1932 mit minus 21 Prozent). In den meisten Ländern war der Tiefpunkt im Jahr 1932 erreicht; anschliessend verbesserte sich die Situation langsam; 1937 produzierte die Weltwirtschaft wieder etwa auf dem Niveau von 1929. Frankreich und auch die Schweiz waren insofern Ausnahmen, als sie nach einer bloss schwachen Erholung von 1932 bis 1934 in den Jahren 1935 und 1936 erneut einen starken Rückschlag erlitten (Zurlinden 2003, S. 88).

Ebenfalls stark zurück gingen in der Grossen Depression die Preise. In der Anfangsphase bis 1931 – als noch die festen Wechselkurse des Goldstandards galten – fiel die Deflation, gemessen an den Grosshandelspreisen, überall etwa uniform aus. Nach 1931 – als das britische Pfund abgewertet wurde – stabilisierten sich zunächst die Preise in Grossbritannien, später auch jene in den USA und Deutschland. In Frankreich und der Schweiz hielt der Preisrückgang noch drei weitere Jahre an. In Frankreich betrug er 1929 bis 1935 44 Prozent, in der Schweiz 36 Prozent (Zurlinden 2003, S. 88 f.). Diese Deflation der Preise, die angesichts relativ starrer Geldlöhne zu steigenden Reallöhnen und über einsetzende Deflationserwartungen zu relativ hohen Realzinsen führte, trug ihrerseits zur Verschlechterung der Wirtschaftslage bei. Die Arbeitslosigkeit nahm in allen Ländern massiv zu. In den USA und in Deutschland erreichte sie 1932/33 einen Wert von durchschnittlich 25 bis 30 Prozent der Erwerbstätigen. In der Schweiz stieg die Zahl der registrierten Arbeitslosen von etwa 8000 im Jahr 1929 auf durchschnittlich 93 000 im Jahr 1936 (mit einem monatlichen Spitzenwert von 124 000 im Januar 1936).

73 Im Zusammenhang mit der Durchführung der deutschen Reparationszahlungen erfolgte 1930 auch die Gründung der Bank für Internationalen Zahlungsausgleich BIZ in Basel.

74 Vor den schwerwiegenden Folgen der für Deutschland kaum tragbaren Friedensbedingungen hat Keynes, der als Mitglied der britischen Delegation an der Versailler Konferenz teilgenommen hatte, in seinem berühmten Traktat «The Economic Consequences of the Peace» schon früh eindringlich gewarnt (Keynes 1919).

Die Literatur zur Grossen Depression und ihrer Erklärung ist umfangreich, vor allem in Bezug auf die Erfahrungen der USA.[75] Die Literatur nennt eine Reihe konkurrierender, sich allerdings gegenseitig nicht ausschliessender Erklärungsfaktoren, darunter die Rolle von Finanzkrise und Bankzusammenbrüchen, das Gewicht der (auf den Ersten Weltkrieg und den Versailler Vertrag zurückgehenden) internationalen Verschuldungssituation, den wachsenden Handelsprotektionismus, und – von einer grossen Zahl von Beobachtern besonders hervorgehoben – die Geldpolitik und der internationale Goldstandard.

Insbesondere Friedman und Schwartz 1963 haben die Verantwortung der Geldpolitik für die Grosse Depression in den Mittelpunkt gestellt und das Federal Reserve dafür verantwortlich gemacht, dass aus einer Börsenkrise und einer zunächst normalen Rezession eine schwere, viele Jahre dauernde Depression geworden ist. Hätte die amerikanische Zentralbank anstelle einer restriktiven Geldpolitik, die einen Rückgang der Geldmenge tolerierte oder gar verursachte, einen klar expansiven Kurs verfolgt, so wäre dies nicht geschehen, argumentierten sie. Allerdings muss man klar sehen, dass die Politik des Federal Reserve – und der anderen Zentralbanken – zu dieser Zeit noch stark im internationalen Goldstandard befangen und von diesem geprägt war.

Bis zur Abwertung des britischen Pfunds im Jahr 1931 war der Gold-Devisen-Standard in Kraft. Das Vertrauen in dieses System und in seine Zukunft war allerdings zunehmend am Schwinden. Ein Konflikt zwischen der Wahrung der Goldparität und der Verfolgung binnenwirtschaftlicher Zielsetzungen (Stabilisierung von Güterpreisen und Beschäftigung) trat mehr und mehr ins Blickfeld. Der Gold-Devisen-Standard barg damals eine gewisse Deflationstendenz in sich, weil die Zentralbanken angesichts des erodierenden Vertrauens in die Goldparitäten begannen, Devisen in Gold umzutauschen – der Devisenanteil an den Währungsreserven der Zentralbanken sank gemäss einer bekannten Untersuchung des russisch-estnischen Ökonomen Ragnar Nurske zwischen 1929 und 1932 stark (Nurske 1944). Die Währungsreserven insgesamt und die Geldmenge entwickelten sich daher schwächer als der Goldbestand der Zentralbanken. Auch begannen gewisse Zentralbanken, so die amerikanische und die französische, zunehmend Goldzuflüsse durch den Verkauf inländischer Wertpapiere zu kompensieren und damit die sonst eintretende Erhöhung der Geldmenge zu verhindern. Gleichzeitig stieg angesichts der wachsenden wirtschaftlichen Unsicherheit die Bargeldpräferenz des Publikums und der Banken, sodass die Geldmenge sich schwächer entwickelte als die monetäre Basis. Die Geldversorgung der Weltwirtschaft

75 Wichtige Referenzen sind etwa Friedman und Schwartz 1963, Temin 1978, Bernanke 1983, 1995, 2000, Eichengreen 1992 und Romer 1992.

blieb daher hinter der Entwicklung des Goldbestands zurück. Die festen Wechselkurse des Goldstandards sorgten dafür, dass sich die resultierende Deflationstendenz weltweit verbreitete.

Eichengreen 1992 hat betont, dass der deflationäre Druck des damaligen Goldstandards hätte vermieden werden können, wenn alle Länder gleichzeitig abgewertet hätten, d. h. den Goldgehalt ihrer Währungen koordiniert gesenkt hätten. Dies geschah aber nicht; die wichtigen Länder konnten sich nicht auf ein gemeinsames Vorgehen einigen. Stattdessen werteten zwischen 1931 und 1936 nach und nach alle Länder isoliert ihre Währungen gegenüber dem Gold ab oder führten Devisenkontrollen ein. Viele Länder banden zwar nach wie vor ihre Währungen in der einen oder anderen Form an das Gold. Aber der Goldstandard als internationales Regulierungs- und Koordinierungssystem der Geldpolitik war damit am Ende. Trotzdem fühlten sich auch nach 1931 viele Zentralbanken dem Goldstandard nach wie vor grundsätzlich verpflichtet und richteten ihre Politik in beträchtlichem Ausmass auf die Wahrung einer – neu definierten – Goldparität aus.

Die Abwertungswelle begann im September 1931 mit der Aufhebung der Einlösepflicht für die Bank of England durch die britische Regierung. Das britische Pfund war seit Sommer 1931 angesichts hoher Arbeitslosigkeit und angespannter Staatsfinanzen zunehmend unter Druck geraten. Das Vertrauen der Märkte in den Willen der Regierung, die Goldparität entschieden zu verteidigen, schwand, und die Regierung sah sich schliesslich zur Suspension der Konvertibilität gezwungen. Das britische Pfund verlor darauf stark an Wert. Die anderen Mitglieder des Commonwealth sowie auch die skandinavischen Länder folgten dem britischen Beispiel.

Bereits zuvor waren die deutsche und die österreichische Währung unter Druck geraten. Im Mai 1931 brach eine deutsch-österreichische Bankenkrise aus. Die grösste österreichische Bank, die Creditanstalt, geriet in Schwierigkeiten; ihr Zusammenbruch hatte starke Auswirkungen auf das deutsche Bankensystem zur Folge. Die Deutsche Reichsbank sah sich zu grossen Goldverkäufen gezwungen; Bemühungen um internationale Kredite blieben erfolglos. Die deutsche Regierung entschied sich in dieser Lage – anstelle der Aufgabe der Goldparität – zur Einführung der Devisenbewirtschaftung (Devisenverordnung und Notverordnung gegen Kapital- und Steuerflucht) und zur Aufnahme von Verhandlungen mit ausländischen Banken über ein Stillhalteabkommen für Kurzfristkredite. Zahlreiche mittel- und osteuropäische Länder, insbesondere Österreich und Ungarn, folgten Deutschland auf dem Weg der Devisen- und Kapitalverkehrskontrollen.

Im Herbst 1931 kam der US-Dollar unter Druck, als die Märkte angesichts der Finanz- und Bankenkrise am Willen der amerikanischen Regierung zur Aufrechterhaltung der Goldparität zu zweifeln begannen. Das Federal Reserve reagierte zunächst – noch ganz im Geiste des Goldstandards – mit einer Anhebung des Diskontsatzes. Diese Restriktionspolitik trug zwar zur Beruhigung der Währungslage bei, verlängerte und verstärkte aber gleichzeitig die allgemeine Wirtschaftskrise und die Krise im Banken- und Finanzsystem. Erst nach der Wahl von Franklin D. Roosevelt änderte sich die Ausrichtung der amerikanischen Geldpolitik: Im März 1933 wurde die Einlösepflicht der Noten aufgehoben und ein Ausfuhrverbot für Gold erlassen. Im April 1933 erfolgte die Freigabe des Wechselkurses des amerikanischen Dollars. Der US-Dollar schwächte sich anschliessend stark ab; im Januar 1934 wurde er auf 59 Prozent seines früheren Goldwertes stabilisiert.

Die Schweiz schloss sich, zusammen mit Frankreich, Belgien, Italien, den Niederlanden und Polen, im Juli 1933 dem sogenannten «Goldblock» an. Die fortgesetzte Verteidigung der alten Goldparität bedeutete angesichts der vorausgegangenen Abwertungen des britischen Pfunds, des US-Dollars und vieler anderer Währungen für die Länder des Goldblocks eine starke reale Aufwertung und eine entsprechende Verschlechterung ihrer Position im internationalen Wettbewerb. Die konsequente Beibehaltung des Goldstandards hätte von ihnen – bei unveränderter Goldparität ihrer Währungen – eine entsprechende Deflationspolitik für Löhne und Preise verlangt, was aber auf starken Widerstand der Gewerkschaften und anderer Gesellschaftsgruppen stiess. Die Goldblockwährungen waren daher immer wieder spekulativen Attacken ausgesetzt. Belgien wertete schliesslich im Frühjahr 1935 ab, Frankreich im September 1936, kurz danach auch die Niederlande und die Schweiz (um 30 Prozent im Falle des Schweizer Frankens). Die Schweiz hielt also bis zum bitteren Ende an der Goldparität fest. In praktisch allen Ländern folgte auf die Abwertung eine wirtschaftliche Erholung. Dies spricht dafür, dass monetäre Faktoren und die Geldpolitik zu den wichtigen Erklärungsfaktoren der Depression gehören. Es spricht auch dafür, dass ein allzu langes Festhalten an den alten Paritäten angesichts des veränderten internationalen Umfelds als gravierender wirtschaftspolitischer Fehler beurteilt werden muss.

DIE SCHWEIZ IN DER WELTWIRTSCHAFTSKRISE

Seit der Rückkehr zur Goldkonvertibilität Ende der 1920er-Jahre stand die Stabilisierung des Schweizer Frankenkurses gegenüber dem Gold wieder ganz im Mittelpunkt der SNB-Politik. Der Ausbruch der Weltwirtschaftskrise und die durch sie ausgelöste Welle von Abwertungen wichtiger Währungen führten allerdings rasch zu einem Konflikt zwischen der Wahrung der Goldparität auf der einen Seite und der Stabilisierung der Binnenwirtschaft, insbesondere von Produktion, Beschäftigung und Preisen auf der anderen Seite.[76]

76 Zur Situation der Schweiz in der Weltwirtschaftskrise haben u. a. Rutz 1970, Zurlinden 2003, Allgoewer 2003, Müller 2003 und Straumann 2010 wichtige Arbeiten beigetragen.

Die Schweiz gehört, wie erwähnt, zusammen mit Frankreich und den Niederlanden zu jenen Ländern, die am längsten an der alten Goldparität festgehalten haben. Sie verfolgte damit eine bewusste Deflationspolitik. Im vorliegenden Abschnitt soll zunächst beschrieben werden, wie sich die internationale Krise und das lange Festhalten an der Goldparität in der schweizerischen Volkswirtschaft niedergeschlagen haben. Anschliessend soll dann in weiteren Abschnitten die Frage nach den Motiven für die lange Fixierung auf den Goldstandard gestellt und im Zusammenhang damit die intensive schweizerische Debatte um die Abwertung diskutiert werden.

Ausgelöst wurde die Grosse Depression der 1930er-Jahre aus der Warte der Schweiz durch externe Ereignisse. Die festen Wechselkurse des Goldstandards übertrugen die rezessive und deflationäre Entwicklung des Auslandes aber rasch auch auf die Schweiz. Erste Leidtragende war die Exportindustrie; sie wurde vom Nachfragerückgang hart getroffen. Infolge der Deflationstendenz stiegen die Reallöhne, die Realzinssätze und die reale Schuldenlast der Nominalschuldner. Die Binnenwirtschaft hielt sich zunächst relativ gut, litt aber mit Verzögerung zunehmend auch.

Kritisch wurde die Situation 1931 mit der Abwertung des britischen Pfunds und der Einführung der Devisenbewirtschaftung durch Deutschland. Die Schweiz hatte fortan mit einer Überbewertung des Schweizer Frankens zu kämpfen, die durch die Abwertung weiterer Währungen – 1933/34 folgte auch jene des US-Dollars – noch verstärkt wurde. Als weitere Belastung kamen die Nachteile eines zunehmend nicht mehr freien internationalen Kapitalverkehrs hinzu. Ab 1932 wurde der Abschwung allgemein und nahm krisenhafte Züge an.

Krisenstimmung und Abwertungsängste im Ausland lösten allerdings zunächst starke Kapitalzuströme in die Schweiz aus. Dies trug dazu bei, dass die Geldmenge im Unterschied zu vielen anderen Ländern nicht unter das Niveau von 1929/30 fiel. Die Gold- und Devisenreserven der Schweiz stiegen nach der Abwertung des britischen Pfunds im Jahr 1931 innerhalb von acht Monaten von 1 Milliarde auf 2,4 Milliarden Schweizer Franken. 1932 beruhigte sich die Situation an den Devisenmärkten und kehrte sich anschliessend um, als auch der Schweizer Franken zeitweise unter Abwertungsverdacht geriet; bis 1936 reduzierten sich die Währungsreserven wieder um mehr als 1 Milliarde Schweizer Franken. Die Schweiz hielt aber vorerst unbeirrt an der alten Goldparität fest. Ihre hohen Goldreserven bestärkten sie im Glauben an die Realisierbarkeit und Durchhaltbarkeit einer solchen Politik. Überbewertung und hohe Reallöhne blieben damit bestehen. Erst die Abwertung des französischen Franc im Jahr 1936 machte schliesslich auch für die Schweiz das Festhalten an der alten Parität unmöglich und veranlasste sie, den gleichen Weg zu begehen. Damit war ein entscheidender Schritt zu einer Entspannung der Lage getan.

Die Entwicklung der zentralen makroökonomischen Indikatoren der Schweizer Wirtschaft während der Krisenjahre ist von Zurlinden 2003 zusammenfassend beschrieben worden. Ein kürzlich erschienenes Werk von Halbeisen, Müller und Veyrassat 2012 liefert interessante zusätzliche Informationen.[77] Die nachfolgende Darstellung stützt sich im Wesentlichen auf diese Quellen und die dort aufgeführte Literatur.

Nettosozialprodukt

Bezüglich des Sozialprodukts ist die Datenlage sehr unbefriedigend, da eine nationale Buchhaltung erst seit 1948 existiert. Gemäss vorliegenden Schätzungen stieg das Nettosozialprodukt (deflationiert mit dem Konsumentenpreisindex) bis 1930 noch an, fiel dann jedoch in den Jahren 1931 bis 1932 um insgesamt etwa 5 Prozent. 1933 bis 1934 fand eine vorübergehende Erholung statt, anschliessend erfolgte 1935 bis 1936 ein erneuter Rückgang um insgesamt etwa 2 Prozent. Nach der Schweizer Frankenabwertung von 1936 setzte die Erholung ein. Insgesamt erlebte die Schweiz also einen vergleichsweise späten und milden Rückgang, vor allem im Vergleich zur Erfahrung anderer Länder wie etwa den USA oder Deutschland.

Die Schätzung des realen Nettosozialprodukts unter Verwendung des Konsumentenpreisindexes als Deflator ist aber problematisch und kann zu Verzerrungen führen. Zurlinden 2003 argumentiert indessen, dass die Verwendung eines konventionellen Sozialproduktdeflators insgesamt einen noch etwas geringeren Rückgang des Nettosozialprodukts angezeigt hätte.

ABBILDUNG 10
Nettosozialprodukt der Schweiz, 1929–1938

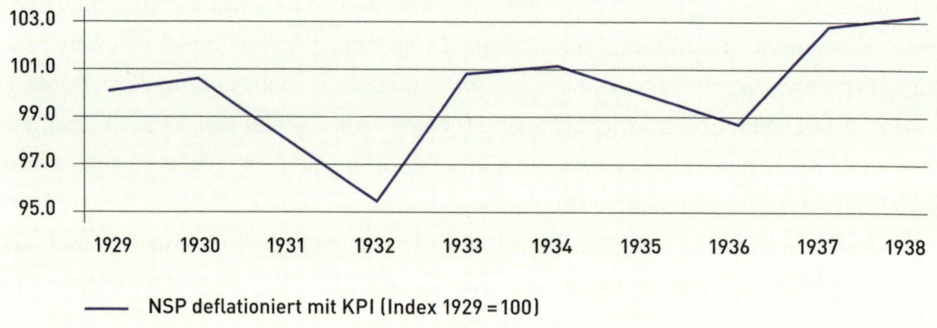

Quelle: Zurlinden 2003, S. 93

77 Vgl. insbesondere den in diesem Werk enthaltenen Beitrag von Halbeisen und Straumann 2012.

Arbeitslosigkeit

Die Zahl der bei den Arbeitsämtern registrierten Arbeitslosen betrug im Jahr 1929 durchschnittlich 8000 Personen. In den folgenden Jahren, mit Ausnahme des Jahres 1934, erfolgte eine stetige Zunahme bis auf 93 000 Personen im Jahr 1936. Der höchste Monatsstand wurde im Januar 1936 mit 124 000 Personen registriert.

Im Verhältnis zur Zahl der Erwerbstätigen ergibt dies eine Arbeitslosenquote von durchschnittlich 0,4 Prozent im Jahr 1929 und 4,8 Prozent im Jahr 1936, mit einer Spitze von 6,4 Prozent im Januar 1936. Ein Vergleich mit den heute gemessenen Arbeitslosenquoten ist aber kaum aussagekräftig, da der Anreiz zur Meldung beim Arbeitsamt in der damaligen Zeit nur gering war: Eine obligatorische Arbeitslosenversicherung existierte ja noch nicht. Die offiziellen Zahlen unterschätzen deshalb mit Gewissheit die effektive Arbeitslosigkeit.

Schätzungen über die Zahl der Arbeitslosen, die bei einer Arbeitslosenkasse versichert waren, relativ zur Gesamtzahl der Mitglieder dieser Kassen, sprechen für deutlich höhere Werte: 14,6 Prozent im Jahresdurchschnitt 1936 mit einer Spitze von 20,9 Prozent im Januar 1936. Aber selbst so muss der Rückgang der Beschäftigung im internationalen Vergleich als verhältnismässig gering bezeichnet werden.

ABBILDUNG 11
Arbeitslosigkeit in der Schweiz, 1928 – 1938

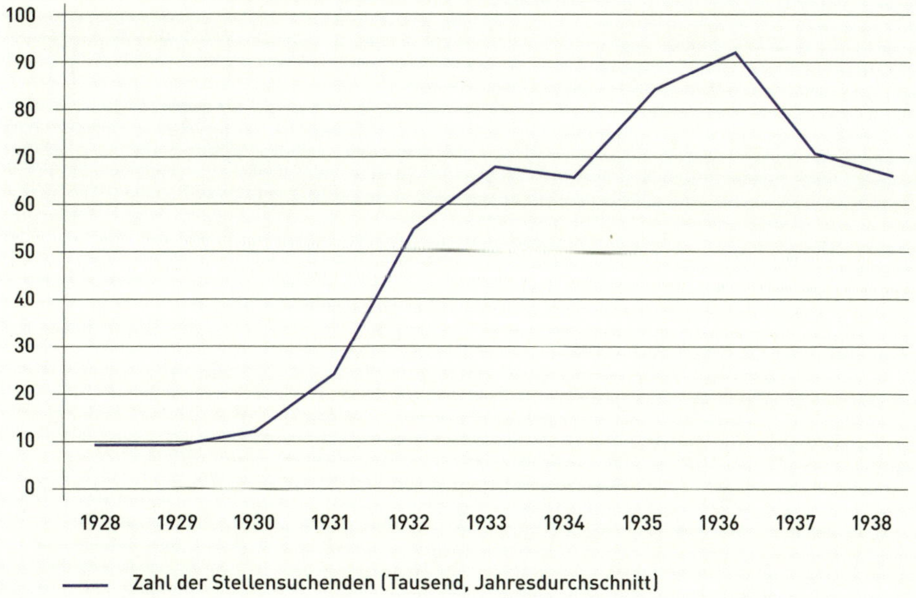

Quelle: Zurlinden 2003, S. 94

Industrieproduktion

Die Industrieproduktion ging von einem Indexwert von 100 im Jahr 1929 zurück auf 79 im Jahr 1932. Anschliessend fand eine leichte Erholung auf 88 im Jahr 1934 statt, dann ein erneuter Rückgang auf 80 im Jahr 1935 und auf 82 im Jahr 1936. Nach der Abwertung trat die Wende ein; der Indexwert stieg auf 103 im Jahr 1937.

Am frühesten und stärksten getroffen wurden die typischen Exportbranchen, insbesondere die Uhren-, Maschinen- und Textilindustrie sowie die Chemie. Inland-orientierte Wirtschaftszweige wie die Zement-, die Bau- und die Nahrungsmittelindustrie verhielten sich weit robuster.

ABBILDUNG 12
Schweizerische Industrieproduktion, 1928–1938

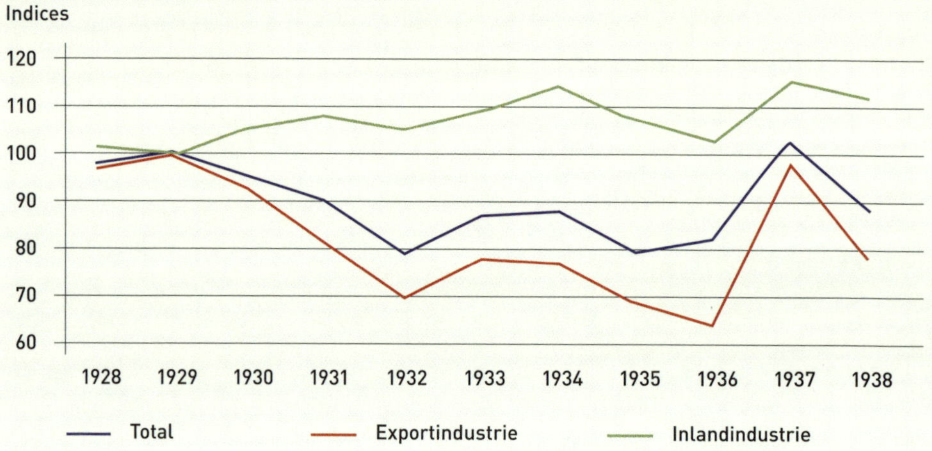

Quelle: Zurlinden 2003, S. 95

Aussenhandel

Die wertmässigen Warenexporte gingen 1929 bis 1932 um rund zwei Drittel zurück. Zum Teil war dies eine Folge des Rückgangs der Weltmarktpreise. Aber auch die in Tonnen gemessenen Exporte fielen um rund 50 Prozent. Der Anteil der Exporte am Nettosozialprodukt sank von 22 Prozent im Jahr 1929 auf 10 Prozent im Jahr 1932.

Bis 1931 trug die schlechte Konjunkturentwicklung in den Abnehmerländern die Hauptverantwortung für den Rückgang der Schweizer Exporte. Ab 1931 waren zusätzlich die Abwertung wichtiger Auslandwährungen sowie der wachsende Protektionismus bedeutende Einflussfaktoren. Es fand ein Übergang von einer multilateralen zu einer bilateralen Handelspolitik statt. Die Importe wurden via Kontingentierung in den Dienst der Exportindustrie gestellt und es entwickelte sich ein staatlich kontrollierter Verrechnungsverkehr gegenüber Ländern mit Devisenbewirtschaftung. Zwischen 1931 und 1937 kam es zum Abschluss von Clearingabkommen mit 12 verschiedenen Staaten. Das Handelsbilanzdefizit blieb aus diesem Grund trotz Abwertung wichtiger Partnerwährungen relativ gering.

ABBILDUNG 13
Aussenhandel der Schweiz (in Mio. Franken), 1928–1938

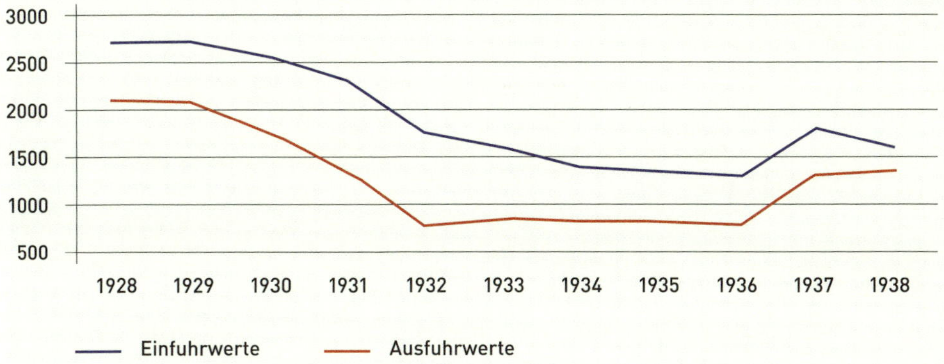

Quelle: Zurlinden 2003, S. 96

Staatshaushalt

Der Anteil der Bundesausgaben am Nettosozialprodukt stieg, die Zunahme war aber moderat (Anstieg von 5,0 Prozent im Jahr 1930 auf 6,7 Prozent im Jahr 1936). Die Haushaltsdefizite blieben dank gleichzeitig steigender Einnahmen bescheiden. Die Haushaltpolitik der Kantone und Gemeinden war defizitär, die Fehlbeträge blieben aber mässig. Die Finanzpolitik war grundsätzlich auf Budgetausgleich ausgerichtet; grosse Konjunkturimpulse wurden nicht angestrebt. Die Erinnerung an die frühen 1920er-Jahre und mit ihr die Befürchtung, dass durch eine zu expansive Politik das Vertrauen in die Währung beschädigt werden könnte, waren nach wie vor wach und verhinderten solche Bestrebungen.

Preise und Löhne

Einen starken Rückgang erfuhren die Preise. Die Grosshandelspreise gingen bis 1931 im In- und Ausland parallel zurück; nach den Abwertungen im Ausland traf dies nicht mehr zu. In der Schweiz betrug der Rückgang von Mitte 1929 bis März 1935 fast 40 Prozent. Nach der Schweizer-Franken-Abwertung im September 1936 kam es zu

ABBILDUNG 14
Staatshaushalt der Schweiz auf Bundesebene (Verwaltungsrechnung), 1929–1938

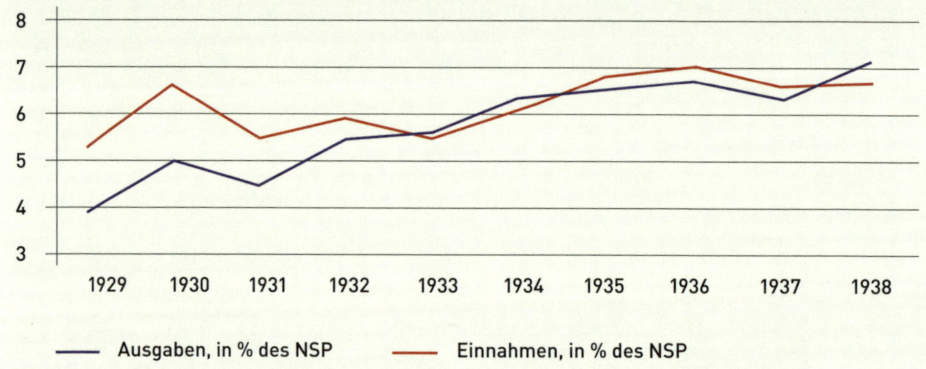

Quelle: Zurlinden 2003, S. 97

einem Wiederanstieg, das Preisniveau verharrte aber nach wie vor deutlich unter dem Stand von 1929. Der Rückgang der Konsumentenpreise setzte etwas später ein und fiel weniger stark aus; von Oktober 1929 bis Mai 1935 gingen sie um 22 Prozent zurück.

Im Gegensatz zu den Güterpreisen gaben die Nominallöhne in den Depressionsjahren nur wenig nach. Bis 1931 stiegen sie sogar noch leicht, nachher erfolgte ein kontinuierlicher Rückgang bis 1936, im Vergleich zu 1929 um insgesamt weniger als 10 Prozent. Die Reallöhne stiegen damit stark, am deutlichsten in den ersten Depressionsjahren. Bestrebungen zu Nominallohnsenkungen stiessen auf starken politischen

ABBILDUNG 15

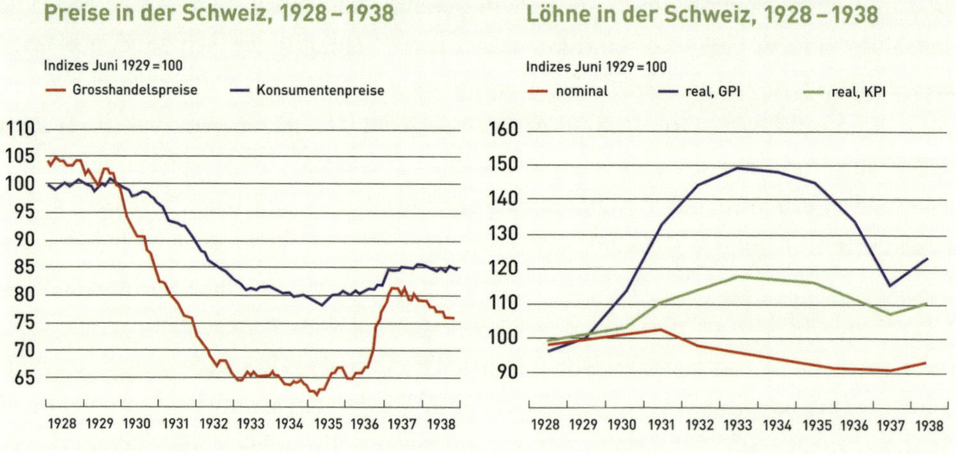

Quelle: Zurlinden 2003, S. 98

Widerstand. Versuche von Regierung und Parlament, die Gehälter und Löhne des Bundes vorübergehend – für die Jahre 1933 und 1934 – um 7,5 Prozent zu senken, scheiterten nach einem Referendum in der Volksabstimmung vom Mai 1933 mit deutlicher Mehrheit der Nein-Stimmen (wurden allerdings fünf Monate später dann doch per Notgesetz durchgesetzt). Die Schweiz teilte die Entwicklung ansteigender Reallöhne mit den anderen Ländern des Goldblocks.

Frankenzinssätze

Zinspolitische Autonomie besass die Nationalbank wegen ihrer an der Verteidigung der Währungsparität orientierten Politik nur in äusserst begrenztem Mass. Zwischen April 1930 und Januar 1931 reduzierte sie den Diskontsatz in drei gleichmässigen Schritten von 3,5 Prozent auf 2 Prozent. Anschliessend blieb der Diskontsatz während mehr als vier Jahren unverändert. Erst im Mai 1935 erfolgte, ausgelöst durch eine Schwäche des Schweizer Frankens, wieder eine Erhöhung auf 2,5 Prozent. Kurz vor der Abwertung im September 1936 reduzierte die SNB den Satz wieder auf 2 Prozent, und nach der Abwertung im November 1936 sogar auf 1,5 Prozent, das niedrigste Niveau seit der Gründung der SNB.

1928/29 und wiederum 1931, als die USA und andere Länder ihren Diskontsatz aus Währungsgründen stark anheben mussten, hatte das Vertrauen der Märkte in den Schweizer Franken der SNB noch erlaubt, sich dieser Politik zu entziehen und ihren Satz unverändert zu lassen. Nach der Freigabe des Wechselkurses durch Grossbritannien und später die USA kehrte sich die Situation allerdings um; jetzt waren die Goldblockländer gezwungen, ihre Politik mit Erhöhungen des Diskontsatzes zu verteidigen.

ABBILDUNG 16
Frankenzinssätze, 1928–1938

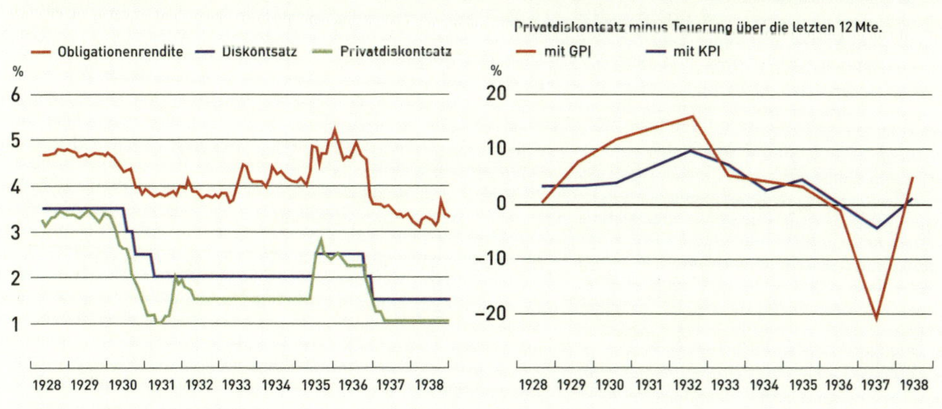

Quelle: Zurlinden 2003, S. 100

Im Vergleich etwa zu Frankreich (das seinen Diskontsatz zeitweise auf bis 6 Prozent hinaufsetzen musste), blieb die Situation für die Schweiz aber vergleichsweise bequem.

Die Obligationenzinsen zeichneten etwa das Bild des Diskontsatzes nach und bewegten sich grob gesprochen zwischen 4 und 5 Prozent. Nach der Abwertung kam es zu einem schlagartigen Rückgang, ungefähr auf das Niveau der britischen Sätze. Die realen Zinssätze dürften angesichts der einsetzenden Deflationserwartungen bis zur Abwertung von 1936 deutlich zugenommen haben.

Wechselkurse

Zwischen 1931 und 1936 trat wegen der Abwertung wichtiger Auslandwährungen eine massive reale Aufwertung des Schweizer Frankens ein («Überbewertung»), vor allem gegenüber dem britischen Pfund und (später) dem US-Dollar. Der Wechselkurs der Reichsmark war von geringerer Bedeutung, da der Verkehr mit Deutschland durch Devisenbewirtschaftung geprägt und der offizielle Kurs somit wenig aussagekräftig war; massgeblich war der Clearingkurs. Der nominelle Wechselkurs des französischen Franc blieb bis 1936 praktisch unverändert; die in Frankreich etwas stärkere Teuerung führte allerdings auch hier zu einer leichten realen Aufwertungstendenz.

Die Politik der Schweiz war grundsätzlich darauf ausgerichtet, die nominale Abwertung der ausländischen Währungen durch eine Deflation (oder eine geringere Inflation) der Preise und Löhne im Inland auszugleichen. Diese Anpassungspolitik blieb aber gesellschaftlich nicht durchsetzbar und deshalb wenig erfolgreich. Trotzdem scheint die schliessliche Abwertung im September 1936 weitgehend überraschend gekommen zu sein: Der Terminabschlag des Schweizer Frankens gegenüber dem briti-

ABBILDUNG 17

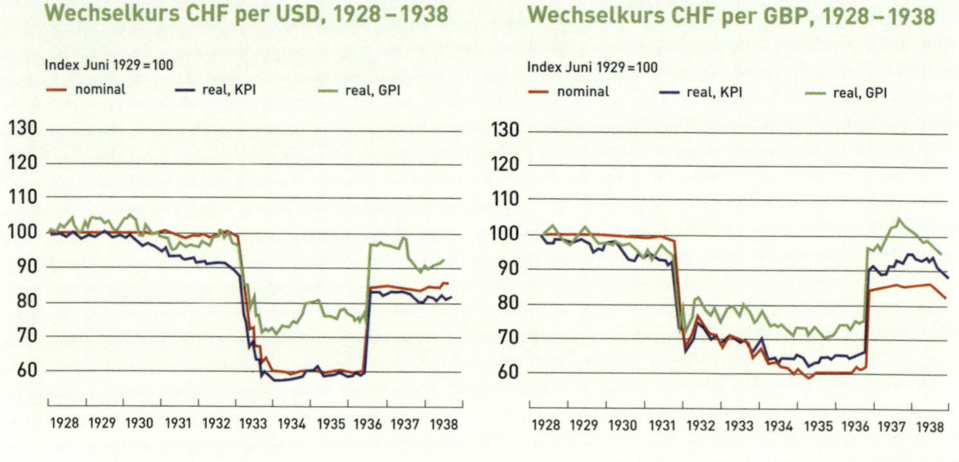

Quelle: Zurlinden 2003, S. 102

schen Pfund blieb auch im Frühjahr und Sommer 1936 bescheiden; eine Abwertung des Schweizer Frankens galt nach diesem Indikator also als relativ unwahrscheinlich.[78] Dazu trugen die immer noch beträchtlichen Goldreserven der Nationalbank wesentlich bei.

Geldmengen

Unter ihrer Politik der Verteidigung der Goldparität gehörten die Geldaggregate – genauso wie die Zinssätze – für die SNB zu den Grössen, die sie nur sehr bedingt autonom kontrollieren konnte. Die Notenbankgeldmenge verdoppelte sich 1931 innerhalb weniger Monate und verblieb anschliessend bis 1933 auf diesem höheren Niveau. Der Anstieg entfiel zu etwa zwei Dritteln auf Giroguthaben bei der SNB und zu einem Drittel auf den Notenumlauf (vor allem auf 500er- und 1000er-Noten). Nach der Aufhebung der Goldkonvertibilität des US-Dollars im Jahr 1933 kam es wieder zu einem Rückgang und zu grösseren Schwankungen, als auch der Schweizer Franken mehrmals in den Sog spekulativer Attacken geriet. Nach der Abwertung von 1936 nahm die Notenbankgeldmenge wieder zu.

Im Gegensatz zu anderen Ländern, insbesondere den USA, bewegten sich die schweizerischen Geldaggregate zwischen 1929 und 1938 bei starken Schwankungen immer über dem Niveau von Ende 1928. Die enger definierte Geldmenge M1 nahm vor allem 1931 stark zu und lag 1932 um mehr als 40 Prozent über dem Stand von 1928. In den folgenden drei Jahren trat wieder ein Rückgang ein, bis 1935 etwa auf das Niveau

ABBILDUNG 18
Geldmenge M1, 1928 – 1938

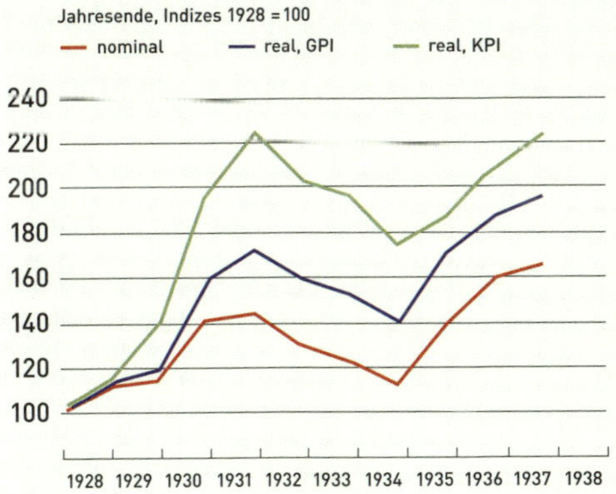

Notenbankgeldmenge, 1928 – 1938

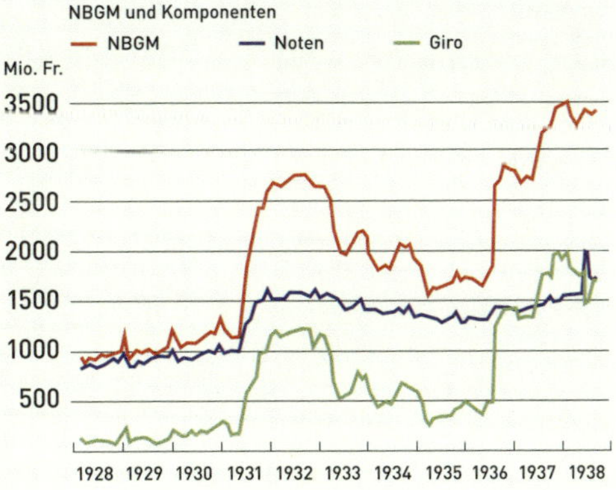

Quelle: Zurlinden 2003, S. 104 f.

78 Zur Entwicklung der Terminkurse siehe Zurlinden 2003, S. 103.

von 1929. 1936 erfolgte wieder eine kräftige Zunahme. Für das breitere Geldaggregat M3 zeigte sich, bei etwas weniger starken Schwankungen, ein ähnliches Muster. Da die Güterpreise gleichzeitig zurückgegangen sind, haben die realen Geldmengen stärker als die Nominalgeldmengen zugenommen. Die hohe reale Geldhaltung lässt sich von der Nachfrageseite her aufgrund der tiefen Zinssätze, der einsetzenden Deflationserwartungen und der allgemeinen Unsicherheit der Zeit verstehen.

Bankensektor

Auch die Schweizer Banken litten wie jene des Auslandes unter der Weltwirtschaftskrise. Verheerende, flächendeckende Bankenkrisen wie in vielen anderen Ländern, etwa in den USA, in Deutschland, Belgien, Mittel- oder Osteuropa, gab es zwar nicht. Es kam zu keinen allgemeinen Zahlungsmoratorien, und die Zahl der Banken schwankte nur geringfügig. Insofern blieb die Situation also vergleichsweise stabil. Gleichwohl kamen verschiedene Institute in grosse Schwierigkeiten, und die Stabilität der Banken und des Finanzsektors beschäftigte Politik und Nationalbank intensiv.

Ursache dieser Schwierigkeiten waren auf der einen Seite Abschreibungen, welche die Banken aufgrund krisenbedingter Kreditausfälle vorzunehmen hatten, noch mehr aber die Blockierung von Guthaben in Deutschland und einigen anderen (mittel- und osteuropäischen) Ländern, denen die Banken ab 1931 ausgesetzt waren. Im Zusammenhang mit der Liquidierung und Rückführung entsprechender Forderungen entstanden massive Verluste. Betroffen davon waren vor allem die stark im Ausland engagierten Grossbanken. Einige Institute mussten in der Folge restrukturiert, reorganisiert oder gar liquidiert werden. Die Schweizerische Volksbank und die Banque d'Escompte Suisse waren dabei auch gezwungen, Staatshilfe zu beanspruchen. Die Banque d'Escompte Suisse musste trotzdem 1934 ihre Geschäftstätigkeit aufgeben; die Volksbank überlebte nur dank einer Kapitalhilfe von 100 Millionen Franken durch den Bund und zwei radikalen Kapitalschnitten.

Als Folge der Bankenkrise und der entstandenen Verletzlichkeit des Finanzsektors lockerte die SNB ab 1931 ihre Grundsätze für den Wechseldiskont. Bundesrat und Direktorium waren sich aber einig, dass die Nationalbank nicht zu stark in Stützungsaktionen für Einzelinstitute hineingezogen werden sollte, da es sich dabei grundsätzlich um eine Staatsaufgabe handle. Vor diesem Hintergrund entstand 1931 die Eidgenössische Darlehenskasse, die als Instrument der Staatshilfe für notleidende Banken Kredite gegen Übernahme nicht realisierbarer Auslandaktiva vergeben und sich ihrerseits bei der SNB refinanzieren konnte. Die Garantiesumme von 100 Millionen Franken wurde zu 75 Prozent vom Bund aufgebracht (die restlichen 25 Prozent von den Banken). Als weitere Reaktion auf die Bankenkrise wurde 1934 ein Bankengesetz verabschiedet, das Vorkehrungen zum Gläubigerschutz traf und Abläufe im Zusammenhang mit Zahlungsschwierigkeiten von Banken (Fälligkeitsaufschub, Nachlassstundung, Konkurs) regelte. Zum Zustand der Schweizer Finanzinstitute und Umgang der Schweiz mit Problembanken in den Krisenjahren der Zwischenkriegszeit existiert eine ausführliche Literatur; vgl. dazu insbesondere Halbeisen 1998, Perrenoud et al. 2002 und Baumann 2004.

DIE DISKUSSION UM DIE ABWERTUNG

Die Grosse Depression begann 1929/30 in den Augen vieler Beobachter als ein (auf eine Börsenkrise folgender) normaler Konjunkturrückschlag, wie ihn das vorausgehende Jahrhundert immer wieder erlebt hatte. Mit zunehmender Dauer des Wirtschaftseinbruchs spitzte sich die Situation jedoch zu. Für die Schweiz war insbesondere das Jahr 1931 kritisch, als das britische Pfund Sterling und weitere Währungen abgewertet wurden. Die Freigabe des Wechselkurses des Dollars im Jahr 1933 erschwerte die Situation weiter. Die Schweizer Währung war damit gegenüber anderen zentralen Währungen klar überbewertet (nicht aber gegenüber gewichtigen Handelspartnern wie Frankreich und Deutschland).

Für die Schweiz stellte sich damit die Frage, ob auch sie den Weg der Abwertung gehen sollte oder ob sie die Anpassung an die neuen weltwirtschaftlichen Bedingungen und die Wiederherstellung der preislichen Wettbewerbsfähigkeit der Schweizer Wirtschaft über eine Deflationspolitik, also über Kosten- und Preissenkungen im Inland, anstreben sollte. Die Schweiz hat in dieser Situation versucht, den zweiten Weg zu gehen. Für diesen währungspolitischen Grundentscheid war formell die Regierung zuständig, nicht die Nationalbank. Die Nationalbank stützte aber diese Position klar und prägte sie lange Zeit entscheidend mit.

Die Option der Abwertung stand lange für Bundesrat und Nationalbank nicht ernsthaft zur Diskussion. Zum einen argumentierte man, dass eine Abwertung im Falle der stark importabhängigen Schweiz bloss zu einer erhöhten Inflation führen und somit real wenig bewirken würde. Zum andern wurde die Abwertung als ein Verstoss gegen Treu und Glauben gesehen. Das Gold und die Verpflichtung auf die bestehende Goldparität erschienen als Anker der Stabilität, auf den man in einer extrem turbulent gewordenen Welt nicht mutwillig verzichten sollte. Die Aufhebung der Konvertibilität durch Grossbritannien wurde 1931 noch als eine vorübergehende und bedauerliche Massnahme gesehen, die über kurz oder lang wieder rückgängig gemacht würde. Eine nicht zu unterschätzende Rolle spielten bei der Haltung der Währungsbehörden auch die hohen Goldreserven, die der Nationalbank zur Verteidigung der alten Parität zur Verfügung standen und eine solche als realistisch erscheinen liessen.

Es sollte sich allerdings zeigen, dass die Deflationspolitik viel beschwerlicher war als gedacht und letztlich scheiterte. Zwar gelang es der SNB alles in allem bis zuletzt ganz gut, die Goldparität des Schweizer Frankens zu verteidigen. Der Rückgang der

Preise erfolgte jedoch über die Jahre (im Vergleich zur Entwicklung der Wechselkurse) nur langsam, und jener der nominalen Löhne blieb schwach. Deflationsmassnahmen stiessen auf grossen politischen Widerstand und wurden von den Gewerkschaften und anderen Interessengruppen erbittert bekämpft. Der reale Schweizer Frankenkurs und die Reallöhne verharrten damit auf hohem Niveau, und der Wirtschaftseinbruch verlängerte sich weiter.

Für das lange Verharren der Schweiz auf der alten Goldparität wurden gelegentlich auch die Interessen des Finanzplatzes an einem stabilen und starken Schweizer Franken oder andere spezifische Interessen und Struktureigenschaften der Schweizer Wirtschaft verantwortlich gemacht. Die starke, positive Reaktion der gesamten Volkswirtschaft einschliesslich des Finanzsektors auf die Abwertung vom Herbst 1936 lässt allerdings dieses Argument als nicht besonders überzeugend erscheinen. Es war wohl in erster Linie vielmehr die Idee des Goldstandards an sich, die Vorstellung des bewährten und traditionsreichen Währungssystems, die in den Köpfen stark verankert war und ihre Überzeugungskraft lange bewahren konnte.[79]

Es ist bemerkenswert, dass gerade auch die Vertreter der wichtigen Exportindustrien (Pharma-/Chemie-, Maschinenindustrie) sowie der einflussreiche Unternehmerverband, der «Vorort», die offizielle Politik voll unterstützten und klar gegen eine Abwertung Stellung bezogen.[80] Ein häufiges Argument war, dass die Produkte der schweizerischen Exportwirtschaft nicht sehr preiselastisch seien und eine Abwertung

79 Die grosse Kraft, welche der Goldstandard als Leitidee lange Zeit zu erhalten vermochte, wird in der detaillierten und sorgfältigen Studie von Allgoewer 2003 zur «Goldstandardmentalität» in der Schweiz der 1930er-Jahre ausführlich dokumentiert. Auch Straumann (2010, S. 129 ff.) stützt diese Sicht. Vgl. zu dieser Frage auch Tanner 2000, der den Einfluss eines «Mythos Gotthardstaat» ins Zentrum stellt und eine wachsende Tendenz der Schweiz betont, nationale Sonderwege abseits internationaler Verständigung einzuschlagen. Dies mag die Entwicklung gewisser Politikbereiche zutreffend beschreiben. Als Erklärung der schweizerischen Währungspolitik der 1930er-Jahre jedoch ist dieser Ansatz nicht überzeugend. Im Gegenteil: Der internationale Goldstandard, dessen Regeln die Schweiz zusammen mit Frankreich und den anderen Goldblockländern bis zum bitteren Ende zu wahren versuchte, ist das Musterbeispiel eines wahrhaft globalen Standards. Währungspolitisch gehörte die Schweiz damals zu den letzten Mohikanern einer untergehenden Welt der kompromisslosen Orientierung an einem Regelwerk internationaler Prinzipien und Verpflichtungen. Länder wie Grossbritannien oder die USA hingegen, die früh und unilateral abgewertet hatten oder die, wie Deutschland, zu Devisen- und Kapitalverkehrskontrollen Zugriff genommen hatten, haben diesen globalen Standard zugunsten einer Politik unabhängiger nationaler Ziele verlassen.

80 Gemäss Bosshardt 1961 (S. 117 ff.) bildete allerdings eine Gruppe ostschweizerischer Industrieller eine «währungspolitische Avantgarde», die in dieser Frage abweichender Meinung war. Die Veröffentlichung seines Referats vor einer vertraulichen Versammlung dieser Gruppe am 8. Juni 1936 in St. Gallen war gemäss Bosshardt wegen fehlender Zustimmung von Bundesrat und SNB damals nicht möglich und erfolgte erst 1961 (S. 120 ff.).

in erster Linie zu höheren Kosten für Importgüter und höheren Lohnforderungen führen würde. Eine Rolle spielte auch, dass der Handelsverkehr mit Deutschland und den Ländern Mitteleuropas durch bilaterale Clearingabkommen und künstlich festgesetzte Wechselkurse geprägt war, also von einer Abwertung des Schweizer Frankens relativ zum Gold kaum beeinflusst worden wäre. Befürworter einer Abwertung und «manipulierten Währung» blieben unter den Vertretern der Wirtschaft Ausnahmefälle.[81]

Im Lauf der Jahre wurde die politische Debatte um Währungsregime und Abwertung aber sehr intensiv. Sie fand einen Höhepunkt in der sogenannten Kriseninitiative, die im Juni 1935 vom Stimmvolk abgelehnt wurde. Es handelte sich dabei um eine von der politischen Linken lancierte Volksinitiative zugunsten eines staatlichen Beschäftigungsprogramms, die gemäss den Befürchtungen der Gegner das Vertrauen in die Stabilität der Währung und die Fähigkeit zur Verteidigung der Goldparität untergraben hätte. Wirtschaftswissenschaftler wie Eugen Böhler von der ETH Zürich und Paul Keller von der Hochschule St. Gallen argumentierten für eine Kreditexpansion zur Stützung von Volkswirtschaft und Beschäftigung und verwiesen auf die positiven makroökonomischen Erfahrungen anderer Länder mit einer Abwertung ihrer Währungen, allerdings ohne direkt einen solchen Schritt auch für die Schweiz zu empfehlen (Böhler und Keller 1935). Auch die politische Linke schreckte, jedenfalls bis zur Ablehnung der Kriseninitiative, vor der Forderung nach einer Abwertung zurück.

Danach mehrten sich die Stimmen, die eine Abwertung als wirkliche Option betrachteten. Beispiele dafür waren Edmund Schulthess (nach seinem Ausscheiden aus dem Bundesrat im Frühjahr 1935) und Paul Rossy (nach seinem Ausscheiden aus der SNB im Oktober 1935, wo er zuvor als stellvertretender Vorsteher des II. Departements gewirkt hatte). Auch innerhalb der Nationalbank wurden, zumindest in der internen Diskussion, vermehrt Zweifel am aktuellen Kurs laut – insbesondere an der Bereitschaft des Bundesrates, den Deflationskurs mit der nötigen Entschiedenheit durchzuhalten. Das Direktorium war dabei in seinen Meinungen geteilt. Der Präsident, Gottlieb Bachmann, blieb konsequent und bis zuletzt gegen eine Abwertung des Schweizer Frankens eingestellt. Der Vizepräsident, Charles Schnyder von Wartensee, förderte interne Diskussionen um einen Abwertungskurs. Im Falle einer Neufestsetzung des französischen Franc wollte er dem Entscheid Frankreichs folgen und den Schweizer Franken im gleichen Ausmass abwerten. Ernst Weber, der Vorsteher des III. Departements, befürwortete sogar unabhängig vom Vorgehen Frankreichs eine Abwertung um 40 Prozent (Bordo und James 2007, S. 72 f.).

81 Vgl. zu diesem Fragenkomplex Halbeisen 2005 sowie Bordo und James 2007, S. 56 f.

«EIN FRANKEN BLEIBT EIN FRANKEN»

Der Kurswechsel kam dann tatsächlich mit der Abwertung des französischen Franc. Einen Tag nach diesem Schritt Frankreichs, am 26. September 1936, fiel der schweizerische Abwertungsentscheid. Der Bundesrat beschloss eine Abwertung des Frankens gegenüber dem Gold um rund 30 Prozent. Zugleich erklärte er den Zwangskurs für den Schweizer Franken, d.h. er hob die Verpflichtung der Nationalbank auf, ihre Banknoten in Gold oder Golddevisen einzulösen. Am Tag danach wandte sich der Bundespräsident, Albert Meyer – der selber im Bundesrat gegen die Abwertung votiert hatte –, am Radio an die Öffentlichkeit und verkündete den Beschluss. Mit dem berühmten Satz «Ein Franken bleibt ein Franken» sollte das Vertrauen in den Wert des Geldes gestärkt werden.[82]

Die französische Abwertung hätte bei unveränderter Politik der Schweiz zu einer weiteren realen Aufwertung und damit einer weiteren Verschlechterung der Wettbewerbsposition der Schweiz geführt. Auch das Risiko spekulativer Angriffe auf den Schweizer Franken wäre zweifellos gross geworden. Zwar fühlten sich Bundesrat und Nationalbank nach wie vor dem Goldstandard und der Verteidigung der gesetzlichen Goldparität verbunden. Die Abwertung bedeutete in ihrer Sicht die Verletzung einer gesetzlichen Verpflichtung; sie wurde denn auch nicht aus innerer Überzeugung vorgenommen, sondern aufgrund externer Entwicklungen, auf die man keinen Einfluss hatte. Man sah die Ausweglosigkeit der Situation ein und betrachtete es als zweckmässiger, die – zwar nach wie vor beträchtlichen – Goldreserven der Nationalbank nicht für einen Kampf aufs Spiel zu setzen, der vermutlich doch nicht zu gewinnen war. Auch liess es sich schlecht leugnen, dass die bisherige Deflationspolitik nicht zum erwünschten Erfolg geführt hatte. Eine gewisse Rolle spielten auch Hoffnungen auf eine Erneuerung der internationalen Kooperation in der Währungspolitik in Form eines Dreimächte-Abkommens zwischen den USA, Grossbritannien und Frankreich – Hoffnungen, die sich allerdings als vergeblich erweisen sollten.

Die Abwertung stellte einen dramatischen, für die weitere Entwicklung der schweizerischen Volkswirtschaft äusserst bedeutsamen Einschnitt dar. Sie bedeutete aber nicht eine Änderung der Geld- und Währungsordnung des Landes an sich. Die Goldparität – auf neuem Niveau – und die Golddeckung der Währung blieben weiterhin zentrale Elemente des Währungssystems und galten als Schlüssel zur Währungs-

82 Hier zitiert in der üblicherweise übermittelten Form, vgl. etwa Roth (2007, S. 44). Der volle Text der legendären Radioansprache ist in Cattani (1992, S. 243 ff.) wiedergegeben. Der genaue Wortlaut der zitierten Passage war: «Im Übrigen möge sich die Bevölkerung bewusst sein, dass eine direkte Wertveränderung des Geldes im Inland nicht eintritt. Der Franken bleibt wie bisher ein Franken. Für Gläubiger wie Schuldner bleibt das bisherige Verhältnis. Die Einlagen der Sparer bleiben überall unbehelligt und ungekürzt.»

stabilität. Auch das Verhältnis der Zentralbank zur Regierung und das geldpolitische Instrumentarium der Notenbank blieben unverändert bestehen. Insofern war der Schritt weniger einschneidend und grundlegend als es, mehr als drei Jahrzehnte später, der Übergang zu flexiblen Wechselkursen nach dem Zusammenbruch des Festkurssystems von Bretton Woods zu Beginn der 1970er-Jahre sein sollte (Roth 2007, S. 44 f.).

Im Vergleich zum 19. Jahrhundert zeigte sich allerdings eine deutliche Verschiebung der Akzente. Damals stand die Übernahme von Standards wichtiger Nachbarländer im Vordergrund, aus der sich im Besonderen eine feste Anbindung an den französischen Franc ergeben hatte. Jetzt herrschte hingegen die Ansicht vor, dass Stabilität einen Wert «an sich» besitze und dass sie sich am ehesten durch eine enge Bindung des Frankens an das Gold erreichen lasse, selbst wenn das einen Verzicht auf feste Wechselkurse bedeute. Als sich Frankreich im Juli 1937 erneut zu einer Abwertung gezwungen sah, folgte die SNB nicht und argumentierte, dass im Moment ein Floating gegenüber anderen Währungen vorzuziehen sei (Bordo und James 2007, S. 76).

Die Abwertung wurde von der Wirtschaft und der Öffentlichkeit positiv aufgenommen. Insbesondere die Vertreter des Finanzplatzes begrüssten sie.

Die mit der Frankenabwertung einhergehende Höherbewertung der Goldreserven führte zu einem Buchgewinn von 538 Millionen Schweizer Franken. Diese Mittel wurden zunächst in einen von der SNB verwalteten Währungsausgleichsfonds für Devisenmarktinterventionen eingebracht. Als der Krieg zu grossen Ausgaben führte, wurden 1940 aber 475 Millionen Schweizer Franken aus diesem Fonds an Bund und Kantone ausgeschüttet. Es kam dann 1940 zu einer nochmaligen Aufwertung der Goldreserven um 100,9 Millionen Schweizer Franken. 100 Millionen Schweizer Franken aus diesem Fonds wurden nach dem Krieg für die schweizerische Zahlung an die USA im Rahmen des Washingtoner Abkommens verwendet.

DER FREIWIRTSCHAFTSBUND

Entschieden für eine Abwertung traten während der ganzen Depressionszeit die Vertreter der Freiwirtschaftslehre ein, die ja schon in den vorausgehenden Jahrzehnten konsequent gegen die Goldwährung und für eine «manipulierte Währung», die auf die interne Stabilisierung der Kaufkraft des Geldes ausgerichtet sein sollte, Stellung genommen hatten. Sie orientierten sich an den Lehren von Silvio Gesell 1916 und an einer «Indexwährung», wie sie von Irving Fisher 1934 diskutiert worden war.

Politisch blieben die Freiwirtschaftler immer Aussenseiter. Sie wurden nicht wirklich ernst genommen, auch wenn sie in Bezug auf die Fragen von Abwertung und Währungssystem aus heutiger Sicht auf der richtigen Seite standen. Dies hat nicht zuletzt damit zu tun, dass sie gleichzeitig auch extreme Positionen vertraten wie die Abschaffung des Privateigentums an Grund und Boden, die Abschaffung des Zinses oder die Idee des sogenannten «Schwund- oder Stempelgeldes» (eine Belastung der Geldhaltung mit einer «Nutzungs- bzw. Umlaufssicherungsgebühr» zwecks Verhinderung der Geldhortung). Im Auftritt wurden sie als «doktrinär» und «sektiererisch» empfunden.[83] Das ändert allerdings nicht, dass sie in der Abwertungsfrage den besseren wirtschaftspolitischen Instinkt besassen als die Vertreter der offiziellen Politik.[84]

Die Vertreter der Freiwirtschaftslehre wollten im Prinzip eine auf die Bewahrung der Preisstabilität ausgerichtete, vom Gold oder einem anderen Metall unabhängige Währung. Sie richteten ihr Augenmerk stark auf das Problem der Geldhortung, also einer schwankenden Geldnachfrage oder Umlaufsgeschwindigkeit, das in den 1930er-Jahren ja tatsächlich ein sehr akutes Problem war und auch bei Keynes zu dieser Zeit häufig im Mittelpunkt stand. Ihre Antwort auf dieses Problem war das Schwund- oder Stempelgeld. Dieser – eigentlich «technische», sekundäre Aspekt – wurde schliesslich sozusagen zu ihrem Markenzeichen. Im Grunde wäre aber wohl auch die «moderne» Antwort auf diese Problematik – eine adäquate Anpassung des Geldumlaufs an die Schwankungen der Geldnachfrage – durchaus in ihrem Sinn gewesen.

Die Freiwirtschaftler wurden in den 1930er-Jahren nicht müde, den «Abbruch des Gold-Experimentes» und die sofortige Abwertung zu fordern, um dann zur stabilen «Index-Währung» bei flexiblen Wechselkursen überzugehen. 1932 veröffentlichten sie ein «freiwirtschaftliches Manifest», das die Loslösung der Währung vom Gold forderte und die «Herabwürdigung von Grund und Boden zum Spekulationsobjekt» verhindern wollte. Im Juni 1933 sandte der Schweizer Freiwirtschaftsbund ein Telegramm folgenden Wortlauts an den Währungsausschuss der damals stattfindenden Weltwirtschaftskonferenz in London:

> «*Der Schweizer Freiwirtschaftsbund und mit ihm weite Teile des Schweizervolkes erwarten von der Goldwährung nur eine Fortsetzung der Wirtschaftsdepression. Sie fordern daher mit Nachdruck, dass diese für unser Land wie für die Weltwirtschaft verhängnisvolle Währungspolitik aufgegeben wird. Sie verlangen den Übergang zur Indexwährung und bitten die Weltwirtschaftskonferenz, für den zukünftigen Aufbau der Wirtschaft die Indexwährung in ernsthafte Erwägung zu ziehen.*» (Zitiert nach Hoffmann 1982, S. 71)[85]

83 Sie mögen aus diesem Grund die politische Debatte sogar kontraproduktiv beeinflusst haben (Allgoewer 2003, S. 17, 158 ff.).

84 Zu Freiwirtschaftslehre und Schweizer Freiwirtschaftsbund siehe z. B. Schmid 1948/69, Hoffmann 1982 sowie Schärrer 1983.

85 Dieses Buch, von einem späteren Sympathisanten der Freiwirtschaftslehre 1982 unter dem Titel *75 Jahre Schweizerische Nationalbank. Der «heilige Krieg» im Kampf für goldfeste Wechselkurse gegen den «heiligen Krieg» für indexfestes Preisniveau* veröffentlicht – eine Sammlung von Zitaten, Argumenten und Kommentaren aus Freiwirtschaftsperspektive –, vermag einen Eindruck vom Eifer zu schaffen, der die Freiwirtschaftler in ihren Bestrebungen beseelte.

Im Dezember 1934 lud der freiwirtschaftliche Ständerat Hans Konrad Sonderegger in einem Postulat den Bundesrat «einmal mehr» ein, von der Goldwährung abzurücken, um eine Politik des stabilen Preisniveaus verfolgen zu können (Hoffmann 1982, S. 72). Die Abwertung von 1936 wurde von den Freiwirtschaftlern natürlich begrüsst. Allerdings war das Problem als solches für sie damit nicht gelöst, weil damit ja keine definitive Abkehr vom Goldstandard verbunden war und lediglich eine neue Goldparität festgelegt wurde.

GOLDHAMSTER

Der missionarische Charakter, der die Aktivitäten des Freiwirtschaftsbundes auszeichnete, wird durch das Telegramm illustriert, das sein Geschäftsführer, Fritz Schwarz, am 1. Oktober 1936, fünf Tage nach dem Abwertungsbeschluss, an den Bundespräsidenten sandte:

> *«Der Schweizer Freiwirtschaftsbund protestiert mit aller Schärfe gegen die unverantwortliche Begünstigung der Goldhamster seitens der Nationalbank durch den Rückkauf des bisher gehamsterten Goldes zu erhöhtem Kurs gegen Bargeld, weil dadurch eine Inflation entfesselt und die Hamsterung der Waren durch die bisherigen Goldhamster geradezu provoziert wird. Wir verlangen die Sperrung des Goldschatzes, die Anmeldepflicht für das Gold und die Übergabe des Goldes an die Nationalbank gegen Wehranleihe. Wir warnen eindringlich vor der heutigen Goldpolitik. Sie führt zu Preistreibereien und begünstigt die Spekulation. [...] Endlich warnen wir noch vor einem weiteren beabsichtigten Schritt der Nationalbank und des Bundesrates, der für die Schweiz in der heutigen Lage furchtbare Folgen haben würde: der Festlegung eines neuen Wechselkurses auf das Gold. [...] So wie die Goldpolitik der Nationalbank heute geführt wird, ist sie eine Landesgefahr, wie sie es immer gewesen ist.»* (Zitiert nach Hoffmann 1982, S. 76 f.)

BEURTEILUNG DER GELD- UND WÄHRUNGSPOLITIK IN DER GROSSEN DEPRESSION AUS MODERNER SICHT

Aus späterer Sicht ist man praktisch einhellig zum Urteil gekommen, dass das lange Festhalten der Schweiz an der alten Goldparität und die dadurch entstandene Realaufwertung der Schweizer Währung als bedeutender wirtschaftspolitischer Fehler einzustufen ist. Angesichts des internationalen Umfelds wäre eine Abwertung zu einem früheren Zeitpunkt praktisch mit Sicherheit von Vorteil gewesen und hätte es der Schweiz erlaubt, mit geringeren Verlusten durch die Krisenjahre zu kommen.

So sprach Ritzmann in den 1970er-Jahren von einer

> «*bedauerlichen Verwirrung der währungspolitischen Zielsetzungen*» und fügte hinzu: «*Man darf es freilich den Geldpolitikern jener Zeit nicht verargen, dass sie dem inländischen Preisniveau zu wenig Aufmerksamkeit schenkten; denn die Stabilisierung der Kaufkraft wurde erst später und offiziell erst heute als Ziel der Währungspolitik erkannt. Unter dem damaligen Gesichtspunkt war es vielmehr vornehmste Aufgabe einer Zentralbank, den Aussenwert der Währung – den Wechselkurs – zu stabilisieren. Mag dieses Ziel vernünftig sein oder nicht, es wurde jedenfalls in den entscheidenden Jahren der Depression vernachlässigt. Die ab 1931 von Grossbritannien ausgehende Abwertungswelle der führenden Währungen brachte dem Schweizerfranken eine indirekte Aufwertung; d.h. der Aussenwert unserer Währung war gestiegen und hätte auch nach damaliger Zielsetzung durch schleunige Anpassung der Parität bereinigt werden sollen. Die einseitige Konzentration auf die Verteidigung eines gesetzlich fixierten, aber wirtschaftlich völlig irrelevanten Goldgehaltes des Frankens verschob die notwendige Korrektur um Jahre und zwang die Notenbank gar, im Tiefpunkt der Depression – im Mai 1935 – den Diskontsatz zu erhöhen. Man hatte das Mittel (Goldwährung) mit dem Ziel (feste Wechselkurse) vertauscht und damit die Last der Depression in überflüssiger Weise verschärft.*» (Ritzmann 1973, S. 100)

Dazu ist einschränkend einzig zu bemerken, dass die SNB in den 1930er-Jahren wirklich die Verteidigung der Goldparität als solche, und nicht primär jene des Wechselkurses, als ihre überragende Zielsetzung betrachtete. Darin äusserte sich die starke ideelle Verbundenheit mit der Tradition des Goldstandards, zu der es im Verlaufe der vorausgehenden Jahrzehnte gekommen war. In der Sache aber hat Ritzmann aus heutiger Sicht natürlich vollkommen recht.

Ritzmann fährt weiter fort:

> «*Wie leicht man in der Schweiz der Deflation mit rein monetären Mitteln hätte Herr werden können, geht aus der zeitlichen Verschiebung gegenüber der internationalen Depression hervor. Trotz des starken Exportrückgangs blieb die schweizerische Konjunktur bis 1934 weitgehend immun gegen den wirtschaftlichen Zusammenbruch ihrer Umwelt. Die Binnenkonjunktur wurde durch einen kräftigen Kapitalimport alimentiert, der trotz passiver Ertragsbilanz die Währungsreserven der Nationalbank von knapp 1 Milliarde Franken im Jahresdurchschnitt 1930 auf über 2,6 Milliarden Franken im Jahresdurchschnitt 1932 ansteigen liess. Nach der Abwertung des englischen Pfunds kam dieser Kapitalimport zum Stillstand, und nach der Dollarabwertung im Frühjahr 1934 setzte eine vehemente Gegenbewegung ein, die mit der Abwertung des Schweizerfrankens am 27. September 1936*

> *ohne weiteres gestoppt wurde. Inzwischen aber waren der Nationalbank wieder über 1 Milliarde Franken an Währungsreserven entzogen worden, und die Geldversorgung war von Ende 1932 bis Ende 1935 von 4,2 auf 3,3 Milliarden Franken, d. h. um mehr als 20 Prozent zusammengeschrumpft* [...] *bei gleichzeitiger Erhöhung der Geldnachfrage zu Hortungszwecken. Zu einer Zeit, da die Depression im Ausland schon weitgehend überwunden war, setzte sie bei uns erst richtig ein. Sie begann mit der relativen Überhöhung unseres Wechselkurses gegenüber den führenden Währungen und hörte mit der Abwertung wieder auf.»* (Ritzmann 1973, S. 100 f.)

Diese Sicht mag etwas vereinfacht und im Einzelnen nicht in jeder Hinsicht schlüssig sein. Aber sie wird in der Tendenz von anderen, neueren Untersuchungen gestützt, insbesondere jener von Bordo und James 2007. Diese Autoren simulieren anhand eines einfachen Makromodells einer kleinen offenen Volkswirtschaft,[86] wie sich die schweizerische Volkswirtschaft unter alternativen währungspolitischen Verhaltensweisen entwickelt hätte. Zwei «kontrafaktische» Szenarien werden dabei berücksichtigt. Im Sterling-Szenario wird angenommen, die SNB hätte 1931 nach der Aufgabe des Goldstandards durch Grossbritannien den Schweizer Franken ebenfalls überraschend vom Gold gelöst und den Wechselkurs des Schweizer Frankens zum britischen Pfund bis 1938 auf dem durchschnittlichen Niveau von 1931 gehalten. Im US-Dollar-Szenario wird umgekehrt unterstellt, die SNB hätte nach der Aufgabe des Goldstandards durch die USA 1933 den Schweizer Franken an den US-Dollar angebunden und den Wechselkurs zum US-Dollar bis 1938 auf dem durchschnittlichen Niveau von 1932 gehalten. Die Wechselkurse zu anderen Währungen ergeben sich jeweils indirekt aus den Kreuzparitäten. Für beide Fälle wird unterstellt, dass die Änderung in der Währungspolitik für die Marktteilnehmer eine Überraschung darstellte und von diesen als glaubwürdig und dauerhaft akzeptiert wurde.

Beide Abwertungsszenarien weisen klar darauf hin, dass eine frühere Abwertung des Schweizer Frankens das Land rascher aus der Rezession herausgeführt hätte, die Produktion im Vergleich zur effektiven Entwicklung gefördert und die Wende von der Deflation zur Inflation rascher herbeigeführt hätte. Eine Bindung an das britische Pfund hätte die Rezession gemildert und eine Bindung an den US-Dollar in dem Sinne prozyklisch gewirkt, dass sie den Aufschwung infolge der konjunkturellen Trendwende in Amerika im Jahr 1933 verstärkt hätte (Bordo und James 2007, S. 63 ff. und 102 ff.).

Eine frühere Abwertung hätte wahrscheinlich die beträchtlichen Devisen- und Kapitalzuflüsse gedämpft, welche die Schweiz nach 1931 verzeichnete. Geht man von

86 Es handelt sich um eine adaptierte Version von McCallum und Nelson 2001.

einem Verzicht auf sterilisierte Devisenmarktinterventionen seitens der SNB aus, hätte dies die direkten Vorteile der früheren Abwertung über eine Beschränkung des Geldmengenzuwachses und eine Zinserhöhung teilweise wieder zunichte gemacht. Robustheitstests zeigen aber gemäss Bordo und James, dass der positive Abwertungseffekt auch bei Berücksichtigung dieser Zusammenhänge Bestand gehabt hätte, wenn auch in gemilderter Form. Nur unter extrem ungünstigen Annahmekonstellationen bezüglich Preiselastizität der Exportnachfrage und Rückwirkung auf die Kapitalzuflüsse wäre er ganz verschwunden oder hätte sich sogar in sein Gegenteil verkehrt.

Es gibt auch kaum Hinweise darauf, dass eine frühere Abwertung für das schweizerische Bankensystem nachteilig gewesen wäre. Alles in allem spricht also alles dafür, dass die Schweiz besser früher abgewertet hätte.

7 DER ZWEITE WELTKRIEG UND DIE ENTSTEHUNG EINES NEUEN WELTWÄHRUNGSSYSTEMS

1

Reserveserie von Hans Erni und Victor Surbek

Aus Sicherheitsüberlegungen beschloss die Nationalbank nach Kriegsausbruch, eine Reserveserie zu schaffen, die in der Schweiz gedruckt werden sollte. Sie sollte die in London gedruckten Noten von Burnand und Hodler im Falle von Lieferungsschwierigkeiten oder von Fälschungen im grossen Stil ersetzen. Die Gestaltung der 1000-, 500- und 50-Frankennoten wurde dem Kunstmaler Hans Erni übertragen. Das Motiv auf der Rückseite der 500-Frankennote zeigt einen Chemielaboranten. Es war äusserst komplex und darum auch sehr schwierig zu stechen. Die Noten Ernis kamen nie in Umlauf. Ob dafür die Intervention eines Nationalrats beim Bundesrat verantwortlich war, der kritisierte, dass Erni als Mitglied der Partei der Arbeit einen Bundesauftrag erhielt, lässt sich heute nicht mehr klären. Eine Rolle spielte auf jeden Fall auch die Konkurrenz der Noten von Pierre Gauchat, die ursprünglich ebenfalls als Reservenoten konzipiert waren, schliesslich aber in Umlauf kamen.

Für die 100-Frankennote war der Entwurf des Malers Victor Surbek vorgesehen, der bereits 1938 als Ersatz für die 1918 ausgegebene 100-Frankennote geplant worden war. Das Konzept der Reservenoten wurde bis in die 1980er-Jahre beibehalten. Erst bei der Serie, die ab 1995 in Umlauf kam, wurde stattdessen das Sicherheitssystem laufend weiterentwickelt.

B+F

2

A+E

3

500
SCHWEIZERISCHE NATIONALBANK
BANQUE NATIONALE SUISSE
BANCA NAZIONALE SVIZZERA
SERIE 4M
500
012352
FÜNFHUNDERT FRANKEN
CINQ CENTS FRANCS
CINQUE CENTO FRANCHI
BERN UND ZÜRICH 1. AUGUST 1949
012352
DER PRÄSIDENT DES BANKRATES
SERIE 4M
DER HAUPTKASSIER
EIN MITGLIED DES DIREKTORIUMS
500
500
ART. INSTITUT ORELL

4

SCHWEIZERISCHE NATIONALBANK
500
BANCA NAZIONALE SVIZZERA
SVIZZERA
BANQUE NATIONALE SUISSE
500
ART. INSTITUT ORELL FÜSSLI AG ZÜRICH

5

7

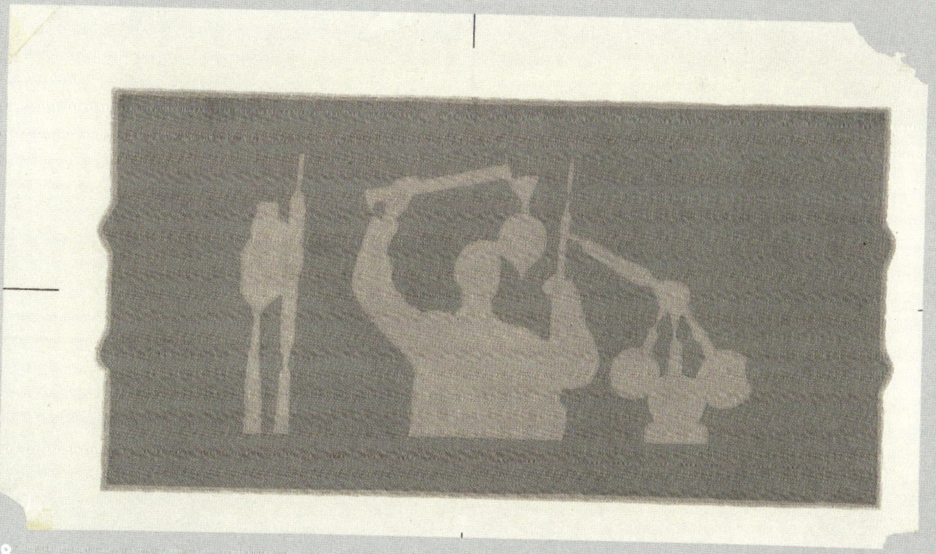

8

9

10

1 Guilloche der Vorderseite der 500-Frankenbanknote «Chemie» von Hans Erni, 1940er-Jahre, Reservenote

2, 3 Schema für die Farbgebung der 500-Frankenbanknote «Chemie» von Hans Erni, 1940er-Jahre, Reservenote

4, 5 Probedruck der Vorder- und Rückseite der 500-Frankenbanknote «Chemie» von Hans Erni, um 1948, Reservenote

6 Skizze des Motivs «Chemie» von Hans Erni, 1940er-Jahre

7 Entwurf des Motivs «Chemie» von Hans Erni, Tusche auf Karton, 1940er-Jahre

8 Ausgesparte Silhouette des Chemikers, Vordruckstufe der 500-Frankenbanknote «Chemie» von Hans Erni, 1940er-Jahre

9, 10 Vorder- und Rückseite der 100-Frankenbanknote «Haslitalerin» von Victor Surbek, 1940er-Jahre, Reservenote

Auf die düsteren Jahre der wirtschaftlichen Depression sollte mit dem Ausbruch des Zweiten Weltkriegs bald eine noch schwerere politische Katastrophe folgen – eine der grössten Erschütterungen, welche die Menschheit in ihrer Geschichte erlebt hat. Die Schweiz blieb dabei bekanntlich vom Schlimmsten verschont. Doch auch für sie hat der Krieg unvermeidbar die Geschehnisse im Wirtschafts- und Währungsbereich entscheidend bestimmt.

WIRTSCHAFTLICHE ERHOLUNG DER VORKRIEGSJAHRE

Zwischen der Abwertung von 1936 und dem Kriegsausbruch erholten sich die Schweizer Wirtschaft und die der Welt. Diese Jahre waren aber schon stark von den sich abzeichnenden politischen Grossereignissen geprägt und überschattet. Wirtschaft und Gesellschaft wurden vor allem in Deutschland und Italien, zunehmend aber auch in anderen Ländern auf Kriegsvorbereitung und Aufrüstung ausgerichtet. Die Rüstungsindustrie und die mit ihr verbundenen Wirtschaftszweige profitierten stark von dieser Entwicklung.

In der Schweiz setzte die Erholung der Realwirtschaft nach der Abwertung rasch ein. Sozialprodukt und Industrieproduktion nahmen wieder zu, und auch der Aussenhandel – Importe sowie Exporte – verzeichnete wieder ein Wachstum. Die Zahl der Arbeitslosen reduzierte sich bis zum Ausbruch des Zweiten Weltkriegs auf 40 000. Die Inflation, die man infolge der Schweizer Frankenabwertung erwartet hatte, blieb begrenzt. Die Konsumentenpreise nahmen zwar 1937 um knapp 5 Prozent zu, blieben aber in den nachfolgenden Jahren relativ stabil. Der Schweizer Finanzsektor stabilisierte sich rasch; die Aktienkurse stiegen kräftig, besonders deutlich die Finanzwerte, die zuvor stark gelitten hatten.

Das Jahr 1936 sah auch internationale Bemühungen um eine Stabilisierung der Wechselkurse im Rahmen von Verhandlungen um ein Drei-Länder-Abkommen zwischen Frankreich, Grossbritannien und den USA. Belgien und auch die Schweiz wurden am Rande in diese Bemühungen einbezogen. Die Nationalbank zeigte sich grundsätzlich interessiert, gab aber dabei der Verankerung der Goldparität des Schweizer Frankens klare Priorität gegenüber der Verankerung fester Wechselkurse als solcher. Nicht zuletzt wegen der nach wie vor labilen Währungssituation in Frankreich führten diese Bemühungen letztlich zu nichts: Frankreich wurde schon 1937 erneut zu einer Abwertung gezwungen. Die Nationalbank entschied sich in dieser Situation, dem Beispiel Frankreichs nicht zu folgen und an ihrer neuen Goldparität festzuhalten. Sie sah jetzt in der festen und zuverlässigen Anbindung des Schweizer Frankens an das Gold ihr zentrales Ziel und war bereit, dafür den Verzicht auf einen festen Wechselkurs in Kauf zu nehmen.

KRIEGSWIRTSCHAFT UND DEVISENMARKTSPALTUNG

Nach Kriegsausbruch wurden sowohl die Binnenwirtschaft der Schweiz wie auch ihre internationalen Handels- und Finanzbeziehungen stark durch die Bedürfnisse und Bedingungen der Kriegswirtschaft geprägt. Anforderungen der Landesversorgung einerseits und Abhängigkeiten von den kriegführenden Parteien andererseits begannen zentrale Rollen zu spielen. Die Umstellung der Volkswirtschaft auf die Kriegswirtschaft gelang ohne grössere Störungen. Die wachsenden Ausgaben des Bundes wurden über den Geld- und Kapitalmarkt und über die Erhebung neuer Steuern finanziert; die Verschuldung des Bundes gegenüber der SNB hielt sich im Unterschied zum Ersten Weltkrieg in Grenzen.

Die geografische Isolierung der Schweiz nach den militärischen Früherfolgen der Achsenmächte versetzte das Land in eine prekäre Situation. Der Handelsverkehr mit Deutschland und seinen Verbündeten intensivierte sich notgedrungen. Aus dem Handelsverkehr mit Deutschland resultierten grosse Clearingguthaben; 1944 betrugen diese etwa 1 Milliarde Franken. Auch gegenüber Italien trat die Schweiz als Kreditgeber auf.

Ab 1940 musste die SNB vom Markt beträchtliche Devisenbeträge übernehmen. Überschüsse der Zahlungsbilanz und Goldverkäufe von ausländischen Zentralbanken an die SNB führten zu einer starken Zunahme der Liquiditätsversorgung und steigendem Inflationspotenzial (Bordo und James 2007, S. 83). Zwischen 1939 und 1945 nahmen Notenumlauf und Giroguthaben bei der Nationalbank von 2,7 auf 4,6 Milliarden Franken zu. Dem versuchte man mit Sterilisierungsmassnahmen zu begegnen, unter anderem mit Verkäufen von Gold an den Bund, aber auch mit einer Vereinbarung zwischen der Nationalbank und den Banken mit dem Ziel, die Umwandlung von US-Dollars in Schweizer Franken zu beschränken (Gentlemen's Agreement mit den Banken über den An- und Verkauf von Dollars vom 17. September 1941).

Damit kam es am Devisenmarkt zu einer Spaltung zwischen einem «Handelsdollar», bei dem die Goldparität galt, und einem «Finanzdollar», zu dem der US-Dollar mit einem grossen Abschlag frei gehandelt werden konnte. Für Schweizer Exporte gegen Handelsdollars wurden Quoten eingeführt. Der Handelsdollar galt zudem auch für Zahlungen des diplomatischen Dienstes und für humanitäre Zwecke. Die Einführung umfassender Devisenkontrollen wurde erwogen, aber schliesslich verworfen.

Während des Zweiten Weltkriegs gab es, ganz anders als im Ersten Weltkrieg und in der Zeit danach, überraschend wenig Kontroversen über die Geld- und Währungspolitik der SNB, wie Bordo und James (2007, S. 102) festhalten. In den Jahrzehnten zuvor hatte die SNB, wie wir gesehen haben, noch im Zentrum zahlreicher heisser Debatten gestanden. «Vielleicht lag es an der zunehmend bedrohten geopolitischen Position der Schweiz, dass die Nationalbank mehr und mehr Teil eines Konsenses über die nationalen Institutionen wurde.» (Bordo und James 2007, S. 101)

UMSTRITTENE GOLDTRANSAKTIONEN DER NATIONALBANK

Als sehr problematisch erwiesen sich allerdings die Goldgeschäfte der Nationalbank während des Zweiten Weltkriegs. Die Goldtransaktionen der Schweiz im Ersten Weltkrieg hatten nach dem Krieg zu keinen besonderen Kontroversen geführt. Jene des Zweiten Weltkriegs hingegen waren fast von Anfang an umstritten. Eine konsequente Aufarbeitung dieser Geschichte fand erst in den 1990er-Jahren im Rahmen einer generellen, nicht zuletzt aufgrund von ausländischem Druck geführten Debatte um die Rolle der Schweiz im Zweiten Weltkrieg statt. Das Hauptproblem dieser Geschäfte lag bei der zweifelhaften Natur des Rechtsanspruchs, den die Deutsche Reichsbank auf grosse Teile des Goldes hatte, das sie der Nationalbank während der Kriegszeit verkaufte.[87]

ABBILDUNG 19
Entwicklung des Goldbestands der Schweiz (SNB, Bund und Währungsausgleichsfonds), 1939–1945 (in Mio. Franken, per Quartal)

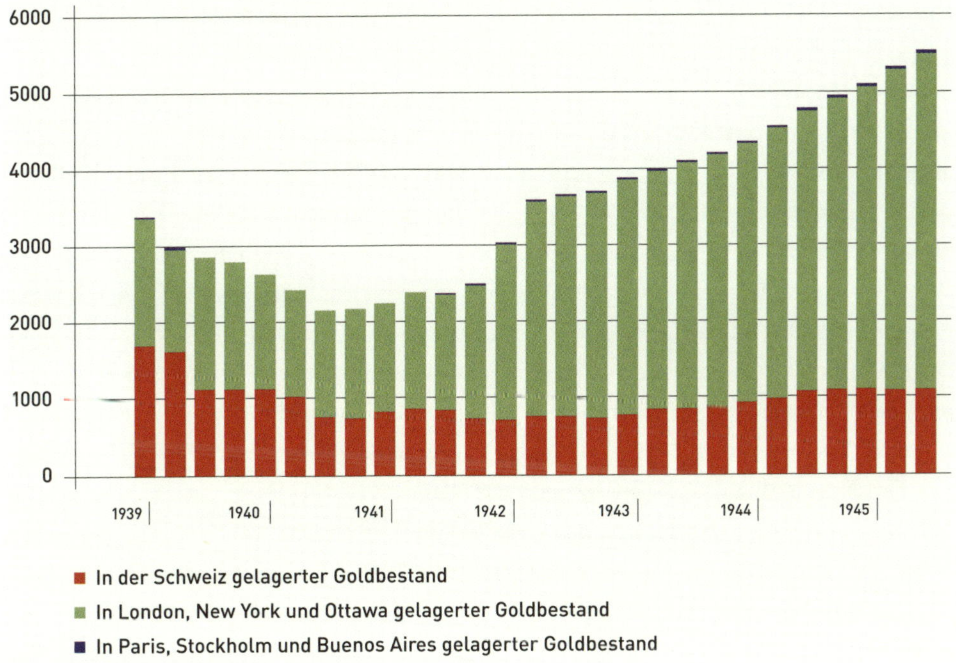

Quelle: Crettol und Halbeisen 1999, S. 49

87 Zu diesem Thema siehe u. a. Fior 1997, UEK 1998, Crettol und Halbeisen 1999, Grossen 2001, Bordo und James 2007 sowie Klauser 2007.

Die Nationalbank erwarb während des Zweiten Weltkriegs von beiden kriegführenden Seiten grosse Mengen an Gold. Die Deutsche Reichsbank verkaufte der Nationalbank Gold im Wert von 1231 Millionen Schweizer Franken, den schweizerischen Handelsbanken zudem Gold im Wert von 244 Millionen Franken. Von den USA erwarb die Nationalbank Gold für 1529 Millionen Franken, von Grossbritannien für 669 Millionen Franken. Diese Transaktionen widerspiegeln den Hunger sowohl der Alliierten wie der Achsenmächte nach Schweizer Franken und den damit erwerbbaren Gütern und Leistungen. Aus schweizerischer Sicht reflektieren sie den Willen, an den Prinzipien des Goldstandards festzuhalten und, daraus abgeleitet, über hinreichend grosse Goldreserven zu verfügen. Zur Entwicklung des Goldbestandes der Schweiz siehe Abbildung 19.

Ein beträchtlicher Teil dieser Goldbestände blieb allerdings im Ausland – insbesondere in den USA – blockiert. Im Laufe des Krieges versuchte die Nationalbank den Goldmarkt verstärkt bei sich zu konzentrieren, um ihre Kontrolle über die im Inland aufbewahrten Goldreserven zu verbessern. So sollte die Deutsche Reichsbank ab Herbst 1941 Gold nur noch an die SNB verkaufen. Für Goldmünzen und -barren wurden 1942 Höchstpreise festgelegt, um die Möglichkeit der Handelsbanken einzuschränken, vom ansteigenden Goldpreis zu profitieren. Zudem wurde eine Bewilligungspflicht für den Goldimport und den Goldexport eingeführt.

Die Hauptkritik an den Goldtransaktionen der Nationalbank während des Zweiten Weltkriegs bezieht sich auf die Goldkäufe von der Deutschen Reichsbank und die Tatsache, dass die von Deutschland gekauften Goldmengen umfangmässig die geschätzten deutschen Vorkriegsbestände deutlich übertrafen, auch unter Einbezug der von der Österreichischen Nationalbank übernommenen zusätzlichen Bestände. Abgesehen von diesen numerischen Erwägungen gab es schon früh auch andere Hinweise, dass das von Deutschland verkaufte Gold zum Teil aus enteigneten Zentralbankbeständen anderer Länder, insbesondere Belgiens und der Niederlande, sowie aus Enteignungen privater Personen stammen dürfte und Deutschland somit einen zweifelhaften Rechtsanspruch auf dieses besass («Raubgold-» bzw. «Opfergoldproblematik»).

Die Nationalbank scheint damals die Augen vor diesen Zweifeln bewusst verschlossen und sich dann mehr und mehr in die Argumentation verstrickt zu haben, über diese Befürchtungen nicht rechtzeitig informiert gewesen zu sein. Nicht zuletzt um den Anschein der Gutgläubigkeit in ihren anfänglichen Goldtransaktionen aufrechtzuerhalten, sah sie sich später trotz ständig zunehmendem Druck der Alliierten gezwungen, bis zum Kriegsende an ihren Goldgeschäften mit der Reichsbank festzuhalten. Gegenüber dem Bundesrat wurde die Problematik dieser Geschäfte bewusst im Dunkeln belassen. Es gab allerdings in dieser Frage Meinungsdifferenzen zwischen dem Präsidenten des Direktoriums, Ernst Weber, und dem Präsidenten von Bankrat und Bankausschuss, Gottlieb Bachmann (dem Vorgänger von Weber). Weber betonte die Bedeutung und Notwendigkeit weiterer Goldkäufe durch die SNB unter dem herrschenden System der Goldwährung. Bachmann wies auf die politischen Gefahren und Risiken dieser Transaktionen hin.

Nach dem Krieg leistete die Schweiz im Rahmen des Washingtoner Abkommens (Abkommen über deutsche Vermögenswerte in der Schweiz vom 25. Mai 1946) eine Zahlung von 250 Millionen Schweizer Franken, an der sich die Nationalbank mit 100 Millionen Franken beteiligte, im Gegenzug für den Verzicht der Alliierten auf alle Forderungen an die Schweiz im Zusammenhang mit dem Kauf deutschen Goldes während des Kriegs. Trotzdem wurde die Frage ein halbes Jahrhundert später in der Diskussion der 1990er-Jahre um die Rolle der Schweiz während des Zweiten Weltkriegs erneut aufgegriffen und Gegenstand einer hoch emotionalen Debatte.

NEUORDNUNG DES INTERNATIONALEN WÄHRUNGSSYSTEMS IN BRETTON WOODS

Das internationale Währungssystem, welches das erste Vierteljahrhundert nach dem Ende des Zweiten Weltkriegs beherrschen sollte, entstand an der Internationalen Währungs- und Finanzkonferenz (United Nations Monetary and Financial Conference), die noch zu Kriegszeiten im Jahr 1944 in Bretton Woods, einem kleinen Ort in New Hampshire (USA), stattfand und an der 44 Länder beteiligt waren. Die Schweiz gehörte als neutrales Land nicht zu den Teilnehmern. Es handelte sich im Prinzip um eine Konferenz der Alliierten, die das Fundament für eine Neuordnung der internationalen Handels- und Währungsbeziehungen für die Nachkriegszeit errichten sollte. Man wollte die Wirren der währungspolitischen Desintegration, welche die Periode zwischen den beiden Weltkriegen mit ihren Abwertungsrunden, Zahlungsbilanzkrisen, Importrestriktionen und Devisenbewirtschaftung gekennzeichnet hatten, für die Zukunft vermeiden – und war mit dieser Bestrebung trotz unzähliger Hürden schliesslich auch durchaus erfolgreich. Das System von Bretton Woods war ein gleichzeitig auf dem Gold und dem US-Dollar beruhendes System fester, aber anpassungsfähiger Wechselkurse, das als «Gold-Dollar-» oder «Gold-Devisen-Standard» in die Geschichte eingegangen ist.

Mit dem Abkommen von Bretton Woods wollte man zwei Ziele erreichen: Einerseits eine Liberalisierung des Welthandels ohne Schwierigkeiten bei internationalen Zahlungsvorgängen. Beschränkungen des internationalen Kapitalverkehrs sollten dabei aber durchaus möglich bleiben oder schienen sogar erstrebenswert. Andererseits eine Neuordnung des internationalen Währungssystems mithilfe eines Systems fester Wechselkurse. Zur Erreichung und Unterstützung dieser Ziele wurden neue internationale Institutionen geschaffen, die sogenannten Bretton-Woods-Institutionen: der Internationale Währungsfonds (International Monetary Fund, IMF) und die Weltbank bzw. Internationale Bank für Wiederaufbau und Entwicklung (International Bank for Reconstruction and Development, IBRD).

Im Zentrum der Ordnung von Bretton Woods stand der fest an das Gold gebundene US-Dollar als Leitwährung des ganzen Systems. Im Einzelnen war diese Ordnung durch die folgenden Elemente geprägt:

- die Fixierung der Goldparität auf 35 US-Dollar pro Unze Gold;
- die Festlegung der Paritäten der übrigen Währungen gegenüber dem US-Dollar;
- die Verpflichtung der Mitgliedsländer – mit Ausnahme der USA –, den Wechselkurs ihrer Währungen durch Zentralbankinterventionen an den Devisenmärkten innerhalb einer Bandbreite von 1 Prozent um die Parität zu halten;
- die Verpflichtung der USA, im Verkehr mit anderen Zentralbanken US-Dollar gegen Gold zum fixierten Preis von 35 US-Dollar pro Unze zu kaufen oder zu verkaufen;
- im Falle von «fundamentalen Zahlungsbilanzungleichgewichten», aber nur in diesem Fall, waren Paritätsänderungen vorzunehmen. Änderungen, welche die ursprüngliche Parität um 10 Prozent übertrafen, waren dabei vom Internationalen Währungsfonds zu genehmigen;
- Mitgliedsländer hatten gemäss vereinbarten nationalen Quoten Währungsreserven beim Internationalen Währungsfonds einzuzahlen. Sie konnten dafür bei vorübergehenden Zahlungsbilanzdefiziten Kredite des Währungsfonds in Anspruch nehmen, die bei starker Beanspruchung mit Auflagen versehen sein konnten.

Im Unterschied zur traditionellen Goldwährung bestand unter dem System von Bretton Woods für die Zentralbanken rechtlich keine Verpflichtung, Gold im privaten Markt zu festen Preisen zu kaufen oder zu verkaufen; die nationalen Währungen waren insofern uneinlösbare Papierwährungen. Ökonomisch verlangte das System aber, dass der Marktpreis des Goldes in den verschiedenen Währungen nahe bei den betreffenden Paritäten verblieb; sonst wäre das System gemäss Gresham's Law in Schwierigkeiten geraten. Die Gesamtheit der Zentralbanken musste somit Gold im freien Markt zu Paritätspreisen kaufen und verkaufen, «so ziemlich wie wenn die Goldwährungsregeln rechtlich verbindlich gewesen wären» (vgl. dazu Niehans 1978/1980, S. 188).

Grundsätzlich galten die Regeln des Gold-Devisen-Standards symmetrisch für alle Teilnehmer. Im Prinzip konnten alle Länder, ausser den USA, ihre Paritäten entweder in Gold oder in US-Dollar ausdrücken. Da der US-Dollar als Basiswährung wertmässig als ⅟₃₅ einer Unze Gold definiert war, war diese Wahl praktisch irrelevant. Eine ökonomisch bedeutsame Asymmetrie bestand jedoch insofern, als der US-Dollar neben dem Gold eine zentrale Rolle als Reservemittel spielte.

Die Gold-Devisen-Währung von Bretton Woods wies, wie von verschiedenen Autoren festgestellt wurde,[88] gewisse Ähnlichkeiten zum Bimetallismus auf: «So wie der private Sektor sein Geld unter dem Bimetallismus in der Form von Gold und Silbermünzen hält, so hielten die zugehörigen Zentralbanken ihre Reserven in Gold und US-Dollars. So wie die Regierung unter dem Bimetallismus ein festes Austauschverhältnis zwischen Silber und Gold garantiert, so garantierten die Vereinigten Staaten ein festes Austauschverhältnis zwischen US-Dollar und dem Gold. So wie unter dem Bimetallismus Schwankungen in Nachfrage und Angebot von Gold und Silber innerhalb gewisser Grenzen durch Verschiebungen in der Zusammensetzung des Geldumlaufs absorbiert werden können, so konnten Schwankungen in Angebot und Nachfrage von Gold und US-Dollars innerhalb gewisser Grenzen durch Verschiebungen in der Zusammensetzung der internationalen Währungsreserven absorbiert werden.» Dies verlieh dem Gold-Devisen-Standard «eine Flexibilität und ein Mass an Freiheit für die nationale Geldpolitik [...], die eine rein monometallische Währung nicht besitzt.» (Niehans 1978/1980, S. 188 ff.)

Als Hauptprobleme oder «Konstruktionsfehler» des Bretton-Woods-Systems, die schliesslich zu seinem Zusammenbruch Anfang der 1970er-Jahre führen sollten, werden in der Literatur folgende Aspekte betont:

- Die besondere Verantwortung des «n-ten Landes». Damit wurde die Tatsache angesprochen, dass die USA als Leitwährungsland («n-tes Land») in diesem System insofern eine Sonderstellung besassen, als sie als einziges Land ihre Geldpolitik nicht der Stabilisierung des Wechselkurses unterordnen mussten (es gibt in einem System mit n Ländern nur n-1 voneinander unabhängige Wechselkurse), sondern stattdessen auf binnenwirtschaftliche Ziele ausrichten konnten. Damit ging aber auch eine besondere Verantwortung einher. Die langfristige Funktionsfähigkeit des Systems verlangte nämlich, dass das Leitwährungsland eine stabilitätsorientierte Geld- und Finanzpolitik betreiben musste. Nur so konnte die Glaubwürdigkeit des Dollars als Reservewährung, und damit die Glaubwürdigkeit des Systems insgesamt, Bestand haben. Die USA wurden aber dieser Verantwortung ab den 1960er-Jahren nicht mehr gerecht, sondern erlagen der Versuchung, zu einer mehr und mehr inflationären Politik überzugehen.
- Das Fehlen einer Regel für Wechselkursänderungen im Falle von «fundamentalen Zahlungsbilanzungleichgewichten». Sowohl Länder mit chronischen («strukturellen») Zahlungsbilanzdefiziten wie solche mit strukturellen Überschüssen sperrten sich nicht selten aus binnenwirtschaftlichen Gründen dagegen, die notwendigen Wechselkursanpassungen vorzunehmen. Aufgestauter Korrekturbedarf trug so ebenfalls zur Instabilität des Systems bei.

88 Etwa von Aliber 1967 oder Niehans 1978/1980, Kapitel 8.

- Einschränkungen des Kapitalverkehrs als wichtiger Pfeiler des Systems. Solche Einschränkungen waren letztlich in einer freiheitlichen, zunehmend globalisierten Welt allzu schwer durchsetzbar, um das System bei divergierenden Geldpolitiken wirklich stabilisieren zu können.
- Die Verankerung des Systems im Gold bei fehlender Bereitschaft zu vorübergehender Deflation. Angesichts wachstumsbedingter Steigerungen der realen Liquiditätsnachfrage wäre eine Erhöhung des realen Goldpreises und somit bei unverändertem nominalem Goldpreis die Bereitschaft zu vorübergehender Deflation notwendig gewesen. Diese Bereitschaft war aber nicht vorhanden. Stattdessen ist der reale Goldpreis inflationsbedingt laufend gesunken – eine Entwicklung, die langfristig zur vollständigen Substitution des Goldes durch den Dollar geführt und damit das System seines Ankers beraubt hätte (vgl. Kugler 2015).

ZUR ENTSTEHUNGSGESCHICHTE DES BRETTON-WOODS-SYSTEMS UND DER BRETTON-WOODS-INSTITUTIONEN

In Bretton Woods standen ursprünglich zwei Pläne zur Diskussion: Der «britische» Plan von John Maynard Keynes, der als massgebender Experte auf englischer Seite zu den Konferenzteilnehmern gehörte, und der «amerikanische» Plan des US-Finanzexperten und Verhandlungsführers, Harry Dexter White.

In den Verhandlungen setzten sich im Prinzip die amerikanischen Vorstellungen gegenüber den weitergehenden «visionären» Ideen von Keynes durch. Keynes wollte eine Art Weltzentralbank mit eigenem Geldschöpfungspotenzial schaffen. Der weltweite Zahlungsverkehr sollte über eine internationale Clearingstelle (International Clearing Union, ICU) abgewickelt und mittels einer internationalen Rechnungseinheit, dem «Bancor», auf den Konten der einzelnen Länder verbucht werden. In Krisenzeiten sollten sich die Mitglieder gegenseitig Buchkredite gewähren. Die einzelnen Länder sollten ihre Währungen in Gold fixieren und damit feste Wechselkurse schaffen. Die Währungsreserven in der Form von US-Dollars sollten gemäss dem Anstieg des Welthandels wachsen.

Der Plan von White war demgegenüber pragmatischer und direkter darauf ausgerichtet, eine Wiederholung der Fehlentwicklungen der Zwischenkriegszeit mit ihren kompetitiven Abwertungen, Handelsrestriktionen und anderen Verzerrungen zu verhindern. White sah ebenfalls ein System fester Wechselkurse vor, aber kein internationales Buchgeld, dafür Einzahlungen von Reserven durch die Mitgliedsländer zu festgelegten Quoten in einen Fonds.

Eine nicht unwichtige Rolle spielten bei diesen Auseinandersetzungen auch die unterschiedlichen Ausgangslagen der beiden Hauptkontrahenten, der USA einerseits und Grossbritannien andererseits. Die Position Englands war durch starke Handelsdefizite und eine ausgeprägte Schuldnerposition infolge des Krieges geprägt. Die USA befanden sich umgekehrt in einer klaren Gläubigerposition.

DIE SCHWEIZ UND DIE KONFERENZ VON BRETTON WOODS

In der Schweiz herrschte zunächst eine beträchtliche Skepsis bezüglich der Verhandlungen und Ergebnisse von Bretton Woods. Speziell die Kombination eines liberalisierten Handelsverkehrs und eines nach wie vor behördlich kontrollierten Kapitalverkehrs entsprach nicht den schweizerischen Vorstellungen.[89] Zudem spielten Befürchtungen eine Rolle, der Schweizer Franken könnte vom IMF zur «knappen Währung» erklärt werden und damit Anlass für restriktive handelspolitische Massnahmen gegenüber der Schweiz werden. Der Bundesrat entschied denn auch gegen eine Mitarbeit der Schweiz in den Institutionen von Bretton Woods. Die Schweiz sollte bekanntlich dem Internationalen Währungsfonds und der Weltbank erst 1992 beitreten, lange nach dem Zusammenbruch des in Bretton Woods begründeten Währungssystems. Das hinderte die Schweiz nach 1945 aber nicht daran, an diesem System effektiv teilzunehmen.

Die Abneigung der Schweiz gegenüber einer Kontrolle des Kapitalverkehrs sowie eine gewisse, aus den Erfahrungen von 1936/37 resultierende Bereitschaft, mit schwankenden Wechselkursen zu leben, war 1945 international zwar nicht salonfähig und wurde von anderen als Ausdruck eines rückwärts gerichteten Denkens gesehen. Diese Bereitschaft sollte sich später indessen als durchaus zukunftsfähig erweisen und von den 1970er-Jahren an zum vorherrschenden geldpolitischen Ansatz unter den international führenden Wirtschaftswissenschaftlern und Notenbankexperten werden (vgl. dazu Bordo und James 2007, S. 99 f.).

Umgekehrt existierten beim Kriegsende auch bei den Alliierten, insbesondere bei den USA, sehr ernsthafte Vorbehalte gegenüber der Schweiz, die aus der wahrgenommenen Rolle der Schweiz während des Kriegs resultierten. Sie bezogen sich auf die Rechte und Pflichten eines neutralen Staates in Kriegszeiten, im Besonderen auf die Frage der Gutgläubigkeit der Nationalbank in ihren Goldtransaktionen während des Krieges. Diese Vorbehalte und Spannungen kamen in den Verhandlungen um das Washingtoner Abkommen von 1946 sehr deutlich zum Ausdruck und führten zu der bereits erwähnten Zahlung der Schweiz von 250 Millionen Schweizer Franken.

89 Sie fand in begrenztem Ausmass mit der «Devisenbann-Wirtschaft» der 1940er-Jahre trotzdem Eingang in die schweizerische Wirtschaftspolitik (vgl. dazu Kapitel 8).

8 GELDPOLITIK UNTER FIXEN WECHSELKURSEN

VOM KRIEGSENDE BIS ZUM ZUSAMMENBRUCH DES BRETTON-WOODS-SYSTEMS

1

Fünfte Banknotenserie

1948 organisierte die Nationalbank einen Wettbewerb für eine 100-Frankennote. Der Wettbewerb markierte eine Zäsur in der Geschichte der Banknotengestaltung, weil nun mit Pierre Gauchat und Hermann Eidenbenz zwei Grafiker die Kunstmaler bei der Gestaltung der Banknoten ablösten, was auch bei den folgenden Serien der Fall sein sollte. Die 1000-, 500-, 100- und 50-Frankennoten wurden von Gauchat entworfen und in London gedruckt, während die 20- und 10-Frankennoten von Eidenbenz gestaltet und von Orell Füssli gedruckt wurden. Diese Banknoten kamen ab 1956 in Umlauf und lösten diejenigen von Burnand und Hodler ab, die seit 1911 in Umlauf waren. Das gewagte Motiv auf der Rückseite der 1000-Frankennote ist dem Tod gewidmet. Der Künstler wollte mit seiner Darstellung zum Ausdruck bringen, dass der Tod ebenso wie die Geburt zum Leben gehört.

2

3

4

1000
1000
1000

6

1000
Schweizerische Nationalbank
Banque Nationale Suisse
Banca Nazionale Svizzera
1A 00000
1000
Tausend Franken Mille Francs Mille Franchi
1A 00000
Bern und Zürich, den 15. Juli 1951
Der Präsident des Bankrates:
Ein Mitglied des Direktoriums:
Der Hauptkassier:
1000
1000
PIERRE GAUCHAT PINXIT
PROOF Nº 460/265
DE LA RUE LONDON FECIT

7

8

9

10

1 Skizze eines Teils des Motivs «Totentanz», Pierre Gauchat, 1950er-Jahre

2, 3, 4 Entwurf der Wertziffer der 1000-Frankenbanknote «Totentanz» von Pierre Gauchat, 1950er-Jahre

5 Studie des Medaillons «Blonde Frau blickt den Tod an» für die Vorderseite der 1000-Frankenbanknote «Totentanz» von Pierre Gauchat, 1950er-Jahre

6 Entwurf der Wertziffer der 1000-Frankenbanknote «Totentanz» von Pierre Gauchat, 1950er-Jahre

7 Druckvorstufe der Vorderseite der 1000-Frankenbanknote «Totentanz» von Pierre Gauchat, 1951

8 Entwurf der Rückseite der 1000-Frankenbanknote «Totentanz» von Pierre Gauchat, 1950er-Jahre

9 Motiv «Totentanz» auf orangem Hintergrund und mit einer 500-Wertziffer, 1950er-Jahre

10 Druckvorstufe der Rückseite der 1000-Frankenbanknote «Totentanz» von Pierre Gauchat, 1951

Das Jahrzehnt vor dem Zweiten Weltkrieg und die Kriegsjahre waren für die Schweiz, und für die Welt insgesamt, gekennzeichnet durch Devisenbewirtschaftung, Bilateralismus und vielfältige Einschränkungen des Handels- und Zahlungsverkehrs. Für die Schweiz war dabei auch die Blockierung der schweizerischen Vermögenswerte, einschliesslich jener der Nationalbank, in den Vereinigten Staaten und Grossbritannien eine einschneidende Erfahrung.

BEMÜHUNGEN UM DIE WIEDERHERSTELLUNG DES FREIEN HANDELS- UND ZAHLUNGSVERKEHRS

Die Befreiung aus diesem Korsett von Beschränkungen der internationalen Wirtschaftsbeziehungen bildete eine zentrale Herausforderung der Nachkriegsjahre, nicht nur für die Schweiz. Der Weg zurück zu einem freieren Handels-, Zahlungs- und Kapitalverkehr sollte sich jedoch als langwierig und mühsam erweisen.[90] Eine wichtige Rolle bei der schrittweisen Lockerung des bestehenden Netzes von Restriktionen spielten anfänglich bilaterale Vereinbarungen und Abkommen zur gegenseitigen Kreditgewährung.

Bei Kriegsende wurde in weiten Kreisen befürchtet, die Volkswirtschaften der Industrieländer würden nach den beispiellosen Kriegszerstörungen in Stagnation und Rezession verharren. In Wissenschaft und Politik war die Theorie der «gesättigten Märkte» verbreitet, die Anlass zur Erwartung von Konsumschwäche und pessimistischen Beschäftigungs- und Wachstumsaussichten gab. Eine ausgeprägte internationale Zusammenarbeit, die schon vor Kriegsende eingeleitet worden war, und eine gezielte Koordination des Wiederaufbaus der westlichen Wirtschaft mithilfe des Marshallplans trugen jedoch viel zur Entkräftung dieser Befürchtungen und zu einem relativ raschen Wiederaufschwung bei. Wichtig waren dabei auch der Verzicht auf Reparationszahlungen, welche die Jahrzehnte nach dem Ersten Weltkrieg stark belastet hatten, sowie die Schaffung der Europäischen Zahlungsunion.

Zwischen der Schweiz und den Alliierten, insbesondere den USA, herrschte bei Kriegsende ein gespanntes Verhältnis. Ursachen dieses Zerwürfnisses waren der Vorwurf der Begünstigung von Deutschland während des Kriegs und die Goldtransaktionen der Nationalbank. Eine rasche Wiederherstellung ungestörter Aussenwirtschaftsbeziehungen der Schweiz wurde dadurch nicht erleichtert. Das Washingtoner Abkommen von 1946 schuf nach langen Verhandlungen eine wichtige Voraussetzung für die Normalisierung der Beziehungen zu den USA. Weitere Wegmarken in der Überwindung der handelspolitischen Isolierung der Schweiz waren:

90 Eine detaillierte und sorgfältige Darstellung dieser Periode in der schweizerischen Geld- und Währungspolitik enthält Bernholz 2007.

- das Currie-Abkommen vom 8. März 1945, das eine Lockerung der bestehenden Einfuhrbegrenzungen durch die Alliierten erlaubte. Trümpfe der Schweiz bei den Verhandlungen zu diesem Abkommen waren ihr intaktes Industriepotenzial und die hohen Währungsreserven;
- bilaterale Wirtschafts- und Zahlungsabkommen im Austausch gegen die Einräumung von Krediten mit Grossbritannien, Belgien und den Niederlanden in den Jahren 1945 und 1946;
- die Aufnahme bilateraler Handelsbeziehungen mit fast allen europäischen Ländern bis Ende 1946 / Anfang 1947.

BEWIRTSCHAFTUNG DES DOLLARMARKTES

Die schweizerischen Behörden hofften nach dem Krieg zunächst lange auf eine Rückkehr zur vollen Goldwährung, mit der man ja bis zum Ersten Weltkrieg positive Erfahrungen gemacht hatte. Die Aufrechterhaltung der fixen Goldparität des Schweizer Frankens wurde deshalb zu einem zentralen Motiv der schweizerischen Währungspolitik bis ins Jahr 1973. Sie wurde formell erst mit der Verfassungsrevision des Jahres 2000 abgeschafft.

Ein zweites zentrales Motiv der schweizerischen Geldpolitik wurde mehr und mehr die Gewährleistung eines stabilen Güterpreisniveaus. Da die schweizerische Zahlungsbilanz in den 1940er-Jahren durch ständige Überschüsse gekennzeichnet war, ergab sich bald ein Konflikt zwischen diesen beiden Zielsetzungen. Die Nationalbank wollte jedoch weder eine Paritätsänderung noch Inflation zulassen. Sie versuchte stattdessen, diesen Widerspruch durch eine Marktspaltung am Devisenmarkt, besonders für den US-Dollar, und durch administrative Abwehrmassnahmen gegen Kapitalzuflüsse aufzulösen. Bernholz (2007, S. 122 ff.) spricht dabei, Salin 1964 folgend, von einer «Devisenbann-Wirtschaft».

Die Marktspaltung für den US-Dollar war, wie bereits erwähnt, schon während des Krieges, drei Monate nach der Blockierung der schweizerischen Guthaben durch die USA, mit dem Abschluss eines Gentlemen's Agreement der Nationalbank mit den Geschäftsbanken im September 1941 eingeführt worden.[91] Sie blieb bis 1949 bestehen. Der frei handelbare «Finanzdollar» schwankte über die Jahre stark und fiel zeitweise weit unter die offizielle Parität von 4,31 Schweizer Franken pro US-Dollar. Seinen Tiefpunkt erreichte er 1944 mit 2,29 Schweizer Franken; nach dem Krieg stieg er wieder deutlich an, blieb aber immer unter der offiziellen Parität (siehe Abbildung 20).

91 Vgl. dazu Kapitel 7.

ABBILDUNG 20
Offizieller Dollarkurs sowie Wechselkurse für Finanzdollars und Dollarnoten, 1942–1949

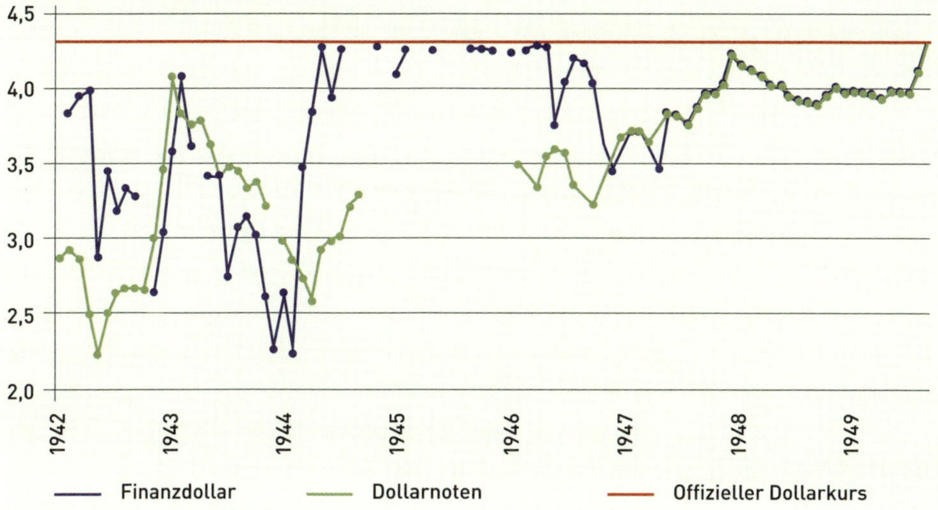

Quelle: Bernholz 2007, S. 131

Die Devisenbann-Wirtschaft schloss ausserdem die folgenden Elemente ein:

- eine Kontingentierung der Exporte, deren Erlöse zum offiziellen US-Dollarkurs eingelöst werden konnten;
- die ausschliessliche Zulassung von «Kommerzgeschäften» zum Umtausch am offiziellen Devisenmarkt zur offiziellen US-Dollarparität. Alle übrigen Geschäfte mussten am freien Markt zum schwankenden (und tieferen) US-Dollarkurs, dem Finanzdollarkurs, vorgenommen werden;
- die Unterbindung der Finanzierung von Importen am freien Markt: Die Finanzierung der Importe zum für die Importeure günstigeren Finanzdollarkurs sollte verhindert und ihre Finanzierung zum offiziellen Kurs erzwungen werden;
- die Blockierung von 50 Prozent aller US-Dollar-Erlöse aus Exporten auf Konten bei der SNB, wo sie für drei Jahre gesperrt blieben. Nur die restlichen 50 Prozent wurden sofort in Schweizer Franken ausbezahlt. Mit dieser Massnahme versuchte man, Auswirkungen der US-Dollar-Übernahme auf Geldmenge und Güterpreise zu verhindern.

Die Devisenbann-Wirtschaft mit ihrer Marktspaltung und anderen administrativen Eingriffen war natürlich mit einem beträchtlichen Bürokratie- und Personalaufwand verbunden. Ausnahmeanträge und Umgehungsversuche waren an der Tagesordnung. Zur Begrenzung der Auswirkungen auf Geldmenge und Inflation nahm die SNB auch

Verkäufe von Gold am Markt gegen Schweizer Franken sowie Verkäufe von Gold an den Bund vor. Diese Verkäufe dauerten von 1943 bis September 1947; der höchste Goldbestand des Bundes wurde im September 1947 mit 1258 Millionen Schweizer Franken erreicht.

Diese Politik der SNB war insofern erfolgreich, als sie die Inflation in der Schweiz während einiger Zeit auf einem im internationalen Vergleich niedrigen Niveau zu halten vermochte. Die Forderungen nach einer Abschaffung all dieser bürokratischen Massnahmen und Restriktionen, sowohl seitens der inländischen Wirtschaft wie seitens anderer Länder, speziell der USA, wurden aber zunehmend grösser. Unter Schweizer Nationalökonomen entstand eine Debatte über das Für und Wider der Devisenmarktspaltung. Eugen Böhler von der ETH Zürich, Walter Adolf Jöhr von der Hochschule St. Gallen und Valentin Wagner von der Universität Basel traten für die Marktspaltung ein, die Berner Ökonomen Hugo Sieber und Fritz Marbach gegen sie. Auch innerhalb der SNB wurde die Frage zunehmend kontrovers diskutiert. Ab 1947 erfolgten schrittweise Lockerungen und am 23. September 1949 die gänzliche Aufhebung der US-Dollar-Bewirtschaftung – nach einer Abwertung des britischen Pfunds und anderer Währungen, die für den Schweizer Franken eine effektive Aufwertung bedeutete und somit die Situation entspannte. Vorschriften über den Import und Export von Gold wurden jedoch erst 1951 gelockert und 1952 ganz aufgehoben.

Eine gewisse Neigung zu einer Politik administrativer Abwehrmassnahmen, etwa in Form von Anlageverboten und Negativzinsen für Guthaben von Devisenausländern, Kreditbegrenzungen und dergleichen, blieb der schweizerischen Währungspolitik aber noch lange erhalten, auch nach dem Übergang zur freien Konvertierbarkeit in Europa, der 1958 erfolgen sollte. Dies sollte selbst über den Zusammenbruch des Fixkurssystems von Bretton Woods Anfang der 1970er-Jahre hinaus bis zur Währungs- und Dollarkrise der späten 1970er-Jahre so bleiben.

DIE EUROPÄISCHE ZAHLUNGSUNION UND DIE WIEDERHERSTELLUNG DER WÄHRUNGSKONVERTIBILITÄT

Die Überwindung von Handelsbilateralismus und Devisenzwangswirtschaft in Europa erfolgte im Kontext der Marshallplanhilfe der USA mit der Gründung der Organisation für Europäische Wirtschaftliche Zusammenarbeit (OECE), insbesondere der 1950 durch 18 Länder nach langen Verhandlungen geschaffenen Europäischen Zahlungsunion (EZU) (Bernholz 2007, S. 146 f.). Diese sorgte für eine sofortige Liberalisierung eines beträchtlichen Teils des internationalen Handels. Die Liberalisierung des Kapitalverkehrs sollte allerdings erst später erfolgen. Zentral für die EZU war ein multilateraler Ausgleich der Salden des bilateralen Handels (in Rechnungseinheiten, die dem US-Dollar entsprachen). Dabei hatte jedes Land eine vereinbarte Quote, die ihrerseits in 5 Tranchen aufgeteilt war. Die erste Tranche wurde voll auf Kredit finanziert, tiefere Tranchen waren (in zunehmenden Teilen) in bar (Gold, US-Dollars) zu bezahlen. Salden über die Quote hinaus waren voll in Gold oder US-Dollars zu entrichten. Im Durchschnitt ergab dies ein Verhältnis von Kreditfinanzierung zu Gold-/Devisenzahlung von 60:40. Im Verlaufe der Zeit wurde der Anteil von Gold- oder Devisenbegleichung angehoben. Verantwortlich für Durchführung und Management war die Bank für Internationalen Zahlungsausgleich (BIZ) in Basel.

Die Schweiz und die Nationalbank nahmen gegenüber der EZU zuerst eine reservierte Haltung ein. Man befürchtete eine Diskriminierung von für den schweizerischen Export wichtigen «Non-Essentials» wie beispielsweise Uhren oder Tourismus. Man befürchtete auch einen für die Schweiz unerwünschten Automatismus in der internationalen Kreditgewährung. Es bestand eine gewisse Präferenz für die fallweise Vereinbarung von Krediten über bilaterale Verhandlungen (die man als handelspolitische Waffe sah). Gleichzeitig sah man aber doch auch ein grundsätzliches Interesse der Schweiz an den Bestrebungen der EZU. Nach Beantragung und Vereinbarung einer Begrenzung der schweizerischen Kreditgewährung nach oben auf 600 Millionen Schweizer Franken erfolgte dann auch der Beitritt der Schweiz auf den 1. November 1950.

Im späteren Verlauf war die Schweiz, als Teil einer Gruppe von Gläubigerländern (zusammen mit Deutschland, Belgien und den Niederlanden), massgeblich daran beteiligt, die EZU durch eine Erhöhung der Anteile des Barausgleichs und Verminderung der automatischen Kreditgewährung beschleunigt an die Konvertibilität heranzuführen. Die strukturellen Überschüsse des schweizerischen Aussenhandels blieben bis 1953 Anlass zu Sorge, der man mit diversen Massnahmen, z. B. Kapitalexport über Anlagen in US-Schatzwechseln, zu begegnen versuchte. Ab Ende 1953 verminderte sich die schweizerische Gläubigerposition; die Situation entschärfte sich damit glücklicherweise von selbst.

Die Rückkehr zur Konvertibilität wurde vor allem durch Grossbritannien betrieben. Die Funktionsfähigkeit der Devisenmärkte wurde nicht zuletzt durch die Zulassung von Devisentermingeschäften gefördert (denen die SNB zunächst allerdings sehr reserviert gegenüberstand, vgl. Bernholz 2007, S. 155). 1955 fanden intensive Verhandlungen über ein Europäisches Währungsabkommen (EWA) statt, in dessen Rahmen die Konvertibilität für Ausländer bei festen Wechselkursen und die Bildung eines europäischen Fonds zur kurzfristigen Unterstützung von Schwachwährungsländern vorgesehen waren. Die Konvertierbarkeit der Währungen war aber von den meisten Ländern nur für Devisenausländer vorgesehen, und Elemente der Devisenbewirtschaftung blieben in gewissen Fällen bestehen. Nach mehrjährigem Aufschub (verursacht durch eine Verschlechterung der britischen Zahlungsbilanz) wurde das EWA 1958 schliesslich unterzeichnet. Die Schweiz schloss sich nach anfänglichem Zögern diesem Abkommen ebenfalls an.

In der Schweiz stellte sich anschliessend die Frage, ob die Währungen der EZU-Länder nach dem Übergang zur Konvertibilität von der Nationalbank als Deckung für den Notenumlauf anrechenbar sein sollten oder nicht. Zu dieser Frage bestanden ganz unterschiedliche Meinungen. Es setzte sich schliesslich der Kompromiss durch, dass allein US-Dollar-Bestände, nicht aber Guthaben in anderen Währungen angerechnet werden konnten.

Alle diese Entwicklungen fanden im Rahmen des internationalen Währungssystems von Bretton Woods statt. Die Schweiz gehörte zwar den Institutionen von Bretton Woods nicht an – dies sollte sich wie bereits erwähnt erst 1992 ändern –, war aber über die feste Goldparität und die Konvertibilität des Schweizer Frankens effektiv doch ein Teil dieses Systems.

DIE ENDPHASE DES BRETTON-WOODS-SYSTEMS: KAPITALZUSTROM UND INFLATIONSDRUCK

Während der 1960er-Jahre war die schweizerische Geldpolitik durch die Verpflichtung zur Wahrung der Schweizer-Franken-Parität und die Entwicklung der Zahlungsbilanz diktiert und von spekulativen Kapitalzuflüssen und Inflationsimport geprägt. Erst die Befreiung von diesen Fesseln Anfang der 1970er-Jahre sollte der Nationalbank die Möglichkeit gewähren, eine autonome, an der Zielsetzung Preisstabilität orientierte Geldpolitik zu verfolgen, wie wir sie seither gewohnt sind.

Die 1960er-Jahre markierten die Endphase des am Ende des Zweiten Weltkriegs in Bretton Woods geschaffenen weltweiten Systems fester Wechselkurse. Damals, und teilweise schon zuvor, fand international auf breiter Ebene eine intensive Debatte über die Vorzüge und Nachteile fester und flexibler Wechselkurse statt, unter Beteiligung sowohl der Wissenschaft wie auch der währungspolitischen Praxis. Zentrale Elemente dieser Debatte waren die Sorge um die Möglichkeit destabilisierender Spekulation in einem System flexibler Kurse einerseits und die grössere Unabhängigkeit in Konjunkturpolitik und Inflationssteuerung, die ein flexibles Kurssystem erlaubt, andererseits. Ökonomisch war immer klar, dass Fixkurssysteme nur funktions- und überlebensfähig sind, wenn die Hauptakteure willens sind, eine gegenseitig konsistente Geldpolitik zu betreiben. Diese Einsicht betraf die Schweiz – und andere Länder in Europa, insbesondere Deutschland – unmittelbar.

In der Schweiz wie auch in Deutschland blieb die Geldpolitik in der ganzen Nachkriegszeit stark vom Wunsch nach Erhaltung der Preisstabilität geprägt. Die zu dieser Zeit manchenorts populäre Diskussion über multiple Zielsetzungen und mögliche Zielkonflikte der Geldpolitik, etwa in Form eines «Trade-off» zwischen Vollbeschäftigung oder Wachstum auf der einen Seite und Preisstabilität auf der anderen Seite, fand in der Schweiz deutlich weniger Widerhall als anderswo. Die Überzeugung herrschte schon damals vor, dass sich eine Volkswirtschaft nur bei stabilem Preisniveau günstig entwickeln kann und dass die gleichzeitige Vorgabe einer Vielzahl von (sich teilweise widersprechenden) Zielen für die Geldpolitik eine Überforderung darstellt. Die klare Orientierung an der Preisstabilität als Ziel der Geldpolitik wurde natürlich auch dadurch erleichtert, dass die Arbeitslosigkeit in der Schweiz zu dieser Zeit kein nennenswertes wirtschaftspolitisches Problem darstellte.

Gleichzeitig blieb aber die Politik in der Schweiz lange der Bindung des Schweizer Frankens an das Gold und der Idee fester Währungsparitäten, d.h. eines festen Aussenwerts des Schweizer Frankens, stark verbunden.

INKONSISTENTE WEGE DER GELDPOLITIK

Diese Zielsetzungen liessen sich gut miteinander verbinden, solange auch im Ausland, insbesondere im Leitwährungsland USA, eine stabilitätsorientierte Geldpolitik betrieben wurde. Bis zu Beginn der 1960er-Jahre blieb dies mehr oder weniger der Fall. Zwar hatte die Schweiz schon in den 1940er- und 1950er-Jahren immer wieder mit Kapitalzuflüssen und drohendem Inflationsimport zu kämpfen und versuchte sich dagegen, wie oben dargestellt, mit administrativen Massnahmen zu wehren. Wirklich gravierend wurde die Situation aber in den 1960er-Jahren. Damals glitt die Geldpolitik der USA mehr und mehr auf einen allzu stark auf Wachstums- und Beschäftigungsförderung sowie niedrige Zinssätze ausgerichteten, inflationären Kurs ab. Dabei spielten nicht zuletzt auch die Finanzierungsbedürfnisse des Vietnamkriegs eine Rolle.

Als Folge kam es unter dem geltenden Festkurssystem zu einem Vertrauenszerfall für den US-Dollar und hohen Zahlungsbilanzdefiziten der USA. Das Gegenstück bildeten massive Kapitalzuflüsse, Liquiditätsausweitung und importierte Inflation in der Schweiz (und anderen Ländern, die sich wie die Schweiz gegen eine Anpassung an diese Inflationstendenz zu wehren versuchten). Die SNB musste im System fester Wechselkurse regelmässig US-Dollars kaufen, um den Schweizer-Franken-Kurs zu halten. Als Folge entstand eine nicht erwünschte Ausdehnung der Geldmenge und zunehmender Inflationsdruck. Versuche, dieser Entwicklung mit einer restriktiven Geldpolitik entgegenzutreten, mussten auf die Dauer zwangsläufig scheitern, da die aus ihnen resultierenden Zinserhöhungen nur zu weiteren spekulativen Kapitalzuflüssen führten und die Marktteilnehmer erst recht veranlassten, auf eine letztlich unvermeidbare Aufwertung des Schweizer Frankens zu setzen.[92]

92 Die Funktionsweise eines internationalen Festkurssystems wird in Anhang 1 am Beispiel der Goldwährung und des internationalen Goldstandards beschrieben.

INFLATIONSBEKÄMPFUNG MIT UNTAUGLICHEN, DIRIGISTISCHEN MITTELN

Die schweizerische Geldpolitik der 1960er-Jahre war sehr stark von dem Versuch geprägt, sich diesem Trend mit letztlich untauglichen, dirigistischen Mitteln entgegenzustemmen. Die Wiederherstellung der Konvertibilität bedeutete also nicht den automatischen Abschied von Politik und Instrumentarium der Devisenmarktbewirtschaftung der vorausgehenden beiden Jahrzehnte. Es wurde vielmehr ein ganzes Arsenal an administrativen («hoheitlichen») Instrumenten neu entwickelt, die dazu beitragen sollten, den Zustrom ausländischen Kapitals einzudämmen oder aber die durch US-Dollar-Käufe geschaffene zusätzliche Liquidität wieder abzuschöpfen respektive unschädlich zu machen. Zu diesen über Gentlemen's Agreements mit den Banken und dringliche Bundesbeschlüsse eingeführten Mitteln gehörten diverse Massnahmen «gegen den Zustrom ausländischer Gelder» wie Verzinsungsverbote oder gar Negativzinsen (Administrativgebühren) für ausländische Gelder bei Schweizer Banken, Vereinbarungen über Kreditbegrenzung und Kreditplafondierung, Abschöpfung durch Mindestreserven sowie Instrumente zur Preisüberwachung. Alle diese Bestrebungen blieben allerdings – für den Ökonomen nicht überraschend – letztlich nicht wirksam. Das Problem der importierten Inflation blieb bestehen, weil seine fundamentale Ursache nicht ausgeräumt war. Bis zu Beginn der 1970er-Jahre stieg die Inflation auf über 7 Prozent an, mit einer (verzögerten) Spitze von 9 Prozent im Jahr 1973 und 10 Prozent im Jahr 1974.

MITWIRKUNG DER SCHWEIZ AN INTERNATIONALEN WÄHRUNGSKREDITEN, AM GOLDPOOL UND IM ZEHNERCLUB

Trotz ihres formalen Abseitsstehens von den Institutionen von Bretton Woods wirkte die Schweiz in verschiedenen Formen bei internationalen Kooperationen zur Vermeidung und Behebung von Währungskrisen mit, unter anderem durch ihre Beteiligung an den Kreditvereinbarungen des sogenannten Zehnerclubs, einer Gruppierung der wichtigsten Industrieländer der damaligen Zeit. Alle Bestrebungen dieser Art blieben aber letztlich ohne Erfolg, denn auch sie konnten die grundsätzliche Inkonsistenz unterschiedlicher nationaler geldpolitischer Kurse einerseits und des Systems fester Wechselkurse andererseits nicht aus der Welt schaffen.[93]

Die internationale Zusammenarbeit der Schweiz und der Nationalbank wurde im Verlauf der 1960er-Jahre auch durch die Beteiligung der Nationalbank am soge-

93 Für eine ausführliche Darstellung der Beteiligung der Nationalbank an internationalen Währungskrediten siehe Bernholz 2007, S. 159 ff.

nannten Londoner Goldpool erweitert. Durch Kooperation der Zentralbanken versuchte man, den Marktpreis des Goldes in der Nähe des offiziellen Preises von 35 US-Dollar je Unze Gold zu stabilisieren. Hintergrund und Motivation für diese Interventionen bildeten die zunehmenden Zweifel an der Stabilität des US-Dollars und damit am Bretton-Woods-System insgesamt.[94]

AUFWERTUNG UND ÜBERGANG ZU FLEXIBLEN WECHSELKURSEN: BEGINN EINER NEUEN ÄRA

Als Reaktion auf eine neue Welle spekulativer Geldzuflüsse beschloss die Schweiz am 9. Mai 1971 eine Aufwertung des Schweizer Frankens um gut 7 Prozent, ergänzt durch verstärkte Massnahmen zur Abwehr spekulativer Gelder (Notstandsvereinbarung). Am 15. August 1971 hob die US-Regierung die Goldkonvertibilität des US-Dollars auf, und am 18. Dezember 1971 kam es zu einer Neufestlegung der Wechselkurse der wichtigsten Währungen im Rahmen des sogenannten Smithsonian Agreement, die für den Schweizer Franken eine weitere Aufwertung um 6,4 Prozent bedeutete.

Da aber mit dieser Anpassung der Wechselkurse wiederum keine Koordination der Geldpolitik der betroffenen Länder verbunden war, beruhigte sich die Währungslage nur vorübergehend. Im Sommer und Herbst 1972 kam es zu weiteren schweren Krisen, die wiederum einen starken Aufwertungsdruck für den Schweizer Franken mit sich brachten. Am 23. Januar 1973 beschloss schliesslich die SNB im Einvernehmen mit dem Bundesrat, ihre Käufe am Devisenmarkt einzustellen. Die Dramatik dieser Entscheidung ist heute – nach 40 Jahren Erfahrung mit flexiblen Wechselkursen – vielleicht schwer nachvollziehbar. Sie wurde von den Beteiligten mit grossen Bedenken und eher aus der Einsicht in die Unausweichlichkeit eines solchen Schrittes als aus freien Stücken getroffen. Fixe Wechselkurse liessen sich damals angesichts der enormen Höhe der spekulativen Kapitalströme nicht mehr aufrechterhalten. Die Ära fester Wechselkurse kam damit für die Schweiz zu ihrem Abschluss. Die anfängliche Erwartung, bald wieder zu festen Wechselkursen zurückkehren zu können, erfüllte sich nicht. Die Ära flexibler Wechselkurse nahm ihren Anfang.

94 Für eine detaillierte Darstellung der Rolle der Schweiz beim Londoner Goldpool siehe Bernholz 2007, S. 166 ff.

9 EIN NEUES ZEITALTER BEGINNT

GELDPOLITIK BEI FLEXIBLEN WECHSELKURSEN

1

2

Sechste Banknotenserie

Bei der Notenserie, die ab 1976 ausgegeben wurde, hatte die Nationalbank zum ersten Mal die Federführung in Bezug auf die Planung, Organisation und Realisierung der Noten. Die Notenserie weist eine hohe gestalterische und inhaltliche Kohärenz auf: Alle Notenabschnitte wurden von Ernst und Ursula Hiestand gestaltet, wobei auf der Vorderseite jeweils eine historische Persönlichkeit abgebildet ist, während die Rückseite einen thematisch engen Bezug zur dargestellten Person aufweist. Zum ersten Mal wurden auch die höherwertigen Noten in der Schweiz bei Orell Füssli hergestellt.

BANQUE NATIONALE SUISSE
BANCA NAZIONALE SVIZZERA
20
Horace-Bénédict de Saussure
1740–1799
Vingt Francs
Vanti Franchi
20
3

wanzig Franken
Vantg Francs
E+U Hiestand
© Banque Nationale Suisse
Orell Füssli Arts Graphiques S.A. Zurich
4

du Conseil
Direction générale
78C0725428
50
Cinquante Francs
78C0725428
Franchi

6

SCHWEIZERISCHE NATIONALBANK
BANCA NAZIUNALA SVIZRA
50
Konrad Gessner 1516–1565
Fünfzig Franken
Tschuncanta Francs
50

5

BANQUE NATIONALE SUISSE
BANCA NAZIONALE SVIZZERA

Francesco Borromini 1599–1667
Cent Francs
Cento Franchi

7

E+U Hiestand © Banque Nationale Suisse Orell Füssli Arts Graphiques S.A. Zurich

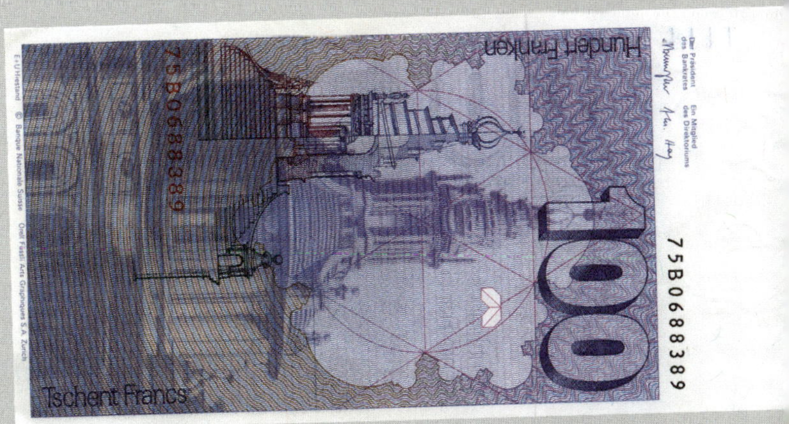
Hundert Franken
75B0688389
100
Tschient Francs

8

© Banque Nationale Suisse
Orell Füssli Arts Graphiques S.A. Zurich.

500
Albrecht von Haller 1708–1777
Fünfhundert Franken
Tschintgtschient Francs
500

9

BANQUE NATIONALE SUISSE
BANCA NAZIONALE SVIZZERA
Le président du Conseil
Un membre de la Direction générale
76E0496187
500
Cinq Cents Francs

10

1000

11

BANQUE NATIONALE SUISSE
BANCA NAZIONALE SVIZZERA
1000
Auguste Forel 1848–1931
Mille Francs
Mille Franchi
1000

12

1, 2 Vorder- und Rückseite der 10-Frankenbanknote «Leonhard Euler», 1979 ausgegeben

3, 4 Vorder- und Rückseite der 20-Frankenbanknote «Horace-Bénédict de Saussure», 1979 ausgegeben

5, 6 Vorder- und Rückseite der 50-Frankenbanknote «Konrad Gessner», 1978 ausgegeben

7, 8 Vorder- und Rückseite der 100-Frankenbanknote «Francesco Borromini», 1976 ausgegeben

9, 10 Vorder- und Rückseite der 500-Frankenbanknote «Albrecht von Haller», 1977 ausgegeben

11, 12 Rück- und Vorderseite der 1000-Frankenbanknote «Auguste Forel», 1978 ausgegeben

Der Übergang von festen zu flexiblen Wechselkursen im Jahr 1973 bildete ohne Zweifel die Hauptzäsur in der schweizerischen Geldpolitik seit der Gründung der SNB. Erst die Befreiung von der Verpflichtung zur Wahrung der Schweizer Frankenparität und der daraus resultierenden Unterordnung der Geldpolitik unter Zahlungsbilanz und Kapitalverkehr gewährte der Nationalbank die Möglichkeit, eine autonome, an der Zielsetzung Preisstabilität orientierte Geldpolitik zu verfolgen. Für die SNB bedeutete dies, genau wie für andere Zentralbanken, einen ausgeprägten Zuwachs ihrer Machtbefugnisse.

Von 1973 bis Ende 1999 befolgte die SNB eine auf die Kontrolle monetärer Aggregate ausgerichtete «Geldmengenpolitik», 1975 bis Ende der 1980er-Jahre mithilfe jährlicher Geldmengenziele, während der 1990er-Jahre mit einem mittelfristigen, über fünf Jahre hinweg definierten Zielpfad für die Geldmengenentwicklung. Auf Anfang 2000 erfolgte dann der Übergang zu einem neuen, an Inflationsprognosen und einer klaren Definition der Preisstabilität orientierten geldpolitischen Konzept, das bis heute Gültigkeit besitzt.

Die mit dieser Entwicklung verbundenen Wechsel von Währungsregime und geldpolitischer Strategie waren stark durch Veränderungen des wirtschaftlichen und monetären Umfelds geprägt, einschliesslich der vorherrschenden Sichtweisen von Wirkungsmechanismen und Möglichkeiten der Geldpolitik. Die SNB hat dabei eine nicht unwesentliche, aktive Rolle in der internationalen intellektuellen Debatte über geldpolitische Konzeptionen und ihre Evolution gespielt.[95]

GRUNDENTSCHEID FÜR FLOATING UND MONETÄRE AUTONOMIE

Der Übergang zu flexiblen Kursen kam, wie am Ende des vorausgehenden Kapitels festgehalten wurde, mehr aus der Einsicht in die Unausweichlichkeit dieses Schrittes als aus freien Stücken und bewusstem Kalkül zustande. Manche – auch innerhalb von Nationalbank und Politik – fanden diesen Schritt gefährlich und hegten die Erwartung, dass er bald durch eine Rückkehr zu einem neuen Festkurssystem abgelöst würde. Gleichwohl kann man sagen, dass die Schweiz und die SNB den Schritt zum Floating und zu einer Politik der monetären Autonomie bewusst und unter Abwägung der entscheidenden Gesichtspunkte getroffen haben, nachdem einmal klar geworden war, dass eine Rückkehr zu einer zuverlässigen, international breit verankerten Festkursordnung angesichts der Heterogenität der geldpolitischen Vorstellungen und Ziele der wichtigen Akteure Illusion blieb.[96]

95 Mehr dazu in Kapitel 10; vgl. auch Baltensperger 2007, S. 618 ff.

96 Vgl. etwa Schiltknecht 1994 für eine Zusammenfassung der Überlegungen, welche die Schweiz auf diesen Weg fuhrten.

Die Schweiz hätte sich auch, wie das andere kleine und mittelgrosse Staaten häufig getan haben und auch heute noch tun, an ein anderes Land – mit vorzugsweise stabiler Währung – anhängen können.[97] Im Vordergrund wäre dabei natürlich eine feste Anbindung an die Deutsche Mark gestanden. Eine solche wäre grundsätzlich auch unilateral, ohne formelle Vereinbarungen möglich gewesen. Entsprechende Vorschläge sind denn auch in der schweizerischen Öffentlichkeit und in der wissenschaftlichen Debatte immer wieder vorgebracht und diskutiert worden, etwa im Zusammenhang mit der Entstehung der Europäischen «Währungsschlange» in den frühen 1970er-Jahren oder des 1979 in Kraft gesetzten Europäischen Währungssystems, und später erst recht nach der Entstehung der Europäischen Währungsunion Ende der 1990er-Jahre.[98]

Entscheidend für die Schweiz war in dieser Frage immer, dass sie mit einer solchen Politik ihre geldpolitische Autonomie aufgegeben und an die Deutsche Bundesbank respektive nach 1999 an die Europäische Zentralbank delegiert hätte. Dies hätte ihr nicht nur die Möglichkeit einer eigenständigen, auf die spezifischen Bedürfnisse der schweizerischen Wirtschaft ausgerichteten Geldpolitik genommen, es hätte mit Sicherheit auch den inzwischen fest etablierten Zinsbonus des Schweizer Frankens zum Verschwinden gebracht. Nach der Geschichte der vorausgehenden Jahrzehnte konnte dies für die Schweiz nicht wirklich als attraktive, ernsthafte Alternative erscheinen. Wie Bordo und James (2007, S. 99 f.) festhalten, haben bereits die Erfahrungen von 1936/37 in der Schweiz zu einer gewissen Skepsis hinsichtlich eines Systems fester Wechselkurse geführt und eine entsprechende Bereitschaft geschaffen, mit «schwankender Währung» zu leben. Die politisch bedingte Isolation der Kriegs- und Nachkriegsjahre trug ihrerseits zur Bereitschaft und Neigung bei, auf einem selbstständigen, autonomen Kurs zu beharren. Straumann (2010, S. 276 ff.) betont darüber hinaus zu Recht die starke Verankerung des Prinzips offener Kapitalmärkte, das man nicht einem Festkurssystem zu opfern bereit war.[99]

97 Die Frage, warum sich historisch gewisse Staaten einem Festkurssystem und andere dem Floating zugewendet haben, wird in Straumann 2010 ausführlich analysiert.

98 Über eine Teilnahme an der Währungsschlange wurde in den frühen 1970er-Jahren intensiv diskutiert. 1973 lehnten Bundesrat und Nationalbank eine solche Beteiligung ab. 1975 wurden trotzdem Verhandlungen aufgenommen, die aber ergebnislos blieben, wobei auf der Seite der EU-Staaten (damals EWG-Staaten) eine negative Haltung Frankreichs die zentrale Rolle spielte (Halbeisen 2006, Bernholz 2007, S. 184, Straumann 2010, S. 286 ff.).

99 Straumann (2010, S. 285 ff.) führt die Nichtmitgliedschaft in der EU (EWG) als weiteren wichtigen Grund für den Übergang der Schweiz zu flexiblen Kursen an, weil dadurch die Teilnahme an der Europäischen Währungsschlange verunmöglicht worden sei. Dazu ist zu bemerken, dass diese Nichtmitgliedschaft dasselbe Unabhängigkeitsstreben zum Ausdruck bringt wie der Entscheid für Autonomie in der Geldpolitik. Es handelt sich insofern nicht um ein zusätzliches, unabhängiges Motiv, sondern einfach um eine andere Manifestation derselben Grundhaltung.

Bernholz (2007, S. 184) meint, dass die Schweiz mit einer Politik fester Anbindung an die D-Mark eine vergleichbare Stabilität des Preisniveaus bei geringerer Wechselkursunsicherheit hätte erreichen können. Dies muss aber bezweifelt werden. Bei der Tendenz zur realen Aufwertung, welche die Schweizer Wirtschaft und den Schweizer Franken über die Jahrzehnte nach 1970 charakterisiert hat (siehe dazu Abbildung 21), wäre eine Anbindung an die D-Mark (und später den Euro) kaum mit einem stabilen Preisniveau in der Schweiz vereinbar gewesen, auch wenn Bundesbank und Europäische Zentralbank in Deutschland respektive Europa für Preisstabilität gesorgt haben. Unter festem nominalem Wechselkurs hätte sich dieser reale Aufwertungstrend mit grösster Wahrscheinlichkeit in Form einer höheren Teuerung in der Schweiz geäussert. Eine Politik der Anbindung an D-Mark und Euro durch die SNB hätte deshalb – angesichts des hohen Stellenwerts, den die schweizerische Geldpolitik der Preisstabilität in der Vergangenheit immer zugeordnet hat – vermutlich auch mit gravierenden Glaubwürdigkeitsproblemen zu kämpfen gehabt (Baltensperger 2007, S. 637, ausführlich in Baltensperger et al. 1999, S. 42 ff.).[100]

ABBILDUNG 21
Realer Wechselkurs des Frankens, 1973 – 2015

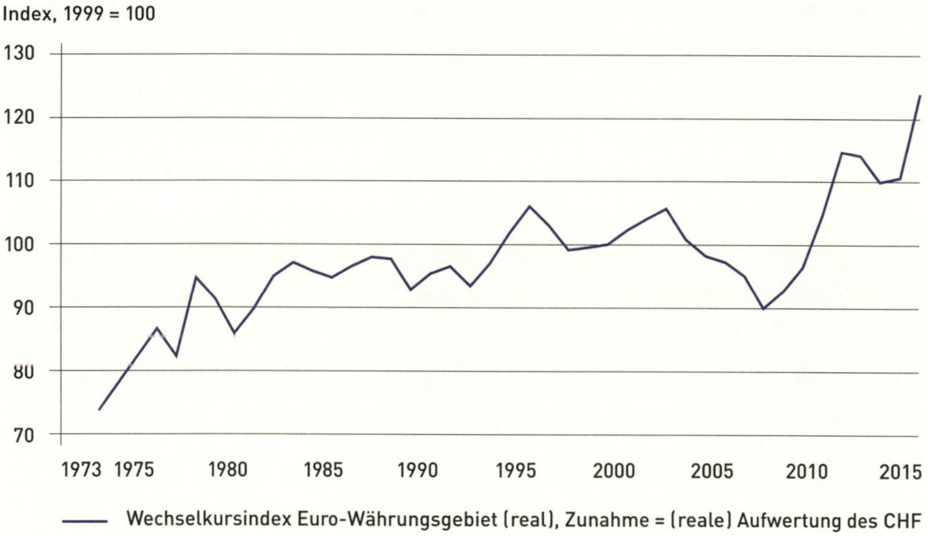

Quelle: SNB 2016

100 Dieses Problem hätte sich genau gleich auch beim Versuch einer Partizipation am Blockfloating der Währungsschlange ergeben. Es ist deshalb höchst unklar, wie erfolgreich und dauerhaft eine solche Partizipation hätte sein können, wäre sie denn überhaupt zustande gekommen.

AKTIVE ANTIINFLATIONSPOLITIK NACH 1973

Der durch den Übergang zu flexiblen Wechselkursen gewonnene geldpolitische Handlungsspielraum wurde von der SNB rasch und entschieden genutzt. Nach 1973 wurde zunächst ein scharfer Restriktionskurs eingeschlagen. Die zweistelligen Wachstumsraten für die Notenbankgeldmenge und die Geldmenge M1 in den Jahren zuvor wurden schlagartig und drastisch reduziert.[101] Bereits 1973, im Jahr des monetären Regimewechsels, wurde die Wachstumsrate für M1 auf 2,3 Prozent gesenkt, nachdem sie im Vorjahr noch 17,9 Prozent betragen hatte. Die bereinigte Notenbankgeldmenge sank 1973 sogar um 4,4 Prozent, nachdem sie im Vorjahr noch um 18,7 Prozent angestiegen war. Im Jahr 1974 blieb M1 nahezu unverändert, und der Niveaurückgang der Notenbankgeldmenge vom Vorjahr wurde lediglich wieder ausgeglichen. Auch wenn diese Ziffern natürlich vor dem Hintergrund der enormen Zuwachsraten der Geldaggregate zu Beginn der 1970er-Jahre gesehen werden müssen, ist trotzdem klar, dass sie einen abrupten Übergang von einem sehr expansiven zu einem sehr restriktiven Kurs reflektieren. Die SNB liess 1973 bis Ende 1974 eine starke Aufwertung des Schweizer Frankens zu und verzichtete, abgesehen von einer Aktion im Februar 1973, gänzlich auf Interventionen am Devisenmarkt. Dies erlaubte ihr die weitgehende Beseitigung des durch die vorherigen Devisenkäufe geschaffenen grossen Liquiditätsüberhangs.

ÜBERGANG ZUR POLITIK DER GELDMENGENZIELE UND RÜCKKEHR ZUR PREISSTABILITÄT

Für das Jahr 1975 wurde erstmals ein Geldmengenziel von der SNB öffentlich angekündigt, und zwar für die Geldmenge M1. Die Veröffentlichung dieses Ziels war ein wichtiges Element der von der SNB verfolgten Strategie, sollten doch damit auch die Erwartungen der Marktakteure beeinflusst und in klare Bahnen gelenkt werden. Für 1975 und 1976 betrugen die Zielwerte 6 Prozent und für die Jahre 1977 sowie 1978 5 Prozent. Von 1975 bis einschliesslich 1977 wurden diese Ziele gut eingehalten. Es gelang, mit diesen (angesichts der fallenden Inflationstendenz stabilitätsgerechten) Zuwachsraten die Inflationsrate auf vergleichsweise sehr niedrige Werte zu senken, nämlich von 9 Prozent im Jahr 1973 und 10 Prozent 1974 auf unter 2 Prozent in den Jahren 1976 und 1977 und nur 1 Prozent im Jahr 1978. Damit verbunden war ein aus-

101 Die Geldmenge M1 umfasst den Notenumlauf und die Sichteinlagen bei den Banken. Die breiter definierte Geldmenge M3 schliesst zusätzlich die Termin- und die Spardepositen ein. Die Notenbankgeldmenge (auch Zentralbankgeldmenge oder monetäre Basis genannt) umfasst die Giroguthaben der Banken bei der SNB sowie den Notenumlauf. Die bereinigte Notenbankgeldmenge enthält eine Korrektur um die Ultimokredite, d. h. die an den Monats- und speziell den Quartalsenden aufgenommenen zusätzlichen Refinanzierungskredite der Banken.

geprägter Rückgang der Nominalzinssätze. 1978 fielen die Geldmarktsätze auf unter 1 Prozent und die Rendite für Bundesobligationen auf wenig mehr als 3 Prozent. Dies zeigt, dass die Rückführung des Geldmengenwachstums auf ein stabilitätskonformes Mass die Inflationserwartungen der frühen 1970er-Jahre gebrochen hatte. Die Nominalzinssätze enthielten zu diesem Zeitpunkt vermutlich kaum mehr eine nennenswerte Inflationsprämie.

Die Politik der SNB nach 1973 hat also in bemerkenswert kurzer Zeit zur Wiedergewinnung der Preisstabilität geführt. Dieser rasche Erfolg – der damals für viele Beobachter im In- und Ausland unerwartet kam[102] – beruhte darauf, im Rahmen eines klar erkennbaren währungspolitischen Regimewechsels die Chance zu einem radikalen geldpolitischen Kurswechsel entschieden zu nutzen und als Folge innerhalb relativ kurzer Frist ein hohes Mass an Vertrauen und Glaubwürdigkeit aufzubauen. Ähnlich, wenn auch in etwas milderer Form, ist diese Situation damals in Deutschland genutzt worden. Die Notenbanken beider Länder nahmen damit zu jener Zeit eine internationale Pionierrolle in der Geldpolitik wahr.

Mit diesen Erfolgen in der Inflationsbekämpfung ging jedoch in der Schweiz zugleich ein scharfer Einbruch des realen Wirtschaftswachstums einher. Sowohl 1975 wie 1976 ging das Bruttosozialprodukt real zurück, 1975 sogar um drastische 7,4 Prozent. Obwohl damals ein solcher Wachstumseinbruch als Folge des ersten Erdölpreisschocks international allgemein auftrat, war der Einbruch in der Schweiz mit Abstand stärker als in praktisch allen anderen Ländern. Angesichts des scharfen monetären Restriktionskurses der SNB in den Jahren zuvor ist dies keine grosse Überraschung.

Gemessen an der Höhe der Arbeitslosenquote allerdings schien die Schweiz in dieser Phase keine besonderen Schwierigkeiten zu verzeichnen. Nur 1975 und 1976 war die Arbeitslosenquote für (damalige) schweizerische Verhältnisse geringfügig erhöht (verharrte aber mit 0,4 Prozent bis 0,7 Prozent immer noch auf einem sehr niedrigen Niveau). Dies hängt damit zusammen, dass die statistisch ausgewiesene Arbeitslosigkeit wegen der grossen Mobilität von Arbeitskräften über die Landesgrenzen hinweg eine sehr begrenzte Aussagekraft hatte. Es gab auch noch keine obligatorische Arbeitslosenversicherung. Die Zahl der ausländischen Arbeitskräfte, die damals immerhin einen Anteil von 26 Prozent an den Erwerbstätigen der Schweiz ausmachte, sank von etwa 850 000 Personen im Jahr 1973 auf 630 000 Personen im Jahr 1978. Dieser Rückgang betraf praktisch ausschliesslich die Zahl der Jahresaufenthalter, Saison-

102 Mishkin hat in einer Beurteilung im Jahr 2007 festgestellt, dass die amerikanische Notenbank in den 1970er-Jahren eine zu hohe Inflationstoleranz ausgewiesen habe, weil damals eine allzu pessimistische Einschätzung der Möglichkeiten und Kosten einer Antiinflationspolitik vorgeherrscht hätte – eine Einschätzung, die erst nach der erfolgreichen Inflationsbekämpfung unter Paul Volcker Anfang der 1980er-Jahre revidiert worden sei (Mishkin 2007). Die schweizerische und die deutsche Zentralbank waren hier zehn Jahre voraus.

arbeiter und (in etwas geringerem Umfang) die Grenzgänger; die Zahl der Niedergelassenen stieg dagegen leicht an. Die Rückwanderung ausländischer Arbeitskräfte bedeutete zugleich einen Rückgang des Angebotspotenzials und eine Minderung der gesamtwirtschaftlichen Nachfrage der Schweizer Wirtschaft.

Allerdings muss in diesem Zusammenhang auch gesehen werden, dass die «Redimensionierung» der ausländischen Arbeitsbevölkerung und damit der schweizerischen Volkswirtschaft, die in diesen Zahlen zum Ausdruck kommt, einem damals verbreiteten Wunsch in der schweizerischen Bevölkerung entsprach und politisch in einem gewissen Ausmass wohl ohnehin unvermeidbar war. Diese Feststellung vermindert die Schärfe des Wirtschaftseinbruchs von 1975 nicht, vermag aber mit zu erklären, warum es für die SNB der 1970er-Jahre politisch möglich war, eine derart restriktive Geldpolitik durchzuführen. Sie bedeutet zugleich auch, dass es irreführend und unangebracht ist, das in den späteren 1970er- und den 1980er-Jahren erzielte Sozialprodukt der Schweiz am extrapolierten Trend seiner vor 1975 erzielten Werte zu messen.

WECHSELKURSTURBULENZ UND TEMPORÄRE RÜCKKEHR ZU EINEM WECHSELKURSZIEL: 1977/78

Stand in den Jahren nach 1973 das Problem der Rückführung der Inflation von relativ hohen auf stabilitätsgerechte Werte im Vordergrund der Geldpolitik, so war dieses Ziel bis 1977/78 weitgehend und in einem für viele unerwarteten Mass erreicht. Nach 1977 stand dann zusehends das Problem im Vordergrund, wie diese wiedergefundene Stabilität angesichts verschiedener Arten von Störungen bewahrt werden konnte. Das Hauptproblem 1977 und besonders 1978 war die starke Aufwertung des Schweizer Frankens gegenüber allen wichtigen Währungen. Der Glaube des Marktes an die Ernsthaftigkeit der schweizerischen Stabilitätspolitik führte in einem nach wie vor stark inflationären internationalen Umfeld zu massiven Aufwertungserwartungen und spekulativen Kapitalzuströmen in die Schweiz. So wertete sich der Schweizer Franken im Jahr 1978 real um fast 15 Prozent gegenüber der D-Mark und gar um gute 26 Prozent gegenüber dem US-Dollar auf. Auch handelsgewichtet betrug die reale Aufwertung (gemessen am Konsumentenpreisindex) gute 16 Prozent. Obwohl diese starke Schweizer-Franken-Aufwertung die Handelsströme und die Ertragsbilanz zunächst nur relativ schwach berührte, nahm sie im Sommer 1978 ein so dramatisches Ausmass an, dass die Wettbewerbsposition der schweizerischen Exportindustrie sowie der mit den Importgütern konkurrierenden Bereiche dadurch äusserst ernsthaft gefährdet schien.[103]

103 Eine vergleichbar dramatische Entwicklung der Wechselkursverhältnisse sollte die Schweiz danach erstmals wieder als Folge der europäischen Schuldenkrise im Sommer und Herbst 2011 erleben.

Die SNB hatte sich Kurskorrekturen für solche Fälle stets vorbehalten und entschied sich angesichts dieser Lage für eine vorübergehende, weit über das ursprünglich geplante Ausmass hinausgehende Geldmengenerhöhung. Sie verzichtete für das Jahr 1979 auf die Festlegung eines Geldmengenziels. Im Oktober 1978 entschloss sie sich nach intensiven internen Diskussionen zur Ankündigung, den Kurs der D-Mark «deutlich über 80 Schweizer Franken pro Hundert D-Mark» halten zu wollen. Diese Politik führte, wenig überraschend, zu einer starken Überschreitung des ursprünglichen Geldmengenziels für 1978. Allein im halben Jahr von September 1978 bis März 1979 stiegen die Notenbankgeldmenge um 17 Prozent und die Geldmenge M1 um 11 Prozent. Im Frühjahr 1979 beruhigte sich die Situation an den Devisenmärkten wieder, und die SNB versuchte sofort, die zuvor geschaffene Überschussliquidität wieder abzuschöpfen. Sie hatte von Anfang an beabsichtigt, nach Normalisierung der Lage wieder zu ihrer Politik der Geldmengenkontrolle zurückzukehren. Sie hoffte, dass die vorübergehende Abweichung vom mittelfristig stabilitätsgerechten Geldmengenwachstum, welche sie als Akkommodierung einer massiven internationalen Nachfrageerhöhung nach Schweizer Franken betrachtete, später wieder rückgängig gemacht werden könnte und ohne Folgen für die Inflation bleiben würde.

Diese Hoffnung wurde allerdings nur teilweise erfüllt. In den Jahren nach 1978 stieg die Inflationsrate wieder markant an, von 1 Prozent im Jahr 1978 auf fast 4 Prozent im Folgejahr und 6,4 Prozent im Jahr 1981. Zwar war dies zum Teil eine Folge des damaligen zweiten Ölpreisschocks, zum Teil aber ohne Zweifel auch Resultat der übermässigen Liquiditätsausweitung. Der geldpolitische Kurswechsel von 1978 ist deshalb nachträglich häufig infrage gestellt worden. Gemäss Schiltknecht (1994, S. 65) hat ihn selbst der damalige Nationalbankpräsident, Fritz Leutwiler, nach seinem Rücktritt im Jahr 1985 als Fehler bezeichnet. Ich teile wie Schiltknecht diese Auffassung nicht. Eine nicht akkommodierende Politik hätte 1978 angesichts der damaligen massiven Frankenaufwertung mit grosser Wahrscheinlichkeit starke realwirtschaftliche Verwerfungen verursacht. Hingegen ist es richtig, dass die SNB 1979 und 1980 die entstandene Überschussliquidität zu zögerlich wieder beseitigt hat (Baltensperger und Böhm 1984, S. 72; Baltensperger 1985), wahrscheinlich nicht zuletzt aufgrund einer Unterschätzung des nachfolgenden Konjunkturaufschwungs, und damit die Basis für die nachfolgende Inflationsdynamik gelegt hat (Kugler und Rich 2002, S. 266).

ZURÜCK ZUR GELDMENGENPOLITIK: JAHRESZIELE FÜR DIE NOTENBANKGELDMENGE

Für das Jahr 1980 und danach kündigte die SNB wieder jährliche Geldmengenziele an, jetzt jedoch direkt für das Wachstum der bereinigten Notenbankgeldmenge. Dieser Zielwechsel wurde vorgenommen, weil sich der Geldmultiplikator, der die Notenbankgeldmenge mit der Geldmenge M1 verbindet, als instabil und schwer prognostizierbar erwies. Für 1980 und 1981 wurden Zielwerte von 4 Prozent festgelegt. In beiden Jahren wurde dann aber tatsächlich ein wesentlich restriktiverer Kurs verfolgt als zunächst angekündigt; die Notenbankgeldmenge sank effektiv in beiden Jahren. Die Motivation dafür lag in der zur Zeit der Zielfestlegungen jeweils nicht hinreichend antizipierten Zunahme der Inflationsdynamik (auf einen Spitzenwert von gut 7 Prozent im Jahr 1981). Wie bereits erwähnt war für diese Entwicklung teilweise der zweite Erdölpreisschock von 1979/80 verantwortlich, teilweise aber auch die zu zögerliche Beseitigung des in den Jahren zuvor entstandenen Liquiditätsüberhangs durch die SNB.

Die Desinflationspolitik der frühen 1980er-Jahre musste in gewisser Hinsicht unter anderen, für die SNB etwas weniger günstigen Rahmenbedingungen verlaufen als jene der 1970er-Jahre. Damals wurde in vielen anderen Ländern eine relativ expansive Geldpolitik betrieben; in den frühen 1980er-Jahren hingegen war die Geldpolitik in den meisten Industrieländern eher restriktiv. Unterstützt durch die starke Schweizer-Franken-Aufwertung stellte sich daher in den 1970er-Jahren ein Erfolg bei der Inflationsbekämpfung vergleichsweise rasch und leicht ein, währenddessen in den frühen 1980er-Jahren die Wirkung auf die Inflationsrate, bei vergleichsweise schwachem Schweizer-Franken-Kurs, langsamer und schwächer einsetzte.

Die Ereignisse zwischen 1978 und 1981 beeinflussten die Rolle des Wechselkurses in der schweizerischen Geldpolitik stark und nachhaltig. Die pragmatische Reaktion der SNB auf die Wechselkurskrise von 1978 schuf eine über lange Jahre anhaltende Markterwartung, dass die Notenbank eine Unterschreitung der Limite von 80 für den Preis der D-Mark nicht tolerieren würde.

Die anschliessenden Jahre 1982 bis 1986 stellten die schweizerische Geldpolitik auf wenig Proben. Die Inflation fiel auf Raten zwischen 2 und 3 Prozent zurück. Die Geldmengenziele – jeweils 3 Prozent für 1982 bis 1985 und 2 Prozent für 1986 – wurden gut eingehalten. Wechselkursschwankungen gaben zwar gelegentlich Anlass zu Sorgen, blieben aber insgesamt moderat.

MONETÄRE ÜBERHITZUNG IN DEN SPÄTEN 1980ER-JAHREN

Im Verlauf der späten 1980er-Jahre kam es dann jedoch zu einer monetären Fehlentwicklung, welche die Politik der SNB auf zehn Jahre hinaus sehr stark belasten sollte. Für 1987 setzte die SNB zunächst wieder ein Ziel von 2 Prozent für das Geldmengenwachstum fest, tolerierte dann aber angesichts einer kräftigen Aufwertungstendenz für den Schweizer Franken und gewisser Schwächeanzeichen der internationalen Konjunktur eine Überschreitung dieses Ziels. Der Börsencrash vom Oktober 1987 und die damals international verbreitete Sorge, dass sich daraus eine Rezession ergeben könnte, veranlassten die SNB, die eigentlich notwendige restriktive Korrektur hinauszuzögern und für 1988 sogar ein erhöhtes Geldmengenwachstum von 3 Prozent als Ziel festzulegen. In der ersten Hälfte von 1988 wurde dann aber zunehmend klar, dass die befürchtete Rezession nicht eintreten würde, und die SNB fasste die Absicht, auf einen strafferen Kurs zu wechseln. So weit, so gut.

1988 und 1989 erschwerten nun aber zwei wichtige institutionelle Änderungen die schweizerische Geldpolitik sehr stark: die Einführung des elektronischen Bankenclearings SIC und die Neuordnung der bankgesetzlichen Liquiditätsvorschriften. Beide führten zu einem massiven Rückgang der Reservenachfrage der Banken nach Notenbankgeld. Die Nationalbank war sich dessen ebenso bewusst wie andere Marktbeobachter. Das Ausmass und das zeitliche Muster dieses Nachfragerückgangs waren aber ex ante extrem schwierig abschätzbar. Die Notenbank reagierte grundsätzlich richtig mit einer Mässigung des Geldmengenwachstums, fand es aber äusserst schwierig, die richtige Dosierung zu finden. Eine stärkere Beachtung von Zinssignalen wäre dabei sicher nützlich gewesen. Diesbezüglich war die damalige Fixierung der SNB auf die Geldmengenentwicklung wenig hilfreich. Damit einher gingen in dieser Phase für die SNB auch Schwierigkeiten, ihre geldpolitischen Absichten der Öffentlichkeit klar zu vermitteln.

Schon Ende 1987 erklärte die SNB, dass sie ihr für 1988 festgelegtes Ziel (einen Geldmengenzuwachs von 3 Prozent) aus den genannten Gründen möglicherweise unterschreiten müsse. Tatsächlich ging die Notenbankgeldmenge dann 1988 um 4 Prozent zurück. Auch so blieben aber die Geldmarktsätze extrem niedrig und es wurde klar, dass die Geldpolitik angesichts der geschrumpften Reservenachfrage der Banken immer noch allzu expansiv ausgefallen war. Das Ergebnis war eine viel zu reichliche Geldversorgung, auf die mit der gewohnten zeitlichen Verzögerung von zwei bis drei Jahren ein kräftiger Inflationsschub folgen sollte. Sowohl 1989 wie 1990 entschied sich die SNB, das effektive Geldmengenwachstum unter dem zunächst angekündigten Ziel zu halten und verfolgte damit einen weiterhin restriktiven Kurs. Der Schaden an der Inflationsfront war aber bereits geschehen. Die Stärke und Hartnäckigkeit des Inflationsschubs wurde erhöht durch eine konjunkturelle Überhitzung und einen massiven spekulativen Immobilienboom in der Schweiz. Notenbank und Wirtschaftsprognostiker wurden durch die Kraft und Dauerhaftigkeit des Inflationsauftriebs, der Mitte 1991 einen Spitzenwert von 6,6 Prozent erreichen und sich erst nachher allmählich zurückbilden sollte, wiederholt überrascht.[104]

104 Dieser und die nachfolgenden Abschnitte beruhen auf Baltensperger 2007.

MITTELFRISTIGER ZIELPFAD FÜR DIE GELDMENGENENTWICKLUNG

Die Erfahrungen der späten 1980er-Jahre bewegten die Nationalbank zu einer wichtigen Anpassung ihres geldpolitischen Ansatzes. Zwar blieb sie nach wie vor bei einer auf die Geldmenge ausgerichteten Politik. Die Unsicherheit bei der Prognose der Notenbankgeldnachfrage und die aus ihr resultierenden wiederholten und starken Abweichungen des effektiven Geldmengenwachstums von den ursprünglich angekündigten Jahreszielen hatten aber die Glaubwürdigkeit solcher Jahresziele stark beeinträchtigt und diese als Instrument für die Vermittlung der geldpolitischen Absichten der Notenbank diskreditiert. Jahresziele waren unter solchen Bedingungen nicht mehr befriedigend in der Lage, die für die Festlegung der Politikentscheidungen der Notenbank relevanten Faktoren widerzuspiegeln. Die SNB ging aus diesem Grund zu einer verstärkt mittelfristigen Orientierung ihrer Politik über.

Im Dezember 1990 kündigte sie die Absicht an, ihre Politik künftig an einem mittelfristigen Zielpfad für die Notenbankgeldmenge zu orientieren. Dieser Zielpfad sollte so berechnet sein, dass er Preisstabilität mit normaler Ausnutzung des Wachstumspotenzials der Wirtschaft vereinbar machte. Die Einschätzung der SNB im Jahr 1990 war, dass ein durchschnittlicher Zuwachs der Notenbankgeldmenge von 1 Prozent pro Jahr mit dieser Zielsetzung konsistent wäre. Die Länge der Zielperiode wurde zunächst etwas unbestimmt belassen, später aber bald auf fünf Jahre festgelegt. Der Sinn des Übergangs von Jahreszielen zu einem mittelfristigen Zielpfad war es, der Geldpolitik in ihren Entscheidungen von Jahr zu Jahr mehr Flexibilität zu gewähren, speziell im Hinblick auf den Einbezug von Indikatoren wie Wechselkurs, Zinssätze und Konjunkturzustand, zugleich aber die längerfristige Verankerung ihrer Verpflichtung auf Preisstabilität klar beizubehalten.

STABILISIERUNGSKRISE UND WIEDERHERSTELLUNG DER PREISSTABILITÄT

Die Jahre 1991 bis 1993 standen im Zeichen der Wiederherstellung der Preisstabilität. Damit einher ging eine scharfe Stabilisierungskrise der schweizerischen Wirtschaft, die mit starken Korrekturen am Immobilienmarkt und schweren Belastungen für den Bankensektor verbunden war. Das mittelfristige monetäre Wachstumsziel der SNB schien in dieser Phase zunächst seine Funktion als geldpolitischer Indikator recht gut zu erfüllen. Die effektive Geldmengenentwicklung bewegte sich zwar unter dem mittelfristigen Zielpfad. Dies war aber mit einer – durch hohe Zinsen und schwaches Wachstum bedingten – unter ihrem mittelfristigen Niveau liegenden Geldnachfrage konsistent. Der mittelfristige Zielpfad signalisierte demgegenüber, dass die Geldmenge später, nach Normalisierung von Inflation und Wirtschaftslage, wieder stärker würde wachsen müssen.

1991 und 1992 erfuhr die D-Mark im Gefolge der deutschen Wiedervereinigung eine starke Aufwertung. Die SNB straffte deshalb, etwas widerstrebend, ihren Kurs. Die schweizerische Inflation betrug zu diesem Zeitpunkt immer noch fast 5 Prozent. Mitte 1992, bei immer noch schwacher Binnenkonjunktur und stabilisiertem Wechselkurs, entschied sich die SNB für eine Lockerung ihrer Politik. 1994 endlich war die Inflation auf etwa 2 Prozent reduziert. Die Konjunktur schien sich, bei anziehendem Schweizer-Franken-Kurs, wieder zu bessern.

FEHLBEURTEILUNG DES KONJUNKTURZYKLUS UND MONETÄRE ÜBERRESTRIKTION: 1994/95

Die nachfolgenden Jahre 1994 und 1995 gehören zu den kontroversesten Phasen in der jüngeren Geschichte der schweizerischen Geldpolitik. Selten ist die SNB in den Jahrzehnten zuvor so heftig kritisiert worden wie zu dieser Zeit. Die Notenbankgeldmenge bewegte sich nach wie vor unter dem mittelfristigen Zielpfad. Letzterer signalisierte damit weiterhin das Bedürfnis nach einem expansiveren monetären Kurs. Die Sorge um ein Wiederaufflammen der Inflation – vor dem Hintergrund der damaligen Einführung der Mehrwertsteuer in der Schweiz und in der Erwartung einer zyklischen Belebung der Wirtschaft – hielt aber die SNB zunächst von einer Lockerung ab. Tatsächlich stellte sich dann aber heraus, dass die Notenbank, ebenso wie die meisten anderen Prognostiker, die Stärke des zyklischen Aufschwungs 1994 und 1995 wiederholt überschätzt hatte. Die Geldpolitik im Jahr 1994 fiel aus diesen Gründen klar zu restriktiv aus.

Im Frühjahr 1995 begann die SNB im Lichte wieder zunehmender realwirtschaftlicher Schwäche sowie eines steigenden Schweizer-Franken-Kurses, diesen Fehler zu korrigieren. Sie senkte die Geldmarktzinsen deutlich und erlaubte der Notenbankgeldmenge, sich ihrem Zielpfad von unten anzunähern. Der mittelfristige Zielpfad für die Notenbankgeldmenge wurde Anfang 1995 um eine weitere Fünfjahresperiode verlängert. Der Ausgangspunkt des neuen Pfades wurde dabei im Vergleich zum alten Zielpfad, als Ergebnis einer entsprechenden Neueinschätzung der Notenbankgeldnachfrage durch die SNB, etwas nach unten korrigiert.

Die SNB ist für ihre Politik in den Jahren 1994 und 1995 scharf kritisiert worden, unterem anderem von Ettlin und Gaillard 2001.[105] Für 1994 ist diese Kritik gerechtfertigt – die damalige Geldpolitik muss ex post klar als zu restriktiv beurteilt werden. Für 1995 hingegen ist eine vergleichbare Kritik meiner Ansicht nach nicht angemessen. Entgegen einem in den Medien vielfach kolportierten Vorwurf fand der geldpolitische Kurswechsel zu einer expansiveren Politik nicht erst 1996, sondern bereits 1995 statt.

105 Für eine ausführliche Auseinandersetzung mit dieser Kritik vgl. Baltensperger 2007, S. 634 ff.

Für die Fehlentwicklung von 1994 ist häufig die Geldmengenorientierung der schweizerischen Geldpolitik verantwortlich gemacht worden. Die SNB sei Sklavin ihrer monetaristischen Tradition und Überzeugung geworden, wurde oft moniert. Auch dieser Vorwurf lässt sich nicht wirklich halten. Der monetäre Indikator der SNB gab gerade 1994 eigentlich das richtige Signal: Er deutete klar auf die Notwendigkeit einer expansiveren Politik hin. Er wurde aber im Entscheidungsprozess der SNB – in diesem Fall fälschlicherweise – zugunsten anderer Indikatoren in den Hintergrund geschoben (Rich 2007, S. 320). Entscheidend waren dabei insbesondere eine zu optimistische Einschätzung der künftigen Konjunkturentwicklung und die Sorge um eine Wiederbelebung der Inflationsdynamik. Die letztere Befürchtung war dabei ex ante nicht gänzlich unbegründet. Die Inflationserwartungen in der schweizerischen Wirtschaft waren 1994 wohl noch nicht eindeutig und definitiv gebrochen.

Mit ihrer Politik von 1994 hat die SNB zweifellos die anhaltende Wirtschaftsschwäche dieser Periode zu einem Teil mit zu verantworten. Die Restriktionspolitik der SNB ist allerdings häufig viel zu einseitig für die Wachstumsschwäche der Schweizer Wirtschaft während der ganzen 1990er-Jahre verantwortlich gemacht worden. Andere Faktoren – lähmender Reformstau in zahlreichen Bereichen der schweizerischen Wirtschaftspolitik, insbesondere eine zu zögerliche Haltung gegenüber der Öffnung aller Teile der Wirtschaft für den nationalen und internationalen Wettbewerb sowie ein allzu lange fehlender klarer Wille zu einer überzeugenden und nachhaltigen Konsolidierung der öffentlichen Haushalte und Sozialwerke – haben dazu zumindest ebenso stark beigetragen.

Nicht vergessen darf man auch, dass die Turbulenzen von 1994/95 ihren Ursprung letztlich in der monetären Überexpansion der späten 1980er-Jahre hatten. Hätte man letztere vermieden, wären uns auch die anschliessende geldpolitische Korrektur und die von ihr ausgelöste Stabilisierungs- und Bankenkrise erspart geblieben, einschliesslich der Schwierigkeiten von 1994/95. Diese Korrektur war kein Fehler. Sie war nach den Fehlentwicklungen der späten 1980er-Jahre bitter notwendig. Aber sie hat natürlich wie jede solcher Korrekturen volkswirtschaftliche Kosten verursacht.

NORMALISIERUNG UND NEUBEURTEILUNG DER GELDPOLITISCHEN INDIKATOREN

In der Zeit von 1996 bis 1999 normalisierte sich die schweizerische Wirtschaft zusehends. Wachstum und Beschäftigung blieben zunächst schwach, fanden aber gegen Ende des Jahrzehnts zu normalen Werten zurück. Geldpolitisch stellten diese Jahre keine besonderen Herausforderungen, abgesehen von gelegentlichen Turbulenzen, etwa im Gefolge der Asienkrise 1997.

Die Erfahrungen der 1990er-Jahre veranlassten die Nationalbank jedoch zusehends, ihre geldpolitischen Indikatoren und Konzeptionen zu überdenken. Die Geldmenge als hauptsächliche geldpolitische Indikatorvariable wurde in- und ausserhalb der SNB mehr und mehr in Frage gestellt. Der Erfolg des mittelfristigen Zielpfads konnte nur als durchzogen beurteilt werden. In der ersten Fünfjahresperiode blieb die Geldmenge effektiv durchwegs unter der Ziellinie; in der zweiten Fünfjahresperiode umgekehrt überschritt sie den Zielpfad weit, ohne dass sich deswegen ein Inflationsdruck aufzubauen schien. Die Nachfrage nach Notenbankgeld erschien instabil und schwer prognostizier- und erklärbar. Die Erklärung und Vermittlung des Informationsgehalts dieser Indikatorvariablen wurde dadurch offensichtlich beeinträchtigt.

Der mittelfristige Ansatz war zwar im Grundsatz vernünftig und richtig gemeint. Er spielte gemäss Georg Rich, dem damaligen Chefökonomen der SNB, auch für die interne Entscheidungsfindung der SNB eine erhebliche Rolle (Rich 2007, S. 313 ff.). Er erwies sich aber nicht zuletzt kommunikativ als wenig hilfreich. Die Instabilität des monetären Umfelds und die langen und starken Abweichungen vom Zielpfad, die daraus fast zwangsläufig resultierten, machten es zunehmend schwieriger, der Öffentlichkeit zu vermitteln, welche Konsequenzen Abweichungen der Geldmenge vom Zielpfad für die zukünftige Geldpolitik signalisierten. Dies machte am Ende des Jahrzehnts schliesslich den Weg zu einem neuen geldpolitischen Konzept frei.

Auf der Ebene der operativen Umsetzung der Geldpolitik erfolgte in dieser Phase eine schrittweise Verschiebung – weg von der Kontrolle eines monetären Reserveaggregats, hin zu einer Implementierung der Politik über die Kontrolle eines kurzfristigen Geldmarktzinssatzes, wie sie auch von praktisch allen anderen modernen Zentralbanken betrieben wird.

GELDPOLITIK BEI FLEXIBLEN KURSEN – EIN ERFOLG

Die Geldpolitik der Nationalbank seit dem Zusammenbruch des Festkurssystems von Bretton Woods Anfang der 1970er-Jahre darf alles in allem ohne Zweifel als im internationalen Vergleich äusserst erfolgreich beurteilt werden. Bezüglich ihres Hauptziels, der Gewährleistung der Preisstabilität, steht der Erfolgsausweis der Nationalbank über diese Periode insgesamt hinter jenem keiner anderen wichtigen Zentralbank zurück. Die Inflationsrate blieb über längere Zeiträume konsistent tief, so zwischen 1982 und 1988 – also in einer Phase, in der dies für grosse Teile der industrialisierten Welt nicht der Fall war –, und dann wieder von 1993 bis in die Gegenwart (siehe Abbildung 22). Es gelang der Nationalbank damit, Vertrauenskapital und Glaubwürdigkeit in hohem Mass aufzubauen. Zusammen mit der Stabilität des politischen Systems und der öffentlichen Finanzen trug sie damit wesentlich zu hohem Vertrauen in die schweizerischen Finanzmärkte und zur Gewährleistung eines Zinsniveaus bei, das nominell und auch real regelmässig unter jenem anderer Währungsräume lag (siehe Abbildung 23).

Perfekt war auch diese Politik allerdings nicht, wie wir gesehen haben. In verschiedenen Phasen liess die Nationalbank vorübergehende Fehlentwicklungen zu. So stieg die Inflationsrate 1980/81 und 1988–1990 markant an. Beide Inflationsschübe zwangen die Nationalbank, zur Korrektur einen Kurs monetärer Restriktion einzuschlagen und entsprechende Stabilisierungskosten in Kauf zu nehmen. Vor allem in der ersten Hälfte der 1990er-Jahre trug dies, zusammen mit der zögerlichen Bewältigung strukturellen realwirtschaftlichen Reformbedarfs durch die Politik, zu Rezession und Wachstumsschwäche der Schweizer Wirtschaft bei. 1994 verstärkte die Nationalbank mit einem allzu langen Beharren auf einem restriktiven Kurs den Schwächezustand der Wirtschaft und erntete dafür harte Kritik.

ABBILDUNG 22
Inflation, 1971–2013 (Jahresdurchschnitt, in Prozent)

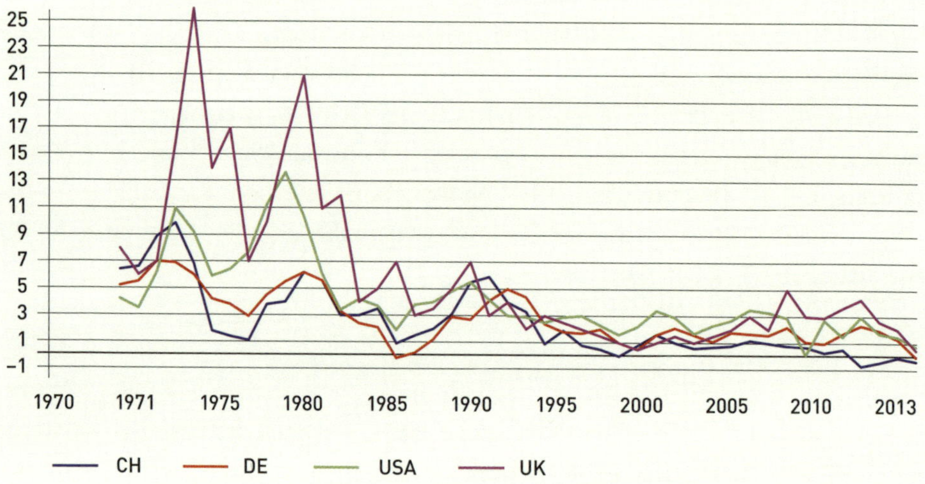

Quelle: global-rates.com 2016

ZUR ROLLE DER BANKEN FÜR DIE WÄHRUNGSPOLITIK

In der zweiten Hälfte des 20. Jahrhunderts blieben die Bankensysteme, abgesehen von Einzelfällen, weltweit weitgehend stabil – nicht zuletzt als Folge der Regulierungsreformen, die seit den 1930er-Jahren in den meisten Ländern als Reaktion auf die damaligen Banken- und Finanzkrisen durchgeführt worden waren. Die Sorge um die

ABBILDUNG 23
Renditen von Staatsanleihen (10 Jahre nominell), 1970–2015

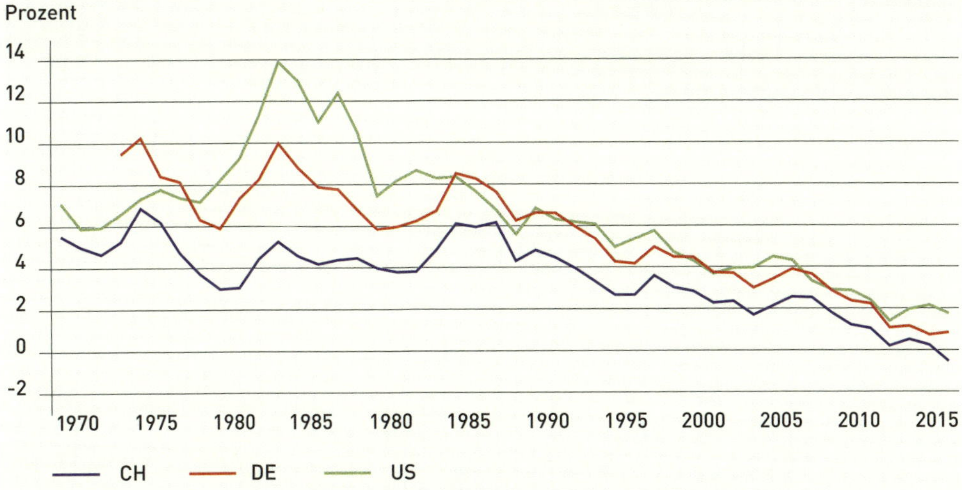

Quellen: SNB 2016; Deutsche Bundesbank 2011; FED 2016

Finanzstabilität trat damit für Jahrzehnte stark in den Hintergrund. Sie sollte erst in der neuesten Zeit wieder zum brennenden Thema werden.

Zwar haben die Banken bis heute als Produzenten von Geld in der Form von Bankdepositen (Giralgeld, Buchgeld) eine zentrale Funktion für die Geldversorgung unserer Wirtschaftssysteme. Doch verfügen die Zentralbanken über potente Instrumente, den Umlauf an Depositengeld zu steuern und indirekt ihrer Kontrolle zu unterwerfen. Dazu existiert eine umfangreiche ökonomische Literatur, die in jedem Standardlehrbuch der Geldtheorie und Geldpolitik ausführlich wiedergegeben ist. Die Instrumente der Offenmarktpolitik, der Refinanzierungspolitik und der Mindestreservepolitik, möglicherweise ergänzt durch informelle Vereinbarungen und Mittel der Moral Suasion, erlauben es den Zentralbanken, Gesamtgeldmenge und Geldmarktverhältnisse angemessen zu kontrollieren, sofern sie dies nur wirklich wollen und das Währungssystem ihnen die Möglichkeit gibt, die Bedingungen am Markt für Zentralbankgeld gemäss eigenen Vorstellungen zu steuern. Aus diesem Grund waren die Banken in der Ära flexibler Wechselkurse kein zentrales Problem für die Geld- und Währungspolitik der SNB (und anderer Zentralbanken). Erst die internationale Banken- und Finanzkrise des angehenden 21. Jahrhunderts sollte die Banken wieder zu einer zentralen Bedrohung für die Geld- und Zentralbankpolitik machen.

10 GEGENWART UND AUSBLICK

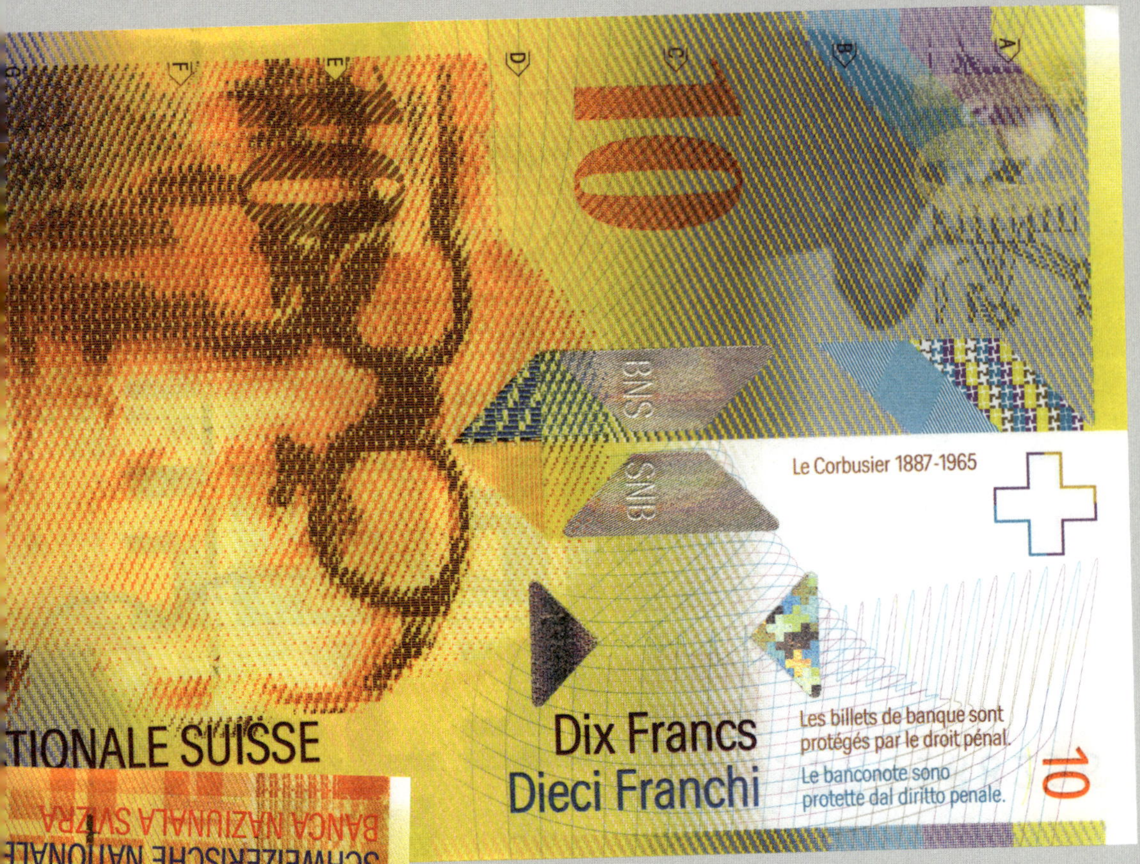

1

2

Achte Banknotenserie

Die von Jörg Zintzmeyer entworfenen Banknoten sind Persönlichkeiten der Architektur, Musik, darstellenden Kunst und der Literatur gewidmet. Sie widerspiegeln die Kultur- und Sprachenvielfalt der Schweiz und kamen ab 1995 in den Verkehr. Erstmals wurde mit der achten Serie eine 200-Frankenbanknote anstelle der 500-Frankenbanknote ausgegeben. Bei der Gestaltung der Noten wurden erstmals die Möglichkeiten der elektronischen Bildbearbeitung genutzt. Das Sicherheitskonzept markiert den Übergang von versteckten zu transparenten Sicherheitsmerkmalen.

Jörg Zintzmeyer Z&i
Orell Füssli Arts Graphiques SA Zurich
Banque nationale suisse
94H0665204
BANQUE NATIONALE SUISSE
BANCA NAZIONALE SVIZZERA

3

20
Arthur Honegger 1892-1955
SCHWEIZERISCHE NATIONALBANK
BANCA NAZIUNALA SVIZRA
Franken
Ventg Francs
Banknoten sind strafrechtlich geschützt.
Las bancnotas en protegidas dal dretg penal.
20

4

50
Sophie Taeuber-Arp 1889-1943
SCHWEIZERISCHE NATIONALBANK
BANCA NAZIUNALA SVIZRA
Fünfzig Franken
Tschuncanta Francs
Banknoten sind strafrechtlich geschützt.
Las bancnotas èn protegidas dal dretg penal.
50

5

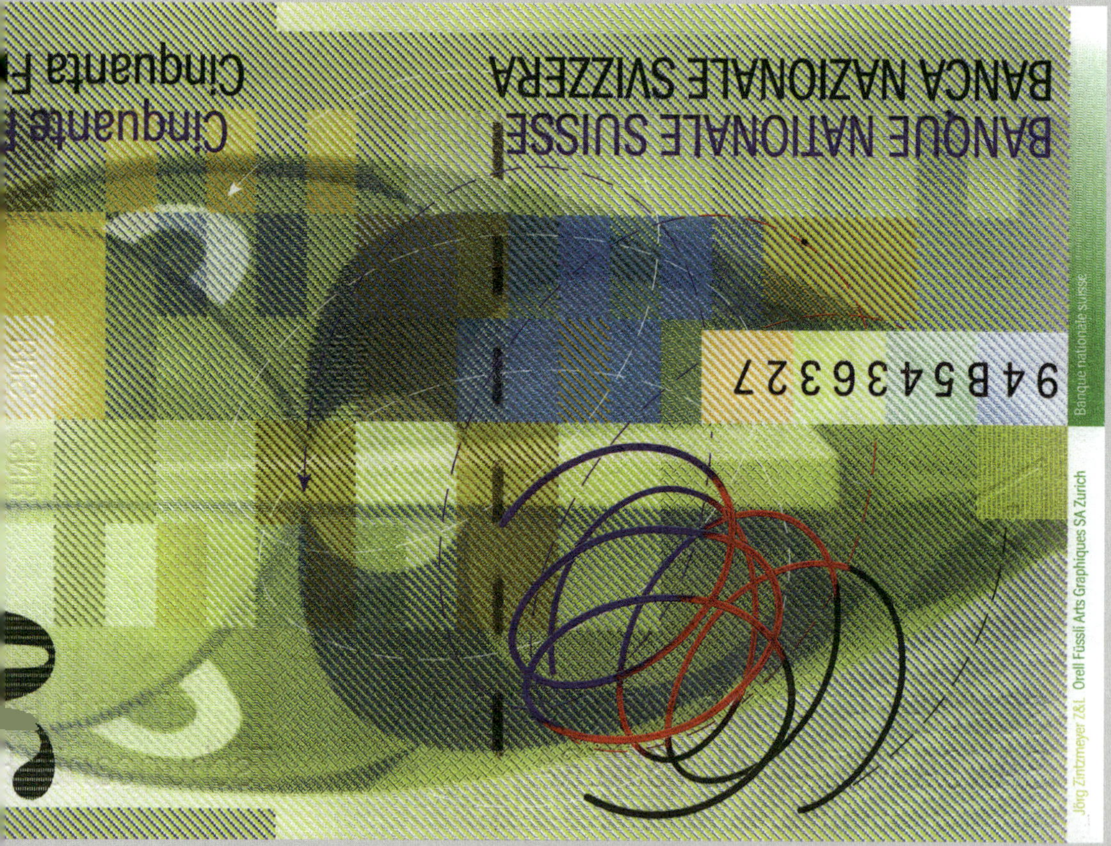
BANQUE NATIONALE SUISSE
BANCA NAZIONALE SVIZZERA
94B5436327
Banque nationale suisse
Jörg Zintzmeyer Z&L Orell Füssli Arts Graphiques SA Zurich

6

7

BANQUE NATIONALE

96B5132562
100
SCHWEIZERISCHE NATIONALBANK
BANCA NAZIUNALA SVIZRA
Hundert Franken
Tschient Francs

8

200
Charles Ferdinand Ramuz 1878-1947
BANQUE NATIONALE SUISSE
BANCA NAZIONALE SVIZZERA
Deux Cents Francs
Duecento Franchi
Les billets de banque sont protégés par le droit pénal.
Le banconote sono protette dal diritto penale.
200

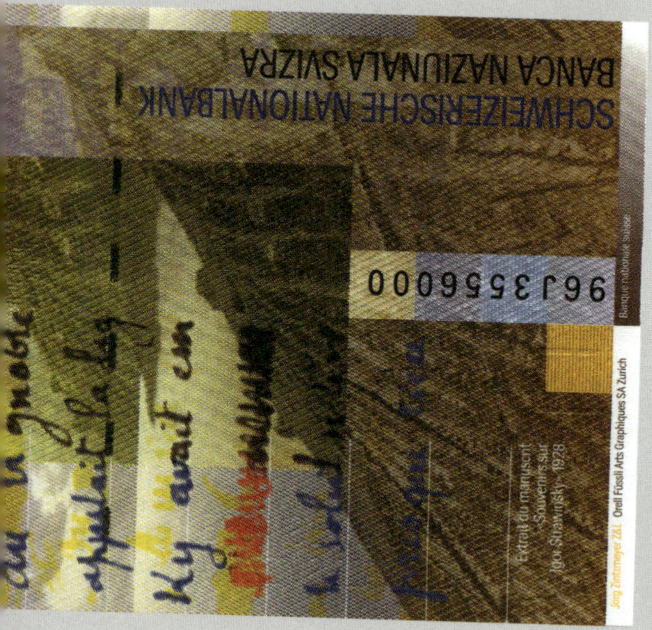
SCHWEIZERISCHE NATIONALBANK
BANCA NAZIUNALA SVIZRA
96J3556000
Jorg Zintzmeyer Z&L Orell Füssli Arts Graphiques SA Zurich

10

Jorg Zintzmeyer Z&L
Orell Füssli Arts Graphiques SA Zurich
Banque nationale suisse
Staat
Religio
Kultur

12

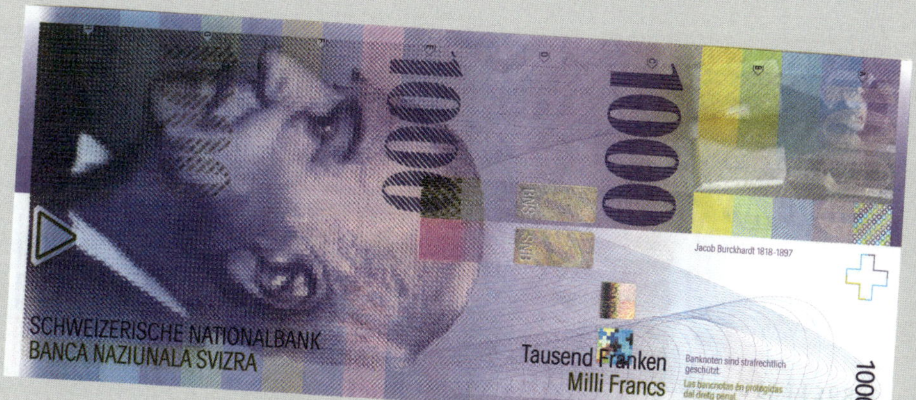
1000
1000
SCHWEIZERISCHE NATIONALBANK
BANCA NAZIUNALA SVIZRA
Jacob Burckhardt 1818-1897
Tausend Franken
Milli Francs
1000

11

1000
Revolutionszeitalter
Skulptur
Architektur
Malerei
Mille Francs

1, 2 Vorder- und Rückseite der 10-Frankenbanknote «Le Corbusier», 1997 ausgegeben

3, 4 Rück- und Vorderseite der 20-Frankenbanknote «Arthur Honegger», 1996 ausgegeben

5, 6 Vorder- und Rückseite der 50-Frankenbanknote «Sophie Taeuber-Arp», 1995 ausgegeben

7, 8 Vorder- und Rückseite der 100-Frankenbanknote «Alberto Giacometti», 1998 ausgegeben

9, 10 Vorder- und Rückseite der 200-Frankenbanknote «Charles Ferdinand Ramuz», 1997 ausgegeben

11, 12 Vorder- und Rückseite der 1000-Frankenbanknote «Jacob Burckhardt», 1998 ausgegeben

Die Beschäftigung mit der Geschichte der Schweizer Währung hat uns bis an die Schwelle der Gegenwart gebracht. Diese ist – die Schlagzeilen der Medien führen es uns stets erneut vor Augen – durch enorme Turbulenzen und Ungewissheiten auf dem Gebiet der Geld- und Währungspolitik und durch entsprechende Herausforderungen für die Zentralbanken und ihre Akteure geprägt. Die jüngsten Ereignisse sind uns aber noch zu nahe, als dass wir sie bereits in vergleichbarer Weise mit jenen früherer Jahrzehnte und Jahrhunderte darstellen und beurteilen könnten. Im Besonderen gilt dies für die Erschütterungen der internationalen Finanzmärkte, die wir in den letzten Jahren erlebt haben. Ihre zeitliche Nähe ist zu gross und die endgültige Überwindung von Krise und Krisenursachen zu wenig absehbar, als dass wir uns heute anmassen dürften, diese Entwicklungen einigermassen abschliessend und korrekt einordnen und bewerten zu können. Wir würden uns dabei allzu leicht in den Details und Emotionen der aktuellen Geschehnisse verlieren. Ich begnüge mich daher damit, die Entwicklungen seit Anbruch des neuen Jahrhunderts hier zum Abschluss knapp zu skizzieren und auf die grossen Herausforderungen der Zukunft in aller Kürze hinzuweisen.

VERÄNDERTES UMFELD MIT DER ENTSTEHUNG DER EUROZONE

Mit der Einführung der Europäischen Gemeinschaftswährung Anfang 1999 veränderte sich das Umfeld markant, in dem die Schweiz ihre Geld- und Währungspolitik zu betreiben hat. Schon in der Aufbauphase zur Währungsunion, und erst recht nach ihrer effektiven Errichtung, wurde immer wieder die Frage gestellt, ob und wie weit unser kleines Land angesichts der wachsenden Bedeutung des Euro und der gemeinsamen europäischen Geldpolitik weiterhin eine autonome Rolle wird spielen können. Würde die neue europäische Währung sich in der Schweiz nicht über kurz oder lang als Parallelwährung zum Franken etablieren und diesen letztlich verdrängen? Von der Grösse des Euroraums beeindruckt, meinten viele, dass eine selbstständige schweizerische Geldpolitik auf Dauer gar nicht mehr durchführbar sein werde. Bisher hat sich dies allerdings nicht bewahrheitet.

Der Euro hat sich zwar in den ersten zehn Jahren seiner Existenz dank einer verantwortungsvollen, stabilitätsorientierten Politik der neu gegründeten Europäischen Zentralbank gut entwickelt. Die Rolle des Euro als Anlage- und Reservewährung hat in diesem Zeitraum stark an Bedeutung gewonnen. Daraus hat sich aber keine wesentliche Beeinträchtigung der Schweizer Geldpolitik ergeben. Im Gegenteil, ein stabiler Euro – und insbesondere der Wegfall der früheren instabilen Währungen wichtiger Partnerländer wie der italienischen Lira – hat diese erleichtert. Die Erfahrung hat sich bestätigt, dass eine Währung ihre Rolle als binnenwirtschaftliches Zahlungsmittel nur in Situationen extremer Schwäche verliert und dass kleine Währungen unbehindert neben sehr viel mächtigeren existieren können, ohne dass es zu

Erosionsprozessen kommen muss. Der Gebrauch einer Währung wird stark durch Netzwerkeffekte beeinflusst, und das Nebeneinander von zwei Währungen wäre mit hohen Kosten verbunden. Einmal im Gebrauch, lässt sich eine Währung äusserst schwer durch eine andere, selbst eine gewichtigere, verdrängen, solange sie selber einigermassen stabil bleibt.

Schwerwiegender ist das umgekehrte Problem, das sich in der jüngeren Vergangenheit durch die zunehmende Instabilität der Eurozone ergeben hat. Die grosse wirtschaftliche und gesellschaftspolitische Heterogenität ihrer Teilnehmerländer bedeutete für die Währungsunion von Anfang an ein hohes Risiko und eine strukturelle Belastung. Mit dem Ausbruch der europäischen Verschuldungskrise in den Jahren 2010/11 sind diese latenten Probleme voll sichtbar geworden. Da im Gefolge dieser Entwicklung die Europäische Zentralbank als Institution zunehmend ins Visier der Politik zu geraten drohte, ergab sich daraus auch eine Belastung für den Euro als Währung. Der Schweizer Franken ist als Ergebnis in der jüngsten Zeit unter einen immensen Aufwertungsdruck gekommen – gegenwärtig die grösste Herausforderung für die Geldpolitik der Nationalbank.

NEUES GELDPOLITISCHES KONZEPT: INFLATIONSPROGNOSE ALS GELDPOLITISCHER HAUPTINDIKATOR

Ende 1999 kündigte die Nationalbank an, dass sie künftig auf Geldmengenziele verzichten und zu einem neuen geldpolitischen Konzept übergehen würde.[106] Als ihre Hauptaufgabe sah sie dabei nach wie vor die Gewährleistung der Preisstabilität an. Das neue Konzept beruht auf der Inflationsprognose als Hauptindikator des geldpolitischen Entscheidungsprozesses. Es stützt sich auf drei zentrale Elemente:

- *Erstens* eine explizite Definition der Preisstabilität. Gemäss dieser Definition ist Preisstabilität gegeben, wenn die am Konsumentenpreisindex gemessene Jahresteuerung auf mittlere Frist «unter 2 Prozent» liegt. Da Deflation, also ein fallendes Preisniveau, ausdrücklich als bekämpfenswert ausgeschlossen wird, ergibt sich ein Bereich zwischen null und 2 Prozent als sinnvolle Interpretation dieser Formulierung.
- *Zweitens* eine quartalsweise veröffentlichte, breit abgestützte Inflationsprognose über einen Zeithorizont von einem bis drei Jahren. Diese Prognose dient als Hauptindikator bei der Festlegung der geldpolitischen Entscheidungen: Wenn

106 Für eine Diskussion des neuen geldpolitischen «Konzepts 2000» der SNB siehe Baltensperger et al. 2007 oder die Beiträge zur SNB-Konferenz «The SNB's New Monetary Policy Framework Ten Years On», Schweizerische Gesellschaft für Volkswirtschaft und Statistik (Hrsg.) 2010.

die Inflationsprognose eine zukünftige Verletzung des Preisstabilitätsziels signalisiert, wird eine Anpassung der Geldpolitik geprüft. Die SNB reagiert dabei aber nie mechanisch auf die Inflationsprognose, sondern trifft ihre Politikentscheide stets im Lichte ihrer Gesamtbeurteilung der Wirtschaftslage. Sie versteht ihr Preisstabilitätsziel als eine mittel- und längerfristige Verpflichtung und behält sich Flexibilität für die kurze Frist vor.

- *Drittens* die operative Umsetzung der Geldpolitik über die Festlegung eines (in der Regel 100 Basispunkte umfassenden) Zielbands für den 3-Monats-Libor, den wichtigsten Geldmarktsatz für Anlagen in Schweizer Franken. Eine restriktivere Geldpolitik bedeutet eine Anhebung dieses Zielbands und umgekehrt. Die SNB implementiert also, wie praktisch alle anderen modernen Notenbanken, ihre geldpolitischen Vorstellungen über eine Beeinflussung eines kurzfristigen Geldmarktzinses. Sie überprüft ihr Zielband für diesen Referenzsatz regelmässig im Lichte ihrer Inflationsprognose.

Die Inflationsprognose wird, wie es auch bei anderen Notenbanken bei der Verwendung dieses Instrumentes zumeist üblich ist, unter der Annahme eines während des Prognosezeitraums unveränderten Referenzzinssatzes erstellt. Die Prognose versucht also, die Preisentwicklung bei gegebenen Bedingungen der Geldpolitik vorherzusagen und bildet so den Referenzpunkt für die anschliessende geldpolitische Entscheidung (bedingte Prognose).[107] Sie darf nicht mit einer Vorhersage dessen verwechselt werden, was wirklich geschehen wird.

Die neue Strategie der SNB weist offensichtliche Gemeinsamkeiten mit dem seit den 1990er-Jahren weitverbreiteten Inflation Targeting auf, weicht aber in einigen wichtigen Punkten von einer häufig im Vordergrund stehenden «engen» Auffassung dieses Begriffs ab. Diese Auffassung geht von kurzfristigen, von Jahr zu Jahr festgelegten Inflationszielen aus, welche zudem in manchen Fällen der Notenbank von der Regierung vorgegeben werden. Sie ist ausserdem häufig durch eine völlige Vernachlässigung monetärer Aggregate im geldpolitischen Entscheidungsprozess gekennzeichnet. Die SNB war deshalb nach dem Konzeptwechsel darauf bedacht, die Bezeichnung Inflation Targeting zu vermeiden. Sie wollte demgegenüber ihre stärker mittelfristige Orientierung sowie auch die Weiterbeachtung der Geldmenge (insbesondere M3) als potenziell relevanter Informationsvariablen in der Inflationsprognose betonen. Darüber hinaus sollte auch der Tatsache Rechnung getragen werden, dass sie die konkrete Definition von Preisstabilität im Rahmen ihres klaren gesetzlichen Auftrags selber

107 Alternativ wird heute von manchen Zentralbanken auch eine Prognose unter Annahme eines erwarteten Anpassungspfades für den Zentralbankzins und Berücksichtigung der Marktreaktionen erstellt.

vornehmen darf und muss – wie die Europäische Zentralbank, aber im Gegensatz etwa zur Bank of England, der das Inflationsziel durch die Regierung vorgeschrieben wird. Ganz allgemein wollte die SNB die Kontinuität ihrer Politik im Wandel der Strategien unterstreichen.

Eine Besonderheit des SNB-Ansatzes ist die Festlegung eines (relativ breiten) Zielbandes für den Referenzzinssatz anstelle eines Punktziels. Sie entspringt wiederum dem Bedürfnis nach kurzfristiger Flexibilität. Die SNB spezifiziert zwar auch, in welchem Bereich ihres Zielbands sie den Libor sehen möchte (in der Regel in der Mitte). Das Zielband erlaubt es ihr aber, auf temporäre Probleme am Geld- und Devisenmarkt, etwa Wechselkursstörungen, Rücksicht zu nehmen, ohne gleich einen geldpolitischen Kurswechsel signalisieren zu müssen. Diese Flexibilität wird für eine kleine, offene Volkswirtschaft mit international bedeutender Währung und wichtigen Finanzmärkten als unerlässlich betrachtet. Eine weitere Besonderheit der schweizerischen Form der Zinssteuerung ist, dass mit dem 3-Monats-Libor ein etwas längerfristiger Marktzinssatz für unbesicherte Kredite als Zielgrösse festgelegt wird und nicht der ganz kurzfristige, risikofreie Tagesgeldsatz, den die SNB unmittelbar bestimmt. Auch dies dient der kurzfristigen Flexibilität und impliziert automatische Reaktionen des Tagesgeldsatzes bei vorübergehend gestörten Geldmarktverhältnissen und resultierenden Variationen der Risikoprämien. Kohli (2010, S. 428) spricht aus diesem Grund in diesem Zusammenhang von einem «automatischen Stabilisator».

QUALITÄT DER INFLATIONSPROGNOSE, TRANSPARENZ UND KOMMUNIKATION ALS PRÜFSTEINE DES NEUEN GELDPOLITISCHEN REGIMES

Es wurde von Anfang an betont, dass dieses neue Konzept mit der Fähigkeit der Nationalbank steht und fällt, zuverlässige Prognosen für die künftige Inflation zu bilden. Die wohlbekannte Tatsache, dass geldpolitische Impulse normalerweise erst mit einer Verzögerung von zwei bis drei Jahren ihre volle Wirkung auf das Preisniveau entfalten, zwingt die Notenbank zu einer in die Zukunft gerichteten Sichtweise. Sie muss die mutmassliche Inflation in zwei bis drei Jahren, nicht die heutige Inflation, als Orientierungsmarke für ihre heutigen geldpolitischen Handlungen verwenden.[108]

Prognosen über solche Zeiträume sind naturgemäss mit erheblichen Unsicherheiten behaftet. Es war für die SNB im Rahmen ihres neuen Konzepts essenziell, rasch überzeugende Kompetenz in der Formulierung von Inflationsprognosen zu entwickeln. Ihre Prognosen stützen sich auf die Verwendung unterschiedlicher technischer Prognoseinstrumente, einschliesslich struktureller Modelle der Schweizer Wirtschaft

108 Die Geldmenge spielte in diesem Sinn in ihrem früheren Verfahren die Rolle eines einfachen Prognoseinstruments für die längerfristige Preisentwicklung.

und verschiedener Arten vektorautoregressiver (VAR-)Modelle, sowie auf die Beobachtung eines weiten Spektrums zusätzlicher Indikatorvariablen. Im Rahmen ihrer Inflationsprognose, und insbesondere für ihre mittel- und längerfristige Inflationsperspektive, misst die SNB dabei der Entwicklung der Geld- und Kreditaggregate nach wie vor einen hohen Stellenwert bei.

Essenziell ist auch die Veröffentlichung der Inflationsprognose und der für ihre Erarbeitung benutzten Instrumente. Sie hilft den Marktteilnehmern, die geldpolitischen Entscheidungen der Notenbank zu verstehen und ihre Grundlagen zu überprüfen. Die Notenbank muss die Öffentlichkeit davon überzeugen, dass sie die besten verfügbaren Instrumente für die Bildung von Inflationsprognosen einsetzt und dass sie diese intellektuell ehrlich und mit Augenmass zu verwenden weiss. Transparenz und Überprüfbarkeit sind zentrale Voraussetzungen für die Glaubwürdigkeit und damit den Erfolg der Geldpolitik. Eine erfolgreiche Kommunikation ist ein zentrales Element einer transparenten und überprüfbaren Politik.

Das neue geldpolitische Konzept der SNB ist von der Öffentlichkeit und den Finanzmärkten nach kurzem Zögern sehr positiv aufgenommen worden und hat sich rasch als effizientes Instrument der Entscheidungsbildung und der Kommunikation für die Notenbankpolitik etabliert. Es hat sich sowohl in Phasen der Politikstraffung wie auch in solchen der geldpolitischen Lockerung bisher gut bewährt.

REFORM DER WÄHRUNGSVERFASSUNG (2000) UND NEUES NATIONALBANKGESETZ (2004)

Die Entwicklung und Einführung des neuen geldpolitischen Konzepts der SNB fiel zeitlich zusammen mit einer Reform der verfassungsmässigen und gesetzlichen Grundlagen der Nationalbank und ihrer Politik. Der Geld- und Währungsartikel (Art. 99) der nachgeführten Bundesverfassung vom 1. Januar 2000 und das auf ihm beruhende Währungs- und Zahlungsmittelgesetz vom 1. Mai 2000 hoben die bis zu diesem Zeitpunkt formal immer noch geltenden Bestimmungen über Goldparität, Golddeckungs- und Goldeinlösepflicht des Frankens auf und besiegelten damit die faktisch bereits seit 1973 bestehende Lösung des Frankens vom Gold. Damit wurde auch der Weg frei für eine Neubewertung der Goldreserven der SNB zu Marktpreisen und den später vollzogenen Verkauf eines bedeutenden Teils ihres Goldbestands im Rahmen einer Anpassung und Diversifizierung der Währungsreserven. Der Verfassungsartikel verankerte zudem die Unabhängigkeit der SNB und verpflichtete diese, aus ihren Erträgen ausreichende Währungsreserven zu bilden, einen Teil davon in Gold.

Das neue Nationalbankgesetz vom 1. Mai 2004 konkretisierte den verfassungsrechtlichen Auftrag der SNB. Die Nationalbank wird verpflichtet, ihre Geld- und Währungspolitik im Gesamtinteresse des Landes zu führen, die Preisstabilität zu gewährleisten und dabei der konjunkturellen Entwicklung Rechnung zu tragen. Ebenso wurden ihre Unabhängigkeit und, als Gegenstück zu dieser, ihre Rechenschafts- und Informationspflichten gegenüber Politik und Öffentlichkeit gesetzlich verankert.

ZUR EVOLUTION DER GELDPOLITISCHEN ENTSCHEIDUNGSVERFAHREN

Die Konzeptionen zum geldpolitischen Entscheidungsverfahren der SNB haben sich, wie wir gesehen haben, seit den 1960er-Jahren stark gewandelt. Dies geschah nicht zuletzt vor dem Hintergrund veränderter Vorstellungen in Theorie und Praxis – welche ihrerseits auf das jeweilige wirtschaftliche Umfeld und seine Probleme reagierten. Die SNB hat dabei zeitweise eine aktive Rolle in der internationalen Debatte über geldpolitische Konzeptionen und ihre Entwicklung gespielt.[109]

Dies gilt in besonderem Mass für die Phase der Loslösung vom System fester Wechselkurse und des Übergangs zu flexiblen Kursen. Die SNB war nicht nur eine der ersten Notenbanken, die sich Anfang der 1970er-Jahre vom Festkurssystem lösten; sie hat anschliessend zusammen mit der Deutschen Bundesbank auch eine Pionierrolle in der Entwicklung einer Geldmengenpolitik und ihrer Verwendung für die aktive Rückführung der Inflation von hohen auf stabilitätskonforme Werte eingenommen.

Unter dem Festkurssystem der 1960er-Jahre besass die SNB keine wirkliche geldpolitische Autonomie. Diese wurde ihr erst mit dem Wegfall der Wechselkursbindung gewährt. Die SNB hat den dadurch erhaltenen Handlungsspielraum rasch und entschieden genutzt – viel rascher als die meisten anderen Notenbanken der damaligen Zeit, im Besonderen das amerikanische Federal-Reserve-System. Sie hat sich dabei wie die Deutsche Bundesbank der damals von führenden monetären Ökonomen empfohlenen Strategie der Geldmengenziele bedient. Besonders einflussreich war in diesem Zusammenhang in der Schweiz wie auch in Deutschland der bedeutende US-schweizerische Geldtheoretiker Karl Brunner.[110]

Die Geldmengenpolitik bot ein kohärentes und strukturiertes, auf etablierte Theorie gestütztes Entscheidungssystem für die Geldpolitik an, das sich gleichermassen für die interne Entscheidungsfindung wie auch für die Kommunikation der geldpolitischen Absichten der Notenbank gegenüber der Öffentlichkeit eignete. Die Konzentration auf die Geldmenge, also auf eine vergleichsweise gut und «objektiv» beobachtbare Grösse, förderte zugleich im Vergleich zur üblichen Praxis in der Zeit ihrer Einführung die Transparenz und die Überprüfbarkeit der Notenbankpolitik. Ein

109 Dieser Abschnitt beruht auf Baltensperger 2007, S. 618 ff.

110 Zum Einfluss von Karl Brunner auf die Geldtheorie und die Geldpolitik in der Schweiz und in Deutschland vgl. Baltensperger 1999.

derartiger «strukturierter» Ansatz zur Geldpolitik ist heute weitverbreitet und akzeptiert. Damals jedoch war er alles andere als üblich.

Die Geldmenge war für die SNB jedoch nie Selbstzweck. Die Geldmengenziele wurden immer als bedingte Ziele formuliert und die Notwendigkeit flexibler und pragmatischer Abweichungen im Fall von Störungen verschiedenster Art von Anfang an betont. Die eigentliche Hauptzielsetzung blieb stets die Preisstabilität. Gewisse Autoren haben aus diesem Grund die Geldmengenpolitik der SNB und der Bundesbank explizit als Vorläuferin des moderneren Inflation Targeting bezeichnet oder gar – etwas überspitzt – als «Inflation Targeting in Disguise» (Bernanke, Laubach, Mishkin und Posen 1999).

Die Politik der Geldmengenziele erwies sich als sehr nützliches Instrument für die aktive Rückführung der Inflation von hohen auf niedrige, stabilitätsgerechte Werte. Bei der Bewahrung einmal wiedergefundener Preisstabilität in einem durch verschiedene Arten von Schocks geprägten Umfeld erwies sie sich hingegen als weniger hilfreich – Wechselkursstörungen, volatile Finanzmärkte und zyklische Ungewissheiten standen in verschiedenen Phasen mit wechselndem Gewicht im Vordergrund. Unter solchen Bedingungen wurde das Bedürfnis nach Flexibilität besonders ausgeprägt. Die Häufigkeit pragmatischer Anpassungen und Zielabweichungen beeinträchtigte die Informationsrolle der monetären Aggregate so stark, dass die SNB in den 1990er-Jahren mit dem Übergang zu mittelfristigen Zielvorstellungen reagierte. Eine Hauptschwierigkeit eines solchen – in seinem Grundgedanken an sich sinnvollen – Ansatzes ist es, die kurzfristige Flexibilität glaubhaft mit der Verpflichtung auf langfristige Stabilität zu verbinden. Auch dieses Konzept scheiterte schliesslich an der Instabilität der Notenbankgeldnachfrage und den Schwierigkeiten seiner Vermittlung gegenüber der Öffentlichkeit.

Das neue Konzept des Jahres 2000 kann als eine natürliche Evolution der früheren geldpolitischen Entscheidungsverfahren der Nationalbank im Lichte neuer Erkenntnisse und innovativer, früher nicht zur Verfügung stehender Instrumente der Inflationsprognose verstanden werden. Es repräsentiert den Versuch der SNB, einen Schritt zu einem moderneren, aktuelle «best practice» repräsentierenden Entscheidungsrahmen für ihre Politik zu machen, ohne die Kontinuität zu ihrer insgesamt erfolgreichen Vergangenheit zu brechen. Auch mit diesem Konzept ist aber die Geldpolitik nicht gegen Fehlentscheide und Fehlentwicklungen gefeit; die Geldpolitik bleibt auch in seinem Rahmen ein Handwerk und eine Kunst.

GELDPOLITIK UNTER DEM GELDPOLITISCHEN «KONZEPT 2000»

Im Jahr 2000, kurz nach Einführung des neuen Konzepts, zeigten die Inflationsprognosen der SNB zunehmenden Inflationsdruck an und bewegten, zusammen mit klaren Signalen eines zyklischen Aufschwungs, die SNB zu einer Straffung ihrer Politik. Sie erhöhte in mehreren Schritten den Mittelwert ihres Zielbands für den Libor von 1,75 Prozent bis auf 3,5 Prozent im Juni 2000. Mit dieser Politik gelang es ihr, die Inflation unter der kritischen Marke von 2 Prozent zu halten. Zugleich konnte sie damit den Märkten ihre Bereitschaft und Fähigkeit demonstrieren, gegenüber der kurz zuvor neu geschaffenen Europäischen Zentralbank eine Politik der monetären Autonomie zu bewahren.

Im nachfolgenden Jahr veränderte sich dann die Situation drastisch, zunächst mit dem weltweiten Börsensturz von Frühjahr und Sommer 2001, anschliessend noch mehr mit den Terroranschlägen von September 2001. Die geopolitischen Turbulenzen sowie die weltweite Tendenz zur Rezession in den Jahren 2002 und 2003, samt der damals in einigen Ländern aufgekommenen Debatte über mögliche Deflationsgefahren, verdüsterten die Stimmung noch weiter. Diese Entwicklung bewog die SNB wie auch die meisten anderen Notenbanken zu einer schrittweisen Lockerung ihrer Politik ab Frühjahr 2001 und zu einem extrem expansiven Kurs in den Jahren 2003 und 2004. Ab März 2003 bis Mitte 2004 wurde das Zielband für den Libor auf 0 – 0,75 Prozent festgesetzt mit einem angestrebten Wert von 0,25 Prozent. Erst im Sommer 2004 begann die SNB einen sachten Prozess der graduellen Normalisierung, der allerdings dann wegen einer nach wie vor schwachen Wirtschaftslage bis Anfang 2006 wieder ausgesetzt wurde. Danach ist im Lichte einer deutlichen Verbesserung der Konjunktur der Mittelwert für das Zielband des Libors in mehreren Schritten wieder auf ein Niveau von 2,75 Prozent im September 2007 angehoben worden – ein Niveau, das trotz der seit Herbst 2007 schwelenden, vom Einbruch des amerikanischen Marktes für Subprime-Hypotheken ausgehenden weltweiten Finanzkrise auch noch während des grössten Teils des Jahres 2008 beibehalten wurde.

GELDPOLITIK IN DER FINANZ- UND EUROKRISE

Als sich im Herbst 2008 mit dem Konkurs von Lehman Brothers die Finanzkrise dramatisch verschärfte, das internationale Banken- und Finanzsystem zu kollabieren drohte und die bisher noch positive Konjunktureinschätzung einer negativeren Erwartung wich, änderte die SNB im Einklang mit anderen wichtigen Zentralbanken ihren Kurs rasch und entschieden. Ihre Massnahmen standen dabei angesichts des drohenden Zusammenbruchs der weltweiten Interbankmärkte und des internationalen Bankensystems zunächst sehr stark im Zeichen der Gewährleistung eines funktionsfähigen Geldmarktes und der adäquaten Versorgung der Wirtschaft mit Liquidität. Später stand dann noch mehr das Risiko eines scharfen Einbruchs der Realwirtschaft im Vordergrund. 2010/11 trat mit dem Ausbruch der europäischen Schuldenkrise – drohende Zahlungskrisen in Griechenland, Irland und Portugal mit Ansteckungsgefahr für andere hoch verschuldete Euroländer, insbesondere Italien und Spanien – ein zusätzlicher Brandherd hinzu.

Der Flächenbrand im internationalen Finanzsystem bewirkte darüber hinaus, dass sich die Zentralbanken der Industrieländer in weit höherem Masse als je zuvor seit den 1930er-Jahren mit Problemen der Bankenrettung und der Finanzstabilität zu befassen hatten. In der Schweiz kam es im Oktober 2008 zu einer spektakulären Stützungsmassnahme zugunsten der Grossbank UBS durch den Bund und die Nationalbank. Die Eidgenossenschaft stellte der angeschlagenen Bank 6 Milliarden Schweizer Franken in Form einer Pflichtwandelanleihe zur Verfügung, und die SNB gründete eine Auffanggesellschaft (StabFund) mit dem Zweck, bis zu 60 Milliarden US-Dollar «toxische» Aktiven aus der UBS-Bilanz zu übernehmen. Angesichts der volkswirtschaftlichen Bedeutung und internationalen Vernetzung der UBS wurde die Notwendigkeit und Dringlichkeit eines solchen Eingriffs von der öffentlichen Meinung weitgehend verstanden. Dennoch kam auch starkes Unbehagen darüber zum Ausdruck, dass ausser der Nationalbank keine andere Institution zur Erfüllung dieser Aufgabe zur Verfügung stand. Im November 2013 verkaufte die SNB den Stabilisierungsfonds, den sie zur Übernahme illiquider Vermögenswerte der UBS geschaffen hatte, an die UBS. Damit konnte ein aussergewöhnliches und herausforderndes Unterfangen zu einem guten Ende gebracht werden.

An mehreren ausserordentlichen Lagebeurteilungen nahm die SNB, zum Teil im Rahmen koordinierter internationaler Zentralbankaktionen, ab Oktober 2008 bis zum Jahresende 2008 in mehreren Schritten eine Reduktion ihres Libor-Zielbandes auf 0–1 Prozent vor, also eine Senkung des Mittelwertes um insgesamt 225 Basispunkte. Im März 2009 erfolgte eine Einengung des Zielbandes auf 0–0,75 Prozent und die Festlegung des Zielsatzes auf 0,25 Prozent. Im August 2009 schliesslich wurde das Zielband auf 0–0,25 Prozent eingeschränkt und für den Zielsatz ein Wert «so nahe bei null wie möglich» festgelegt. Diese Massnahmen wurden im weiteren Verlauf, ähnlich wie auch bei anderen wichtigen Zentralbanken, durch eine Politik der «quantitativen Lockerung» ergänzt, also durch direkte Käufe von Wertpapieren am Markt. Diese Operationen nahmen ein bedeutendes Ausmass an; im Falle der SNB standen dabei Devisenkäufe im Vordergrund. In diesem Zusammenhang kam es in der ersten Hälfte 2010 zum später aufgrund der daraus resultierenden Währungsverluste – nicht ohne Grund – stark kritisierten Erwerb von Euroguthaben im Wert von über 100 Milliarden Schweizer Franken.

AUFWERTUNGSSCHOCK UND KURSUNTERGRENZE

Fundamentale Schwächen sowohl des Euro als auch des amerikanischen Dollars führten zunehmend zu einer Höherbewertung der international aus guten Gründen als stabil und sicher eingestuften Schweizer Währung (die in den Jahren vor 2008 vom Markt allerdings relativ schwach bewertet worden war). Im August 2011 versuchte die Nationalbank mit einer signifikanten Erhöhung der Liquidität am Frankengeldmarkt – durchgeführt mittels Devisenswaps und Repogeschäften –, die Frankenstärke zu dämpfen. Auch diese Massnahme erwies sich aber als zu wenig wirksam. Eine massive, in ihrer Geschwindigkeit kaum je erlebte Aufwertung des Frankens bewog die SNB am 6. September 2011 dazu, eine Kursuntergrenze des Euro gegenüber dem Franken von 1,20 festzulegen (nachdem kurz zuvor vorübergehend praktisch Parität zwischen Franken und Euro erreicht worden war). Diese Kursuntergrenze sollte die Geldpolitik der SNB anschliessend während über drei Jahren, bis Mitte Januar 2015, prägen.

Hätte die SNB im September 2011 nicht interveniert, hätte dieser Aufwertungsschock eine starke Verschärfung ihres geldpolitischen Kurses bewirkt und die Zukunft der Schweizer Exportwirtschaft im Mark bedroht. Die Notenbank musste angesichts völlig desorientierter Devisenmärkte einen Orientierungspunkt setzen und für eine gewisse Sicherheit sorgen. Die konsequente Durchsetzung der Kursuntergrenze hat viel dazu beigetragen, dem Wirtschaftsstandort Schweiz eine minimale Planungssicherheit zu erhalten und die Volkswirtschaft zu stabilisieren. Die Interventionspolitik erhielt aus diesem Grund breite Unterstützung. Für ihre Glaubwürdigkeit und Effizienz war dies von zentraler Bedeutung.

Im ersten Jahr ihrer Interventionspolitik musste die SNB zur Durchsetzung des neuen Kurses in beträchtlichem Ausmass Devisen vom Markt übernehmen. Besonders im Frühjahr und Sommer 2012 führte eine starke Zuspitzung der Eurokrise zu massivem Druck auf den Euro. Im zweiten und dritten Quartal 2012 zwang die Mindestkurspolitik die SNB zum Erwerb von Devisen im Gegenwert von gut 180 Milliarden Franken. Die neue Politik setzte sich aber durch und gewann bald einmal hohe Glaubwürdigkeit. Tatsächlicher Interventionsbedarf ist anschliessend als Folge weitgehend entfallen. Zentral dafür war nicht zuletzt, dass die SNB ihren Mindestkurs bewusst auf einem Niveau festgelegt hatte, das gemessen an Kaufkraftparität und anderen Fundamentalfaktoren immer noch eine sehr hohe Bewertung des Frankens reflektierte. Erst Ende 2014 / Anfang 2015, als dies in einem veränderten internationalen Umfeld nicht mehr so klar der Fall war, führte ein neuer Krisenschub erneut zu hohem Interventionsbedarf.

Die Kursuntergrenze war zweifellos mit Risiken verbunden. Diese mussten von der SNB jedoch gegen die Risiken einer Nichtintervention abgewogen werden. Zwei hauptsächliche Risiken der Kursuntergrenze sind in der öffentlichen Debatte stark betont worden. Das erste betrifft die Möglichkeit von Verlusten auf den Devisenbeständen der SNB, sollte sich der Euro gegenüber dem Franken langfristig weiter abschwächen. Dabei darf man aber das Mandat der Nationalbank nie aus den Augen verlieren. Die Sicherstellung einer stabilen, der Gesamtwirtschaft dienenden Währung ist eine zentrale staatliche Aufgabe, vergleichbar mit der Gewährleistung der Rechtssicherheit, eines effizienten Steuersystems oder der Landesverteidigung – die wir uns jährlich Milliarden kosten lassen. Wir sind es gewohnt, dass die Zentralbankpolitik mit Einnahmen in der Form von Zentralbankgewinnen verbunden ist. Im langfristigen Durchschnitt trifft dies auch sicher zu. Aber selbst wenn dies nicht so wäre oder wenn es einmal in einer bestimmten Phase nicht so ist, muss diese Aufgabe ohne Abstriche wahrgenommen werden – unter Abwägung aller relevanten Risiken und Erträge. Zentralbankgewinne müssen immer ein Residuum bleiben, das sich aus den geld- und währungspolitisch motivierten Entscheiden der Zentralbank ergibt. Es wäre fatal, wenn eine einseitige Sicht auf mögliche Finanzverluste die Zentralbank dazu bewegen würde, ihre Geldpolitik nicht auf die Erfüllung ihres eigentlichen Mandats auszurichten. Die Gefahr von Verlusten auf Devisenanlagen darf im Übrigen auch nicht übertrieben gesehen werden. Normalerweise werden Abwertungsverluste auf Auslandwährungen auf die Dauer durch höhere Nominalrenditen ausgeglichen.

Das zweite Hauptrisiko liegt in der Gefahr, dass die Nationalbank die immense Liquidität, die sie als Folge ihrer Krisenpolitik geschaffen hat, nicht rechtzeitig wieder abschöpfen wird, wenn sich die Situation einmal normalisiert. Die Folge wäre Inflation. Dies wird die Nationalbank in Zukunft noch stark fordern. Dem gleichen Risiko stehen natürlich auch die anderen Zentralbanken der Welt gegenüber. Aus der Geldpolitik der Krisenjahre resultierte in der Schweiz – wie auch in anderen Ländern – eine enorme Aufblähung der Zentralbankbilanz und der Liquiditätsversorgung von Bankensystem und Volkswirtschaft. Die Bilanzsumme der SNB nahm von 127 Milliarden Franken Ende 2007 auf 640 Milliarden Franken Ende 2015 zu, wuchs also um den Faktor 5. Die Giroguthaben inländischer Banken bei der SNB stiegen im gleichen Zeitraum von 8,7 auf 402 Milliarden Franken an. Die Devisenanlagen der SNB nahmen von rund 50 Milliarden Ende 2007 bzw. 47 Milliarden Franken Ende 2008 bis Ende 2015 auf 593 Milliarden Franken zu. Verschuldungskrise, nach wie vor schwache Wirtschaftsaktivität und labile Bankensysteme in manchen Ländern Europas und in den USA haben die Geldpolitik weltweit für Jahre in eine Art Handlungsstarre versetzt. Dieses internationale Umfeld hat auch der SNB stark die Hände gebunden. Wie weit es den Zentralbanken gelingen wird, den geschaffenen Liquiditätsüberfluss rechtzeitig wieder abzuschöpfen und eine Ära steigender Inflation zu verhindern, wird erst die Zukunft zeigen. Über die Instrumente dazu verfügen sie ohne Zweifel. Ob es ihnen politökonomisch auch möglich sein wird, diese Instrumente im angemessenen Umfang einzusetzen, ist weniger sicher.

Der Mindestkurs ist von der SNB im Herbst 2011 ausdrücklich als vorübergehende Notmassnahme angesichts völlig desorientierter Devisenmärkte eingeführt worden, nicht als dauerhafter Wechsel ihrer währungspolitischen Strategie. Er war deshalb nie als Abschied von ihrer Politik monetärer Autonomie zu verstehen. Er stellte vielmehr die Form dar, in der sich diese im monetär extrem turbulenten internationalen Umfeld seiner Zeit äusserte. Entscheidend war, dass die Kursuntergrenze jederzeit wieder aufgehoben oder angepasst werden konnte, wenn die Zeit dafür reif erschien. Keine internationale Verpflichtung oder selbstauferlegte Restriktion hinderte die SNB daran.

AUFGABE DER KURSUNTERGRENZE UND RÜCKKEHR ZU FLEXIBLEN WECHSELKURSEN

Am 15. Januar 2015 hat die Nationalbank ihre Mindestkurspolitik gegenüber dem Euro schlagartig beendet. Vorausgegangen war diesem Entscheid ein erneutes Aufflammen der Eurokrise, verursacht durch zunehmende Unwägbarkeiten betreffend den künftigen geldpolitischen Kurs der Europäischen Zentralbank, bevorstehende Wahlen in Griechenland und ihre Folgen für die Eurozone und die vom Ölpreiszerfall geprägte Wirtschaftskrise in Russland. Die Nationalbank musste zur Verteidigung ihres Mindestkurses bereits im Dezember 2014 und erneut Anfang Januar 2015 massiv am Devisenmarkt intervenieren. Sie hatte – auf eine entsprechende Massnahme der EZB reagierend – schon im Dezember Negativzinsen in der Höhe von minus 0,25 Prozent für die Guthaben auf ihren Girokonten (soweit sie einen bestimmten Freibetrag überstiegen) angekündigt und gleichzeitig ihr Zielband für den 3-Monats-Libor auf minus 0,75 bis 0,25 Prozent ausgedehnt. Am Tag der Aufhebung des Mindestkurses reduzierte sie den Negativzins auf minus 0,75 Prozent und das Libor-Zielband auf minus 1,25 bis minus 0,25 Prozent.

Die Aufgabe des Mindestkurses löste heftige Reaktionen aus – sowohl an den Märkten wie in der öffentlichen Diskussion. Der Euro wertete sich kurzfristig bis auf die Parität zum Franken ab – ganz kurzfristig sogar noch stärker –, und der US-Dollar fiel auf Bewertungen deutlich unter 90 Rappen. Beide Währungen erholten sich anschliessend rasch wieder leicht auf rund 1,05 Franken für den Euro und 92 Rappen für den US-Dollar bis zur ersten Woche Februar. Im Verlauf des Jahres 2015 erreichte der Euro wieder Werte zwischen 1,08 und 1,10 Franken, und der US-Dollar pendelte sich zwischen 0,97 bis 1,02 ein. Auch die Aktienkurse schweizerischer Unternehmungen, insbesondere stark auslandexponierter Firmen, verzeichneten kurzfristig grosse Einbussen. Die öffentliche Debatte teilte sich in heftige Kritik einerseits – vor allem seitens der Vertreter exportabhängiger Wirtschaftsbranchen, der Gewerkschaften und der politischen Linken – und Zustimmung bis Applaus andererseits – insbesondere jener, welche die Risiken und Kosten der Mindestkurspolitik schon immer betont und eine stärkere Abgrenzung der Schweizer Geldpolitik gegenüber jener der Eurozone gefordert hatten.

Der Ausstiegsentscheid der SNB hat die schweizerische Volkswirtschaft schockartig getroffen. Entsprechend gross sind bis heute in breiten Kreisen die resultierenden

Sorgen um die Zukunft des Standorts Schweiz. Das ist verständlich und berechtigt. Ebenso klar ist aber, dass die kurzfristigen Reaktionen der Devisen- und Finanzmärkte stark von Hektik getrieben und übersteigert waren. Entscheidend wird sein, wo sich die Wechselkurse mittel- und längerfristig einpendeln werden.

Ausgehend von den aktuellen Kursen erscheinen gegenwärtig weitere Kursgewinne des Frankens nicht besonders realistisch. Im Gegenteil – eine Rückbewegung ist wahrscheinlich. Der US-Dollar ist im aktuellen Umfeld eigentlich die attraktivere Währung als der Franken. Anleger und Spekulanten dürften ihre Aufmerksamkeit daher zunehmend auf ihn richten. Der eklatante Widerspruch zwischen den extrem negativen Erwartungen für die Volkswirtschaft der Schweiz, die seit dem Entscheid, den Mindestkurs aufzugeben, die Meinungsbildung beherrschen, und der hohen Bewertung der Schweizer Währung muss über kurz oder lang ebenfalls ins Auge stechen. Währungen reflektieren immer auch die relative Stärke eines Währungsraums. Eine Normalisierung ist daher wahrscheinlich. Gut möglich aber, dass bis dahin eine geraume Zeit verstreicht.

Eine Tendenz zur nominellen Aufwertung gegenüber dem Euro wird allerdings aufgrund der inhärenten Schwächen der Eurozone kaum vermeidbar sein. Hält sich diese in Grenzen und wird sie – wie in der Vergangenheit – durch Teuerungsdifferenzen und Produktivitätssteigerungen aufgefangen, kann sie längerfristig sogar stimulierend wirken. Die Nationalbank muss aber weiterhin dafür sorgen, dass die monetären Bedingungen für die Schweizer Volkswirtschaft grosszügig genug sind, um allzu starke Übertreibungen der Wechselkurse zu verhindern. Sie muss diese Aufgabe jetzt einfach ohne die Hilfe einer expliziten Kursuntergrenze erfüllen. Die Politik sollte sie dabei unterstützen, indem sie gute Rahmenbedingungen für die Wirtschaft bewahrt und weiter fördert.

Der Franken hat sich real seit den 1970er-Jahren gegenüber dem Euro und seinen Vorgängerwährungen um rund 0,5 Prozent pro Jahr aufgewertet.[111] Dieser Trend ist realwirtschaftlicher Natur und damit von der Geldpolitik auf Dauer nicht beeinflussbar. Hätte die SNB versucht, ihn über eine expansivere Geldpolitik und einen nominell schwächeren Franken zu eliminieren, hätte er sich über eine höhere Inflation trotzdem durchgesetzt. Mit diesem Trend ist die Volkswirtschaft Schweiz bisher gut zurechtgekommen. Er war konsistent mit einer international hohen Ausnutzung der einheimischen produktiven Kapazitäten, reflektiert eine hohe Produktivität des Schweizer Exportsektors und bringt Wohlstandsgewinne für die Schweizer Bevölkerung.

Problematisch sind allein Übertreibungen relativ zu diesem Trend. Überbewertungen und Unterbewertungen sollten als Abweichung von diesem Trend verstanden werden. Solche Abweichungen sind in der Vergangenheit tatsächlich immer wieder

111 Vgl. Baltensperger und Kugler 2015, S. 191 ff.

aufgetreten. Der Wechselkurs unterliegt erfahrungsgemäss starken Schwankungen. Die Schweiz hat Perioden erlebt, in denen der Franken relativ zu seinem realen Trend stark überbewertet wurde – besonders ausgeprägt etwa in den späten 1970er-Jahren und erneut in der Gegenwart nach dem Ausbruch der Finanz- und Schuldenkrise der letzten Jahre. Sie hat aber umgekehrt auch immer wieder Zeiten erlebt, in denen der Franken, gemessen an seinem realen Trend, deutlich unterbewertet war – in den Jahren vor dem Ausbruch der Finanz- und Schuldenkrise etwa war dies ausgeprägt der Fall, ebenso in gewissen Phasen der 1980er- und 1990er-Jahre. Es ist sehr wahrscheinlich, dass Perioden der Überbewertung und solche der Unterbewertung auch in Zukunft miteinander abwechseln werden. Die beste Absicherung gegen dieses Risiko ist die Bildung von Reserven in guten Zeiten, die über schlechte Zeiten hinweghelfen können.

Gegen starke Übertreibungen in der Wechselkursentwicklung kann die Geldpolitik mit ihren Interventionen etwas tun, indem sie den Markt davon überzeugt, dass es sich tatsächlich um Übertreibungen handelt. Das war der Sinn der Kursuntergrenzen von 1978 und 2011. Aber zu glauben, die Geldpolitik könne einen realen Aufwertungstrend brechen, indem sie sich einer Politik der regelmässigen monetären Expansion und der Orientierung am nominellen Wechselkurs verschreibt, ist illusionär.

Die SNB hatte im Januar 2015 gute Gründe für die Abkehr vom bisherigen Mindestkurs. Das internationale Umfeld hat sich seit seiner Einführung im Herbst 2011 markant verändert. Damals stand die Weltwirtschaft in Flammen. Die schwelende europäische Schulden- und Strukturkrise setzte den Euro mehr und mehr unter Druck. Noch mehr aber galten zu dieser Zeit die USA als wirtschaftlich angeschlagen. Für manche Experten stand ihr wirtschaftlicher Untergang unmittelbar bevor. Der Streit um die gesetzliche Schuldenobergrenze des US-Bundesstaates provozierte geradezu apokalyptische Debatten. Die Zukunftsperspektiven der amerikanischen Geldpolitik erschienen völlig unklar, und der US-Dollar tendierte ausgeprägt zur Schwäche. Das internationale Banken- und Finanzsystem drohte zu kollabieren, und die Finanz- und Devisenmärkte spielten verrückt. Der Franken stand einsam da als einzige scheinbar noch sichere Währung. Er geriet so unter extremen Aufwertungsdruck. Desorientierte Devisenmärkte verloren jeden Kontakt zu den realen Bedingungen der Wirtschaftsräume. Die SNB musste in dieser wirren Situation mit der Kursuntergrenze einen Orientierungspunkt für den Frankenkurs setzen.

Heute hingegen haben die USA ihre Hauptprobleme überwunden und wirtschaftlich wieder Tritt gefasst. Die Normalisierung ihrer Geldpolitik steht bevor. Der Ausstieg des Federal Reserve aus seiner Nullzinspolitik wurde Anfang 2015 allgemein erwartet und ist im Verlauf des Jahres auch tatsächlich eingeleitet worden. Der Dollar ist deshalb als attraktive Anlagewährung zurückgekehrt. Dies stellt eine Zäsur in den weltweiten monetären Verhältnissen dar, welche die Voraussetzungen der schweizerischen Geldpolitik in neuem Licht erscheinen lässt. Unter vergleichbaren Verhältnissen hätte man 2011 zwar eine sehr expansive Geldpolitik geführt, aber wohl kaum zur Krücke der Kursuntergrenze gegriffen.

In der Eurozone wendet sich die Europäische Zentralbank umgekehrt mehr und mehr einer extrem risikoreichen Politik zu, die unter dem Deckmantel der Geldpolitik die fiskalischen und strukturellen Probleme ihrer Mitgliedsländer und ihrer angeschlagenen Bankensysteme zu lindern versucht und mehr oder weniger explizit auf die Schwächung der europäischen Währung zielt. Die Beendigung der einseitigen Orientierung der schweizerischen Geldpolitik am Euro war damit naheliegend. Die Durchsetzung des Mindestkurses zum Euro wäre über kurz oder lang nur noch zum Preis massiver zusätzlicher Interventionen möglich gewesen. Die Langfristrisiken einer Fortführung dieser Politik wären grösser und grösser geworden. Die Aufgabe des Mindestkurses bedeutet nicht, dass die SNB in ihrer Geldpolitik nicht weiterhin die Wechselkursentwicklung berücksichtigen und einen expansiven Kurs beibehalten wird. Aber sie muss dies wieder mit den traditionellen Mitteln ihrer Geldpolitik tun – mit Zinssteuerung und quantitativen Interventionen an den Devisen- und Geldmärkten.

Falsch wäre es, aus der Aufhebung der Kursuntergrenze zu folgern, dass die Mindestkurspolitik von 2011 sich nicht gelohnt und nachträglich als Fehlentscheid herausgestellt hätte. Die Kursuntergrenze war von Anfang an als vorübergehende Notmassnahme angekündigt, sie sollte nie auf ewig gelten. Sie hat der Schweizer Volkswirtschaft eine Anpassungsfrist von drei Jahren gewährt und zahlreichen Unternehmungen erlaubt, sich rechtzeitig auf neue Verhältnisse einzustellen. Vor allem aber ist zu bedenken, dass die Verunsicherung der internationalen Finanz- und Devisenmärkte 2011 ungleich viel grösser und der Zustand der Realwirtschaft labiler waren als heute. Trotz allen verbliebenen Risiken sind wir heute global gesehen zu wesentlich normaleren Verhältnissen zurückgekehrt – viel näher wieder bei einer Welt, in der internationale Kapitalströme durch Ertragsdifferenzen und ökonomisch nachvollziehbare Faktoren bestimmt und nicht allein durch panikartige Ängste und Phobien getrieben werden.

Hätte es sanftere Wege des Ausstiegs aus dem bisherigen Mindestkursregime gegeben, etwa durch die schrittweise Absenkung der Kursuntergrenze oder deren Definition anhand eines Währungskorbs einschliesslich des US-Dollars? Entsprechende Vorschläge sind im Vorfeld der Entscheidung vom 15. Januar 2015 von verschiedener Seite gemacht worden, unter anderem auch vom Autor dieses Buches. Über diese Frage lässt sich sicherlich debattieren. Es ist allerdings klar, dass auch diese Wege ihre Tücken gehabt hätten. Die Durchsetzung der Glaubwürdigkeit einer neu definierten Untergrenze hätte die SNB möglicherweise erneut zu massiven Interventionen am Devisenmarkt gezwungen. Dies war für die Nationalbank wohl die Hauptmotivation dafür, sich für einen radikalen Schnitt zu entscheiden und die Kursuntergrenze in einem Schritt ganz abzuschaffen.

LEHREN AUS DER FINANZ- UND SCHULDENKRISE. EINE NEUE GELDPOLITIK?

Finanz- und Eurokrise und die aus ihr folgenden Verwerfungen haben neue Fragen zu den Aufgaben und zur angemessenen Form der Zentralbankpolitik aufgeworfen. Eine weitverbreitete Vorstellung unserer Tage besagt, dass die Geldpolitik in Zukunft nicht mehr so einseitig auf Inflation und Preisstabilität ausgerichtet sein dürfe wie das zuvor der Fall gewesen ist. Sie sollte stattdessen genauso auf die Entwicklung der Vermögenspreise, besonders der Immobilien- und Aktienpreise, achten und die Entstehung von Blasen an diesen Märkten verhindern. In dieser Idee steckt zweifellos ein Stück Wahrheit. Sie kann aber auch leicht zu Missverständnissen Anlass geben und bedarf einer sorgfältigen Präzisierung.

Darüber hinaus besteht gegenwärtig eine starke Tendenz, die Rolle der Zentralbanken in der Finanzmarktaufsicht und der Überwachung und Regulierung der Banken auszudehnen. Die Idee der Erteilung eines breit definierten Mandats für Finanzstabilität an die Zentralbanken besitzt im politischen Prozess mancher Länder momentan einen hohen Kurs. Hier liegt aber eine grosse Gefahr für die Unabhängigkeit der Zentralbank und ihrer Politik. Ein solches Mandat ist mit hohen Risiken verbunden; man könnte von einem «toxischen Geschenk» an die Zentralbanken sprechen.

GELDPOLITIK UND VERMÖGENSPREISE

Es ist sicher richtig, dass die Zentralbanken in Zukunft mehr auf die Vermögenspreise achten sollten. Ihre Tiefzinspolitik, zusammen mit Renditehunger, fehlendem Risikobewusstsein, mangelhafter Markttransparenz und adversen Anreizen bei Kreditvergabe und -verbriefung haben nach 2001 eine Aufblähung der nationalen und internationalen Schuldenpyramide begünstigt, die früher oder später zum Platzen kommen musste. Diese Politik steht als Mitverursacherin der nachfolgenden Krise daher zu Recht in der Kritik. Eine stärkere Beachtung der Vermögenspreise hätte hier einen besseren Wegweiser abgegeben.

Wir müssen uns aber sorgfältig überlegen, was das genau heisst. Endziele der Geldpolitik sind die (an den Güterpreisen, normalerweise den Konsumentenpreisen gemessene) Preisstabilität und, subsidiär dazu, eine ausgeglichene Konjunktur. Zu den eigentlichen, finalen Zielen der Zentralbankpolitik gehört ausserdem die Stabilität des Finanzsektors im Sinne der Sicherung der Liquiditätsversorgung und des Zahlungssystems. Nicht zuletzt dazu sind Zentralbanken historisch gesehen gegründet worden.

Vermögenspreise, gemessen etwa an einem Index der Aktienpreise oder der Immobilienbewertungen, gehören nicht zu den finalen Zielen der Geldpolitik. Man könnte allenfalls darüber diskutieren, ob sie als Indikatoren der Preise von Zukunftsgütern mit einem gewissen Gewicht in einen umfassenderen Index des Güterpreisniveaus eingehen sollten. Diese in der Vergangenheit gelegentlich diskutierte Frage hat aber bisher nie zu schlüssigen Antworten geführt. Ein gleichberechtigtes Nebeneinander von Güterpreisen und Vermögenspreisen als Zielgrössen der Geldpolitik macht hingegen keinerlei Sinn, genauso wenig wie das für unabhängige Ziele bezüglich einzelner Güterpreiskomponenten, etwa jener der Nahrungsmittel oder des Wohnens, der Fall wäre. Die Geldpolitik kann nur einen Geldpreis bestimmen, nicht mehrere zugleich. Sie soll sich auf die langfristige Kontrolle und Verankerung der Kaufkraft, also des absoluten Niveaus der Endgüterpreise, beschränken. Tut sie das erfolgreich, verhindert sie grundsätzlich auch eine bloss nominale Aufblähung der Vermögensbewertungen.

Vermögenspreise können aber wichtige Informationsvariablen für die Geldpolitik sein. Übertreibungen im Immobilien- oder Aktienmarkt sind grundsätzlich jederzeit möglich. Sie können Indiz für eine falsch ausgerichtete Geldpolitik sein. Nicht zuletzt können sie Inflationserwartungen zum Ausdruck bringen. Sie können zu Entwicklungen führen, die letztlich die Endziele der Zentralbankpolitik – Preisstabilität und Konjunktur sowie Finanzstabilität – gefährden; wir haben es eben schmerzhaft erlebt. Wenn sie dies tun, oder die begründete Vermutung besteht, dass sie es tun könnten, muss die Geldpolitik reagieren.[112] Indizien für Finanzmarktblasen, die früher oder später zum Platzen kommen, können als geldpolitische Warnsignale dienen. Einerseits ist es möglich, dass die übermässige Liquidität, die für die Blasenbildung verantwortlich ist, irgendwann direkt in die Gütermärkte fliesst und dort für plötzlichen Preisauftrieb sorgt. Andererseits kann das Platzen der Blase zur Erschütterung der Finanzmärkte, Verschlechterung der Bankbilanzen und Bedrohung der Systemstabilität führen.

Die Zentralbank darf und soll deshalb die Vermögenspreise als Informationsgrössen beobachten und in ihr geldpolitisches Entscheidungskalkül einfliessen lassen, genauso wie sie das mit anderen Indikatoren tut. Sie darf und soll solche Indikatoren so weit benutzen, wie diese über ein Gefährdungspotenzial bezüglich der eigentlichen Endziele Auskunft zu geben vermögen. Sie darf sie aber nicht in den Rang selbstständiger, finaler Ziele der Geldpolitik erheben, also im gleichen Sinn wie die Güterpreise und die an ihnen gemessene Teuerung zum Ziel ihrer Politik machen. Der Versuch etwa, die Vermögenspreise genau wie die Güterpreise zu stabilisieren, wäre fatal. Er würde zurück zu einer verhängnisvollen Überforderung der Geldpolitik mit multiplen, miteinander potenziell inkonsistenten Zielvorgaben führen, wie wir sie mit sehr negativen Folgen aus der Vergangenheit kennen.

112 Vor diesem Hintergrund ist auch die Einführung «antizyklischer Kapitalpuffer» im Rahmen des Regelwerkes von Basel III zu verstehen. Sie sind in der Schweiz bisher vom Bundesrat auf Antrag der SNB bereits zweimal aktiviert worden.

Natürlich bleibt es für die Zentralbank (genau wie für andere Marktbeobachter) schwierig, die Entwicklung der Vermögenspreise richtig zu verstehen und entstehende Blasen rechtzeitig zu diagnostizieren. Aber es ist genauso schwierig, andere Informationsvariablen, welche die Zentralbank beobachtet und benutzt – seien es die Output- und Produktionsentwicklung, die Zinssätze und Wechselkurse oder die Geldaggregate –, korrekt zu interpretieren. Die Lage ist diesbezüglich analog. Mit dieser Herausforderung muss die Geldpolitik leben, daran führt kein Weg vorbei.

EIN UMFASSENDES MANDAT DER ZENTRALBANK FÜR FINANZSTABILITÄT?

Auch die Finanzstabilität als Ziel der Zentralbankpolitik bedarf einer Präzisierung. Die Zentralbanken haben eine klare Verantwortung für die Stabilität des Finanzsektors. Nicht zuletzt dazu wurden sie, wie wir gesehen haben, geschaffen. Aber diese Rolle muss sich auf die Sicherung einer adäquaten Liquiditätsversorgung und die Gewährleistung der Effizienz und Sicherheit des Zahlungssystems beschränken. Diese Aufgabe ist untrennbar mit der Regelung des Geldumlaufs und der Geldpolitik der Zentralbank verbunden; sie muss daher zwangsläufig bei dieser angesiedelt sein. Die zentrale Funktion der Zentralbank, die sich daraus ergibt, ist jene eines Lender of Last Resort, also eines Agenten, der dem Bankensystem in Zeiten von Krise und Liquiditätsknappheit Mittel zuführt und so eine angemessene Versorgung der Wirtschaft mit Zahlungsmitteln sicherstellt. Die Liquiditätshilfe der Zentralbank muss sich dabei gemäss traditioneller Vorstellung auf (temporär) illiquide, aber grundsätzlich solvente Institutionen beschränken.[113]

Eingriffe fiskalischer Art gehören nicht zu den Aufgaben der Zentralbank. Die Rettung insolventer Finanzinstitute mit Staatsgeldern und Staatsgarantien ist fiskalischer Natur und gehört in die Verantwortung des Staats oder einer von ihm beauftragten separaten Überwachungsbehörde.[114] Dasselbe gilt konsequenterweise auch für Massnahmen und Regulierungen präventiver Art, die das Eintreten solcher Ereignisse verhindern sollen. Erst recht nicht zum Zentralbankmandat gehört die Finanzierung der Staaten und ihrer Verschuldung zu günstigen Bedingungen. Die Unterordnung unter fiskalische Ziele zählt historisch zu den grössten Gefährdungen der Geld- und Währungspolitik. Dass die Zentralbank die Rolle eines Kreditgebers der letzten Instanz nicht nur für Banken, sondern auch für Staaten spielen soll, wie es in der Verwirrung unserer Zeit gegenwärtig von vielen Seiten gefordert wird – speziell im Hinblick auf die Europäische Währungsunion und das Verschuldungsproblem ihrer Mitglieds-

113 Die klassische Referenz dazu ist Bagehot 1873.

114 Die Beteiligung der Nationalbank am Rettungspaket für die UBS vom Oktober 2008 stellt sich vor diesem Hintergrund als notfallmässiger Ausnahmefall dar, der sich nicht wiederholen sollte.

länder –, darf daher unter keinen Umständen zu den Lehren gehören, die wir aus der Finanzkrise ziehen. Ein solches Verständnis von Lending of Last Resort würde die Währungsbehörde zum Agenten der Fiskalpolitik degradieren und wäre mit einer stabilen Geld- und Währungsordnung unvereinbar.

Die Unterscheidung zwischen Illiquidität und Insolvenz ist zugegebenermassen im konkreten Fall schwierig zu treffen. Illiquidität kann Notverkäufe, Verluste und Insolvenz bedingen. Insolvenz umgekehrt kann rasch zu Vertrauensverlust, Refinanzierungsproblemen und Illiquidität führen. Die Unterscheidung ist gleichwohl als Prinzip von grösster Bedeutung, denn sie besagt, dass es beim Lending of Last Resort um eine Reaktion auf Imperfektionen des Geld- und Kapitalmarktes geht, und dass es nicht Sinn und Zweck dieser Hilfe sein kann, grundsätzlich nicht mehr lebensfähige Institutionen künstlich am Leben zu halten.

Massnahmen und Entscheide, die mit der Liquidierung, Sanierung und Restrukturierung insolventer oder potenziell insolventer Finanzinstitute zu tun haben, sind daher von der Funktion eines Lenders of Last Resort klar zu trennen. Massnahmen und Regulierungen präventiver Art, die der Vermeidung des Eintritts solcher Schadensfälle und der Notwendigkeit entsprechender Schadensbegrenzungen dienen, lassen sich nicht davon trennen. Sie sind im Zusammenhang mit der Too-Big-To-Fail-Thematik und der Problematik systemrelevanter Banken in den letzten Jahren weltweit intensiv diskutiert worden. Es spricht viel dafür, dass der Staat diese Aufgaben einer separaten, selbstständigen Regulierungs- und Überwachungsbehörde überträgt, die unabhängig vom politischen Alltagsgeschehen und seinen kurzfristigen Zwängen ein langfristig optimales Überwachungsregime definiert und verwirklicht. Zur Ausübung dieses Mandats muss diese Behörde mit Unabhängigkeit und entsprechenden Eingriffsbefugnissen ausgestattet sein.

Grundsätzlich ist es denkbar, der Zentralbank im Doppelmandat auch diese Aufgabe zuzuteilen, zusätzlich zu ihrem traditionellen geldpolitischen Auftrag. Dies ist aber gefährlich. Die potenziellen fiskalischen Konsequenzen der Entscheide und Massnahmen einer solchen Behörde machen sie stark anfällig für politische Druck- und Beeinflussungsversuche und rechtfertigen in einem gewissen Sinn eine solche Einflussnahme auch. Ein Doppelmandat der Zentralbank würde unweigerlich eine Politisierung der Zentralbankpolitik und letztlich eine Beschneidung der in den letzten Jahrzehnten mühsam erworbenen und gefestigten Zentralbankunabhängigkeit zur Folge haben. Für die Geldpolitik und die Gewährleistung der Preisstabilität wäre dies kein gutes Omen. Eine solche Zuordnung der Kompetenzen könnte sich daher auf die Dauer stark kontraproduktiv auswirken.

13

Neunte Banknotenserie

Mehr als 20 Jahre sind seit der letzten Emission vergangen – in dieser Zeit erfolgte technologisch ein Quantensprung. Es braucht daher neue Noten, um den hohen Sicherheitsstandard der Banknoten auch weiterhin aufrechtzuerhalten und das Publikum vor Fälschungen zu schützen. Mit der neuen Banknotenserie erhält die Schweiz Banknoten, die moderner und noch sicherer sind. Bei der Gestaltung der neuen Banknotenserie geht die Schweizerische Nationalbank neue Wege – abgebildet werden keine Persönlichkeiten mehr. Jede Note stellt vielmehr eine für die Schweiz typische Seite vor, die jeweils durch ein Hauptelement repräsentiert wird. Jede Seite wird durch eine Handlung, einen Ort in der Schweiz und weitere grafische Elemente illustriert. Das Thema der neuen Banknotenserie lautet denn auch «Die vielseitige Schweiz». Gestaltet hat die Serie Manuela Pfrunder. Die Emission der neuen Serie wird 2019 abgeschlossen sein.

13 Rückseite der 50-Frankenbanknote «Wind».

14 Vorderseite der 50-Frankenbanknote «Wind».

50
Les billets de banque

50
SCHWEIZERISCHE NATIONALBANK
BANCA NAZIUNALA SVIZRA
Fünfzig Franken
Tschuncanta Francs

III

« *Cecily, you will read your Political Economy in my absence. The chapter on the Fall of the Rupee you may omit. It is somewhat too sensational. Even these metallic problems have their melodramatic side.* »

Miss Prism zu Cecily, in: Oscar Wilde, The Importance of Being Earnest, zweiter Akt

ANHANG
EINIGE ZENTRALE ELEMENTE DER WÄHRUNGSTHEORIE

Die Sicht auf historische Ereignisse allein aus der Perspektive des heute herrschenden Papiergeldsystems kann leicht zu falschen Einordnungen und Interpretationen führen. Dieser Teil enthält daher eine kurze Darstellung der wichtigsten Währungsordnungen und -systeme, die wir historisch und analytisch unterscheiden können, insbesondere der geschichtlich wichtigen Metallwährungen in ihren verschiedenen Ausprägungen.

ANHANG 1
WÄHRUNGSORDNUNGEN

Gegenstand dieses Buches ist die Währungsgeschichte der Schweiz in den vergangenen zwei Jahrhunderten. Ohne Verständnis gewisser technischer Begriffe und währungstheoretischer Grundvorstellungen bleibt diese Geschichte für die Leserin und den Leser ohne Vorkenntnisse häufig ein Buch mit sieben Siegeln. Die Darstellung der schweizerischen Währungsgeschichte sei daher in diesem Anhang durch eine kurze Klärung gewisser zentraler Elemente der Währungstheorie ergänzt. Wichtig ist insbesondere ein klares Verständnis der Struktur und der Funktionsweise alternativer Währungssysteme.

HISTORISCHE DOMINANZ DER METALLWÄHRUNGEN

Historisch wie auch analytisch lassen sich eine Reihe verschiedener Währungssysteme unterscheiden. Bemerkenswert ist, dass Währungsordnungen weltweit bis vor wenigen Jahrzehnten über Jahrhunderte hinweg durch eine Bindung an ein spezielles Gut, nämlich ein Metall, charakterisiert gewesen sind. Metallwährungen, insbesondere die Goldwährung, aber auch die Silberwährung, haben in der einen oder anderen Form die Welt beherrscht. Erst 1973 ist diese Bindung mit dem Zusammenbruch des Festkurssystems von Bretton Woods ganz weggefallen;[115] die Metallwährungen sind seither einem System reiner Papierwährungen gewichen.[116]

Knapp über vierzig Jahre erst dauert also die Herrschaft unserer heutigen Papiergeldsysteme. In der Geschichte der Menschheit ist das eine kurze Zeitspanne. Lange genug jedoch um zu bewirken, dass ein Grossteil der Zeitgenossen von der Funktionsweise der früheren Metallwährungen keine klare Vorstellung mehr besitzt. Die Sicht auf historische Ereignisse einzig aus der Perspektive des heute vorherrschenden Papiergeldsystems kann aber leicht zu falschen Einordnungen und Interpretationen führen. Kenntnisse historischer Metallwährungsordnungen sind zudem auch wichtig, weil diese gewisse Gemeinsamkeiten mit Fixkurssystemen besitzen, wie sie auf regionaler Ebene auch heute noch häufig Anwendung finden und als Alternative zum herrschenden System weltweit flexibler Wechselkurse immer wieder diskutiert werden.

DIE GOLDWÄHRUNG – PROTOTYP EINER METALLWÄHRUNG

Meist wird die Funktionsweise der Metallwährungen am Beispiel der Goldwährung dargestellt – allgemeiner ausgedrückt: am Beispiel einer Währung mit einem einzigen Währungsmetall. Es ist allerdings interessant, dass aus historischer Sicht Systeme, die

115 Zum Bretton-Woods-System vgl. Kapitel 7.
116 Zur Terminologie vgl. Anmerkung 4.

gleichzeitig mehrere Währungsmetalle verwenden, insbesondere das Gold und das Silber, eine grosse Bedeutung eingenommen haben. Trotzdem wollen wir uns zunächst dem Fall der Verwendung nur eines Metalls zuwenden.

Die extremste Variante einer solchen Währung wäre gegeben, wenn das entsprechende Metall, also im Falle der Goldwährung das Gold, in unverarbeiteter Form sowohl als Zahlungsmittel wie als Recheneinheit dienen würde. Die Preise anderer Güter würden dann in Gramm Gold gemessen und Zahlungen würden in (ungeprägten) Goldstücken stattfinden. Eine derartige Goldwährung ist natürlich längst Vergangenheit – falls es sie überhaupt je gegeben hat. Sie wäre mit sehr hohen Transaktionskosten verbunden: Das Gold müsste bei jeder Zahlung zuerst abgewogen und seine Qualität und die Waage müssten bei jeder Transaktion geprüft werden. Solche Schwierigkeiten legen die Prägung von Goldmünzen nahe, wie wir sie aus der Vergangenheit kennen, oder die Substitution des Goldes durch zertifizierte «Zeichen», die einen Anspruch auf eine bestimmte Menge an Gold repräsentieren («Noten», Papiergeld).

Eine «reine» Goldwährung, wie wir sie aus der Geschichte der letzten Jahrhunderte kennen, ist durch zwei zentrale Elemente charakterisiert:[117]

- Die Währungseinheit (z.B. der Schweizer Franken, das britische Pfund, der US-Dollar) wird einer bestimmten Menge des Währungsmetalls gleichgesetzt, d.h. ein Schweizer Franken entspricht einem bestimmten Gewicht an Gold. Umgekehrt lässt sich dieser Tatbestand als Preisfestlegung für das Währungsmetall ausdrücken: Der Preis des Goldes gemessen in Währungseinheiten wird fixiert. Im System von Bretton Woods legten beispielsweise die USA den Preis einer Unze Gold auf 35 US-Dollar fest.[118]
- Das Währungsmetall, also Gold, wird von der verantwortlichen Währungsbehörde ohne Einschränkung zu diesem Preis gekauft und verkauft. Man spricht von der Einlösepflicht (der Behörde) oder der «Konvertibilität» (des umlaufenden Geldes in das zugrunde liegende Währungsmetall).

Das umlaufende Geld kann dabei entweder die Form von Goldmünzen haben oder aus (voll oder zumindest partiell) durch Goldreserven gedeckten und in solche einlösbaren Banknoten (oder ähnlichen «Zeichen») bestehen. Im ersten Fall spricht man von einer Goldumlaufswährung (Gold-Specie-Standard), im zweiten Fall (bei 100 Prozent Golddeckung) von einer Goldbarrenwährung (Gold-Bullion-Standard).

117 Das wichtigste historische Beispiel eines Landes auf dem Goldstandard ist Grossbritannien. Es fixierte den Goldpreis des britischen Pfund Sterling von 1717 bis 1931, mit Unterbrüchen zwischen 1797 bis 1819 und 1914 bis 1925, auf unverändertem Niveau.

118 Eine Unze Gold oder Silber (Feinunze, Troy Ounce) entspricht rund 31,1 Gramm (im Gegensatz zur «gewöhnlichen» Unze von 28,36 Gramm).

Zentral sind so oder so der feste und garantierte Goldpreis einerseits und die Verpflichtung zur Konvertibilität andererseits. Im Idealfall sind beide als feste und unverrückbare Prinzipien verankert. Die Prägung und Ausgabe von Münzen respektive von Noten kann dabei im Prinzip durch private, miteinander in Konkurrenz stehende Agenten erfolgen, ist aber im Verlaufe der Geschichte immer mehr einem staatlichen Monopol übertragen worden.[119] Charakteristisch für eine «reine» Goldwährung mit voller Golddeckung ist, dass die sich im Umlauf befindliche Geldmenge exakt dem monetären Goldbestand der Wirtschaft entspricht. Bei einer bloss partiellen Golddeckung ist die Geldmenge entsprechend ein Vielfaches des monetären Goldbestandes (bei einem Deckungsgrad von 50 Prozent beispielsweise das Doppelte).

Die ideale Goldwährung stellt einen Regelmechanismus dar, der die Geldmenge ohne weiteren Eingriffsbedarf einer Regulierungsbehörde automatisch steuert. Zentral ist dabei das Zusammenspiel von Goldpreis, Güterpreisen und Goldproduktion. In jedem Zeitpunkt ergeben sich aus dem Verhältnis der Geldmenge zum Realeinkommen (und weiteren Bestimmungsfaktoren der realen Geldnachfrage) das Niveau der Güterpreise und damit der reale Goldpreis (das Verhältnis von Goldpreis und Güterpreisen, die Kaufkraft des Goldes). Der reale Goldpreis bestimmt bei gegebener Technologie der Goldförderung sowie gegebener Nachfrage nach Gold durch den Nichtwährungssektor (etwa für Schmuck, Industriezwecke oder als Anlageobjekt) den Nettozuwachs des monetären Goldbestandes der Wirtschaft und damit die Veränderung der Geldmenge. Eine stationäre Wirtschaft ohne Realwachstum setzt im langfristigen Bestandesgleichgewicht einen realen Goldpreis voraus, der den monetären Goldbestand des Systems und damit die Geldmenge exakt unverändert hält. In einer wachsenden Wirtschaft hingegen muss sich der reale Goldpreis so einspielen, dass der Nettozuwachs an Gold gerade die reale Zunahme der monetären Goldnachfrage (die sich im Gleichschritt mit der Gesamtwirtschaft bewegen wird) befriedigt.[120]

Die Geldmenge wird damit an ein knappes Gut, das Gold, gebunden und lässt sich, solange die das System definierenden Regeln zuverlässig eingehalten werden, nicht beliebig verändern. Die Goldwährung gewährleistet so eine feste nominelle Verankerung der Güterpreise und schliesst Hyperinflationen aus, wie sie in Papiergeldsystemen auftreten können. Die Geldmenge wird aber abhängig von der verfügbaren

119 Die Darstellung der Goldwährung geht oft von idealisierten Bedingungen aus, abstrahiert also von gewissen Imperfektionen der realen Welt. So werden die Kosten der Münzprägung respektive des Einschmelzens von Metallmünzen häufig vernachlässigt. Sie schaffen in der Realität eine Spanne, innerhalb der sich Arbitrage zwischen verschiedenen Münzsorten und Geldarten nicht lohnt.

120 Eine formale und grafische Darstellung des Goldwährungssystems auf der Basis der Gleichgewichtsbedingungen für den Geldmarkt und den Goldmarkt, einschliesslich einer Beschreibung der Systemeigenschaften, finden die technisch interessierteren Leserinnen und Leser in Anhang 2.

Menge des Währungsmetalls, von den Bedingungen seiner Produktion (der Technologie der Goldförderung) und von der nicht monetären Nachfrage danach.[121]

Ein Goldwährungsregime kann anstatt von einer vollen auch von einer bloss partiellen Golddeckung ausgehen (Fractional-Reserve-Standard). In diesem Fall wird die Unterscheidung zwischen verschiedenen Systemvarianten sehr wichtig:

- Ein System mit unvollständigem, aber rigide konstant gehaltenem Deckungsgrad (<100 Prozent). Ein solches System erlaubt gewisse Einsparungen an realen Ressourcenkosten im Vergleich zur vollen Deckung, aber keine geldpolitische Flexibilität bezüglich Wirtschaftszustand und (beispielsweise saisonalen) Schwankungen des Liquiditätsbedarfs.
- Ein System mit langfristig (glaubhaft) konstantem, aber bezüglich Konjunkturzustand und Bedürfnissen des Zahlungsverkehrs variierbarem Deckungsgrad. Ein solches System erlaubt eine gewisse stabilitätspolitische Flexibilität in der Geldpolitik.
- Ein System mit arbiträr (diskretionär) veränderbarem Deckungsgrad ohne zuverlässige Langfristbindung.

Die Glaubwürdigkeit des Goldwährungssystems und der langfristigen Bindungen, die es voraussetzt, kann entscheidend von diesen Unterscheidungen abhängig sein. Bedeutend ist dabei nicht zuletzt die Höhe des Deckungsgrades. Ist dieser zu niedrig oder kann er zu stark diskretionär verändert werden, können Beeinträchtigungen der Glaubwürdigkeit resultieren. Dann kann es leicht zu spekulativen Attacken auf die Währung kommen. Die Wahl des Deckungsverhältnisses reflektiert ein Abwägen zwischen Sicherheit und Flexibilität. 100 Prozent Metalldeckung ergibt völlige Sicherheit, erlaubt aber keinerlei Flexibilität. Die Metallwährungssysteme der Vergangenheit haben typischerweise für eine gewisse Flexibilität optiert, aber gleichzeitig – im Vergleich zum heute vorherrschenden Papiergeldstandard – hohe Deckungsreserven bevorzugt.

DER INTERNATIONALE GOLDSTANDARD

Wenn verschiedene Länder ihre Währung in derselben Weise ans Gold binden und Gold international unbehindert handelbar ist, impliziert dies natürlich feste Preisrelationen zwischen diesen Währungen, also fixe Wechselkurse. In einer offenen Wirt-

121 Für die Goldwährung (für Metallwährungen generell) gilt strikt genommen die sogenannte Neutralität des Geldes nicht, da das Geld eine Ware ist, die systemendogen unter Ressourcenaufwand produziert wird. Approximativ kann sie trotzdem zutreffen. Unter Neutralität des Geldes versteht man die Eigenschaft eines Papierwährungssystems, dass sich das Güterpreisniveau bei Absenz realwirtschaftlicher Veränderungen proportional zur Geldmenge bewegt.

schaft kann für ein einzelnes Land an die Stelle der Goldproduktion die Fähigkeit zur Erzielung von Überschüssen im internationalen Handels- und Kapitalverkehr treten. Nettoexporte von Gütern und Dienstleistungen bewirken ein Nettoangebot an Fremdwährung.[122] Nettokapitalimporte, also Nettoexporte von Wertpapieren und Vermögensansprüchen aller Art, haben dieselbe Wirkung.

Ohne Eingreifen der Währungsbehörde käme es dann zu einem Aufwertungsdruck auf die eigene Währung. Dies ist aber im Fixkurssystem der Goldwährung nicht möglich. Die Summe der Nettoexporte aus dem Handelsverkehr und der Nettokapitalimporte, der sogenannte Zahlungsbilanzüberschuss, muss von der Währungsbehörde zu den Bedingungen der Goldwährung übernommen werden, im reinen Goldstandard durch entsprechende Käufe (Importe) von Gold zum festgelegten Goldpreis, in abgeschwächten Varianten der Goldwährung, wie dem unten besprochenen Gold-Devisen-Standard, auch durch Käufe von Devisen zum implizit fixierten Wechselkurs. In einem reinen, völlig interventionsfreien System flexibler Wechselkurse müssten sich stattdessen der Wechselkurs, und möglicherweise auch andere Grössen wie die Zinssätze, so lange anpassen, bis der Markt diese Positionen freiwillig übernimmt.

In dieser Weise ergibt sich im Goldwährungssystem eine endogene Verteilung der Währungsmetallbestände des Gesamtsystems, und infolge dessen der Geldmengen, auf die beteiligten Länder. Die Nettoexporte des Handelsverkehrs werden dabei von Bewegungen der relativen Preis- und Lohnniveaus im In- und Ausland beeinflusst (und von weiteren Faktoren wie etwa der Konjunktur). Die Kapitalbewegungen reagieren auf internationale Zinsdifferenzen – die bei hoher internationaler Kapitalmobilität allerdings gerade aufgrund dieser Mobilität nur in begrenztem Mass überhaupt bestehen können – sowie auf weitere Einflüsse, darunter solche politischer Art.

Eine eigenständige, unabhängige interne Geldpolitik eines einzelnen Landes ist infolge dieser Mechanismen im Goldwährungssystem auf Dauer nicht möglich. Der Versuch einer expansiven Geldpolitik würde im Inland zu tendenziell fallenden Zinsen und steigenden Löhnen und Preisen führen. Dies würde sich negativ auf die Nettoexporte und auf die Kapitalimporte auswirken respektive zu Nettoimporten im Handelsverkehr und Nettoexporten im Kapitalverkehr führen. Als Folge käme es zu einem Zahlungsbilanzdefizit und zum Abfluss von Währungsmetall. Die angestrebte Expansion der Geldpolitik würde damit wieder zunichte gemacht. Bei hoher internationaler Kapitalmobilität können diese Anpassungen sehr rasch ablaufen. Schon geringe Zinsdifferenzen genügen dann, um massive Kapitalbewegungen in Gang zu setzen und den Ausgleich herbeizuführen.

122 «Der Aussenhandel ist die Goldmine von Peru», wie ein geflügeltes Wort aus der Zeit des Merkantilismus sagte (vgl. Niehans 1978/1980, S. 177).

Auf internationale Ungleichgewichte im Handels- und Kapitalverkehr, die aufgrund exogener Entwicklungen und anderer Einflüsse entstanden sind und sich in Zahlungsbilanzungleichgewichten und Zu- oder Abfluss von Währungsmetall äussern, sollte die Zentralbank in einem System mit flexiblem Metalldeckungsgrad gemäss traditioneller Goldwährungsdoktrin mit Anpassungen des Diskontsatzes reagieren. Ein Abfluss von Goldreserven sollte sie veranlassen, den Diskontsatz anzuheben, ein Goldzustrom umgekehrt, ihn zu senken. Damit würde sie über eine Beeinflussung der Kapitalbewegungen den Abfluss respektive Zufluss von Währungsmetall stoppen und den Anpassungsprozess zum Gleichgewicht (der allerdings mit der Zeit ohnehin stattfinden würde) beschleunigen.

DER BIMETALLISMUS

Nicht selten wurde die Währung eines Landes nicht nur an ein einzelnes Metall, sondern an mehrere Metalle zugleich gebunden, speziell an Gold und Silber. Dabei diente das Silber vorzugsweise für die kleineren Transaktionen des Alltags und das Gold für den grossen Zahlungsverkehr. Dies ist bekannt als Bimetallismus (Doppelwährung, Gold-Silber-Währung).[123] Die Währungseinheit ist dann konvertibel in mehr als ein Metall (zum fixierten Preis). Dadurch wird natürlich die Preisrelation zwischen diesen beiden Metallen festgelegt. Wenn beispielsweise eine Goldmünze im Wert von 20 US-Dollar, der US-amerikanische Double Eagle von 1849, gemäss ihrer Definition (approximativ) eine Unze Gold enthielt und gleichzeitig 20 US-Silberdollar einen Silbergehalt von 16 Unzen aufweisen mussten, so implizierte dies einen Gold-Silber-Preis von 16:1.[124]

Dies kann problematisch werden, wenn die relativen Schwankungen im Angebot (in der Produktion) der beiden Währungsmetalle und/oder ihrer nicht monetären Nachfrage zu gross werden. Weicht der effektive Preis von der offiziellen Relation (16:1) ab, löst dies Anpassungsprozesse aus: Das im nicht monetären Bereich relativ wertvollere (teurere) der beiden Metalle wird sukzessive aus der monetären Verwendung abgezogen und die Neuproduktion fliesst allein der kommerziellen (nicht monetären) Verwendung zu. Die Zusammensetzung der Geldbestände verändert sich und der Bimetallismus kann schliesslich einem effektiven Monometallismus weichen. Dieses Phänomen ist bekannt als Gresham's Law («the bad money drives out the good

123 In der älteren monetären Literatur wurde der Bimetallismus häufig intensiv diskutiert. Für eine Beurteilung aus der jüngeren Zeit vgl. etwa Friedman 1990.

124 Genau genommen war der Goldgehalt des Double Eagle geringfügig kleiner. Der Preis einer Unze Gold war auf 20,672 US-Dollar und der Preis einer Unze Silber auf 1,292 US-Dollar festgelegt.

money»).[125] Angesichts der typischerweise im Vergleich zu den Beständen an Währungsmetall kleinen Bestandesveränderungen (pro Zeiteinheit) kann dieser Anpassungsprozess viel Zeit beanspruchen. Für kleine Volkswirtschaften mit international unbehindertem Güter- und Kapitalverkehr kann allerdings die Elastizität der Angebote hoch sein, sodass sich die Anpassungen rasch vollziehen.

Solange Nachfrage- und Angebotsschwankungen und damit Schwankungen des Gold-Silber-Preises begrenzt bleiben und sich über die Zeit kompensieren, kann ein bimetallisches System durchaus überleben. Erwartungen und Spekulation können in diesem Fall stabilisierend wirken. Wenn aber gewisse Grenzen im Gold-Silber-Preis überschritten werden, trifft dies nicht mehr zu. Irgendwann wird der monetäre Bestand eines der beiden Metalle erschöpft sein. Erwartungen und Spekulation können in diesem Fall leicht destabilisierend wirken und die Glaubwürdigkeit des Systems unterminieren.

Die Anpassungen des Preisniveaus, die aus gegebenen Störungen der Geldnachfrage resultieren, sind in einem funktionierenden bimetallischen System geringer als in einem monometallischen System, weil mehrere Metalle (anstelle von nur einem) als «Puffer» dienen (d.h. ihr monetär verwendeter Bestand reagiert auf Änderungen des Preisniveaus). Dies wurde traditionell als hauptsächlicher Vorteil des Bimetallismus betrachtet. Dem stand aber immer die grosse Gefahr der Instabilität und Degeneration gegenüber.

SYMMETALLISMUS UND COMMODITY-RESERVE-STANDARD

Unter dem Titel *Symmetallismus* hat Marshall 1887 eine Systemvariante entwickelt, die er als «stabilen Bimetallismus» empfahl. Es handelte sich um eine theoretische Konstruktion, die von der Praxis nie aufgenommen worden ist. Marshalls Vorschlag bestand darin, ein kombiniertes Metallbündel (x Gramm Gold + y Gramm Silber) als Währungsbasis zu verwenden und im Preis zu fixieren. Die Notenbank müsste dann also dieses Bündel zum festgelegten Preis unbegrenzt kaufen und verkaufen. Gresham's Law könnte dann nicht mehr wirksam werden. Statt nur zwei Metalle könnte man auch drei, vier oder noch mehr Metalle sowie andere Güter einschliessen. Dies entspricht der Idee des Commodity-Reserve-Standards, wie er von Benjamin Graham 1937, 1944 sowie von Frank Graham 1942 vorgeschlagen und später von Friedman 1951 kritisch diskutiert worden ist. Dieser Vorschlag wollte die Währung konvertibel in bestimmte Warenbündel («bundles of warehouse warrants for specified commodities») machen.

125 Benannt nach Sir Thomas Gresham, einem britischen Finanzexperten des 16. Jahrhunderts.

Der angestrebte Vorteil all dieser Systeme liegt darin, dass nur ein durchschnittlicher Güterpreis fixiert wird, die Einzelpreise aber anpassbar bleiben. Dies soll die Variabilität des Preisniveaus mindern, was im Prinzip günstig ist. In der Praxis sind diese Vorschläge nie umgesetzt worden. Friedman (1951, S. 225 f.) kritisierte sie aufgrund der mangelnden Lagerbarkeit vieler Güter. «Realisierbare» Versionen, meinte er, würden die Preisniveauvariabilität nicht wirklich reduzieren. Barro (1979, S. 30 f.) argumentiert zwar, dass dieses Problem durch Verwendung von Terminkontrakten entschärft werden könnte, sieht die Hauptschwierigkeit aber in der politischen Beeinflussbarkeit des Basiswarenbündels. Das System wäre der Gefahr von politisch-opportunistischer Manipulation der relativen Gewichte ausgesetzt. Dies ist beim «einfachen» Goldstandard nicht möglich.

McCallum (1989, S. 266) rückt diese Vorschläge im Extrem (Einschluss sämtlicher Güter gemäss ihrer Gewichtung in einem der üblichen Preisindizes) in die Nähe moderner, direkt auf Preisniveaustabilisierung ausgerichteter Konzeptionen mit all ihren Vor- und Nachteilen.

DER GOLD-DEVISEN-STANDARD (BRETTON-WOODS-SYSTEM)

Reine Metallwährungen der beschriebenen Art gehören seit Langem der Vergangenheit an. Zwar war bis 1973 der US-Dollar noch ans Gold gebunden. Der Preis einer Unze Gold war bis 1971 auf 35 US-Dollar festgelegt, anschliessend bis 1973 auf 38 US-Dollar. Diese Verpflichtung der US-Behörden hatte aber nur noch internationale Bedeutung, d. h. hatte nur Geltung im Verkehr mit den Währungsbehörden anderer Länder. Intern galt die Verpflichtung, Gold zu diesem Preis zu kaufen und zu verkaufen, seit Langem nicht mehr; sie wurde 1933 von Franklin D. Roosevelt aufgehoben, ähnlich auch in anderen Ländern.[126] Binnenwirtschaftlich war also die Verbindung zum Gold seit Langem gebrochen und man hatte effektiv reine Papierwährungen. Aussenwirtschaftlich bestand jedoch bis 1973 eine Art Goldwährung, allerdings nicht mehr der ursprünglichen Art, bekannt als Gold-Devisen-Währung (Gold-Exchange-Standard), kodifiziert im Abkommen von Bretton Woods von 1944 und bekannt als Bretton-Woods-System.[127] In diesem System haben alle Länder ausser den USA ihre Währungen nicht mehr direkt an das Gold gebunden, sondern stattdessen an den US-Dollar (was indirekt dieselbe Wirkung hatte, solange letzterer fest ans Gold gebunden blieb). Die feste Bindung an den US-Dollar kam dabei durch Interventionen an den Devisenmärkten zustande, d. h., die Notenbanken waren verpflichtet, zum fixierten

126 In den USA wurde zudem der private Besitz von Gold (ausser als Schmuck) verboten und das private Gold vom Staat konfisziert. Dieses Verbot wurde erst 1973 wieder aufgehoben.

127 Zur Entstehungsgeschichte des Bretton-Woods-Systems vgl. Kapitel 7.

Kurs unlimitiert US-Dollars zu kaufen und zu verkaufen. Man hatte also intern reine Papierwährungen und extern eine Art Goldwährung, wobei alle Währungen, ausser dem US-Dollar, nicht nur durch Goldreserven, sondern zum Teil auch durch US-Dollar-Reserven (Devisenreserven) gedeckt waren.

Die Schweiz war in diesem System, an dem sie faktisch teilnahm (ohne Mitglied bei den Institutionen von Bretton Woods zu sein), insofern ein Sonderfall, als die Goldbindung des Schweizer Frankens formal bis 1999 aufrechterhalten wurde. Dies hatte allerdings keine wirkliche währungspolitische Bedeutung mehr. Es handelte sich faktisch im Wesentlichen um eine Buchungsregel für die Bewertung des Goldbestandes der SNB (und eine Restriktion für den notwendigen Bestand ihrer Goldreserven).

REINE PAPIERWÄHRUNG (FIAT-MONEY-SYSTEM)

1973 ist das System von Bretton Woods zusammengebrochen. Verantwortlich dafür waren gewisse Konstruktionsfehler (vgl. dazu die Diskussion in Kapitel 7) und – in besonderem Mass – divergierende geld- und inflationspolitische Vorstellungen und Entwicklungspfade der USA einerseits und anderer wichtiger Teilnehmerländer (insbesondere Deutschlands, aber auch der Schweiz) andererseits. Seither ist weltweit jede feste Bindung an das Gold [128] – oder ein anderes Metall oder Gut – aufgehoben. Die Metallwährungen sind reinen Papierwährungen gewichen, ausgegeben von nationalen Zentralbanken, mit prinzipiell flexiblen Wechselkursen zwischen den verschiedenen Währungen – ein sogenanntes Fiat-Money-System. Dies ist das Währungssystem, das wir aus unserer heutigen Erfahrung kennen. Es braucht deshalb hier nicht näher beschrieben zu werden.

VOR- UND NACHTEILE DES GOLDSTANDARDS. GRÜNDE FÜR DEN ÜBERGANG VON METALL- ZU PAPIERGELDSYSTEMEN

Metallwährungssysteme besitzen im Vergleich mit dem Papiergeldstandard Vorteile, aber auch Nachteile. Folgende Nachteile sind immer wieder genannt worden und haben letztlich zum Niedergang der Metallwährungssysteme beigetragen:

- Metallwährungssysteme verursachen reale Ressourcenkosten in der Form von Kosten der monetären Gold- oder Silberhaltung (Reservehaltung). Diese fallen umso grösser aus, je höher der Deckungsgrad. Von ausserordentlicher Grössenordnung dürften diese Kosten allerdings nicht sein. McCallum (1989, S. 267) schätzte sie für einen Deckungsgrad von 30 Prozent und Bedingungen, wie sie

128 Die formale Ausnahme im Falle der Schweiz wurde oben erwähnt.

die US-Wirtschaft in den 1980er-Jahren charakterisierten, auf ungefähr 0,1 Prozent des Bruttoinlandsprodukts ein.

- Indem sie die Geldmenge an ein reales Gut binden, beispielsweise das Gold, machen die Metallwährungssysteme das Preisniveau und die Kaufkraft des Geldes abhängig von den Nachfrage- und Angebotsverhältnissen am Markt für dieses Gut (von den Goldvorräten und ihrer Entwicklung, von der Technologie der Goldschürfung, von der nicht monetären Nachfrage nach Gold). Dies ist häufig als unerwünscht betrachtet worden.
- Die Wahl eines Güterbündels als Währungsbasis kann je nach Wirtschaftsentwicklung und Wirtschaftsstruktur bessere Stabilisierungseigenschaften gewährleisten als die Wahl eines einzelnen Gutes (eines Metalls wie Gold). Dies führt letztlich zur Frage, warum man das Preisniveau nicht direkt fixieren soll, anstatt dies über den Goldpreis indirekt anzustreben. Im Fall eines vereinfachten Wirtschaftsmodells mit nur zwei Gütern (einem Konsumgut und Gold) ist diese Frage durchaus berechtigt. In der Realität mit einer riesigen Zahl von Gütern, die in den Konsumentenpreisindex eingehen, ist jedoch die Fixierung eines Einzelpreises, wie desjenigen für Gold, technisch viel einfacher.
- Metallgeldsysteme sind suboptimal in dem Sinn, dass man sich leicht Systeme ausdenken kann, die ihnen zumindest «theoretisch», bei idealem Management, überlegen sind. Bemängelt worden ist insbesondere immer ihre Inflexibilität, also die Tatsache, dass sie nur sehr begrenzt Spielraum für geldpolitische Reaktionen auf makroökonomische Schocks aller Art und saisonale Schwankungen im Zahlungsverkehr gewähren. Keynes' Charakterisierung des Goldes als «barbarisches Relikt» hat genau diesen Hintergrund. Der Wunsch nach einem «elastischeren» System und der Ermöglichung einer flexibleren, aktiveren Geldpolitik war historisch wohl der wichtigste Grund für den Niedergang der Metallwährungssysteme.

Genau diese Eigenschaft der Metallgeldsysteme kann allerdings umgekehrt auch als ihr zentraler Vorteil gesehen werden:

- Durch die Fixierung des Goldpreises, also der in Gold gemessenen Kaufkraft des Geldes, wird indirekt auch die in Gütern gemessene Kaufkraft des Geldes fixiert und verankert. Persistente Inflations- und Deflationsprozesse werden damit verunmöglicht. Im strikten Sinn gilt dies allerdings nur unter Bedingungen ceteris paribus, also bei Konstanz der realen Strukturen des Wirtschaftssystems. Je mehr sich diese verändern, umso mehr verliert der Goldstandard diesen Vorteil. Trotzdem: Die feste Bindung der Währung an ein reales Gut mit endlichem Angebot setzt der Entwicklung des Preisniveaus viel festere und engere Schranken als ein «elastisches» Papiergeldsystem.

- Zugunsten der Metallwährungen ist ausserdem anzumerken, dass es irreführend sein kann, ein ideal gesteuertes Papiergeldsystem als Vergleichsbasis zu wählen. Nützlicher ist ein Vergleich der effektiv zu erwartenden Handhabung alternativer Systeme unter Berücksichtigung von Anreizen für ihre Akteure und der Restriktionen, denen sie unterworfen sind. Hierbei schneidet der Goldstandard nicht so schlecht ab, und zwar gerade wegen der viel grösseren Stringenz der Restriktionen, die er dem System auferlegt. Allerdings gilt auch dies wieder nur so lange, wie diese Restriktionen mit Zuverlässigkeit eingehalten werden und glaubwürdig sind. Auch Metallwährungen lassen sich manipulieren. Ein Goldstandard mit wiederholt angepasstem Goldpreis kann ebenso zum Verlust des Stabilitätsankers und anhaltender Inflation führen wie ein Papiergeldsystem.

WÄHRUNGSWETTBEWERB UND DIE ROLLE PRIVATER FINANZINTERMEDIÄRE

Heute haben praktisch überall die Zentralbanken respektive die Regierungen ein Monopol auf die Ausgabe von Münzen und Noten. Historisch kann man sich die Entstehung lokaler Gebietsmonopole für Währungen leicht aus der mit der Geldschöpfung verbundenen Möglichkeit der Erzielung von Seigniorage erklären. Seit Beginn der Münzprägung ist bekannt, dass mit dem Recht zur Geldschöpfung Einnahmen verbunden sein können. Während der Zeit der Verwendung von Metallmünzen resultierten diese Einnahmen entweder aus den Gebühren, welche die Geldpräger für die Prägung des Metalls in Münzen verlangen konnten oder aus der Differenz zwischen dem Metallwert und der Kaufkraft des geprägten Metalls. Die zweite Komponente war offensichtlich umso grösser, je geringer der Metallgehalt war. Sie reduzierte sich umgekehrt bei «vollem» Metallgehalt auf null. Negativ ins Gewicht fielen die Prägekosten. Das Recht zur Münzprägung stand typischerweise bestimmten Gebietsherren oder Gebietsherrschaften (z.B. Städten) zu – deshalb die Bezeichnung Seigniorage für diese Form der Einnahmenerzielung.

Nun ist der Gebrauch von Währungen nicht so einfach reglementierbar. Deshalb konnte sich, besonders bei starker Zersplitterung der politischen Herrschaftsbereiche, leicht ein Wettbewerb zwischen verschiedenen Währungen und Münzsorten entwickeln. Es stellte sich dann die Frage nach den Vor- und Nachteilen solchen Wettbewerbs und der mit ihm verbundenen Vielfalt von Währungen und Geldformen. Aus der Geld- und Währungsgeschichte sind zahlreiche Beispiele für derartigen Wettbewerb bekannt – Beispiele, die teils als positive Evidenz für sein Funktionieren, teils umgekehrt als Beweis für seine Ineffizienz interpretiert worden sind. Auch die Schweiz wurde, wie wir gesehen haben, in ihrer monetären Geschichte stark von derartigem Wettbewerb geprägt.

Mit der Bildung von Nationalstaaten in Europa wurde dann allerdings das Recht zur Prägung von Münzen praktisch überall an den Zentralstaat übertragen. Dies setzte vielerorts dem Nebeneinander von verschiedenen sich im Umlauf befindenden Münzen ein Ende und erlaubte es dem Zentralstaat, die Gewinne aus der Geldschöpfung fortan für sich zu beanspruchen.

Die Einführung von Papiergeld in Form von Banknoten führte zur Möglichkeit, die umlaufenden Banknoten nur teilweise mit Metall (Reserven) zu decken, sodass die ausgebende Bank den nicht gedeckten Teil ihrer Noten für zinstragende Anlagen verwenden und einen Gewinn erzielen konnte, der über den Geldschöpfungsgewinn bei der Münzprägung hinausging. Auch die Ausgabe von Banknoten kann grundsätzlich durch Wettbewerb zwischen verschiedenen Emissionsbanken geprägt sein, so in der Schweiz bis zur Gründung der SNB in den Jahren 1905 bis 1907. Die Möglichkeit, durch die Ausgabe von Banknoten einen Gewinn zu erzielen, war mit Grund dafür, dass auch das Recht der Notenausgabe mit der Zeit auf den Zentralstaat übertragen wurde. Es ist heute in den meisten Staaten an die Zentral- oder Notenbank delegiert.

Neben das vom staatlichen Monopolisten geschaffene Geld hat der private Banken- und Finanzsektor im Verlaufe der Zeit trotz Notenbankmonopol mehr und mehr in der Form von Sichteinlagen und anderen «geldnahen» Finanzinstrumenten gute Substitute gestellt. Ausmass und Form, in denen dies in einem Wirtschaftssystem möglich ist, werden durch gesetzliche Restriktionen und Regulierungen entscheidend mitbestimmt. Diese stellen daher ebenfalls eine wichtige Komponente der Geld- und Finanzverfassung eines Landes dar. Zwischen den Emittenten solchen privaten Geldes, den Banken, herrscht in der Regel ein mehr oder weniger ausgeprägter Wettbewerb. Ein zentrales Charakteristikum dieser privaten Geldformen ist es aber, dass sie stets zu einem festgelegten, möglichst sicheren Preis in das staatliche Geld umtauschbar sind (Konvertibilität, Einlösepflicht), also von diesem sozusagen abgeleitet sind. Insofern ist der Wettbewerb zwischen Emittenten solchen Bankengeldes von anderer Natur als jener zwischen alternativen Emittenten von «originärem» Geld. Das Ausmass der Deckungsreserven bestimmt auch hier massgeblich die Sicherheit und Qualität des so geschaffenen Geldes und des resultierenden Geldsystems, und die Höhe der Deckungsvorschriften kann ein Abwägen zwischen Sicherheit und Flexibilität reflektieren (vgl. dazu Baltensperger 1982).

HAYEKS KRITIK AM NOTENBANKMONOPOL

Das Währungs- und Notenemissionsmonopol des Staates wurde vor gut dreissig Jahren in nachdrücklicher Weise von Hayek infrage gestellt und mit einem System privater, konkurrierender Währungen (originärer Art) konfrontiert (Hayek 1978, vgl. aber auch Klein 1974). Der Anstoss von Hayek löste zu seiner Zeit eine vergleichsweise breite wissenschaftliche Debatte aus, blieb aber in seinen Auswirkungen auf die theoretische Diskussion begrenzt.

Die Rechtfertigung gewisser Monopolelemente im Geld- und Kreditwesen, besonders in der Form des Währungs- und Notenbankmonopols des Staates, hat in Theorie und Praxis eine lange und starke Tradition. Auch ein so zweifelsfrei liberaler und marktwirtschaftlicher Ökonom wie Milton Friedman hat das Notenbankmonopol des Staates ausdrücklich anerkannt:

> «*There is probably no other area of economic activity with respect to which government intervention has been so uniformly accepted*»,

hält er in seinem wegweisenden Beitrag aus dem Jahr 1960, A Program for Monetary Stability, fest. Er fragt dort zuerst, ob das Geldwesen dem freien Markt überlassen werden könne und beantwortet diese Frage ausdrücklich negativ. Zur Begründung führt er, kurz zusammengefasst, Folgendes an:

> «*These, then, are the features of money that justify government intervention: the resource cost of a pure commodity currency and hence its tendency to become partly fiduciary; the peculiar difficulty of enforcing contracts involving promises to pay that serve as a medium of exchange and of preventing fraud in respect to them; the technical monopoly character of a purely fiduciary currency which makes essential the setting of some external limit on its amount; and, finally, the pervasive character of money which means that the issuance of money has important effects on parties other than those directly involved.*» (Friedman 1960, S. 8)[129]

Hayeks Kritik an dieser Sicht begründet sich auf der offensichtlichen Gefahr, dass ein Monopol auch im Währungsbereich zu Ineffizienz und Missbrauch verleiten kann und häufig auch verleitet hat, gerade im Kontext der reinen Papiergeldsysteme, die sich im Laufe des 20. Jahrhunderts weltweit durchgesetzt haben. Evidenz dafür bilden die zahlreichen Inflationen, die diese Epoche gekennzeichnet haben.

Hayek argumentierte, dass die Abschaffung des staatlichen Währungsmonopols und die Zulassung privater, konkurrierender Währungen diesen Missbräuchen ein Ende bereiten würde. Er dachte dabei an autonome («originäre») Währungen vom Papiergeldtypus. Konvertibilität sei als Sicherheitsmassnahme notwendig bei einem Monopolisten, aber nicht bei konkurrierenden Anbietern, die sich nur im Geschäft halten könnten, wenn sie den Benutzern zumindest ebenso vorteilhaftes Geld anböten wie ihre Konkurrenten. Jeder Anbieter lege die Qualität seines Produktes indirekt über

129 Ähnlich auch Friedrich Lutz, ein anderer unverdächtiger Liberaler (Lutz 1936/1962, S. 28 ff.).

die Regulierung der Geldversorgung fest. Der Wettbewerb würde die Funktion der Einlösepflicht übernehmen.[130]

ARGUMENTE FÜR UND WIDER DEN WÄHRUNGSWETTBEWERB

Die von Hayek ausgelöste Debatte[131] konzentrierte sich auf eine Reihe von Problemen seines Vorschlags, die den Währungswettbewerb als Erfolg versprechendes und realisierbares Instrument zur Überwindung der Schwächen des existierenden Regimes nationaler Monopole infrage stellten. Die hauptsächlichen Schwierigkeiten des Währungswettbewerbs betreffen die folgenden Punkte:

- die zusätzlichen Informations-, Transaktions-, Buchführungs- und Lagerhaltungskosten eines Systems multipler Währungen und Geldsorten und die Kostenvorteile einer einheitlichen Währung;
- die Netzwerk- und Skaleneffekte des Geldes: Ein Geld ist für seine potenziellen Benutzer umso wertvoller, je grösser der Benutzerkreis und die Wahrscheinlichkeit dafür ist, dass potenzielle Tauschpartner es problemlos akzeptieren («Geld als öffentliches Gut»);
- das «Zeitinkonsistenzproblem», das sich aus der stets präsenten Versuchung des Geldproduzenten ergibt, zu späteren Zeitpunkten von früher angekündigten Stabilitätsversprechen abzuweichen. Seine Glaubwürdigkeit und das Vertrauen in sein Produkt werden dadurch untergraben;
- die Vorstellung, dass ein privates Geld, wenn es akzeptiert werden soll, fast zwangsläufig mit einem Einlöseversprechen irgendwelcher Art (in Gold, ein Güterbündel oder ein anderes «dominantes» Geld) verbunden sein muss, und dass der Staat mit seinem Steuermonopol praktisch der einzige Agent ist, der die für ein Papiergeld ohne Konvertibilität notwendige Glaubwürdigkeit schaffen kann, sodass er hier über einen «natürlichen» Kostenvorteil verfügt;
- die Idee, dass sich angesichts der erwähnten Netzwerk- und Skaleneffekte im Währungswettbewerb, selbst wenn er gemäss den Vorstellungen von Hayek funktionieren sollte, am Ende eine bestimmte Währung durchsetzen müsste und so wieder eine Monopolsituation entstehen würde («Geld als natürliches Monopol»).

130 Ganz konsequent vertrat selbst Hayek diese Position allerdings nicht. Auf irgendeine Einlösepflicht, zwar nicht in ein bestimmtes Gut oder Güterbündel gemäss einem festgelegten Preisziel, aber in eine andere, bestehende Währung (z.B. den US-Dollar oder den Schweizer Franken), würden die Abnehmer bestehen, sozusagen als Untergrenze und Absicherung des Geldwertes gegen unten, meinte er.

131 Siehe dazu etwa King 1983, Vaubel 1985, Hellwig 1985 und Fischer 1986. Zu diesem und den nachfolgend diskutierten Themenbereichen vgl. auch White 1999 sowie Baltensperger 2006, 2010, 2011.

Mit klarer Mehrheit kam diese Debatte zu einem Verdikt zugunsten des staatlichen Währungsmonopols und gegen den Hayek'schen Währungswettbewerb. Die politische Vorstellung des Geldes als Symbol nationaler Eigenständigkeit und Souveränität verstärkt diese Tendenz weiter. Damit ist allerdings die Grundfrage noch nicht beantwortet, die am Ursprung von Hayeks Überlegungen stand. Währungsmonopole, auch wenn sie in den Händen des Staates liegen – manche würden sagen, gerade dann –, sind missbrauchsanfällig. Dies gilt besonders für staatliche Notenbankmonopole im Papiergeldstandard, die technisch nicht insolvent werden können, da sie ihr eigenes Geld in beliebiger Menge ausgeben können. Zeitinkonsistenz und Anreize zur Verletzung früher gegebener Stabilitätsversprechen betreffen den Staat ebenso wie private Geldemittenten.

Wenn der Währungswettbewerb dieses Problem nicht zu lösen vermag, muss Schutz vor dieser Gefahr auf anderen Wegen gesucht werden. Aus heutiger Sicht geschieht dies am besten durch klare verfassungsmässige und gesetzliche Normen und Vorgaben, welche die Zentralbank in ihrer Politik auf ein präzises Mandat verpflichten. Aus genau diesem Grund hat Friedman schon in seinem frühen Beitrag betont, dass das Notenbankmonopol ein reguliertes Monopol sein muss und einen Vorschlag zur Konkretisierung solcher Regulierung in Form einer Verfassungsnorm vorgelegt, seine berühmte «Geldmengenregel», die den Zuwachs der Geldmenge auf das trendmässige Realwachstum der Wirtschaft begrenzt (Friedman 1960). Während der letzten Jahrzehnte hat die Idee stark an Unterstützung gewonnen, dass Zentralbankmandate auf gesetzlicher Ebene oder gar auf Verfassungsstufe verankert sein sollten.

WÄHRUNGSRÄUME UND INTERNATIONALER WÄHRUNGSWETTBEWERB

Die Argumente zugunsten eines Währungsmonopols müssen offensichtlich aber gewissen Begrenzungen unterworfen sein. Im Prinzip lassen sie sich ja nicht nur gegen die Konkurrenz zwischen kleinen, lokalen Währungen (wie sie in früheren Jahrhunderten in grosser Anzahl existierten) oder verschiedenen privaten Währungsemittenten innerhalb eines Landes (etwa gemäss dem Vorschlag von Hayek) anwenden. Sie lassen sich, soweit sie richtig sind, auch zur Rechtfertigung von Währungsunionen zwischen verschiedenen nationalen Währungen gebrauchen (und sind beispielsweise bei der Gründung der Europäischen Währungsunion auch entsprechend beansprucht worden). Spätestens hier muss man sich fragen, ob sie denn wirklich unbegrenzt Gültigkeit haben können. Sie müssten dann ja in letzter Konsequenz zu einer einheitlichen Weltwährung führen – eine Idee, die zwar gelegentlich in die Diskussion geworfen wird, die aber aus guten Gründen bei den meisten Diskussionsteilnehmern kaum Unterstützung findet. Die folgenden Überlegungen dürften die massgebenden Begrenzungen definieren:

- Die für die Argumentation zugunsten eines Währungsmonopols zentralen Netzwerk- und Skaleneffekte des Geldes dürften ihrerseits Grenzen unterworfen sein. Ein diesbezüglich effizienter und erfolgreicher Währungsraum mag eine gewisse Mindestgrösse voraussetzen, braucht deswegen aber nicht die ganze Welt oder ganze Kontinente zu umfassen. Eine globale Wirtschaft mit einer begrenzten Zahl nationaler oder regionaler Währungen, die miteinander (zumindest indirekt) im Wettbewerb stehen, stellt möglicherweise die optimale Balance zwischen den Vor- und Nachteilen von Währungsmonopol und Währungswettbewerb dar.
- Solange die Welt politisch aus souveränen Nationalstaaten mit wirtschaftlicher, gesellschaftlicher und fiskalischer Autonomie besteht, ist es sowohl politisch wie ökonomisch sinnvoll, auch die monetäre Autonomie entlang denselben Linien zu definieren. Die gegenwärtigen Wirren um die gemeinschaftliche europäische Währung beleuchten mit grosser Eindringlichkeit die Gefahren, die mit der Nichtberücksichtigung dieses Prinzips einhergehen können.
- Mit seinem wegweisenden Beitrag zur Theorie optimaler Währungsräume hat Robert Mundell schon vor einem halben Jahrhundert auf die Tatsache hingewiesen, dass eine einheitliche Währung neben verschiedenen Vorteilen auch gravierende Kosten mit sich bringen kann, wenn der Währungsraum durch Heterogenität und regionenspezifische Friktionen und Rigiditäten gekennzeichnet ist (Mundell 1961). Die gesamte Welt wird kaum je einen optimalen Währungsraum im Sinne von Mundell darstellen.

Dies alles spricht dafür, dass die Koexistenz einer – wenn auch begrenzten – Vielzahl nationaler oder regionaler Währungen vorteilhaft bleibt. Eine solche Koexistenz wird mit grosser Wahrscheinlichkeit auch die Zukunft prägen, sind doch Währungen in den meisten Fällen historisch gewachsen und deshalb in ihrem zentralen Einzugsbereich nur schwer von konkurrierenden Währungen anfechtbar, solange sie gewisse Qualitätsschranken nicht verletzen. Die Tatsache, dass verschiedene Währungen über die internationalen Finanzmärkte und die internationalen Auswirkungen der nationalen Wirtschaftspolitiken miteinander, direkt und indirekt, doch in einem gewissen Konkurrenzverhältnis stehen, trägt dazu bei, dass diese Schranken den Spielraum der nationalen Monopole effektiv begrenzen können. Diesen Wettbewerbseffekt jeder selbstständig verbleibenden Währung sollte man nicht vergessen.

ANHANG 2
DIE ANALYTISCHE STRUKTUR DES GOLDSTANDARDS

Zentral für den Goldstandard sind die Definition der Währungseinheit (z. B. des Frankens) als Äquivalent einer bestimmten Menge an Gold – umgekehrt ausgedrückt: die Fixierung des Goldpreises in Franken – und die uneingeschränkte Konvertibilität.

Formal lässt sich der Goldstandard anhand der Gleichgewichtsbedingungen für zwei Märkte und deren Interaktionen beschreiben, des Marktes für das Zahlungsmittel Geld und des Marktes für Gold, das zugrunde liegende Währungsmetall. Wichtig ist dabei die Unterscheidung zwischen dem Gleichgewicht in der kurzen Frist (Flussgleichgewicht), dem Gleichgewicht in der langen Frist (Bestandsgleichgewicht) und dem Anpassungsprozess, der beide miteinander verknüpft. Ersteres geht vom kurzfristig gegebenen Goldbestand aus und erklärt, wie sich das Güterpreisniveau, der reale Goldpreis und die Goldförderung bei diesem Ausgangsbestand bestimmen. Daraus ergibt sich ein Anpassungsprozess für den Goldbestand, der im langfristigen Bestandsgleichgewicht zu seinem Ende kommt. In einer stationären Wirtschaft ohne Realwachstum ist das langfristige Bestandsgleichgewicht durch einen konstanten Goldbestand charakterisiert, in einer wachsenden Wirtschaft durch einen im Gleichschritt mit der Gesamtwirtschaft wachsenden Goldbestand.[132]

GLEICHGEWICHT IN DER KURZEN FRIST

Ein Gleichgewicht am Markt für Geld verlangt, dass die reale (in Kaufkraft ausgedrückte) Geldmenge M/P gerade der realen Geldnachfrage L entspricht:

$$M = P\,L(y, \pi)$$

Dabei misst M die nominale (in Franken gemessene) Geldmenge und P das Güterpreisniveau. Die reale Geldnachfrage L ist (positiv) vom Realeinkommen y und (negativ) von der Inflationsrate π abhängig (sowie möglicherweise von weiteren Einflussfaktoren, die hier der Einfachheit halber weggelassen werden).

Das nominale Geldangebot M ergibt sich als ein vom Deckungsgrad λ bestimmtes Vielfaches der zum Goldpreis P^G bewerteten monetären Goldreserven G^M:

$$M = (1/\lambda)\, G^M P^G$$

Bei einem Deckungsgrad von 100 Prozent beispielsweise entspricht die Geldmenge exakt dem Frankenwert des monetären Goldbestands; bei einem Deckungsgrad von 50 Prozent dem Zweifachen davon.

132 Detaillierte formale Darstellungen der Goldwährung findet man in Niehans 1978/1980 (Kapitel 8), Barro 1979 oder McCallum 1989 (Kapitel 13).

Aus dieser Gleichgewichtsbedingung für den Geldmarkt ergibt sich, umgekehrt aufgelöst, die aus der Nachfrage nach Geld abgeleitete Nachfrage nach Währungsgold (nach monetären Goldreserven). In Mengeneinheiten gemessen beträgt diese:

$$G^M = \lambda\,(P/P^G)\,L(y,\pi)$$

Zu dieser Nachfrage nach Währungsgold hinzu tritt die private, nicht monetäre Nachfrage nach Gold (für industrielle Verwendung, Schmuck und Anlagezwecke). Sie ist (positiv) vom Realeinkommen y und (negativ) vom realen Goldpreis P^G/P abhängig (sowie möglicherweise von weiteren Einflussgrössen, die hier der Einfachheit halber weggelassen werden):

$$G^N = f\,(y, P^G/P)$$

Bei kurzfristig gegebenem Gesamtgoldbestand G_0 ergibt sich die Bedingung für ein kurzfristiges Bestandsgleichgewicht am Markt für Gold somit wie folgt:

$$(1) \qquad \lambda(P/P^G)\,L(y,\pi) + f\,(y, P^G/P) = G_0$$

Gleichung (1) bestimmt implizit das Preisniveau P und damit den realen Goldpreis P^G/P, bei gegebener Höhe des Ausgangsbestandes an Gold G_0, der realen Geldnachfrage L, der Nachfrage nach nicht monetärem Gold f, des Deckungsgrads λ und des Goldpreises P^G. Das Preisniveau liegt (ceteris paribus) umso höher und der reale Goldpreis umso niedriger, je höher der Ausgangsbestand an Gold, je niedriger die Geldnachfrage L, je niedriger die nicht monetäre Goldnachfrage f und je niedriger der Deckungsgrad λ. Ein höherer Goldpreis P^G erhöht das Preisniveau P proportional.

In Abbildung 24 sind diese Zusammenhänge im Panel rechts dargestellt. Bei gegebenem Gesamtgoldbestand G_0 besteht ein kurzfristiges Bestandsgleichgewicht in Punkt A, d.h. im Schnittpunkt der (mit zunehmendem realen Goldpreis fallenden) Gesamtnachfragekurve nach Gold (1) und der vertikalen (kurzfristig inelastischen) Angebotskurve beim gegebenen Bestand an Gold.

BESTANDSÄNDERUNGEN UND GLEICHGEWICHT IN DER LANGEN FRIST

Über die Zeit verändert sich der Goldbestand G, einerseits aufgrund der laufenden Goldförderung g, andererseits als Folge des Verzehrs v von Gold in seiner nicht monetären Verwendung (industrieller Verbrauch, Verluste). Die Goldförderung ist positiv vom realen Goldpreis und von der verfügbaren Technologie abhängig:

$$g = g\,(P^G/P)$$

Der Goldverzehr wird als Prozentsatz δ des nicht monetären Goldbestands angenommen:

$$\nu = \delta f\,(y, P^G/P)$$

Die Nettoveränderung des Goldbestands ist damit positiv von der Höhe des realen Goldpreises bzw., bei gegebenem Goldpreis, negativ von der Höhe des Güterpreisniveaus abhängig:

$$(2) \qquad \Delta G = g\,(P^G/P) - \delta f\,(y, P^G/P)$$

Diese Zusammenhänge sind in Abbildung 24 im Panel links dargestellt. Die Nettozunahme des Goldbestands entspricht der horizontalen Differenz zwischen der (steigenden) Kurve g und der (fallenden) Kurve v. Sie nimmt mit steigendem realen Goldpreis zu; im Schnittpunkt Z beider Kurven ist sie gerade null und unterhalb von Z negativ.

In einer offenen Volkswirtschaft kann sich der Goldbestand statt über die Goldproduktion auch über die Erwirtschaftung von Überschüssen im Aussenhandel oder beim Kapitalimport erhöhen. Eine Erhöhung des inländischen Güterpreisniveaus wird, bei gegebenen Auslandpreisen und fixem Goldpreis (und damit fixem Wechselkurs), zu einem Nettoabfluss von Gold führen und umgekehrt.

Im langfristigen Bestandsgleichgewicht muss gelten $\Delta G = 0$ (stationäre Wirtschaft) bzw. $\Delta G/G = n$ (wachsende Wirtschaft mit Zuwachsrate n, konstanter Goldbestand «pro Kopf»). In Abbildung 24 ist das langfristige Bestandsgleichgewicht (für das Beispiel einer stationären Wirtschaft, $n = 0$) durch Punkt Z im Panel links charakterisiert. Der zugehörige Gleichgewichtswert des realen Goldpreises ist P^G/P^*. Bei der eingezeichneten Lage der Gesamtnachfragekurve nach Gold im Panel rechts ist dies konsistent mit Punkt Z' und einem Goldbestand G^*.

Der Anpassungsprozess, der zu diesem langfristigen Gleichgewicht führt, kann viel Zeit in Anspruch nehmen, wenn er über die Neuförderung von Gold realisiert werden muss. Für eine geschlossene Volkswirtschaft ohne internationale Handelsbeziehungen oder für die Weltwirtschaft insgesamt steht nur diese Form der Anpassung zur Verfügung. Für eine einzelne kleine, offene Volkswirtschaft mit hoher Kapitalmobilität allerdings kann der Anpassungsprozess auch sehr rasch vor sich gehen.

Die Politik kann grundsätzlich entweder P^G oder P fixieren, aber nicht beides. Im Goldstandard wird definitionsgemäss P^G fixiert, P ist somit endogen; sein Gleichgewichtswert ergibt sich unmittelbar aus dem Gleichgewichtswert des realen Goldpreises. Der Versuch, P zusätzlich und unabhängig von P^G zu bestimmen, ist mit dem System inkonsistent (und verurteilt dieses letztlich zum Scheitern).

Datenänderungen, die sich in der grafischen Darstellung allein im Panel rechts auswirken, lassen den langfristigen Gleichgewichtswert des realen Goldpreises und damit jenen des Preisniveaus unberührt. Datenänderungen, die das Panel links betreffen, beeinflussen hingegen beide Grössen. Dazu gehören Verschiebungen in der Produktivität der Metallförderung sowie wachstumsbedingte Zunahmen der gleichgewichtigen Flussnachfrage nach Gold (nG). In diesen Fällen gewährleistet auch der Goldstandard keine Preisstabilität. Die Auswirkungen der wichtigsten Parameteränderungen werden nachfolgend kurz skizziert.

ABBILDUNG 24
Kurz- und langfristiges Gleichgewicht am Markt für Gold

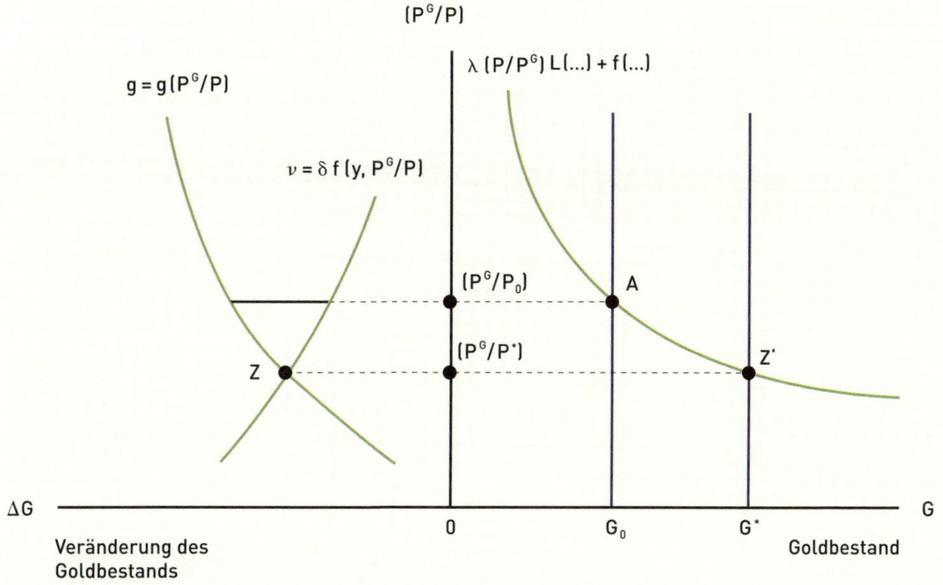

Quelle: Eigene Darstellung

WIE WIRKT SICH DIE ÄNDERUNG ZENTRALER PARAMETER DES SYSTEMS AUF DAS LANGFRISTIGE GLEICHGEWICHT IM GOLDSTANDARD AUS?

Technischer Fortschritt in der Goldförderung und Goldfunde verschieben die Produktionsfunktion g im Panel links «nach aussen». Der Gleichgewichtswert des realen Goldpreises fällt, die Goldmenge und das Preisniveau steigen (aber nicht zwingend proportional). Analog in ihrer Auswirkung ist auch ein Rückgang des Goldverzehrs v.

Ein Rückgang der Geldnachfrage L verschiebt die Gesamtnachfragekurve nach Gold im Panel rechts «nach innen». Dies führt kurzfristig (bei gegebener Goldmenge G) zu einem Rückgang des realen Goldpreises und der Goldförderung und einer Erhöhung des Preisniveaus P. Solange sich im Panel links nichts ändert, bleiben aber die langfristigen Gleichgewichtswerte des realen Goldpreises P^G/P und des Preisniveaus P gegenüber der Ausgangssituation unverändert. Im langfristigen Gleichgewicht ist der Goldbestand geringer als im Ausgangspunkt; er passt sich über den beschriebenen Anpassungsprozess an die gefallene Nachfrage an.

Eine Senkung des Deckungsgrades λ, also der Versuch einer Erhöhung der Geldmenge bei gegebenem Goldbestand, wirkt analog zu einem Rückgang der Geldnachfrage. Auch hier ergibt sich eine vorübergehende Erhöhung des Preisniveaus. Langfristig aber bleiben der reale Goldpreis und das Preisniveau gegenüber dem Ausgangszustand unverändert, währenddem sich der Goldbestand an die reduzierte Nachfrage anpasst.

Eine Erhöhung des Goldpreises P^G, also eine Abwertung der Währung gegenüber dem Gold, führt beim gegebenen Goldbestand zu einer proportionalen Erhöhung der Nominalgeldmenge und damit des Preisniveaus. Real verändert sich im Gleichgewicht nichts.

Ein höheres Realwachstum n erhöht die Nettoproduktion von Gold, die im langfristigen Gleichgewicht notwendig ist, und erhöht deshalb den Gleichgewichtswert des realen Goldpreises bzw. senkt (bei gegebenem Goldpreis) das Güterpreisniveau P.

ANHANG 3
REAL-BILLS-DOKTRIN, CURRENCY VERSUS BANKING SCHOOL UND FREE BANKING

DIE REAL-BILLS-DOKTRIN

Die sogenannte Real-Bills-Doktrin (RBD) spielte in der Diskussion um Notenausgabe und Notenbankpolitik im ganzen 19. Jahrhundert, und auch noch im frühen 20. Jahrhundert, eine grosse Rolle. Die Doktrin war indessen immer umstritten. Eine erste, häufig zitierte Darstellung findet sich in Adam Smiths *Wealth of Nations* 1776; die Idee geht aber weiter zurück, unter anderem auf John Law 1705.

Die zentrale Proposition der Doktrin war, dass Banknoten, die im Austausch gegen Real Bills emittiert werden, gar nicht im Übermass ausgegeben werden könnten, weil der Bedarf an solchen Noten begrenzt sei. «Überflüssige» Noten würden, jedenfalls in der langen Frist, automatisch an den Emittenten zurückfliessen (Law of Reflux, Rückfluss- oder Rückströmungsprinzip). Unter Real Bills wurden dabei kurzfristige Wechselforderungen verstanden,[133] die auf einer «realen» Geschäftstransaktion beruhten, also etwa der Finanzierung von Warenlieferungen oder von Lagern dienten. Solche «Handelswechsel» seien von selbstliquidierender Natur, da sie bei Abschluss des betreffenden Geschäfts vom Schuldner eingelöst würden und sich damit quasi von selbst erledigten. Nicht diesen Ansprüchen genügten sogenannte Finanzwechsel, d.h. Wechselforderungen mit einem nicht handelsbezogenen, «spekulativen» Hintergrund. Daraus wurde die Folgerung gezogen, dass Notenbanken, seien sie privater oder zentralstaatlicher Art, in ihrer Notenausgabe auf die Diskontierung von Real Bills (Handelswechseln) begrenzt werden müssten. Sie sollten also Noten nur gegen die Übernahme von Metallreserven oder durch die Diskontierung von Handelswechseln schaffen. Dann könne die Notenemission keine unerwünschten Preisniveaueffekte haben. Darüber hinaus sei eine Regulierung von Bankaktivitäten nicht nötig.

Grundlage der Doktrin war die klassische Vorstellung, wonach die für den Wirtschaftskreislauf notwendige Geldmenge bei gegebenem Output und gegebener Umlaufsgeschwindigkeit durch das Niveau der Güterpreise bestimmt wird. Deshalb würde ein exogenes Wachstum der Geldmenge in einem Metallwährungssystem entweder in Metallhortung (geschlossene Wirtschaft) oder in Metallabfluss (international offene Wirtschaft) resultieren. In einem Papiergeldsystem, in dem Metallgeld durch Papiergeld (Noten) substituiert wird, müsse aber die RBD als neues Begrenzungsprinzip für den Austausch von Metall und Papier hinzutreten und als Kontrollinstrument die Überemission von Noten verhindern.[134]

133 Standardform war der 3-Monats- oder 90-Tage-Wechsel.

134 Als weitere Implikation dieser Sicht wurde häufig erwähnt, dass die nominellen und realwirtschaftlichen Konsequenzen von Geldmengenänderungen davon abhängig seien, wie eine Geldmengenänderung entsteht. Die Deckung der Geldmenge durch hinter ihr stehende Aktiva bestimme, ob Geldmengenänderungen Auswirkungen auf das Preisniveau, den Wechselkurs und andere Grös-

Die RBD spielte zur Zeit der Aufhebung der Konvertibilität durch die Bank of England in der Periode 1797 bis 1819 in der Auseinandersetzung um den hohen Preis des Goldes (The High Price of Bullion, Bullionist Controversy) eine grosse Rolle. Sie hatte bedeutende Anhänger im damaligen Direktorium der Bank of England. Manche Diskussionsteilnehmer argumentierten, dass die Bank of England nicht für die Abschwächung der Währung (des Notengeldes) verantwortlich sein könne, weil sie ja nur Real Bills diskontiere, also die Doktrin befolge.

Die RBD war aber schon immer umstritten. Hauptkritiker zur Zeit der Bullionist Controversy waren Thornton 1802 und Ricardo 1810/11. Sie argumentierten, dass die Befolgung der Doktrin ohne zusätzliche Restriktion bei der Notenausgabe eine Überemission von Noten nicht nur zulasse, sondern fast unvermeidbar mache. Es fehle eine Verankerung der nominellen Grössen; Preisniveau und Geldmenge blieben indeterminiert, weil die Notenausgabe an den Nominalwert der zum Diskont angebotenen Wechsel geknüpft sei. Übermässige Noten würden nicht zum Emittenten zurückfliessen, sondern stattdessen im Ausmass der Überemission eine Abwertung erfahren.

Diese Kritik war grundsätzlich und insbesondere bezogen auf die Phase der suspendierten Konvertibilität zur Zeit von Thornton und Ricardo korrekt. Sie wurde aber manchen Befürwortern der RBD doch nicht wirklich gerecht, da diese von einem Metallgeldstandard und einer international offenen Volkswirtschaft ausgingen, in der die Geldmenge nachfragebestimmt und endogen ist und die Verankerung der Nominalwerte, zumindest auf lange Frist, dadurch sichergestellt wird. Eine Indeterminiertheit von Preisniveau und Geldmenge ist dann nicht wirklich gegeben, und es geht bei der Beurteilung der RBD eher um die Frage, ob diese die Elastizität der Geldversorgung fördert und ob dies wohlstandsfördernd ist oder nicht.[135] Zentral für die Verankerung von Geldmenge und Preisniveau ist aber die Einlösepflicht; die Betonung von RBD und Rückflussprinzip waren in diesem Zusammenhang irreführend.

CURRENCY VERSUS BANKING SCHOOL UND FREE BANKING

Die RBD spielte in der ersten Hälfte des 19. Jahrhunderts in der Auseinandersetzung zwischen der Currency und der Banking School als zentrales Element der letzteren erneut eine wichtige Rolle. Hauptvertreter der Currency School waren McCulloch 1831, Loyd (Lord Overstone) 1857, Norman 1833, Longfield 1840 und Torrens 1844. Hauptvertreter der Banking School auf der anderen Seite waren Tooke 1844, Fullarton 1845 und John Stuart Mill 1848.

sen hätten oder nicht. Milton Friedman 1960 sprach in diesem Zusammenhang von der «real bills fallacy». Die Idee wurde von Sargent und Wallace 1982 später wieder aufgenommen.

135 Vgl. dazu etwa Schwartz 1987 oder Smith 1992.

Die Currency School verlangte eine strikte Bindung der Notenausgabe an den Goldbestand der Bank of England. Die Notenemission durch die Bank of England sollte durch eine Eins-zu-eins-Bindung an ihre Goldreserven begrenzt bleiben. Eine blosse Begrenzung durch die RBD wurde als ungenügend abgelehnt; diese könnte eine Notenüberemission und daraus folgende Inflation und Währungsabwertung nicht verhindern. Angestrebtes Ziel waren eine Geldmenge und ein Preisniveau, die unabhängig davon bleiben, ob die Geldzirkulation allein aus Metall (Gold) besteht oder gemischt aus Metall und Notengeld zusammengesetzt ist. Steigerungen des Preisniveaus oder Goldabflüsse wurden als Symptome übermässiger Notenausgabe interpretiert. Abgesehen von der Notenemission sollten die Bankaktivitäten aber keinen besonderen Regulierungen unterworfen sein.

Man kann das Grundprinzip der Currency School als Argument für eine strikte regelgebundene Notenbankpolitik ohne jeden diskretionären Spielraum für die Zentralbank verstehen. Die Grundidee der Currency School wurde in der Peel'schen Bank Act von 1844 verwirklicht.

Die Banking School umgekehrt kritisierte diese Sicht und vertraute auf die RBD als Grundprinzip für die Notenausgabe. Sie bestritt, dass eine exzessive Ausgabe von Noten (und Depositen) möglich sei, solange sich die Notenemission auf den Austausch von Noten gegen Real Bills beschränke. Wenn Konvertibilität (zwischen Noten und Gold) aufrechterhalten bleibe, sei eine Überemission nicht oder höchstens als vorübergehendes (sich selber korrigierendes) Phänomen vorstellbar, weil nicht nachgefragte Noten beim Emittenten wieder eingelöst würden (Law of Reflux). Eine Überemission von Noten könne daher nicht für Änderungen des Preisniveaus und für Reserveabflüsse verantwortlich sein, und eine statutarische Begrenzung der Notenausgabe über die Beachtung der RBD hinaus sei nicht notwendig.

Hingegen sei eine Anpassung der Noten- und Geldzirkulation an saisonale und zyklische Schwankungen der Geldnachfrage wünschenswert (Needs-of-Trade-Doktrin). Die RBD lasse dies zu (über Schwankungen der Reservequotienten), das Prinzip der Currency School hingegen verhindere es. Die Banking School bot also insofern ein Argument für eine gewisse diskretionäre Freiheit in der Notenbankpolitik.

Sowohl die Vertreter der Currency School als auch jene der Banking School gingen von einer zentralen Notenbank als alleiniger Emittentin von Banknoten aus. Die Auseinandersetzung zwischen ihnen ging also nicht um die Frage «Zentralbank Ja oder Nein», sondern um jene der Regulierung der Banknotenausgabe in einer Goldwährung mit zentraler Notenbank (der Bank of England). Die Verpflichtung der Bank of England zur Goldeinlösung (Konvertibilität) war für beide Seiten zentral. Den Anhängern der Banking School reichte sie aus (zusammen mit dem RBD-Prinzip), den Vertretern der Currency School nicht.

Die Meinungsdifferenz zwischen den beiden Schulen bezog sich effektiv stark auf die Frage, wie sehr die Notenbankpolitik durch starre Regeln gebunden sein soll respektive wie elastisch sie auf wirtschaftliche Schwankungen reagieren dürfe und solle. Die intensiv geführte Grundsatzdiskussion über Überausgabe, Inflation und Instabilität war in gewissem Sinn auf beiden Seiten etwas überzogen und extrem (und wurde später vielfach irreführend allein aus der Perspektive eines reinen Papiergeldsystems ohne Konvertibilität in ein Metall beurteilt).

Die Vertreter der Banking School irrten aber in ihrer alleinigen Betonung von RBD und Rückflussprinzip. Ihre Vorstellung, dass aufgrund des Rückflussprinzips Banknoten nie im Übermass ausgegeben werden könnten, solange sie nur gegen Real Bills in Umlauf gesetzt würden, war falsch. Eine Überemission ist grundsätzlich möglich, auch im Metallwährungssystem, zumindest als vorübergehendes Phänomen, und macht sich erst bemerkbar, wenn sie eingetreten ist und ihre Wirkungen erzeugt hat (Preisniveaueffekte, Zinseffekte, Reserveabflüsse). Die Anhänger der Currency School befürchteten, dass dies die Konjunkturschwankungen verstärken würde; sie wollten aus diesem Grunde eine strengere Limitierung des Notenumlaufs. Ob und wie weit diese Befürchtung zutrifft, ist allerdings unklar (und von der Art zugrunde liegender Störungen abhängig). Die von der Currency School inspirierte starre Regelung des Notenumlaufs in der Peel'schen Bankakte von 1844 erwies sich jedenfalls ihrerseits bald als viel zu rigide.

Currency und Banking School unterschieden sich bezüglich des Notenmonopols von der Free Banking School. Hauptvertreter dieser Richtung im 19. Jahrhundert waren Parnell 1827, Gilbart 1841 und Scrope 1830.[136] Diese Sicht lehnte sowohl feste Regeln für die Notenausgabe wie auch das Notenmonopol einer zentralen Notenbank überhaupt ab. Ein System miteinander konkurrierender, unregulierter Banken sei selbstregulierend und lasse eine Überemission von Noten und Inflation nicht zu. Diese Phänomene seien vielmehr mit dem Notenmonopol einer Zentralbank (der Bank of England) verbunden.

136 Im 20. Jahrhundert wurde sie von Hayek 1978 wieder aufgenommen, vgl. Anhang 1.

GLOSSAR
ZEITTAFEL
LITERATURVERZEICHNIS
STICHWORT- UND NAMENREGISTER
BILDNACHWEIS

GLOSSAR

Abwertung Verminderung des relativen Wertes einer Währung; im Metallwährungssystem durch Herabsetzung des Metallgehalts der Währungseinheit. Gegenteil: Aufwertung.

Agio Aufgeld, Aufpreis gegenüber Nennwert oder «Normalpreis». Im Metallwährungssystem Aufschlag gegenüber dem durch den Metallgehalt der Währungseinheit definierten *Paritätskurs*. Gegenteil: Disagio.

Arbitrage Ausnutzung räumlicher oder zeitlicher Preisdifferenzen für das gleiche Produkt zum eigenen Vorteil. Führt in der Tendenz zur Elimination solcher Preisunterschiede.

Bankenfreiheit (Free Banking) Bankensystem mit freiem, unreguliertem Wettbewerb in der Emission von Banknoten.

Banking School Denkschule, welche die Notenausgabe der Bank of England auf deren Goldbestand und den Austausch von Noten gegen *Handelswechsel* (Real Bills) begrenzen, darüber hinaus aber keinen Restriktionen unterwerfen wollte. In der ersten Hälfte des 19. Jahrhunderts intensiver Meinungsstreit mit der *Currency School.*

Bimetallismus (Doppelwährung) Währungssystem, das durch die gleichzeitige Bindung der Währung an zwei verschiedene Metalle – meist Gold und Silber – gekennzeichnet ist. Die Währungseinheit wird als eine bestimmte Menge beider Metalle definiert. Dadurch wird der relative Preis beider Metalle fixiert.

Bretton-Woods-System Auf Gold und dem US-Dollar basiertes internationales Währungssystem (vgl. auch *Gold-Devisen-Standard*), das seit Ende des Zweiten Weltkriegs bis 1973 in Kraft war und feste, aber anpassbare Wechselkurse zwischen dem US-Dollar als Leitwährung und den Währungen der anderen Teilnehmerländer schuf.

Clearing Die Feststellung und Verrechnung gegenseitiger Forderungen und Verpflichtungen, üblicherweise über eine zentrale Verrechnungsstelle (Clearinghaus, Clearingstelle).

Currency School Denkschule, welche die Notenausgabe der Bank of England strikt durch deren Goldbestand begrenzen wollte (Eins-zu-eins-Bindung der Banknotenausgabe an die Goldreserven der Zentralbank). Gegenpart der *Banking School.*

Deckungsgrad Verhältnis zwischen Währungsreserven (im Metallwährungssystem Reserven an Währungsmetall) und Notenausgabe.

Deflation Periode generell fallender Güterpreise.

Deflationsprozess Ein über längere Zeit (d.h. Jahre) anhaltender und sich in der Erwartungshaltung niederschlagender Prozess generell fallender Güterpreise.

Denomination Festlegung des Nominalwerts/Nennwerts eines Wertpapiers bzw. einer Geldeinheit (Münze, Banknote).

Devisen Auf ausländische Währung lautende Guthaben und Anlagen. Im engeren Sinn: Zahlungsmittel in ausländischer Währung.

Devisenbewirtschaftung Beeinflussung der Devisenmärkte durch dirigistische staatliche Eingriffe (administrative Vorschriften, Einschränkungen, Verbote, Quoten, Marktspaltung usw.).

Disagio Gegenteil von *Agio.*

Diskont Im Voraus abgezogener Zinsbetrag einer noch nicht fälligen Forderung, in der Regel von einem noch laufenden *Wechsel.*

Diskontkredit (Wechseldiskont) Kurzfristige Kreditgewährung durch Übernahme («Diskontierung») von Wechselforderungen vor ihrer Fälligkeit gegen einen Abschlag (*Diskont*).

Diskontpolitik Festlegung der Bedingungen für die Gewährung von Diskontkredit (Zinssatz, Definition der zur Diskontierung zugelassenen Wertpapiere). Eines der wichtigsten Instrumente der Zentralbanken zur Steuerung von Geldmarktverhältnissen und Liquiditätsversorgung.

Diskontsatz Für *Diskontkredite* geltender Zinssatz. Von den Zentralbanken festgelegter Basis- oder Leitzinssatz.

Doppelwährung Siehe *Bimetallismus.*

Écu Französische Gold- oder Silbermünze. Im 19. Jahrhundert silbernes Fünffrankenstück, nach 1878 «charakteristische» Geldeinheit in der Lateinischen Münzunion.

Einlösepflicht (Konvertibilität) Gesetzliche oder vertragliche Verpflichtung eines Geldemittenten, das von ihm ausgegebene Geld (z.B. Banknoten) zu festgelegtem Kurs in ein «Basisgeld» (z.B. Gold oder Silber) einzulösen.

Externalität (externer Effekt) Direkte Auswirkung ökonomischer Handlungen auf den Nutzen oder die Kosten nicht beteiligter Dritter (über den Einfluss hinaus, der durch die Beeinflussung der Marktpreise ausgeübt wird).

Festkurssystem (Fixkurssystem) Internationales Währungssystem, das über behördliche Eingriffe, z.B. Interventionen am Devisenmarkt, die Wechselkurse zwischen den Währungen verschiedener Länder fixiert. Im *internationalen Goldstandard* wurde dieses Ergebnis durch gleichzeitige Fixierung des Goldpreises und Verpflichtung auf uneingeschränkte *Konvertibilität* der Währungen in Gold durch alle Länder gewährleistet.

Fiat Money Geld ohne Bindung an (und Einlösepflicht in) ein Metall oder eine andere Ware (Geld per Dekret). Siehe auch *Papierwährung, gesetzliches Zahlungsmittel.*

Finanzwechsel Wechselforderungen mit nicht handelsbezogenem, «spekulativem» Hintergrund. Gemäss *Real-Bills-Doktrin* im Gegensatz zu *Handelswechseln* nicht zur Diskontierung bei der Zentralbank zugelassen.

Floating Regime flexibler Wechselkurse zwischen den Währungen verschiedener Länder, ohne Interventionen der Währungsbehörden an den Devisenmärkten.

Free Banking Siehe *Bankenfreiheit.*

Geldmengen (Geldaggregate, monetäre Aggregate) Allgemeiner Begriff für unterschiedliche, enger oder weiter gefasste Geldmengenkonstrukte. Die Notenbankgeldmenge M0 umfasst die von der Zentralbank direkt ausgegebenen monetären Verbindlichkeiten (Notenumlauf und Giroguthaben der Banken bei der Zentralbank). Die Geldmenge M1 umfasst den Notenumlauf und die Sichteinlagen bei den Banken. Die Geldmenge M2 schliesst darüber hinaus die Termineinlagen ein, die Geldmenge M3 zusätzlich auch die Spareinlagen.

Geldmultiplikator Verhältnis zwischen Gesamtgeldmenge und Notenbankgeldmenge.

Geldpolitische Autonomie (Nationale) Selbstständigkeit in der Festlegung des monetären Regimes und der Ziele der Geld- und Währungspolitik sowie des Einsatzes der geldpolitischen Instrumente der Zentralbank.

Gentlemen's Agreement Auf gegenseitigem Vertrauen beruhende, freiwillige Vereinbarung.

Gesetzliches Zahlungsmittel Zahlungsmittel mit Annahmezwang bei der Erfüllung von Zahlungsverpflichtungen, mit fehlender Einlösepflicht des Emittenten in ein zugrunde liegendes Währungsmetall oder «Basisgeld». Siehe auch *Zwangskurs.*

Goldblock Gruppe von Ländern, die in der Grossen Depression der 1930er-Jahre am längsten am Goldstandard festhielten, darunter Frankreich, die Niederlande, Belgien und die Schweiz.

Gold-Devisen-Standard (Gold-Dollar-Standard, Gold-Exchange-Standard) Internationales Währungssystem auf der Basis des Goldstandards, bei dem die Zentralbanken der Teilnehmerländer ihre Währungsreserven zum Teil in Gold und zum Teil in Devisen (historisch vor allem US-Dollar) halten.

Goldkonvertibilität Verpflichtung der Zentralbank im Goldstandard, ihre Banknoten uneingeschränkt zum fixierten Preis in Gold einzulösen.

Goldpunkt (Goldexportpunkt) Der Wechselkurs, ab dem es sich im internationalen Goldstandard lohnte, Geld (Banknoten) bei der Notenbank in Gold einzutauschen und Gold zu exportieren. Weicht aufgrund von Transaktions- und Transportkosten geringfügig vom offiziellen *Paritätskurs* ab. Analog: *Silber(export)punkt.*

Goldwährung (Goldstandard) Währungssystem, das die Währungseinheit mit einer bestimmten Menge an Gold gleichsetzt – d.h. den Preis des Goldes in Währungseinheiten festlegt – und die Währungsbehörde uneingeschränkt zum Kauf und Verkauf von Gold zu diesem Preis verpflichtet *(Einlösepflicht, Goldkonvertibilität).*

Gold-Silber-Währung Üblichste Form einer Doppelwährung (Bimetallismus).

Gresham's Law Nach Sir Thomas Gresham (1519–1579) benanntes Prinzip, wonach unter den Bedingungen einer Doppelwährung (z.B. Gold-Silber-Währung) das «gute» (d.h. in der nicht monetären Verwendung wertvollere) Währungsmetall durch das «schlechte» (das in der nicht monetären Verwendung weniger wertvolle) aus dem Zahlungsverkehr verdrängt wird («the bad money drives out the good money»). Das Prinzip gilt nur bei fixiertem Wechselkurs zwischen den beiden Geldarten bzw. Währungsmetallen.

Handelswechsel (Real Bills) Wechselforderungen, die auf «realen» Geschäftstransaktionen beruhen, z.B. der Finanzierung von Warenlieferungen oder von Lagern dienen. Gemäss *Real-Bills-Doktrin* im Gegensatz zu *Finanzwechseln* zur Diskontierung bei der Zentralbank zugelassen.

Hyperinflation Extrem hohe Inflation, nach gängiger Definition mit Inflationsraten von 50 Prozent pro Monat und mehr. Hyperinflationsprozesse werden typischerweise durch Währungsreformen beendet.

Inflation Phase generell steigender Güterpreise.

Inflationsprozess Ein über längere Zeit (d.h. Jahre) anhaltender und sich in der Erwartungshaltung der Wirtschaftsteilnehmer niederschlagender Prozess generell steigender Güterpreise.

Internationaler Goldstandard Internationales Währungssystem, das durch gleichzeitige Übernahme der Goldwährung durch zahlreiche Länder entstand und ein System fester Wechselkurse zwischen diesen schuf. Der internationale Goldstandard in seiner klassischen Form fand seinen Höhepunkt in der Epoche vor Ausbruch des Ersten Weltkriegs mit dem britischen Pfund Sterling als Leitwährung. Mit Kriegsausbruch kam er 1914 zu seinem Ende.

Kapitalexport Übernahme («Import») ausländischer Wertpapiere und Vermögensansprüche durch Inländer.

Kapitalimport Verkauf («Export») inländischer Wertpapiere und Vermögensansprüche an Ausländer.

Konvertibilität Die Verpflichtung eines Geldemittenten, das von ihm ausgegebene Geld (z.B. Banknoten) uneingeschränkt zu festgelegtem Kurs in ein «Basisgeld» (z.B. Metall oder Metallmünzen) einzulösen. Siehe auch *Einlösepflicht*. Im internationalen Verkehr der Devisenmärkte bezeichnet Konvertibilität den unbehinderten, freien Austausch verschiedener Währungen gegeneinander (Absenz von Massnahmen der *Devisenbewirtschaftung*).

Kurantgeld Vollwertige Metallmünzen, d.h. Münzen, deren innerer Metallwert dem aufgeprägten Nominalwert entspricht.

Lateinische Münzunion Eine Währungsunion zwischen Frankreich, Belgien, Italien und der Schweiz (vorübergehend auch Griechenland), die 1865 gegründet wurde und formal bis Ende 1926 Bestand hatte.

Lender of Last Resort Die Zentralbank als «Kreditgeberin der letzten Instanz», die dem Bankensystem in Zeiten von Krise und Liquiditätsengpässen Mittel zuführt und eine angemessene Versorgung der Wirtschaft mit Zahlungsmitteln sicherstellt.

Libor London Interbank Offered Rate. Täglich in London festgelegter Referenzzinssatz im Interbankengeschäft, zentraler Geldmarktzinssatz.

Lombardkredit Kurz- bis mittelfristige Kreditgewährung gegen Verpfändung von Wertpapieren (oder ähnlichen Ansprüchen).

Metallwährung Allgemeine Bezeichnung für Währungssysteme, welche die Währungseinheit einer bestimmten Menge eines Metalls gleichsetzen.

Monetäre Aggregate Allgemeiner Begriff für alternative (enger und breiter definierte) Geldmengenkonzepte.

Monetäre Basis (Geldbasis) Siehe *Notenbankgeldmenge*.

Monetarismus Wirtschaftstheoretische und -politische Denkrichtung mit Höhepunkt in den 1960er- bis 1980er-Jahren, welche – unter anderem – die Kontrolle der Geldmenge für die Stabilisierung von Preisniveau und Konjunktur betonte und den Zentralbanken eine Politik der Geldmengensteuerung empfahl.

Moral Suasion Taktik der informellen Überzeugung und Beeinflussung, etwa durch Masshalteappelle, Ermahnungen, Empfehlungen und Aufklärungsmassnahmen.

Münzfuss Festlegung der Menge an Edelmetall, die Münzen eines bestimmten Nennwerts enthalten sollen.

Münzverschlechterung Abwertung von Münzen durch Verringerung des Edelmetallgehalts unter Beibehaltung des Nennwerts.

Natürliches Monopol Situation, bei der sich aufgrund der Kostenstruktur einer Industrie steigende Skalenerträge und eine Tendenz zur Marktversorgung durch ein einziges (Monopol-) Unternehmen ergeben.

Netzwerkeffekte Vorteile, die sich aus der Teilnahme an einem Netzwerk oder gemeinsamen Standard ergeben. Beispiel einer positiven *Externalität*. Positive Effekte zunehmender Teilnehmerzahl.

Notenbank Bank, die das Geschäft der Banknotenemission betreibt (im 19. Jahrhundert auch *Zettelbank* genannt). Im 20. Jahrhundert angesichts von Zentralisierung und Nationalisierung des Banknotengeschäfts (Errichtung zentraler Notenmonopole) praktisch gleichbedeutend mit Zentralbank.

Notenemissionswettbewerb Im 19. Jahrhundert weit verbreiteter Wettbewerb in der Ausgabe von Banknoten zwischen unabhängigen (privaten und öffentlichen) Notenbanken.

Notenbankgeldmenge (Zentralbankgeldmenge, monetäre Basis, Geldbasis) Von der Zentralbank direkt geschaffene monetäre Verbindlichkeiten, bestehend aus dem Notenumlauf und den Sichteinlagen (Giroguthaben) der Banken bei der Zentralbank.

Offenmarktoperation (Offenmarktpolitik) Beeinflussung von Geldmarktverhältnissen durch direkte Käufe/Verkäufe von Wertpapieren («am offenen Markt») durch die Zentralbank. Bewirkt eine Vergrösserung/Verkleinerung der Zentralbankbilanz und der Notenbankgeldmenge. Zentrales Steuerungsinstrument der Geldpolitik.

Öffentliches Gut (Kollektivgut, Gemeingut) Ein Gut mit der Eigenschaft der Nicht-Rivalität im Konsum (das ohne Beeinträchtigung anderer durch jeden einzelnen verwendet werden kann). Häufig wird auch die Nicht-Ausschliessbarkeit vom Konsum betont.

Papierwährung (Papiergeld) Geld ohne Bindung an (und Einlösepflicht in) ein Metall oder eine andere Ware. Der Ausdruck «Papiergeld» mag aus moderner Sicht veraltet erscheinen und ist im übertragenen Sinn zu verstehen, haben doch viele Zahlungsmittel seit Langem nur noch die Form eines Bucheintrags oder gar eines elektronischen Zeichens. Siehe auch *Fiat Money, gesetzliches Zahlungsmittel.*

Paritätskurs Im Metallwährungssystem jener Preis des Währungsmetalls, der dem im Währungsgesetz festgelegten Wert entspricht. In internationalen Fixkurssystemen jene Wechselkurse, die den offiziell festgelegten Bedingungen der betroffenen Länder entsprechen.

Peel'sche Bankakte Im Juli 1844 eingeführte Gesetzgebung zur Regulierung der Banknotenausgabe der Bank of England. Inspiriert durch die Idee der Currency School, schrieb die Peel'sche Bankakte für die Notenausgabe (über einen geringfügigen Grundbestand hinaus) eine 100-Prozent Deckung durch Gold vor.

Real Bills Siehe *Handelswechsel.*

Real-Bills-Doktrin In der Literatur und Zentralbankpraxis des 19. und frühen 20. Jahrhunderts häufig vertretenes Prinzip, wonach die Vergrösserung des Notenumlaufs durch Diskontierung von *Handelswechseln* geldpolitisch unbedenklich ist, im Gegensatz zu jener durch Diskontierung von *Finanzwechseln.* Die Doktrin war ein zentrales Element der Argumentation der *Banking School* und wurde von der *Currency School* bestritten.

Realer Zinssatz Um Preisänderungsrate respektive Preisänderungserwartung (Inflationserwartung) bereinigter nominaler Zinssatz.

Realer Wechselkurs Um internationale Preisdifferenzen bereinigter nominaler Wechselkurs.

Reskriptionen Vom Bund und den Bundesbetrieben ausgegebene kurzfristige Schuldscheine.

Scheidemünzen «Unterwertige» Metallmünzen, d.h. Münzen, deren innerer Metallwert geringer ist als der aufgeprägte Nominalwert.

Seigniorage Aus der Geldschöpfung resultierende Einnahmen, die der Geldemittent aufgrund der Differenz zwischen dem Wert des ausgegebenen Geldes und dessen Produktionskosten erzielt.

Silberpunkt (Silberexportpunkt) Der Wechselkurs, ab dem es sich in einem Silber- (oder Gold-Silber)-Währungssystem lohnte, Geld (Banknoten) bei den Notenbanken in Silber einzutauschen und Silber zu exportieren. Weicht aufgrund von Transaktions- und Transportkosten geringfügig vom offiziellen *Paritätskurs* ab. Analog: *Gold(export)punkt.*

Silberwährung Analog zu *Goldwährung.*

Sterilisierungsmassnahmen (einer Zentralbank) Versuch, die Auswirkungen eines Ereignisses oder einer Aktion (z.B. Devisenkäufe der Zentralbank im Fixkurssystem) auf die Geldmenge durch entgegengesetzt wirkende Transaktionen (z.B. Verkauf inländischer Wertpapiere) zu neutralisieren.

Trade-off Rivalitätsbeziehung, die ein Abwägen verschiedener, miteinander nicht vereinbarer Ziele verlangt.

Währungsordnung (Währungssystem) Definition der Geldeinheit und Gesamtheit der gesetzlichen und institutionellen Bedingungen, welche die Versorgung der Wirtschaft mit Zahlungsmitteln bestimmen und deren Verwendung regeln. Die Festlegung der Währungsordnung hat eine binnenwirtschaftliche sowie eine internationale Dimension.

Währungsreserven Von den Notenbanken gehaltene Reserven in der Form von Gold (Metall) oder Fremdwährungsguthaben (Devisen).

Währungsunion (Währungsraum) Wirtschaftsraum (Region) mit einheitlicher Währung.

Wechsel (Wechselbrief) Wertpapier, Zahlungsanweisung eines Schuldners (Ausstellers) an einen Gläubiger (den Bezogenen). Verpflichtung zur Zahlung einer bestimmten Geldsumme nach Ablauf einer festgelegten Frist an den Gläubiger oder einen Dritten, der die Forderung in der Zwischenzeit übernommen hat.

Wechseldiskont Siehe *Diskontkredit.*

Zahlungsbilanzdefizit Siehe *Zahlungsbilanzüberschuss.*

Zahlungsbilanzüberschuss Summe der Nettoexporte aus dem Handels- und Dienstleistungsverkehr und der Nettokapitalimporte (d.h. Exporte von Wertpapieren und Vermögensansprüchen aller Art). Ist diese Summe negativ, spricht man von einem Zahlungsbilanzdefizit. In einem System völlig flexibler Wechselkurse ohne jede Intervention der Zentralbank ist die Zahlungsbilanz immer ausgeglichen. In einem internationalen Festkurssystem muss die Zentralbank die sich beim fixierten Wechselkurs einstellende Differenz über Interventionen am Devisenmarkt («offizielle Transaktionen») ausgleichen.

Zentralbank Zentrale Notenemissionsbank, meist als staatliches Monopolinstitut. Infolge von Zentralisierung und Nationalisierung des Banknotengeschäfts im 20. Jahrhundert praktisch synonym mit Notenbank. Zuständig für die Geld- und Währungspolitik eines Landes oder Währungsraums.

Zentralbankgeldmenge Siehe *Notenbankgeldmenge.*

Zettelbank Im 19. Jahrhundert teilweise verwendete Bezeichnung für die damaligen (privaten und kantonalen) *Notenbanken*, die in der Ausgabe ihrer Noten («Zettel») miteinander im Wettbewerb standen.

Zwangskurs (gesetzlicher Kurs) Erklärung des Annahmezwangs für ein Zahlungsmittel bei der Erfüllung von Zahlungsverpflichtungen. Vgl. auch *gesetzliches Zahlungsmittel.*

ZEITTAFEL

vor 1798 Münzhoheit und Bankgesetzgebung bei den Kantonen

1798 Zusammenbruch der alten Eidgenossenschaft. Helvetische Republik (1798–1803). Erster Anlauf zu einer Nationalisierung des Münzwesens und zur Einführung des Frankens als Währungseinheit

1803 Mediationsakte. Münzhoheit fällt an die Kantone zurück.

1815–1830 Restauration. Münzwirrwarr: Zahlungsverkehr geprägt durch Verwendung einer Vielzahl in- und ausländischer Münzen

1819 Einführung des Frankens «als Rechnungseinheit» durch 19 Kantone («Alter Schweizer Franken», definiert als 6,665 Gramm Silber), aber ohne Prägung von Frankenmünzen

1825 Erstmalige Ausgabe von Banknoten in der Schweiz durch die Deposito-Cassa der Stadt Bern

1830–1848 Regeneration. Liberale Revolutionen führen zu kantonalen Verfassungsrevisionen, Gründung privater und kantonaler Handels- und Notenbanken. Ausgabe von Banknoten vorwiegend in verbreiteten ausländischen Währungen

1847 Sonderbundskrieg

1848 Bundesverfassung, Gründung des Bundesstaates. Übergang der Münzhoheit an den Bund. Bank- und Finanzgesetzgebung bleibt kantonal.

1850 Eidgenössisches Münzgesetz. Silberwährung, Anlehnung an das französische Münzsystem: Der Franken wird als Währungseinheit eingeführt, definiert als 4,5 Gramm Silber (= 1 französischer Franc).

1851/52 Einzug der alten Münzsorten

1852 Ausländische Silbermünzen, die den schweizerischen (= französischen) Normen entsprechen, werden den Schweizer Münzen gleichgestellt. Rund 80 Prozent der umlaufenden Silbermünzen sind ausländischen Ursprungs. Schweizer Münzen werden im Ausland (Frankreich) geprägt.

1852–1860 Weltweiter Anstieg des Silberpreises relativ zum Gold. Demonetisierung des Silbers: Verdrängung der Silbermünzen durch französische Goldmünzen

1855 Gründung der Eidgenössischen Münzstätte. Aus Kostengründen werden aber nur geringe Mengen an vollwertigen Silbermünzen geprägt. Abhängigkeit der Münzversorgung vom Ausland hält an.

1860 Französische Goldmünzen (und äquivalente Goldmünzen anderer Staaten) werden zum gesetzlichen Zahlungsmittel erklärt. Doppelwährung (Bimetallismus): 1 Franken = 4,5 Gramm Silber = 0,2903226 Gramm Gold

1865 Gründung der Lateinischen Münzunion mit Frankreich, Belgien und Italien (ab 1868 auch Griechenland) auf der Basis des französischen bimetallischen Standards. Die Münzunion reguliert die Ausgabe von Münzen, nicht aber von Banknoten und Bankdepositen. Sie ist von Anfang an durch zwischenstaatliche Auseinandersetzungen geprägt und erlebt mehrfache Vertragsrevisionen.

1870/71	Deutsch-Französischer Krieg. Frankreich verbietet Goldexport und suspendiert die Noteneinlösung. Scharfe Liquiditätskrise («Geldcrisis») in der Schweiz
1870–1878	Weltweiter Anstieg des Goldpreises relativ zum Silber. Rückfluss des Silbers in die monetäre Verwendung, Verdrängung der Goldmünzen durch Silbermünzen. Die Lateinische Münzunion beschränkt Prägung von silbernen Fünffrankenmünzen (Écu, «Fünfliber»).
1870–1875	Banknoten – seit 1850 vorwiegend in Schweizer Franken denominiert – gewinnen im Zahlungsverkehr der Schweiz stark an Gewicht.
1874	Revision der Bundesverfassung. Der Bund erhält die Befugnis, Vorschriften über Ausgabe und Einlösung von Banknoten zu erlassen, aber noch ohne Ermächtigung zur Errichtung eines Notenmonopols.
1876	Erstes Konkordat über die kostenfreie Einlösung von Banknoten unter Beteiligung von 21 Notenbanken
1881	Eidgenössisches Banknotengesetz: Regulierung und Vereinheitlichung der Banknotenausgabe. Ende der Ära des freien Wettbewerbs in der Notenemission in der Schweiz
1883	Erste Prägungen von Goldmünzen durch die Eidgenossenschaft
1885–1905	Überemission von Banknoten, Währungsschwäche und chronischer Abfluss von Währungsmetall (Silberdrainage). Zinsaufschlag (Zinsmalus) für den Schweizer Franken
1891	Revision von Art. 39 der Bundesverfassung. Der Bund erhält das ausschliessliche Recht zur Ausgabe von Banknoten.
1905	Bundesgesetz über die Schweizerische Nationalbank (Nationalbankgesetz)
1907	Die Nationalbank nimmt ihre Tätigkeit auf.
1907–1910	Rückzug der früheren privaten und kantonalen Notenemissionsbanken aus dem Notengeschäft (nach Übergangsfrist)
1907–1914	Die SNB ordnet sich mit ihrer Politik in den internationalen Goldstandard ein. Formell gilt nach wie vor die Doppelwährung der Lateinischen Münzunion.
Juli 1914	Ausbruch des Ersten Weltkriegs. Als Folge Zusammenbruch des internationalen Goldstandards In der Schweiz Liquiditätskrise und Suspendierung der Einlösepflicht für Banknoten – Banknoten werden gesetzliches Zahlungsmittel.
1914–1918	Kriegswirtschaft und Finanzierungsansprüche des Staats. Starke Inflation und soziale Spannungen. Generalstreik im November 1918
1918–1925	Rezession und Nachkriegsdeflation. Geldpolitik ohne feste Wechselkurse. Massive Aufwertung des Schweizer Frankens gegenüber vielen Währungen (nicht aber dem US-Dollar). In Deutschland Hyperinflation und extremer Wertzerfall der Mark (beendet durch Währungsreform vom Oktober 1923). Zinsbonus des Schweizer Frankens entsteht.
1920–1926	Schrittweise Auflösung der Lateinischen Münzunion
1924/25	Rückkehr der Schweiz zur Vorkriegsparität gegenüber dem Gold. Ende der Phase vorübergehend flexibler Wechselkurse

1929 Wiedereinführung der Einlösepflicht für Banknoten. Die SNB kann fortan ihre Noten entweder in Gold oder in Golddevisen einlösen. Silber ist nicht mehr Währungsmetall.

1929–1936 Weltwirtschaftskrise. Abwertung des britischen Pfunds 1931, des US-Dollars 1933/34. Devisenbewirtschaftung in Deutschland, Mittel- und Osteuropa. Die Schweiz verharrt bis 1936 auf der alten Goldparität (Mitglied des «Goldblocks»). Starke reale Aufwertung des Schweizer Frankens. Bankenkrise

Sept. 1936 Abwertung des Schweizer Frankens (Herabsetzung des Goldgehalts) um rund 30 Prozent und Aufhebung der Einlösepflicht für Banknoten in Gold oder Golddevisen

1939–1945 Zweiter Weltkrieg. Kriegswirtschaft. Starke Devisenzuflüsse in die Schweiz. Intensivierung des Handelsverkehrs mit den Achsenmächten und Aufbau grosser Clearingguthaben gegenüber diesen. Umstrittene Goldtransaktionen der Nationalbank

1941 Devisenmarktspaltung in Handelsdollar und Finanzdollar

1944 Konferenz von Bretton Woods. Schaffung eines neuen internationalen Währungssystems auf der Basis fester, aber anpassbarer Währungsparitäten (Gold-Devisen-Standard bzw. Bretton-Woods-System). Gründung des Internationalen Währungsfonds und der Weltbank
Die Schweiz wird nicht Mitglied dieses Systems, nimmt aber de facto an ihm teil.

1946 Washingtoner Abkommen (Abkommen über deutsche Vermögenswerte in der Schweiz)

bis 1949 Fortsetzung der Devisenmarktspaltung und Dollarbewirtschaftung (Devisenbann-Wirtschaft)

1950 Europäische Zahlungsunion. Schrittweise Liberalisierung des Handelsverkehrs. Teilnahme der Schweiz nach anfänglichem Zögern, später aktive Rolle der Schweiz

1958 Europäisches Währungsabkommen. In der Folge Liberalisierung des europäischen Kapitalverkehrs: Rückkehr zur Konvertierbarkeit der Währungen (mit Einschränkungen)

1960–1971 Vertrauenszerfall für den US-Dollar. Zunehmende Instabilität der internationalen Devisenmärkte. Endphase des Bretton-Woods-Systems. Schweiz: massiver Kapitalzufluss, Liquiditätsausweitung und importierte Inflation. Inflationsbekämpfung mit dirigistischen Mitteln

Mai 1971 Aufwertung des Schweizer Frankens um gut 7 Prozent. Massnahmen zur Abwehr spekulativer Gelder (Notstandsvereinbarung)

August 1971 Aufhebung der Goldkonvertibilität des US-Dollars durch die amerikanische Regierung

Dez. 1971 Neufestlegung der Wechselkurse der wichtigsten Währungen im Rahmen des Smithsonian Agreement: weitere Aufwertung des Schweizer Frankens um 6,4 Prozent

Januar 1973	Die SNB beschliesst im Einvernehmen mit dem Bundesrat, ihre Käufe am Devisenmarkt einzustellen. Ende der Ära fester Wechselkurse, Beginn des Zeitalters flexibler Wechselkurse
1973–1975	Aktive Antiinflationspolitik der SNB, starke Aufwertung des Schweizer Frankens. Diskussion und Verhandlungen um Teilnahme an der Europäischen «Währungsschlange»
1975	Übergang zur Ankündigung jährlicher Geldmengenziele durch die SNB (für das Wachstum der Geldmenge M1). Erdölpreisschock und Stabilisierungskrise. Wiederherstellung der Preisstabilität bis 1976/77
1978	Extreme Frankenaufwertung und temporäre Rückkehr zu einem Wechselkursziel (Kursuntergrenze von 0,80 Franken pro D-Mark)
1979	Europäisches Währungssystem EWS
1980–1982	Inflationsschub und monetäre Restriktion. Rückkehr der SNB zur Politik jährlicher Geldmengenziele (jetzt für das Wachstum der bereinigten Notenbankgeldmenge)
1982–1986	Rückkehr zu monetärer Stabilität
1987–1990	Instabilität der Bankreservenachfrage (neues elektronisches Bankenclearing SIC, neue Liquiditätsvorschriften). Monetäre Überexpansion, konjunkturelle Überhitzung, Inflationsschub und Immobilienboom
1991	Übergang zu einem mittelfristigen Zielpfad für die Notenbankgeldmenge anstelle jährlicher Geldmengenziele
1992	Beitritt der Schweiz zu Währungsfonds und Weltbank
1991–1994	Monetäre Restriktion, Stabilisierungskrise und allmähliche Rückkehr zur Preisstabilität
1994–1996	Monetäre Überrestriktion und Verlängerung der Stabilisierungskrise. Ab 1995 Rückkehr zu einer expansiveren Geldpolitik. Bis 1999 graduelle Normalisierung von Beschäftigung und Wachstum
1999	Europäische Währungsunion
2000	Revision der Bundesverfassung mit neuem Währungsartikel (in Kraft per 1. Januar 2000). Grundlage für neues Nationalbankgesetz (2004) Neues geldpolitisches Konzept der SNB: Abkehr von der Politik der Geldmengenziele, Inflationsprognose als geldpolitischer Hauptindikator
2001	Weltweiter Börsensturz («Dotcom-Krise»), Terroranschläge vom 11. September
2002–2004	Geopolitische Turbulenzen und globale Tendenz zur Rezession. Weltweit und in der Schweiz Übergang zu sehr expansiver Geldpolitik. Ab Sommer 2004 graduelle Normalisierung
2008	Ausbruch der weltweiten Finanz- und Bankenkrise. SNB: Devisenmarktinterventionen und Übergang zu extrem expansiver Geldpolitik. Stützungsaktion von Bund und SNB zugunsten der Grossbank UBS. Reformbestrebungen für Banken- und Finanzmarktregulierung («Basel III»). Globale Rezession der Realwirtschaft

2010/11	Ausbruch der europäischen Schuldenkrise. Extremer Aufwertungsdruck auf den Franken
Sept. 2011	Mindestkurs: Ankündigung und Durchsetzung einer Kursuntergrenze des Euro gegenüber dem Franken von 1,20 durch die SNB
Januar 2015	Aufhebung der Kursuntergrenze und Einführung von Negativzinsen auf Giroguthaben bei der SNB

LITERATURVERZEICHNIS

Aliber, R. Z. (1967), Gresham's Law, Asset Preferences, and the Demand for International Reserves, in: *Quarterly Journal of Economics* 81/4.

Allgoewer, E. (2003), *Gold Standard and Gold Standard Mentality in Switzerland,* Habilitationsschrift, St. Gallen.

Bagehot, W. (1873), *Lombard Street. A Description of the Money Market,* London.

Baltensperger, E. (1982), Reserve Requirements and Economic Stability, in: *Journal of Money, Credit and Banking* 14/2.

Baltensperger, E. (1985), Disinflation – The Swiss Experience, in: *Zeitschrift für Wirtschafts- und Sozialwissenschaften* 105/2–3.

Baltensperger, E. (1999), Geschichte und Wirkung eines ökonomischen Wissenstransfers. Ein Rückblick auf das Konstanzer Seminar über Geldtheorie und Geldpolitik, in: *Neue Zürcher Zeitung,* 26./27. Juni.

Baltensperger, E. (2006), Monopoly and Competition in Money and Credit, in: Bindseil, U., J. Haucap und Chr. Wey (Hrsg.): *Institutions in Perspective,* Tübingen.

Baltensperger, E. (2007), The National Bank's Monetary Policy: Evolution of Policy Framework and Policy Performance, in: *Die Schweizerische Nationalbank 1907–2007,* Zürich.

Baltensperger, E. (2010), Geldpolitik: Autonomie als Stabilitätsanker, in: Gentinetta, K. und G. Kohler (Hrsg.): *Souveränität im Härtetest,* Zürich.

Baltensperger, E. (2011), Geld als Ausdruck nationaler Souveränität, in: Habermann, G. und M. Studer (Hrsg.): *Der Liberalismus – eine zeitlose Idee,* München.

Baltensperger, E. und P. Böhm (1984), *Geldmengenpolitik und Inflationskontrolle. Möglichkeiten, Kosten, flankierende Massnahmen,* Diessenhofen.

Baltensperger, E., A. M. Fischer und Th. J. Jordan (1999), Soll die Schweizerische Nationalbank den Franken an den Euro binden?, in: *Aussenwirtschaft* 54/1.

Baltensperger, E., Ph. M. Hildebrand und Th. J. Jordan (2007), The Swiss National Bank's monetary policy concept – an example of a «principles-based» policy framework, in: *Swiss National Bank Economic Studies,* 3.

Baltensperger, E. und P. Kugler (2015), *Swiss Monetary History since the Early 19th Century,* Manuskript.

Barro, R. J. (1979), Money and the Price Level under the Gold Standard, in: *Economic Journal* 89.

Baumann, J. (2004), *Bundesinterventionen in der Bankenkrise 1931–1937,* Dissertation, Zürich.

Bernanke, B. S. (1983), Nonmonetary Effects of the Financial Crisis in the Propagation of the Great Depression, in: *American Economic Review* 73.

Bernanke, B. S. (1995), The Macroeconomics of the Great Depression: A Comparative Approach, in: *Journal of Money, Credit, and Banking* 27.

Bernanke, B. S. (2000), *Essays on the Great Depression,* Princeton.

Bernanke, B. S., T. Laubach, F. S. Mishkin und A. S. Posen (1999), *Inflation Targeting: Lessons from the International Experience,* Princeton.

Bernholz, P. (2003), *Monetary Regimes and Inflation: History, Economic and Political Relationships,* Cheltenham.

Bernholz, P. (2007), Die Nationalbank 1945–1982: Von der Devisenbann-Wirtschaft zur Geldmengensteuerung bei flexiblen Wechselkursen, in: *Die Schweizerische Nationalbank 1907–2007,* Zürich.

Blaum, K. (1908), *Das Geldwesen der Schweiz seit 1798,* Strassburg.

Bleuler, W. (1913), *Die Bank in Zürich 1836–1906,* Zürich.

Böhler, E. und P. Keller (1935), *Krisenbekämpfung: Ergebnisse der Krisenpolitik des Auslandes. Grundlagen eines positiven Programms für die Schweiz,* Zürich.

Bordo, M. und H. James (2007), Die Nationalbank 1907–1946: Glückliche Kindheit oder schwierige Jugend?, in: *Die Schweizerische Nationalbank 1907–2007,* Zürich.

Bordo, M. und F. Kydland (1995), The Gold Standard as a Rule: An Essay in Exploration, in: *Explorations in Economic History* 32.

Bosshardt, A. (1961), Schweizerische Währungspolitik vor 25 Jahren, in: *Aussenwirtschaft* 16/2.

Burckhardt-Bischoff, A. (1865), *Die Zeddelbanken in der Schweiz und das Bedürfnis einer einheitlichen Noten-Circulation,* Basel.

Cameron, R. (1967), *Banking in the Early Stages of Industrialization,* New York/London/Toronto.

Cassis, Y. (1991), L'histoire des banques suisses aux XIXe et XXe siècles, in: *Schweizerische Zeitschrift für Geschichte.*

Cattani, A. (1992), Albert Meyer – Chefredaktor der Neuen Zürcher Zeitung von 1915 bis 1929, Bundesrat von 1930 bis 1938, Zürich.

Cramer-Frey, C. (1880), Die Regulierung des Banknotenwesens in der Schweiz, *Schweizer-Zeitfragen,* Zürich.

Crettol, V. und P. Halbeisen (1999), *Die währungspolitischen Hintergründe der Goldtransaktionen der Schweizerischen Nationalbank im Zweiten Weltkrieg,* Zürich.

Deutsche Bundesbank (2011), Zeitreihe Umlaufsrenditen, www.bundesbank.de/statistik/statistik_zeitreihen.php?lang=de&ope n=zinsen&func=row&tr=WU8612 [Stand: 9.12.2011].

Eichengreen, B. (1992), *Golden Fetters: The Gold Standard and the Great Depression, 1929–1939,* New York.

Eichengreen, B. (1996), *Globalizing Capital: A History of the International Monetary System,* Princeton.

Eichengreen, B. und M. Flandreau (1996), The Geography of the Gold Standard, in: Braga de Macedo, B.J. Eichengreen und J. Reis (Hrsg.): *Currency Convertibility: the Gold Standard and Beyond,* London.

Eichengreen, B. und M. Flandreau (1997), *The Gold Standard in Theory and History,* 2. Auflage, London.

Einaudi, L. (2001), *Money and Politics: European Monetary Unification and the International Gold Standard (1865–1873),* Oxford.

Ettlin, F. und S. Gaillard (2001), Die 90er Jahre in der Schweiz – Eine wettbewerbsfähige Wirtschaft braucht eine stabilisierende Geldpolitik, in: J. Furrer und B. Gehrig (Hrsg.): *Aspekte der schweizerischen Wirtschaftspolitik*, Chur/Zürich.

FED (2011), Selected Interest Rates, www.federalreserve.gov/releases/h15/data.htm [Stand: 9.12.2011].

Fior, M. (1997), *Die Schweiz und das Gold der Reichsbank. Was wusste die Schweizerische Nationalbank?*, Zürich.

Fisher, I. (1930), *The Theory of Interest*, New York.

Fisher, I. (1934), *Stable Money*, New York.

Fischer, S. (1986), Friedman versus Hayek on Private Money, in: *Journal of Monetary Economics* 17.

Flandreau, M. (2000), The Economics and Politics of Monetary Unions: a Reassessment of the Latin Monetary Union, 1865–1871, in: *Financial History Review* 7.

Friedman, M. (1951), Commodity-Reserve Currency, in: *Journal of Political Economy* 59/3.

Friedman, M. (1960), *A Program for Monetary Stability*, New York.

Friedman, M. und A. J. Schwartz (1963), *A Monetary History of the United States, 1867–1960*, Princeton.

Friedman, M. (1990), Bimetallism Revisited, *Journal of Economic Perspectives 4/4.*

Fullarton, J. (1845), *On the Regulation of Currencies*, London. Reprinted, New York 1969.

Furrer, N. (1995), *Das Münzgeld der alten Schweiz*, Zürich.

Gesell, S. (1916), *Die Natürliche Wirtschaftsordnung durch Freiland und Freigeld*, Les Hauts Geneveys.

Gilbart, J. W. (1841), Testimony before the Select Committee of the House of Commons on Banks of Issue, in: *British Sessional Papers* 5.

Global-Rates.Com (2011), Inflation, http://de.global-rates.com/wirtschaftsstatistiken/inflation/inflation.aspx [Stand: 9.12.2011].

Graham, B. (1937), *Storage and Stability*, New York.

Graham, B. (1944), *World Commodities and World Currency*, New York.

Graham, F. D. (1942), *Social Goals and Economic Institutions*, Princeton.

Grossen, J. M. (2001), Transactions germano-suisses sur l'or pendant la Seconde Guerre mondiale, in: UEK (Hrsg.): *Die Schweiz, der Nationalsozialismus und das Recht*, Bd. 18 der Veröffentlichungen der Unabhängigen Expertenkommission Schweiz – Zweiter Weltkrieg, Zürich.

Guex, S. (1993), *La politique monétaire et financière de la Confédération Suisse, 1900–1920*, Lausanne.

Gygax, P. (1901), *Kritische Betrachtungen über das Schweizerische Notenbankwesen mit Beziehung auf den Pariser Wechselkurs*, Zürich.

Halbeisen, P. (1998), Bankenkrise und Bankengesetzgebung, in: Guex, S. (Hrsg.): *Krisen und Stabilisierung: Die Schweiz in der Zwischenkriegszeit*, Zürich.

Halbeisen, P. (2005), *Goldstandard oder «Manipulierte Währung»? Partikularinteressen und Währungspolitik in den 1930er-Jahren*, Traverse.

Halbeisen, P. (2006), Cool Lover? Switzerland and the Road to European Monetary Union, in: P. Clement und J. C. Martinez Oliva (Hrsg.) *European Central Banks and Monetary Cooperation after 1945*, Frankfurt am Main.

Halbeisen, P. und M. Müller (1998), Die schrittweise Nationalisierung des Geldes: Von der Einführung der Schweizer Währung (Münzreform 1848) zur nationalen Kontrolle über das Geldwesen (Gründung der Nationalbank 1907), in: A. Mosser (Hrsg.), *Österreichs Weg zum Euro: Aspekte – Perspektiven – Handlungsräume,* Veröffentlichung der Österreichischen Gesellschaft für Unternehmensgeschichte, 20, Wien.

Halbeisen, P., M. Müller und B. Veyrassat (Hrsg.) (2012): *Wirtschaftsgeschichte der Schweiz im 20. Jahrhundert*, Basel.

Halbeisen, P. und T. Straumann (2012), Die Wirtschaftspolitik im internationalen Kontext, in: Halbeisen, P., M. Müller und B. Veyrassat (Hrsg.): *Wirtschaftsgeschichte der Schweiz im 20. Jahrhundert*, Basel.

Hayek, F. A. v. (1978), *Denationalisation of Money – The Argument Refined,* London.

Hellwig, M. F. (1985), What do we Know About Currency Competition?, in: *Zeitschrift für Wirtschafts- und Sozialwissenschaften* 105.

Hoffmann, H. (1982), *75 Jahre Schweizerische Nationalbank. Der «heilige Krieg» im Kampf für goldfeste Wechselkurse gegen den «heiligen Krieg» für indexfestes Preisniveau,* Bern.

Iklé, M. (1970), *Die Schweiz als internationaler Bank- und Finanzplatz,* Zürich.

Jöhr, A. (1915), *Die Schweizerischen Notenbanken, 1826–1913,* Zürich.

Kalkmann, P. (1900), *Untersuchungen über das Geldwesen der Schweiz und die Ursachen des hohen Standes der auswärtigen Wechselkurse,* St. Gallen.

Keller, C. (1871), Die Krisis des Jahres 1870, in: Schweizerischer Handels- und Industrieverein (Hrsg.): *Drei Gutachten über das Schweizerische Banknotenwesen,* Bern.

Kennedy, D. M. (1999), *Freedom from Fear. The American People in Depression and War 1925–1945.* The Oxford History of the United States, Oxford.

Keynes, J. M. (1919), *The Economic Consequences of the Peace,* New York.

Keynes, J. M. (1923), *A Tract on Monetary Reform,* London.

Keynes, J. M. (1930), *A Treatise on Money,* London.

Keynes, J. M. (1936), *The General Theory of Employment, Interest and Money,* London.

King, R. G. (1983), On the Economics of Private Money, in: *Journal of Monetary Economics* 12.

Klauser, P. (2007), Die Auseinandersetzung der Nationalbank mit ihrer Rolle im Zweiten Weltkrieg, in: *Die Schweizerische Nationalbank 1907–2007,* Zürich.

Klein, B. (1974), The Competitive Supply of Money, in: *Journal of Money, Credit and Banking* 6.

Kohli, U. (2010), Concluding Comments: The SNB's Monetary Policy Framework Ten Years On, in: *Schweizerische Zeitschrift für Volkswirtschaft und Statistik* 146/1.

Körner, M. (1991), Vom Geldwesen in der alten Schweiz, in: Schweizerischer Bankverein (Hrsg.), *700 Jahre Schweizer Münzen,* Basel.

Körner, M. (1993), Schweiz, in: Hans Pohl (Hrsg.), *Europäische Bankengeschichte,* Frankfurt am Main.

Küng, L. (2007), *The Revival of the Note Issue Paradox, Free Banking in Switzerland between 1872 and 1881*, Manuskript, Berkeley.

Kugler, P. (2010), *Grosse Währung eines kleinen Landes: Der Schweizer Franken 1850 bis ?*, Manuskript, Basel.

Kugler, P. (2015), The Bretton Woods System: Design and Operation, in: Fox, D. und R. Ernst (Hrsg.): *Money in the Western Legal Tradition*, in Arbeit.

Kugler, P. und G. Rich (2002), Monetary Policy Under Low Interest Rates: The Experience of Switzerland in the Late 1970s, in: *Schweizerische Zeitschrift für Volkswirtschaft und Statistik* 138/3.

Kugler, P. und B. Weder di Mauro (2002), The Puzzle of the Swiss Interest Island: Stylized Facts and a New Interpretation, in: *Aussenwirtschaft* 57.

Landmann, J. (1905), *Das Schweizerische Bankgesetz*, Zürich.

Law, J. (1705), *Money and Trade Considered – With a Proposal for Supplying the Nation with Money*, Edinburgh.

Lescaze, B. et al. (1999), *Une monnaie pour la Suisse*, Genève.

Longfield, S. M. (1840), Banking and Currency, in: *Dublin University Magazine.*

Loyd, S. J. (Lord Overstone) (1857), *Tracts and Other Publications on Metallic and Paper Money*, London.

Lutz, F. (1936), Das Grundproblem der Geldverfassung, in: F. Lutz (Hrsg.): *Geld und Währung. Gesammelte Abhandlungen*, Tübingen, 1962.

Mangold, F. (1909), *Die Bank in Basel, 1844–1907 und die Entwicklung des Konkordats der schweizerischen Emissionsbanken*, Basel.

Marshall, A. (1887), Remedies for Fluctuations of General Prices, reprinted in: Pigou, A. C. (Hrsg.): *Memorials of Alfred Marshall*, London, 1925.

McCallum, B. T. (1989), *Monetary Economics*, New York.

McCallum, B. T. und E. Nelson (2001), Monetary Policy for an Open Economy: An Alternative Framework with Optimizing Agents and Sticky Prices, in: *NBER Working Paper Series*, 8175.

McCulloch J. R. (1831), *Historical Sketch of the Bank of England*, London.

Meltzer, A. H. (2004), *A History of the Federal Reserve*, Bd. 1, Chicago.

Menghetti, P. (1993), *Banktheoretische Überlegungen: Eine Empirische Untersuchung der Schweizerischen Emissionsbanken von 1883–1906*, Winterthur.

Mill, J. S. (1848), *Principles of Political Economy*, London.

Mishkin, F. S. (2007), Die Inflationsdynamik hängt von den Erwartungen der Menschen ab, in: *Neue Zürcher Zeitung*, 28./29. April.

Müller, P. (2003), La bataille pour le franc. La Suisse entre déflation et dévaluation (1931–1936), in: Müller, P., I. Paccaud und J. M. Schaufelbuehl (Hrsg.), *Franc suisse, finance et commerce. Politique monétaire helvétique 1931–1936. Les relations de la Suisse avec l'Angleterre (1940–1944) et la France (1944–1949)*, Lausanne.

Mundell, R. A. (1961), A Theory of Optimum Currency Areas, in: *American Economic Review* 51/4.

Neldner, M. (1996), Bankenfreiheit und Noten-Überemission. McCulloch, Longfield, der Schweizer Franken und die «Small Note Mania» in Schottland, in: *Schweizerische Zeitschrift für Volkswirtschaft und Statistik* 132/2.

Neldner, M. (2003), Competition Necessarily Tends to Produce Excess: The Experience of Free Banking in Switzerland, in: *German Economic Review* 4/3.

Neumann, L. (1991), Das Schweizer Münzwesen von 1648 bis heute, in: Schweizerischer Bankverein (Hrsg.): *700 Jahre Schweizer Münzen*, Basel.

Niehans, J. (1978), *The Theory of Money*, Baltimore. Deutsche Übersetzung (1980), *Theorie des Geldes*, Bern/Stuttgart.

Norman, G. W. (1833), *Remarks upon Some Prevalent Errors with Respect to Currency and Banking*, London.

Nurske, R. (1944), *International Currency Experience: Lessons of the Inter-War Period*, League of Nations, Genf.

Parnell, H. B. (1827), *Observations on Paper Money, Banking and Overtrading*, London.

Perrenoud, M., R. Lopez, F. Adank, J. Baumann, A. Cortat und S. Peters (2002), *La place financière et les banques suisses à l'époque du national-socialisme: les relations des grandes banques avec l'Allemagne (1931–1946)*, Bd. 13 der Veröffentlichungen der Unabhängigen Expertenkommission Schweiz – Zweiter Weltkrieg, Lausanne.

Pestalozzi, L. (1839), *Die Münzwirren der westlichen Schweiz nebst dem Versuche ihrer Lösung*, Zürich.

Pestalozzi, L. (1849), *Der Schweizerfranken als Eidgenössische Münzeinheit, Gutachten laut Auftrag der Zürcherischen Handelskammer*, Zürich.

Redish, A. (1994), The Latin Monetary Union and the Emergence of the International Gold Standard, in: Bordo, M. und F. Capie (Hrsg.): *Monetary Regimes in Transition*, Cambridge.

Ricardo, D. (1810/11), *The High Price of Bullion, A Proof of the Depreciation of Bank Notes.* 1st edition 1810, London, 4th corrected edition 1811, London.

Rich, G. (2007), Swiss Monetary Targeting 1974–1996: the Role of Internal Policy Analysis, in: *Schweizerische Zeitschrift für Volkswirtschaft und Statistik* 143/3.

Ritzmann, F. (1973), *Die Schweizer Banken. Geschichte – Theorie – Statistik*, Bern.

Ritzmann, F. (1996), Schweizerische Notenbanken im 19. Jahrhundert und Free Banking – Diskussionsbeitrag zu M. Neldner, Bankenfreiheit und Noten-Überemission, in: *Schweizerische Zeitschrift für Volkswirtschaft und Statistik* 132/2.

Ritzmann-Blickenstorfer, H. (Hrsg.) (1996), *Historische Statistik der Schweiz*, Zürich.

Rivaz, M. de (1991), *Ferdinand Hodler, Eugène Burnand und die Schweizerischen Banknoten*, Bern.

Rivaz, M. de (1997), *Le billet de banque suisse 1907–1997*, Mont-sur-Lausanne.

Romer, Ch. D. (1992), What Ended the Great Depression?, in: *The Journal of Economic History* 52/4.

Roth, J.-P. (2007), 70 Jahre nach dem endgültigen Zusammenbruch des Goldstandards der Zwischenkriegszeit im September 1936, in: *Quartalsheft SNB* 1.

Ruoss, E. (1992), *Die Geldpolitik der Schweizerischen Nationalbank 1907–1929. Grundlagen, Ziele und Instrumente,* Zürich.

Rüttimann, J. (1865), *Spezialbericht betreffend das Banknotenwesen an die von dem Schweizerischen Ständerathe niedergesetzte Kommission für die Revision der Bundesverfassung,* Zürich.

Rutz, W. (1970), *Die Schweizerische Volkswirtschaft zwischen Währungs- und Beschäftigungspolitik in der Weltwirtschaftskrise – Wirtschaftspolitische Analyse der Bewältigung eines Zielkonflikts,* St. Gallen.

Salin, E. (1964), Devisen-Bann-Wirtschaft?, in: *Kyklos* 17/2.

Sargent, T. J. und N. Wallace (1982), The Real-Bills Doctrine Versus the Quantity Theory of Money, A Reconstruction, in: *Journal of Political Economy* 90/6.

Schärrer, M. (1983), *Geld- und Bodenreform als Brücke zum sozialen Staat: Die Geschichte der Freiwirtschaftsbewegung in der Schweiz 1915–1952,* Zürich.

Schiltknecht, K. (1994), Geldmengenpolitik und Wechselkurs: Der schweizerische Weg, in: Albertini, F. von (Hrsg.): *Schweizerische Geldpolitik im Dilemma: Geldmenge oder Wechselkurs?,* Chur.

Schlesinger, W. (1936), *Das Geldproblem in der öffentlichen Meinung der Schweiz, 1803–1850,* Zürich.

Schmid, W. (1948/1969), *Die Geschichte des Schweizer Frankens,* Bern.

Schwartz, A. J. (1987), Banking School, Currency School, Free Banking School, in: Eatwell, J. et al. (Hrsg.): *The New Palgrave, A Dictionary of Economics,* Vol. 1, A to D, London.

Schweizerische Gesellschaft für Volkswirtschaft und Statistik (Hrsg.) (2010), SNB Conference on «The SNB's New Monetary Policy Framework Ten Years On», in: *Schweizerische Zeitschrift für Volkswirtschaft und Statistik* 146/1.

Schweizerische Nationalbank (1932), *Die Schweizerische Nationalbank 1907–1932,* Festschrift, Zürich.

Schweizerische Nationalbank (1957), *Die Schweizerische Nationalbank 1907–1957,* Festschrift, Zürich.

Schweizerische Nationalbank (1982), *75 Jahre Schweizerische Nationalbank. Die Zeit von 1957 bis 1982,* Festschrift, Zürich.

Schweizerische Nationalbank (2007), *Die Schweizerische Nationalbank 1907–2007,* Festschrift, Zürich.

Schweizerische Nationalbank (2011a), Statistisches Monatsheft 11. 2011, www.snb.ch/de/iabout/stat/statpub/statmon/stats/statmon [Stand: 9.12.2011].

Schweizerische Nationalbank (2011b), Historische Zeitreihen, Zinssätze, www.snb.ch/de/iabout/stat/statpub/histz/id/statpub_histz_actual [Stand: 9.12.2011].

Scrope, G. P. (1830), *On Credit-Currency, and its Superiority to Coin, in Support of a Petition for the Establishment of a Cheap, Safe and Sufficient Circulating Medium,* London.

Selgin, G. A. (1988), *The Theory of Free Banking. Money Supply under Competitive Note Issue,* Totowa, NJ.

Selgin, G. A. (1994), Free Banking and Monetary Control, in: *Economic Journal* 104.

Selgin, G. A. und L. H. White (1994), How Would the Invisible Hand Handle Money?, in: *Journal of Economic Literature* 32.

Siegenthaler, H. (1985), Die Schweiz 1850 – 1914, in: Fischer, W. et al. (Hrsg.), *Handbuch der Europäischen Geschichte,* Band 5, Stuttgart.

Smith, A. (1776), *An Inquiry into the Nature and Causes oft the Wealth of Nations,* London.

Smith, B. (1992), Real Bills Doctrine, in: Eatwell, J. et al. (Hrsg.), *The New Palgrave Dictionary of Money and Finance,* London/New York.

Speiser, J. J. (1849), *Noch ein Wort über die Münzfrage, als Erwiderung auf das Gutachten des Herrn Leonhard Pestalozzi,* Bern.

Straumann, T. (2006), Der kleine Gigant: Der Aufstieg Zürichs zu einem Internationalen Finanzplatz, in: Institut für Bankhistorische Forschung (Hrsg.): *Europäische Finanzplätze im Wettbewerb,* Stuttgart.

Straumann, T. (2010), *Fixed Ideas of Money. Small States and Exchange Rate Regimes in Twentieth-Century Europe,* Cambridge.

Tanner, J. (2000), Goldparität im Gotthardstaat: Nationale Mythen und die Stabilität des Schweizer Frankens in den 1930er und 40er Jahren, in: *Studien und Quellen* des Schweizerischen Bundesarchivs 26.

Temin, P. (1978), *Did Monetary Forces Cause the Great Depression?,* New York.

Thornton, H. (1802), *An Enquiry into the Nature and Effects of the Paper Credit of Great Britain,* London.

Torrens, R. (1844), *A Letter to Thomas Tooke, Esq. in Reply to his Objections against the Separation of the Business of the Bank into a Department of Issue and a Department of Discount: With a Plan of Bank Reform,* London.

Tooke, T. (1844), *An Inquiry into the Currency Principle,* London.

UEK (1998), Veröffentlichungen der Unabhängigen Expertenkommission Schweiz – Zweiter Weltkrieg, Bern.

Vaubel, R. (1985), Competing Currencies: The Case for Free Entry, in: *Zeitschrift für Wirtschafts- und Sozialwissenschaften* 105.

Weber, E. J. (1988), Currency Competition in Switzerland, 1826 – 1850, in: *Kyklos* 41.

Weber, E. J. (1992), Free Banking in Switzerland after the Liberal Revolution in the 19th Century, in: K. Dowd (Hrsg.): *The Experience of Free Banking,* London.

Weisskopf, E. (1948), *Das Schweizerische Münzwesen von seinen Anfängen bis zur Gegenwart,* Bern.

White, L. H. (1999), *The Theory of Monetary Institutions,* Oxford.

Zimmermann, R. (1987), *Volksbank oder Aktienbank? Parlamentsdebatten, Referendum und zunehmende Verbandsmacht beim Streit um die Nationalbankgründung 1891 – 1905,* Zürich.

Zurlinden, M. (2003), Goldstandard, Deflation und Depression: Die Schweizerische Volkswirtschaft in der Weltwirtschaftskrise, in: Schweizerische Nationalbank (Hrsg.): *Quartalsheft,* Juni.

STICHWORT- UND NAMENREGISTER

Abwertung
- allgemein 158, 160–163, 167, 170, 175 ff., 180, 193, 196, 210, 259, 296, 299, 300, 304, 313
- des Schweizer Frankens 21, 107, 114 f., 163–171, 173–182, 189

Acemoglu, D. 13
Aliber, R. Z. 195
Allgoewer, E. 162, 174, 178
Aufwertung
- allgemein 162, 235, 278, 304
- des Schweizer Frankens 151, 162, 170, 179, 210, 213, 215, 227 f., 230 ff., 250, 257, 312 ff.

Bachmann, G. 175, 192 f.
Bagehot, W. 266
Baltensperger, E. 225, 227, 231, 233, 235, 250, 254, 261, 285, 287
Bankenfreiheit (Free Banking) 21, 29, 88, 92, 102, 106, 111 f., 297, 299, 301, 304 f.
Bankenkrisen 113, 136, 158, 161, 172, 236, 313, 315
Banking School 102, 297–301, 304
Banknotengesetz 29, 51, 63, 75, 81, 88, 95 f., 100, 105, 110, 312
Barro, R. J. 281, 292
Baumann, J. 173
Bernanke, B. S. 160, 255
Bernholz, P. 27, 32, 207–211, 214 f., 226 f.
Bimetallismus 82–88, 104, 195, 279 f., 304
Blaum, K. 50, 82
Bleuler, W. 58, 60
Böhler, E. 175, 210
Böhm, P. 231
Bordo, M. 108, 133, 136, 142, 148, 151, 175, 177, 181 f., 190 f., 197, 226
Bosshardt, A. 174
Bretton-Woods-System 20, 22, 27, 32, 177, 193–197, 210, 212, 215, 274 f., 281 f., 304
Brunner, K. 254
Burckhardt-Bischoff, A. 100
Cameron, R. 58, 59
Cassis, Y. 51
Cattani, A. 176
Cramer-Frey, C. 101
Crettol, V. 191
Currency School 102 f., 108, 299 ff., 304
Devisenbann-Wirtschaft 197, 208 f.
Devisenbewirtschaftung 161, 163, 167, 170, 193, 207, 211, 304, 313
Devisenmarktspaltung 190, 210, 313
Diskontkredit 135, 142 f., 305
Diskontpolitik 105, 137, 139, 141, 150, 305
Doppelwährung 70, 82–88, 279 f., 305, 311 f.
Eichengreen, B. 84 f., 160 f.
Einaudi, L. 84
Einlösepflicht 96, 115, 135, 141 f., 154, 161 f., 253, 275, 285, 287, 299, 305
Ettlin, F. 235
Fazy, J. 92
Fiat Money 26, 282, 305
Finanzkrisen 52, 86 f., 113, 154, 160 ff., 172, 238 f., 256 ff., 267
Finanzstabilität 29, 94, 113, 239, 257, 264 ff.
Finanzwechsel 135, 145, 150, 298, 305 f., 309
Fior, M. 191
Fischer, S. 287
Fisher, I. 148, 177
Flandreau, M. 85
Free Banking (Bankenfreiheit) 21, 29, 88, 92, 102, 106, 111 f., 297, 299, 301, 304 f.
Freiwirtschaftsbund, Freiwirtschaftslehre 147, 152, 177 ff.
Friedman, M. 160, 279 ff., 286, 288, 299
Fullarton, J. 299
Furrer, N. 49
Gaillard, S. 235
Geldmengenpolitik 225, 231 239, 254 f.

Gesell, S. 177
Gesetzliches Zahlungsmittel 88 f., 134, 142, 253, 306, 311 f.
Gilbart, J. W. 301
Goldblock 162, 169, 174, 306, 313
Gold-Devisen-Standard 153 – 160, 193 – 197, 278 f., 281, 306
Goldpunkt, Goldexportpunkt 108, 136, 153, 298, 306
Goldstandard, internationaler 21, 27, 85, 119, 136, 141, 149, 158, 160 f., 174, 213, 277 ff., 306
Goldwährung, Goldstandard 20, 27, 32, 83, 87 f., 135 – 137, 139, 141 f., 148 f., 153 ff., 159, 161 ff., 174, 176 – 181, 192 ff., 208, 213, 274 – 279, 281 – 284, 291 f., 294 f., 300, 306 f.
Gold-Silber-Währung 70, 82 – 88, 279, 306
Graham, B. 280
Graham, F. D. 380
Gresham's Law 194, 279 f., 306
Grossen, J. M. 191
Guex, S. 136
Gygax, P. 104
Halbeisen, P. 16 f., 50, 81 f., 85, 88, 164, 173, 175, 191, 226
Haller, R. de 134
Handelswechsel 135, 138 f., 145, 147, 290, 298, 306
Hayek, F. A. von 29, 51, 60, 111, 285 – 288, 301
Hellwig, M. F. 287
Hirter, J. D. 134
Hoffmann, H. 178 f.
Iklé, M. 51
Inflationsprognose 225, 250 – 253, 255, 314
James, H. 108, 133, 136, 148, 151, 175, 177, 181 f., 190 f., 197, 226
Jöhr, A. 57 f., 89, 91 f., 94, 103 f., 108, 111, 139
Jöhr, W. A. 210
Kalkmann, Ph. 102 f., 108
Kellenberger, E. 147
Keller, C. 86 f.
Keller, P. 175
Kennedy, D. M. 158
Keynes, J. M. 20, 148, 159, 178, 196, 283
King, R. G. 287
Klauser, P. 191
Klein, B. 285
Körner, M. 49, 51
Kohli, U. 252
Konvertibilität 89, 134, 136 f., 141 f., 148, 153 ff., 161 f., 171, 173, 210 ff., 214 f., 275 f., 285 ff., 292, 299, 301, 307
Küng, L. 110
Kugler, P. 16, 25, 196, 231, 261
Kundert, H. 134
Kurantgeld 50, 84, 307
Kydland, F. 142
Landmann, J. 103, 108
Lateinische Münzunion 25, 32 f., 84 – 88, 134, 137, 150, 307, 311 f.
Laubach, T. 255
Law, J. 52, 58, 298
Lender of Last Resort 30, 113, 266 f., 307
Lescaze, B. 82
Leutwiler, F. 231
Longfield, S. M. 106, 299
Loyd, S. J. 299
Lutz, F. 158, 286
Mangold, F. 93 f., 104
Marbach, F. 210
Marshall, A. 280
McCallum, B. T. 181, 281 f., 292
McCulloch, J. R. 106, 299
Meltzer, A. H. 148
Menghetti, P. 103
Metallwährung 20, 22, 26 ff., 30, 33, 85 f., 103, 112 f., 135 f., 148, 271, 274, 277, 281 – 284, 298, 301, 307
Meyer, A. 114, 176
Mill, J. S. 299

Mishkin, F. S. 229, 255
Müller, M. 50, 81 f., 85, 88, 164
Müller, P. 162
Münzgesetz 25, 35, 64, 70, 82 f., 311
Münzwirrwarr 37–61, 81, 311
Mundell, R. A. 289
Nationalbank, Goldtransaktionen der 135, 191 f., 197, 207, 313
Neldner, M. 103–108, 110
Neumann, L. 50
Niehans, J. 27, 194 f., 278, 292
Norman, G. W. 299
Notenbank 21, 30 f., 51, 55 f., 59 ff., 79, 86 f., 94 ff., 100–106, 108, 110, 112 f., 133, 135 ff., 141, 144, 148, 177, 180, 229, 232–235, 251–256, 258, 280 f., 285 f., 288, 298, 300 f., 311 f.
Notenbankgeldmenge 147, 149 f., 171, 228, 231–235, 308, 314
Notenemissionswettbewerb in der Schweiz 21, 28 ff., 59 ff., 80, 88–96, 102–113, 308
Nurske, R. 160
Offenmarktpolitik, Offenmarktoperation 136, 145, 154 f., 239, 308
Papierwährung, Papiergeld 20, 22, 24, 26 ff., 30 f., 52, 57 f., 60, 80, 85, 90, 112, 134 f., 194, 271, 274, 277, 281–288, 298, 301, 308
Paritätskurs 107 f., 136, 138, 154, 308
Parnell, H. B. 301
Perrenoud, M. 173
Pestalozzi, L. 50, 82
Posen, A. S. 255
Real Bills 298–301, 308
Real-Bills-Doktrin 56, 102, 135, 138, 147 f., 297–301, 309
Redish, A. 85
Ricardo, D. 299
Rich, G. 231, 236 f.
Ritzmann, F. 51 ff., 55 f., 59, 80, 84, 88, 94 f., 102, 105, 133, 180 f.
Rivaz, M. de 75, 124
Romer, Ch. D. 160
Roosevelt, F. D. 158, 162, 281
Rossy, P. 175
Roth, J.-P. 14, 16, 176 f.
Rüttimann, J. 100
Ruoss, E. 136–140, 145 ff., 149–153
Rutz, W. 162
Salin, E. 208
Sargent, T. J. 299
Schärrer, M. 178
Scheidemünzen 40, 50, 84 f., 88, 309
Schiltknecht, K. 225, 231
Schlesinger, W. 50
Schmid, W. 178
Schnyder von Wartensee, C. 175
Schulthess, E. 175
Schwartz, A. J. 160, 299
Schwarz, F. 179
Schweizer Franken, alter 50, 55 ff., 311
Schweizerische Nationalbank
- Entstehungsgeschichte 100–113, 133–136
- erste Schritte 136–141
- im Ersten Weltkrieg 141–148
- in der Zwischenkriegszeit 149–155, 158–182
- im Zweiten Weltkrieg 189–193, 197
- im Bretton-Woods-System 207–215
- im Regime flexibler Wechselkurse 225–239, 254–263
Scrope, G. P. 301
Selgin, G. A. 106
Sieber, H. 210
Siegenthaler, H. 80
Silberpunkt, Silberexportpunkt 107 f., 136 f., 309
Silberwährung 20, 82 f., 88, 274, 309, 311
Smith, A. 298
Smith, B. 299
Sonderegger, H. K. 179

Speiser, J. J. 81 f.
Stämpfli, J. 92
Straumann, T. 51, 136, 148, 162, 174, 226
Tanner, J. 174
Temin, P. 160
Thornton, H. 299
Tooke, T. 299
Torrens, R. 299
Usteri, P. 134
Vaubel, R. 287
Veyrassat, B. 164
Währungskonkurrenz, Währungswettbewerb
- allgemein 28, 60, 102, 284 – 289
- in der Schweiz 21, 28 ff., 59 ff., 88 – 95, 102 – 112
Währungsschlange, europäische 226, 314
Währungssystem, europäisches 226, 314
Währungsunion, europäische 33, 85, 226, 249 f., 266, 288, 314
Wagner, V. 210
Wallace, N. 299
Walker, F. 158
Walsh, C. E. 13
Weber, E. 175, 192
Weber, E. J. 57 – 60, 88, 91 ff., 106, 110
Wechseldiskont 56, 86, 103, 135, 172, 297, 309
Weder di Mauro, B. 25
Weisskopf, E. 50, 82, 85
White, H. D. 196
White, L. H. 106, 287
Zahlungsunion, europäische 207, 210, 313
Zentralbank 13 f., 21, 24, 27, 30 f., 81, 92, 97, 99, 101, 103, 105, 112 f., 133, 135 ff., 147 f., 155, 158, 160 f., 177, 180, 190, 194 f., 215, 225 ff., 237 ff., 249 ff., 256 f., 259 f., 263 – 267, 279, 282, 284, 288, 300 f., 310
Zettelbank 51, 55, 310
Zimmermann, R. 101
Zurlinden, M. 159, 162 – 171

BILDNACHWEIS

Kapitel 2: Münzwirrwarr und Währungswettbewerb – das Schweizer Geld- und Finanzwesen vor 1850

1 Helvetik, Goldduplone 1800, Schweizerisches Nationalmuseum: LM GU 2193 2 Helvetik, 10 Batzen 1798, Schweizerisches Nationalmuseum: AZ 3441 3 Helvetik, 10 Batzen 1801, Schweizerisches Nationalmuseum: AZ 3449 4 Helvetik, Batzen 1800, Schweizerisches Nationalmuseum: AZ 3430 5 Helvetik, Rappen 1802, Schweizerisches Nationalmuseum: M 868 6 Zürich, Dukat 1810, Schweizerisches Nationalmuseum: AZ 568 7 Zürich, 10 Batzen 1812, Schweizerisches Nationalmuseum: LM GU 299 8 Bern, 4 Dukaten 1825, Schweizerisches Nationalmuseum: M 11349 9 Bern, Duplone 1829, Schweizerisches Nationalmuseum: EA 942 10 Bern, Neutaler 1823, Schweizerisches Nationalmuseum: AZ 1136 11 Bern, Laubtaler 1816/19, Schweizerisches Nationalmuseum: BZ 949 12 Genf, Sol 1825, Schweizerisches Nationalmuseum: EA 3049 13 Genf, 5 Francs 1848, Schweizerisches Nationalmuseum: AZ 3129 14 Genf, 25 Centimes 1844, Schweizerisches Nationalmuseum: EA 3177 15 Aarau, Konkordanzbatz 1826, Schweizerisches Nationalmuseum: LM GU 2085 16 Waadt, Konkordanzbatz 1827, Schweizerisches Nationalmuseum: LM GU 2127 17 Solothurn, Konkordanzbatz 1826, Schweizerisches Nationalmuseum: M 3706 18 Basel, Konkordanzbatz 1826, Schweizerisches Nationalmuseum: AZ 2132 19 Freiburg, Konkordanzbatz 1827, Schweizerisches Nationalmuseum: AZ 1848 20 Tessin, Franken 1813, Schweizerisches Nationalmuseum: AZ 2819 21 Neuenburg, 2 Francs 1814, Schweizerisches Nationalmuseum: AZ 3007 22 Frankreich, Franc 1811, Schweizerisches Nationalmuseum: M 14214 23 Frankreich, 20 Francs 1807, Schweizerisches Nationalmuseum: M 14742 24 Baden, Ludwig I., Grossherzog von Baden, Gulden 1826, Schweizerisches Nationalmuseum: ZB SCH 3700 25 Bayern, Konventionstaler 1805, Schweizerisches Nationalmuseum: ZB SCH 6363 26 Bank in Zürich, 10 Brabantertaler, Archiv der Schweizerischen Nationalbank (ASNB): BN115.005 (A).

Kapitel 3: Geburt der neuen Währung – von der neuen Bundesverfassung bis zum Banknotengesetz von 1881

1 Schweiz, ½ Franken 1850, Schweizerisches Nationalmuseum: EA 3844 2 Schweiz, Franken 1850, Schweizerisches Nationalmuseum: EA 3853 3 Schweiz, 2 Franken 1850, Schweizerisches Nationalmuseum: EA 386 4 Schweiz, 5 Franken 1850, Schweizerisches Nationalmuseum: EA 3880 5 Frankreich, 2. Restauration, 5 Francs 1821, Schweizerisches Nationalmuseum: M 14227 6 Frankreich, 2 Francs 1808, Schweizerisches Nationalmuseum: M 14208 7 Sardinien, Königreich Carlo Felice, 5 Lire 1829, Schweizerisches Nationalmuseum: M 14294 8 Sardinien, Königreich Vittorio Emanuele II., Lira 1859, Schweizerisches Nationalmuseum: M 14309 9 Belgien, 5 Francs 1835, Schweizerisches Nationalmuseum: M 14326 10 Parma, 5 Lire 1832, Schweizerisches Nationalmuseum: ZB SCH 1085 11 Cisalpine Republik, 5 Francs 1802, Schweizerisches Nationalmuseum: M 14278 12 Italien, Königreich unter Napoleon, 5 Lire 1812, Schweizerisches Nationalmuseum: ZB 1919.127 13 Schweiz, Franken 1875, Schweizerisches Nationalmuseum: EA 3858 14 Schweiz, 2 Franken 1874, Schweizerisches National-

museum: EA 3874 15 Schweiz, 5 Franken 1888, Schweizerisches Nationalmuseum: EA 3887 16 Schweiz, 20 Franken 1883, Schweizerisches Nationalmuseum: EA 3901 17 Frankreich, 5 Francs 1870, Schweizerisches Nationalmuseum: M 14268 18 Frankreich, Franc 1867, Schweizerisches Nationalmuseum: M 14260 19 Italien, Königreich Vittorio Emanuele II., 2 Lire 1863, Schweizerisches Nationalmuseum: M 14316 20 Italien, Königreich Vittorio Emanuele II., 5 Lire 1874, Schweizerisches Nationalmuseum: M 14313 21 Belgien, Königreich Leopold II., 2 Francs 1909, Schweizerisches Nationalmuseum: M 14339 22 Griechenland, Königreich Georg I., 5 Drachmen 1876, Schweizerisches Nationalmuseum: ZB 1921.42 23 Banca Cantonale Ticinese, 1000 Franken, ASNB: BN 145.008 (B) 24 Banca Cantonale Ticinese, 100 Franken, ASNB: BN 145.004 (A) 25 Bank in Basel, 1000 Franken, ASNB: BN 148.008 (A) 26 Banque Cantonale Fribourgeoise, 500 Franken, ASNB: BN 152.006 (B) 27 Banque Commerciale Neuchâteloise, 50 Franken, ASNB: BN 155.001 (A).

Kapitel 5: Untergang einer Weltordnung – erste Schritte der neuen Zentralbank, Weltkrieg und Nachkriegswehen

1 Vorderseite der Interimsnote 50 Franken, 1907 ausgegeben, ASNB: BN 211.301 (A) 2 Rückseite der Interimsnote 50 Franken, 1907 ausgegeben, ASNB: BN 211.301 (B) 3 Vorderseite der Interimsnote 100 Franken, 1907 ausgegeben, ASNB: BN 212.302 (A) 4 Vorderseite der Interimsnote 100 Franken, 1907 ausgegeben, ASNB: BN 212.301 (A) 5 Rückseite der Interimsnote 100 Franken, 1907 ausgegeben, ASNB: BN 212.301 (B) 6 Vorderseite der Interimsnote 500 Franken, 1907 ausgegeben, ASNB: BN 213.301 (A) 7 Rückseite der Interimsnote 500 Franken, 1907 ausgegeben, ASNB: BN 213.301 (B) 8 Vorderseite der Interimsnote 1000 Franken, 1907 ausgegeben, ASNB: BN 214.301 (A) 9 Rückseite der Interimsnote 1000 Franken, 1907 ausgegeben, ASNB: BN 214.301 (B) 10 Motiv «Mäher» für die 100-Frankennote von Ferdinand Hodler, um 1910, ASNB: BN 226.103 (B) 11 Probedruck Farbvariante der Rückseite der 100-Frankennote von Ferdinand Hodler, 1910, ASNB: BN 226.201 (G) 12 Skizze «Giesserei» von Eugène Burnand für die 1000-Frankennote, um 1910, ASNB: BN 228.102 (B) 13 Probedruck Farbvariante der Rückseite der 1000-Frankennote «Giesserei» von Eugène Burnand, um 1910, ASNB: BN 228.202 (F) 14 5-Frankennote «Wilhelm Tell» von Balzer, 1914 ausgegeben, ASNB: BN 221.303 (A) 15 20-Frankennote «Vreneli» von Balzer, 1914 ausgegeben, ASNB: BN 223.301 (A) 16 20-Frankennote «Vreneli» von Balzer, 1914 ausgegeben, ASNB: BN 223.301 (B) 17 5-Frankenschein der Eidgenössischen Staatskasse, 1914 ausgegeben, ASNB: BN 511.104 (A) 18 20-Frankenschein der Eidgenössischen Staatskasse, 1914 ausgegeben, ASNB: BN 513.106 (A) 19 Rückseite des 25-Frankenscheins der Darlehenskasse, 1914 ausgegeben, ASNB: BN 523.103 (B) 20 10-Frankenschein der Eidgenössischen Staatskasse, 1914 ausgegeben, ASNB: BN 512.105 (A) 21 100-Frankennote «Tell I», 1918 ausgegeben, ASNB: BN 234.301 (A) 22 20-Frankennote «Pestalozzi II», 1930 ausgegeben, ASNB: BN 233.304 (A).

Kapitel 7: Der Zweite Weltkrieg und die Entstehung eines neuen Weltwährungssystems
1 Guilloche der Vorderseite der 500-Frankenbanknote «Chemie» von Hans Erni, 1940er-Jahre, Reservenote, ASNB: BN 274.222 (A) 2 Schema für die Farbgebung der 500-Frankenbanknote «Chemie» von Hans Erni, 1940er-Jahre, Reservenote, ASNB: BN 274.203 (B) 3 Schema für die Farbgebung der 500-Frankenbanknote «Chemie» von Hans Erni, 1940er-Jahre, Reservenote, ASNB: BN 274.203 (E) 4 Probedruck der Vorderseite der 500-Frankenbanknote «Chemie» von Hans Erni, um 1948, Reservenote, ASNB: BN 274.216 (A) 5 Probedruck der Rückseite der 500-Frankenbanknote «Chemie» von Hans Erni, um 1948, Reservenote, ASNB: BN 274.204 (F) 6 Skizze des Motivs «Chemie» von Hans Erni, 1940er-Jahre, ASNB: BN 274.106 (A) 7 Entwurf des Motivs «Chemie» von Hans Erni, Tusche auf Karton, 1940er-Jahre, ASNB: BN 274.108 (B) 8 Ausgesparte Silhouette des Chemikers, Vordruckstufe der 500-Frankenbanknote «Chemie» von Hans Erni, 1940er-Jahre, ASNB: BN 274.222 (D) 9 Vorderseite der 100-Frankenbanknote «Haslitalerin» von Victor Surbek, 1940er-Jahre, Reservenote, ASNB: BN 273.307 (A) 10 Rückseite der 100-Frankenbanknote «Haslitalerin» von Victor Surbek, 1940er-Jahre, Reservenote, ASNB: BN 273.307 (B).

Kapitel 8: Geldpolitik unter fixen Wechselkursen – vom Kriegsende bis zum Zusammenbruch des Bretton-Woods-Systems
1 Skizze eines Teils des Motivs «Totentanz», Pierre Gauchat, 1950er-Jahre, ASNB: BN 296.107 (A) 2 Entwurf der Wertziffer der 1000-Frankenbanknote «Totentanz» von Pierre Gauchat, 1950er-Jahre, ASNB: BN 296.114 (B) 3 Entwurf der Wertziffer der 1000-Frankenbanknote «Totentanz» von Pierre Gauchat, 1950er-Jahre, ASNB: BN 296.101 (B) 4 Entwurf der Wertziffer der 1000-Frankenbanknote «Totentanz» von Pierre Gauchat, 1950er-Jahre, ASNB: BN 296.114 (C) 5 Studie des Medaillons «Blonde Frau blickt den Tod an» für die Vorderseite der 1000-Frankenbanknote «Totentanz» von Pierre Gauchat, 1950er-Jahre, ASNB: BN 296.102 (A) 6 Entwurf der Wertziffer der 1000-Frankenbanknote «Totentanz» von Pierre Gauchat, 1950er-Jahre, ASNB: BN 296.101 (A) 7 Druckvorstufe der Vorderseite der 1000-Frankenbanknote «Totentanz» von Pierre Gauchat, 1951, ASNB: BN 296.201 (A) 8 Entwurf der Rückseite der 1000 Frankenbanknote «Totentanz» von Pierre Gauchat, 1950er-Jahre, ASNB: BN 296.117 (B) 9 Motiv «Totentanz» auf orangem Hintergrund und mit einer 500-Wertziffer, 1950er-Jahre, ASNB: BN 296.116 (A) 10 Druckvorstufe der Rückseite der 1000-Frankenbanknote «Totentanz» von Pierre Gauchat, 1951, ASNB: BN 296.201 (B).

Kapitel 9: Ein neues Zeitalter beginnt – Geldpolitik bei flexiblen Wechselkursen
1 Vorderseite der 10-Frankenbanknote «Leonhard Euler», 1979 ausgegeben, ASNB: BN 321.302 (A) 2 Rückseite der 10-Frankenbanknote «Leonhard Euler», 1979 ausgegeben, ASNB: BN 321.301 (B) 3 Vorderseite der 20-Frankenbanknote «Horace-Bénédict de Saussure», 1979 ausgegeben, ASNB: BN 322.301 (A) 4 Rückseite der 20-Frankenbanknote «Horace-Bénédict de Saussure», 1979 ausgegeben, ASNB: BN 322.301 (B) 5 Vorderseite der 50-Frankenbanknote «Konrad Gessner», 1978 ausgegeben, ASNB: BN 323.301 (A) 6 Rückseite der 50-Frankenbanknote «Konrad Gessner», 1978 ausgegeben, ASNB: BN 323.301 (B) 7 Vorderseite der 100-Frankenbanknote «Francesco Borromini», 1976 ausgegeben, ASNB: BN 324.302 (A) 8 Rückseite der 100-Frankenbanknote «Francesco Borromini», 1976 ausgegeben, ASNB: BN 324.301 (B) 9 Vorderseite der 500-Frankenbanknote «Albrecht von Haller», 1977 ausgegeben, ASNB: BN 325.301 (A) 10 Rückseite der 500-Frankenbanknote «Albrecht von Haller», im 1977 ausgegeben, ASNB: BN 325.302 (B) 11 Rückseite der 1000-Frankenbanknote «Auguste Forel», 1978 ausgegeben, ASNB: BN 326.302 (B) 12 Vorderseite der 1000-Frankenbanknote «Auguste Forel», 1978 ausgegeben, ASNB: BN 326.302 (A).

Kapitel 10: Gegenwart und Ausblick
1 Vorderseite der 10-Frankenbanknote «Le Corbusier», 1997 ausgegeben, ASNB: BN 351.301 (A) 2 Rückseite der 10-Frankenbanknote «Le Corbusier», 1997 ausgegeben, ASNB: BN 351.301 (B) 3 Rückseite 20-Frankenbanknote «Arthur Honegger», 1996 ausgegeben, ASNB: BN 352.302 (B) 4 Vorderseite 20-Frankenbanknote «Arthur Honegger», 1996 ausgegeben, ASNB: BN 352.301 (A) 5 Vorderseite der 50-Frankenbanknote «Sophie Taeuber-Arp», 1995 ausgegeben, ASNB: BN 353.301 (A) 6 Rückseite der 50-Frankenbanknote «Sophie Taeuber-Arp», 1995 ausgegeben, ASNB: BN 353.301 (B) 7 Vorderseite der 100-Frankenbanknote «Alberto Giacometti», 1998 ausgegeben, ASNB: BN 354.301 (A) 8 Rückseite der 100-Frankenbanknote «Alberto Giacometti», 1998 ausgegeben, ASNB: BN 354.301 (B) 9 Vorderseite der 200-Frankenbanknote «Charles Ferdinand Ramuz», 1997 ausgegeben, ASNB: BN 355.301 (A) 10 Rückseite der 200-Frankenbanknote «Charles Ferdinand Ramuz», 1997 ausgegeben, ASNB: BN 355.301 (B) 11 Vorderseite der 1000-Frankenbanknote «Jacob Burckhardt», 1998 ausgegeben, ASNB: BN 356.302 (A) 12 Rückseite der 1000-Frankenbanknote «Jacob Burckhardt», 1998 ausgegeben, ASNB: BN 35 13 Rückseite der 50-Frankenbanknote «Wind», 2016 ausgegeben, SNB 14 Vorderseite der 50-Frankenbanknote «Wind», 2016 ausgegeben, SNB.